Niklas Luhmann · Soziologische Aufklärung 4

Niklas Luhmann

Soziologische Aufklärung 4

Beiträge zur funktionalen Differenzierung der Gesellschaft

Westdeutscher Verlag

CIP-Kurztitelaufnahme der Deutschen Bibliothek

Luhmann, Niklas:
Soziologische Aufklärung/Niklas Luhmann. –
Opladen: Westdeutscher Verlag

4. Beiträge zur funktionalen Differenzierung
der Gesellschaft. – 1987.
ISBN 3-531-11885-4

Der Westdeutsche Verlag ist ein Unternehmen der Verlagsgruppe Bertelsmann.

Umschlaggestaltung: Horst Dieter Bürkle, Darmstadt
Satz: Marianne Lorenz, Nauheim
Druck und buchbinderische Verarbeitung: Lengericher Handelsdruckerei, Lengerich
Printed in Germany

ISBN 3-531-11885-4

Vorwort

Neben der Publikation von Monographien und systematischen Abhandlungen gibt die Ausarbeitung von Aufsätzen und Vorträgen eine etwas freiere Möglichkeit, die Entwicklung einer facettenreichen Theorie voranzutreiben. Man kann dabei Einzelaspekte herausgreifen oder auch ausprobieren, welche Register des Instruments aus welchen Anlässen am besten gezogen werden. Oft entstehen bei solchen Gelegenheiten systemträchtige Überlegungen und liegen dann bereit für eine Ermittlung ihrer Tragweite im Prozeß einer ständigen Revision theoretischer Grundlagen. Der Nachteil ist, daß diese Arbeiten, obwohl von einheitlichen theoretischen Grundlagen aus konzipiert, sehr verstreut publiziert oder auch gar nicht publiziert werden – wie es der Zufall will. Ich bin dem Westdeutschen Verlag daher dankbar, daß er erneut die Gelegenheit bietet, eine Auswahl dieser Aufsätze und Vorträge in einem Band zusammenzufassen und auf diese Weise ihren Zusammenhang sichtbar werden zu lassen.

Der Leitgedanke für die Zusammenstellung dieses Bandes ist die These, daß die moderne Gesellschaft am besten durch das Prinzip ihrer Differenzierung gekennzeichnet wird, nämlich durch funktionale Differenzierung. Das impliziert einige, gegenwärtig sehr umstrittene Folgethesen, vor allem: Autonomie und Selbstregulierung der Funktionssysteme; scharfe, selbstproduzierte Abgrenzbarkeit; Fehlen jeglicher Möglichkeit zur Selbststeuerung der Gesamtgesellschaft (heute: Weltgesellschaft); Fehlen eines Zentrums oder einer Spitze als Bezugspunkt für semantische oder steuerungspraktische Orientierungen (Stichwort: Orientierungslosigkeit) und statt dessen: rekursive Vernetzung von Beobachtungen und Beschreibungen als Modus der sozialen Konstruktion.

Dabei sieht jeder „moderne" Beobachter das, was andere Beobachter sehen; aber er sieht auch das, was andere Beobachter beim Vollzug ihrer eigenen Beobachtung nicht sehen können; und er sieht auch, daß sie nicht sehen können, was sie nicht sehen können.

Die „Klassik der Moderne" hatte diese Beobachtungsweise als „Kritik" verstanden, weil sie noch voraussetzte, daß es eine nichtkonstruierte Welt gibt. Sie hatte daher in der Annahme, selbst am richtigen Zugang zu stehen, Entlarvungsabsichten verfolgt, Sichtverzerrungen aufheben, Irrtümer korrigieren wollen. In diesem Sinne hatte man von Aufklärung gesprochen. Auch die großen Sophisten des 19. und beginnenden 20. Jahrhunderts, Carlyle, Marx, Nietzsche, Freud, um nur einige zu nennen, hatten versucht, durch Anlegen inkongruenter Perspektiven zur Wahrheit zu kommen. Die radikalisierte Wissenssoziologie dieses Jahrhunderts hatte zwar nicht mehr daran geglaubt, sich aber auch nicht davon lösen können. Sie hat eine universalisierte Art von Ideologiekritik fortgesetzt, sich selbst aber mit Hilfe des Theorems der frei schwebenden Intelligenz (Mannheim) davon auszunehmen versucht. Sie hatte ein Beobachten von Beobachtern mit Hilfe des Schemas manifest/latent (bzw. bewußt/unbewußt) eingeübt, hatte aber ihren eigenen blinden Fleck nur ahnen können. Auf dieser Stufe der Theorieentwicklung war die Frage nicht mehr zu vermeiden, wer über die „Wahrheitskriterien" entscheidet. Aber man hätte fragen müssen: wer beobachtet die Beobachter der Beobachter? Und dann wäre die Antwort leicht gefallen. Sie lautet: wer immer es tut!

Denn inzwischen haben Entwicklungen auf Forschungsgebieten, die sehr verschieden bezeichnet werden, diesen Sachstand überholt. Man spricht von naturalistischer Epistemologie oder von „cognitive sciences" oder von Kybernetik zweiter Ordnung: in jedem Falle wird alles Beobachten als eine empirische (und deshalb: beobachtbare) Operation angesehen und das Problem der Wahrheitskriterien und ihrer Geltung – sei es a priori, sei es durch vernünftig ermittelten Konsens – wird ersetzt durch die Rekursivität der Beobachtungsverhältnisse[1]. Die Frage lautet dann, welche stabilen Eigenzustände entwickeln sich in einer Gesellschaft, die alles Beobachten dem Beobachtetwerden aussetzt und dabei jeden Beobachter mit der Möglichkeit ausrüstet, zu sehen, was der andere sieht, und zu sehen, was der andere nicht sieht. Es gibt nur Ratten im Labyrinth, die einander beobachten und eben deshalb wohl zu Systemstrukturen, nie aber zu Konsens kommen können. Es gibt kein labyrinthfreies, kein kontextfreies Beobachten. Und selbstverständlich ist auch eine Theorie, die dies beschreibt, eine Rattentheorie. Sie kann sich im Labyrinth einen guten Beobachtungsplatz suchen. Sie kann eventuell mehr sehen als andere und vor allem das sehen, was andere nicht sehen; aber sie kann sich nicht selbst der Beobachtung entziehen.

Diese Theorie einer „polykontexturalen" Beobachtung des Beobachtens entspricht genau dem, was eine funktional differenzierte Gesellschaft über sich selbst aussagen kann. Mit allen Privilegien einer konkurrenzfreien Repräsentation der Gesellschaft in der Gesellschaft, mit allen Positionen, die für sich reklamieren könnten, sie seien die Spitze der Hierarchie oder das Zentrum der Welt, müssen auch Erkenntnistheorien aufgegeben werden, die eine monokontexturale Welt voraussetzen und folglich einen richtigen Zugang zu dieser Welt und folglich Autorität derjenigen, die wissen, was andere (noch) nicht wissen. Anspruch und Krise der Soziologie können, wenn dies einmal akzeptiert wird, unbefangener gewürdigt werden. Und das Programm der soziologischen Aufklärung ist dann nicht mehr ein Programm der entlarvenden Kritik und auch nicht ein Programm, das andere (nun endlich) darüber informiert, wie es sich mit der Gesellschaft in Wirklichkeit verhält. Sondern Aufklärung ist eine sich selbst beobachtende Beobachtung, eine sich selbst beschreibende Beschreibung, und sie erfordert eine Theorie, die in sich selbst eintreten kann.

1 Wichtige Anregungen hierzu sind ausgegangen von Wittgenstein einerseits und der Neurophysiologie andererseits. Vgl. vor allem Ludwig Wittgenstein, Remarks on the Foundation of Mathematics, Oxford 1956, und Warren S. McCulloch, The Embodiments of Mind, Cambridge, Mass. 1965. Die Konsequenzen für die Wissenssoziologie sind noch kaum erkannt. Vgl. immerhin David Bloor, Wittgenstein and Mannheim on the Sociology of Mathematics, Studies in History and Philosophy of Science 4 (1973), S. 173–191. Siehe für neuere Arbeiten zur operativen Epistemologie und zur Theorie reflektierter Beobachtungsverhältnisse ferner Humberto R. Maturana, Erkennen: Die Organisation und Verkörperung von Wirklichkeit, Braunschweig 1982, und Heinz von Foerster, Sicht und Einsicht: Versuche zu einer operativen Erkenntnistheorie, Braunschweig 1985.

Die in diesem Band zusammengestellten Beiträge reflektieren an Einzelthemen die auf diese Weise entstandene Situation. Die Schwierigkeiten der modernen Gesellschaft mit Gott, mit einem unbeobachtbaren Beobachter, dienen als ein Paradigma. Die Sondersemantiken der einzelnen Funktionssysteme, in diesem Band der Begriff der Demokratie und der Begriff der Bildung, werden der Beobachtung ausgesetzt – mit inkongruenten Perspektiven, aber ohne besserwisserische oder gar belehrende Absicht. Das zentrale Theoriestück, das die Theorie funktionaler Differenzierung mit den Semantiken der Funktionssysteme verbindet, liegt im Begriff der binären Codierung. Binäre Codes, etwa wahr/unwahr, immanent/transzendent, Regierung/Opposition, sichern die Autonomie der Funktionssysteme, indem sie Unterscheidungen fixieren, für die es in der Umwelt des jeweiligen Systems kein Äquivalent gibt; und sie stimulieren als Leitdifferenz zugleich den Aufbau systemeigener Semantiken, im Falle des Religionssystems zum Beispiel einer Theologie.

Diese Gedanken bedürften einer systematischen Ausarbeitung. Die dafür zuständige Gesellschaftstheorie erweist sich jedoch als ein langwieriges Unternehmen. Für diesen Band habe ich neben einigen einleitenden Studien zu Problemen der Struktur und der Semantik der modernen Gesellschaft Beiträge zu den Funktionsbereichen Politik, Erziehung und Religion ausgewählt. Soweit die Texte bereits publiziert sind, ist die Originalfassung beibehalten worden. Soweit sie nur in fremden Sprachen publiziert sind, liegt dem Abdruck hier der deutsche Originaltext zugrunde. Bisher nicht veröffentlichte Vorträge halten sich an die schriftlichen Vorlagen (nicht an die mündliche Darstellung). Nur die beiden Vorträge, die den Schluß bilden, habe ich für diese Publikation überarbeitet und beträchtlich erweitert.

Bielefeld, im März 1987 *Niklas Luhmann*

Inhalt

I. Gesellschaftliche Differenzierung

II. Politik

III. Erziehung

IV. Religion

I. Gesellschaftliche Differenzierung

„Distinctions directrices"

Über Codierung von Semantiken und Systemen

I.

Das Wort Code wird verwirrend vielsinnig benutzt. Die lateinische Herkunft legt es zunächst nahe, an einen Text zu denken, der eine Reihe von Direktiven zusammenstellt. Besonders in den romanischen Sprachen ist diese Assoziation fast unvermeidlich. Linguisten haben diesen Wortgebrauch abstrahiert, den Direktionswert abschwächend. Dann bezeichnet der Begriff einen nichtbeliebigen, in sich abgestimmten, Widersprüche aber nicht ausschließenden Zusammenhang von Symbolen[1]. Auf diese Weise ist ein theoretisch nahezu unbrauchbarer Begriff entstanden, der kein Abgrenzungskriterium enthält, es also nicht erlaubt, festzustellen, welche Direktiven oder Symbole zu einem Code gehören und welche nicht. Man muß demnach eine besondere Kultur, eine Tradition, eine regionale Eigenart usw. schon kennen, um intuitiv darüber entscheiden zu können, was zum Code dieses Ausschnitts gehört und was nicht.

Daneben hat sich ein völlig anderer Sprachgebrauch entwickelt, der etwa an Formulierungen wie „Geheimcode", „Morse-Code", „genetischer Code" oder an der kommunikationstheoretischen Rede von Codierung, Decodierung, Recodierung ablesbar ist. Auch hier könnte man, und das wird sprachgeschichtlich diese Abzweigung motiviert haben, zunächst an eine zusammenhängende Reihe von Symbolen denken – etwa an das „Morse-Alphabet". Das Auffällige dieser Codes ist jedoch, daß hier eine Duplikationsregel vorliegt, die es ermöglicht, jedem Item des einen Symbolsystems ein Korrelat in einem anderen zu geben – im Falle des genetischen Code also alle Information, die als Erbgut weitergegeben wird, auch zum Aufbau eines lebenden und sterbenden Organismus zu benutzen. In diesem Sinne kann man schon die Sprache als einen Code bezeichnen – nicht weil sie viele kombinationsfähige Symbole enthält, sondern weil sie es ermöglicht, alles, was kommuniziert wird, in Ja-Fassung und in Nein-Fassung zu kommunizieren, und dies, obwohl man weiß, daß es Negatives, außer in der Kommunikation, gar nicht gibt. Der Sprachcode kann dann seinerseits dupliziert werden, nämlich durch Schrift; und mindestens seit der Erfindung phonetischer Schriften ist dies für jeden sprachlichen Ausdruck, also als universelle Codierung möglich.

Angesichts solcher Tatbestände liegt es nahe, dem Begriff des Code eine

1 In diesem Sinne spricht z.B. Eisenstadt von „codes of tradition" – etwa in S.N. Eisenstadt, Tradition und Modernity, New York 1973.

präzisere Fassung zu geben und die Duplikationsregel selbst als Code zu bezeichnen. Das bleibt natürlich eine arbiträre Begriffsfestlegung; aber es sollte sich lohnen, zu sehen, was man zu sehen bekommt, wenn man sie ausprobiert.

II.

Worauf das soziale System der Gesellschaft sich einläßt, wenn es Kommunikation in diesem Sinne codiert, läßt sich am besten am allgemeinsten Fall, an der Sprache ablesen. Ich stelle ohne viel Argumentation einfach nur die wichtigsten Gesichtspunkte zusammen.

1. Die Duplikation aller Aussagemöglichkeiten verdankt sich seiner scharfen Reduktion. Der Code stellt, verglichen mit der immensen Reichhaltigkeit von Aussagemöglichkeiten, nur zwei Werte zur Verfügung: Ja und Nein. Nur das garantiert die Vollständigkeit der Duplikation. Erst im Anschluß daran können dann wieder „Rejektionswerte" im Sinne von Gotthard Günther entwickelt werden, nämlich Werte, die die Differenz von Ja und Nein nicht eliminieren, aber für den Moment als Differenz neutralisieren[2]. Man kann Unentschiedenheit, neuerdings sogar Unentscheidbarkeit kommunizieren, kann „vielleicht" sagen, Modalisierungen benutzen etc., wenn damit der Code nicht als solcher negiert, sondern nur die Zuordnung zu seinen Werten offengehalten wird[3].
2. Binäre Codierung hat die Funktion, alles, was zum Thema von Kommunikation werden kann, mit Hinweis auf andere Möglichkeiten auszustatten. Sie verabsolutiert, für ihren Anwendungsbereich, Kontingenz. Alles, was ist oder nicht ist, erscheint danach als weder notwendig noch unmöglich – zumindest auf dem Bildschirm der Kommunikation. Unter dem Vorzeichen einer religiösen Weltsetzung wird diese Kontingenz auf verschiedene Weisen nachgearbeitet und limitiert: sei es durch Mythen des Übergangs von Chaos zu Ordnung; sei es durch Offenhalten der Möglichkeit des Austritts aus der Mechanik der Wiedergeburt; sei es durch eine Theologie der Schöpfung, die auch anders oder gar nicht hätte realisiert werden können. Für solche Gesamtdeutungen gibt es heute funktionale Äquivalenzen in funktionsspezifischen Codierungen. Ich komme darauf zurück.
3. Wenn Positivwert und Negativwert sich wechselseitig in Bezug nehmen, also in ihrem eigenen Sinn selbstreferentiell aufeinander verweisen, kommt es zu Paradoxien, die die codierten Operationen stoppen können. Alle codierten Systeme entwickeln daher Entparadoxierungen, die verhindern, daß das System sich durch Anwendung des Code auf den Code blockiert. Man darf

2 Vgl. insb. Gotthard Günther, Cybernetic Ontology and Transjunctional Operations, in: Ders., Beiträge zur Grundlegung einer Operationsfähigen Dialektik, Bd. I, Hamburg 1976, S. 249–328.

3 Zur Logik der Unterscheidung einer Unterscheidung vgl. auch George Spencer Brown, Laws of Form, 2. Aufl. New York 1972 und dazu Francisco Varela, A Calculus for Self-Reference, in: International Journal of General Systems, 2, 1975, S. 5–24.

zum Beispiel nicht sagen, daß man nicht meint, was man sagt, weil das die Kommunikation selbst stillstellt (wenn Ego so redet, kann er wissen, daß Alter weiß, daß Ego weiß, daß Alter nicht wissen kann, was Ego meint, wenn er sagt, daß er nicht meint, was er sagt). Entparadoxierungen wurden in älteren Gesellschaften durch die Religion garantiert[4]. Soweit funktionsspezifische Codes die Führung übernehmen, muß auf andere Weise dafür gesorgt werden, z.B. durch Unterscheidung von „Ebenen" der Aussage (Typentheorie).

4. Binäre Codierungen geben, konsequent durchgeführt, keine Direktiven für richtiges Verhalten. Sie formulieren keine Programme. Auch wenn man die beiden Positionen, die vorgesehen sind, in Anlehnung an den Sprachgebrauch der Logik als „Werte" bezeichnet, steckt darin keine auf der Ebene des Code für alle Fälle festgelegte Präferenz für den positiven und gegen den negativen Wert. Es kann nicht abstrakt richtig (oder doch richtiger) sein, ja und nicht nein zu sagen. Eine solche Präferenzregel würde den Sinn und die Funktion der Codierung sabotieren[5].
5. Das Auseinanderziehen von Codierung und Programmierung ermöglicht es, die im zweiwertigen Code stets ausgeschlossenen dritten Möglichkeiten ins System wiedereinzuführen und so die Limitationen der zweiwertigen Logik zu unterlaufen. So kann der Aufschrei leidender Seelen zwar nicht als dritter Wert in den Schematismus von Wahrheit und Unwahrheit eingefügt werden, aber man kann Forschungsprogramme für Humanisierung der Arbeitswelt oder für Ermittlung von Frauenbenachteiligung einrichten. So kann das Rechtssystem neben den Werten Recht und Unrecht nicht noch als dritten Wert politische Opportunität vorsehen, aber es kann die politischen Prämisse der Rechtssetzung in der Form von verfassungsrechtlichen Regulierungen, rechtlichen Prärogativen etc. einfangen. Auf diese Weise kommt das Ausgeschlossene im System doch wieder vor, ohne daß man sich auf das schwierige Terrain einer mehrwertigen Logik begeben müßte.
6. Aufgrund von Codierungen kann ein Kommunikationssystem Information erzeugen und verarbeiten. Information ist dabei eine rein systeminterne Form der Behandlung von Ereignissen (und nicht etwas, was in der Umwelt als Information schon vorhanden wäre und ohne Identitätsverlust in das System übertragen werden könnte)[6]. Differenzen sind Informationspotentiale, sind Möglichkeiten, über etwas als „dies und nichts anderes" zu kommunizieren, und Informationsverarbeitung kann dann als Erzeu-

4 Vgl. Niklas Luhmann, Society, Meaning, Religion – Based on Self-Reference, in: Sociological Analysis, 46, 1985, S. 5–20; ferner unter dem spezifischen Aspekt des Imitation/Konflikt-Paradoxes René Girard, La violence et le sacré, Paris 1972; ders., Des choses cachées depuis la fondation du monde, Paris 1978.

5 Wir werden diese Aussage im folgenden Abschnitt erheblich modifizieren müssen.

6 Vgl. Niklas Luhmann, Soziale Systeme: Grundriß einer allgemeinen Theorie, Frankfurt 1984, S. 102ff., 194f. Vgl. auch Heinz von Foerster, Perception of the Future and the Future of Perception, in: Ders., Observing Systems, Seaside, Cal. 1981, S. 192–204.

gung von Differenzen durch Differenzen begriffen werden[7]. Dabei kann an so etwas wie „Rauchen ist schädlich (-cher als Nichtrauchen)" gedacht werden; oder auch spezifischer an: „Tabakrauchen ist schädlicher als Marihuanarauchen"; oder auch an: „es ist wahr (und nicht unwahr), daß ...". In jedem Falle entsteht Information erst durch eine Unterscheidung, die ad hoc gewählt, aber auch, wie die Unterscheidung von wahr und unwahr, einem Gesamtbereich der Informationsverarbeitung zugrundegelegt werden kann. Wenn dies der Fall ist, wollen wir von Leitdifferenzen sprechen, und in diesem Sinne ist die Unterscheidung von bejahenden und verneinenden Aussagen die Leitdifferenz schlechthin, die alle anderen und sich selbst konstituiert[8].

Die Eigenarten binärer Codes sind im Falle von Sprache leicht einsichtig zu machen[9]. Im folgenden wollen wir jedoch der Vermutung nachgehen, daß dies nicht der einzige Fall ist, sondern daß innerhalb der durch Sprache konstituierten Gesellschaft die Technik der binären Codierung auch auf Spezialprobleme angewandt werden kann mit der Folge, daß dies zur Ausdifferenzierung von Funktionssystemen führt.

III.

Eine weitere Eigenart von binären Codes habe ich für einen besonderen Abschnitt vorbehalten, weil sie eine etwas ausführlichere Behandlung verdient und die These, Codes seien keine Präferenzcodes, für wichtige Fälle wieder abschwächt. Wir gehen von der Annahme aus, daß Unterscheidungen eingeführt werden, um Bezeichnungen zu ermöglichen, so wie Bezeichnungen anschlußfähige Sinngewinne nur dann erbringen, wenn man weiß, im Rahmen welcher Unterscheidung sie das eine und nicht das andere bezeichnen. Man kann deshalb, Spencer Brown folgend, Unterscheiden und Bezeichnen geradezu als eine einzige Operation ansehen[10].

7 Dies im Anschluß an (begrifflich allerdings wenig ausgearbeitete) Ausführungen bei Gregory Bateson, Ökologie des Geistes: Anthropologische, psychologische, biologische und epistemologische Perspektiven, dt. Übers. Frankfurt 1981, insb. S. 515 ff. Vgl. auch Helmut Willke, Zum Problem der Intervention in selbstreferentielle Systeme, in: Zeitschrift für systemische Therapie, 2, 1984, S. 191–200.

8 Für den, der erkennt, daß hier der traditionelle Weltbegriff zitiert ist, kann man hinzufügen: die Weltdifferenz.

9 Sie schließen im übrigen keineswegs aus, daß man engere, voraussetzungsreichere Formen der Kommunikation identifiziert, bei denen die Teilnehmer von formalen oder auch inhaltlichen Engagements ausgehen, etwa sich auf einen Diskurs oder auf „kommunikatives Handeln" im Sinne von Habermas einlassen. Nur wäre es verkehrt, solche Verbindlichkeiten schon in den Begriff der Kommunikation selbst zu legen. Unter der Voraussetzung besonderer Engagements im Hinblick auf das Anbringen von Jas und Neins kommt man allenfalls zu Spezialtheorien für Systeme, die nach diesem Muster prozessieren – oder zu dem hoffnungslosen Postulat: alle sollten es tun.

10 A.a.O., 1972.

Dies hat zur Folge, daß eine exakt symmetrische Unterscheidung ein extrem unwahrscheinlicher Fall ist, weil er es im Prinzip gänzlich offen ließe, welche Seite der Unterscheidung im Zweifelsfalle zu bezeichnen ist[11]. Eine gewisse Asymmetrie ist daher zu erwarten als Bedingung des evolutionären Durchsetzungsvermögens von Unterscheidungen. Man denke an: Figur und Hintergrund, System und Umwelt, oben und unten, gut und schlecht, rechts und links, Lust und Unlust[12]. Schon vor langem hat im übrigen Robert Hertz auf diesen Sachverhalt hingewiesen[13]. Auch die sprachliche Codierung von ja und nein folgt dieser Bedingung, und erst recht gilt dies für die Codes ausdifferenzierter Funktionssysteme, für die wir uns im folgenden besonders interessieren werden.

Unter theoretischen Gesichtspunkten hat sich vor allem Louis Dumont mit diesem Phänomen beschäftigt[14]. Dumont geht von der Vermutung aus, daß die strikt symmetrische Interpretation solcher Oppositionen einem ideologischen Bedürfnis der Moderne entspreche, nämlich Gleichheit (letztlich: Gleichheit von Individuen) zum Ausdruck bringe, während die anthropologischen Fakten dagegen sprächen. Innerhalb solcher Duale sei ein einseitig gesetzter *Wert* zu beobachten als „l'additif asymétrique“[15]. Den Grund für die Notwendigkeit einer solchen Asymmetrisierung sieht Dumont in der hierarchischen Struktur des Verhältnisses von Teilen zum Ganzen. Die Opposition müsse als gegenläufiges Verhältnis der Teile („englobement contraire“) auch einen Bezug aufs Ganze zum Ausdruck bringen, und die Asymmetrisierung der Werte, diene diesem Hinweis.

Durch eine Umstellung der Theoriegrundlagen auf die von Spencer Brown angebotene Logik kann man sich die Frage erlauben: muß dies so sein oder gibt es auch andere Gründe für Asymmetrisierung? Ein sehr viel formalerer Grund liegt in der Verwendung der Unterscheidung für das Fixieren von Bezeichnungen, die dann als Hinweis auf ein hierarchisches Verhältnis oder auch in anderer Funktion verwendet werden können.

Man könnte an den Fall denken, daß nur eine der beiden Seiten als „Reflexionswert“ in Betracht kommt, das heißt: als diejenige Seite, in der die Unterscheidung selbst wieder vorkommen kann („re-entry“ im Sinne von Spencer

11 Der Einwand entspricht dem bekannten Argument gegen Gleichgewicht in der aristotelischen Physik: es blockiert die natürliche Bewegung und sei deshalb ein korrupter Zustand.

12 Für Feministinnen und Feministen sei die Anregung gegeben, darüber nachzudenken, was dies für die Unterscheidung von Mann und Frau besagen könnte. Sie könnten sich dabei an das metaprotologische Gegenstück zur (maskulinen) Logik halten, an: James Keys (alias George Spencer Brown), Only two can play this Game, Cambridge, Engl. 1971.

13 Robert Hertz, La prééminence de la main droite: Etude sur la polarité religieuse, in: Revue Philosophique, 68, 1909, S. 553–580.

14 Vgl. vor allem Louis Dumont, Essais sur l'individualisme: Une perspective anthropologique sur l'idéologie moderne, Paris 1983, S. 210 ff.

15 A.a.O., S. 216.

Brown). So ist bei der Unterscheidung von System und Umwelt nur das System fähig, sich selbst nach der Differenz von System und Umwelt zu richten. Im Falle der Unterscheidung von Selbstreferenz und Fremdreferenz (die wiederum nur als systeminterne möglich ist) ist nur das Selbst reflexionsfähig. Im Falle der Unterscheidung von Figur und Hintergrund ist es nur die Figur; nur sie kann beispielsweise als Kunstwerk sich selbst als Differenz von Form und Kontext ordnen. Man muß, ja man darf aus solchen Asymmetrien nicht schließen, daß zugleich ein übergeordnetes Ganzes im Spiel sei.

In dem besonderen Falle, daß über Duplikationsregeln Codes gebildet werden, sind allein durch diesen Entstehungskontext schon Asymmetrisierungen eingebaut. Der Negativwert, der nur der Duplikation und der Kontingenzgewinnung dient, kann, auch wenn logische Reversibilität gesichert ist, keine volle Gleichwertigkeit gewinnen. Er bleibt ein Gegenwert, ein asymmetrisierendes Additiv, das keine eigenständige Bedeutung gewinnen kann (was keineswegs ausschließt, daß Operationen mit der Feststellung von Unrecht, mit der Feststellung von Unwahrheit usw. ihr konkretes Ziel erreichen können).

Eine weitere Überlegung bezieht sich auf die Codierung von symbolisch generalisierten Medien der Kommunikation. Die Funktion dieser Medien ist es, unwahrscheinliche Selektionsvermittlung gleichwohl motivfähig und damit hinreichend wahrscheinlich zu machen[16]. Auch dies mag zum Anlaß werden, eine Seite der Unterscheidung auszuzeichnen, etwa den Wert der Wahrheit im Kommunikationsmedium der Wissenschaft oder den Wert des Eigentumhabens im Kommunikationsmedium der Wirtschaft, weil darin ein Motiv zum Ausdruck kommt, Kommunikationen anzunehmen. Auch dies braucht nicht als Hinweis auf eine Hierarchie, als Hinweis auf ein übergeordnetes Ganzes verstanden werden (so als ob der Gesellschaft mit Kommunikation über Wahrheit, über Haben, über Recht usw. besser gedient sei als mit Kommunikation über den Gegenwert). Immerhin lassen die als Präferenzcode stilisierten Mediencodes diese Interpretation offen und haben auf diese Weise dazu beigetragen, den Sinn des gesellschaftlichen Ganzen primär über Positivwerte zum Ausdruck zu bringen.

Festzuhalten ist demnach, daß Leitdifferenzen Möglichkeiten der Asymmetrisierung anbieten müssen, um das Bezeichnen zu dirigieren (und nur deshalb kann man auch von „idées directrices" zu „distinctions directrices" übergehen). Die konkrete Funktion, der das Bezeichnen dient, bedarf aber weiterer Festlegungen und ist auf der abstraktesten Ebene des Gebrauchs von Unterscheidungen noch nicht fixiert.

16 Vgl. Niklas Luhmann, Einführende Bemerkungen zu einer Theorie symbolisch generalisierter Kommunikationsmedien, in: Ders., Soziologische Aufklärung, Bd. 2, Opladen 1975, S. 170–192; ders., Soziale Systeme, a.a.O., 1984, S. 222 f.

IV.

Im Anschluß an diese grundlagentheoretischen Annahmen soll nunmehr behauptet werden, daß die gesellschaftliche Evolution innerhalb des sprachlich Möglichen zur Ausdifferenzierung funktionsspezifischer Sondercodes geführt hat, deren Benutzung dann sehr rasch eine Ausdifferenzierung entsprechender Funktionssysteme erzeugt. Dieses schon recht komplizierte Theoriegerüst (das hier natürlich nur als Forschungsprogramm vorgestellt werden kann) postuliert mithin einen (prinzipiell empirisch nachprüfbaren) Zusammenhang von 1. spezifischen gesellschaftlichen Funktionen; 2. Sondercodierungen von Kommunikationsbereichen mit all den erwähnten Merkmalen; 3. allmähliche Entwicklung der entsprechenden evolutionären Errungenschaften, wobei der Funktionsbezug die evolutionäre Stabilisierung begünstigt; 4. Ausdifferenzierung von codespezifisch operierenden Funktionssystemen; und 5. „Umkippen“ des Formtypus der gesellschaftlichen Differenzierung von vertikaler Stratifikation in horizontale funktionale Differenzierung als die Katastrophe der Neuzeit.

Halten wir uns zunächst an typische Beispiele, immer von der Frage her gesehen, ob eine Kommunikation akzeptiert wird oder nicht. Es kann um Recht oder Unrecht gehen, um wahr oder unwahr, um Eigentum haben oder nicht haben, um Geld zahlen oder nicht zahlen, um an der Regierung oder in der Opposition sein. Solche Leitdifferenzen beginnen ihre semantische Karriere als Präferenzcodes. Sie suggerieren, daß es besser sei, sich für den positiven Wert als für den negativen Wert zu entscheiden. Und offensichtlich: ist nicht Wahrheit besser als Unwahrheit, Eigentum haben besser als es nicht haben? Und wer würde nicht lieber an der Regierung als in der Opposition sein? Man könnte so, Max Weber nahekommend, der Meinung sein, daß die unterschiedlichen Lebensordnungen oder Kultursphären durch unterschiedliche Wertbeziehungen charakterisiert seien. Der Zerfall eines moralisch integrierten Kosmos (wenn es ihn je gegeben hat) läge in der Pluralität der Werte und der ihnen zugeordneten Rationalitäten.

Andererseits heißt es in der halboffiziellen Gründungsgeschichte der Royal Society: „To the Royal Society it will be at any time almost as acceptable, to be confuted, as to discover[17].“ Die Feststellung von Unwahrheit ist also fast(!)[18] ebenso wichtig wie die Feststellung von Wahrheit. Wie immer es um den Wert der Werte steht: in der Kommunikation muß über beide Werte des Code richtig entschieden werden können; denn nur so kann der Code als offenes Schema der Informationsverarbeitung eingesetzt werden. Und eben deshalb braucht man noch eine besondere semantische Apparatur, in diesem Falle

17 Thomas Sprat, The History of the Royal Society of London For the Improving of Natural Knowledge, London 1667, Nachdruck St. Louis-London 1959, S. 100.

18 Diese kleine Einschränkung „fast“ bestätigt, was wir im vorigen Abschnitt über den Trend zur Asymmetrisierung von Unterscheidungen ausgemacht haben. Die Symmetrie scheint geboten zu sein, scheint auf der Zunge zu liegen und wird doch nicht ganz akzeptiert.

Theorien und Methoden, mit denen man die Zuordnung von Informationen auf die Werte des Code dirigieren kann. Die Wahrheit selbst ist kein Wahrheitskriterium.

Diese Einsicht läßt sich verallgemeinern. Sie gilt für alle Codes. Sowohl über Recht als auch über Unrecht muß richtig, und notfalls heißt dies einfach: rechtskräftig, entschieden werden. Und wenn Politiker lieber an der Regierung als in der Opposition sind, so ist es für das politische System doch wichtig, daß die Zuweisung von Positionen in der Wahl entschieden, das heißt strukturell offen gehalten werden kann. Sekundärcodes wie progressiv/konservativ, expansiv/restriktiv in bezug auf Staatsintervention oder in Zukunft vielleicht primär ökologisch oder primär ökonomisch können ebenfalls nur fungieren, wenn das System nicht auf den einen oder den anderen Wert festgelegt ist, sondern jede Information unter beiden Gesichtspunkten werten und Präferenzen wechseln kann. Selbst Eigentum ist ein Differenzbegriff und funktioniert nur, wenn es anderes Eigentum gibt, das man nicht hat, aber erwerben oder nicht erwerben kann.

Diese knappen Hinweise lehren schon, daß es viel zu einfach wäre, das Problem der Ausdifferenzierung von Funktionssystemen und Sondersemantiken auf der Linie Funktion = Zweck = Wert weiterzuverfolgen und alles andere dann über „irdische Unvollkommenheiten" oder „nichtantezipierte Nebenfolgen" abzubuchen. Funktionen werden systemintern nicht einfach durch Werte abgebildet, sie werden vielmehr durch zweiwertige, technisierte, binäre Codes bedient, die einen Kontingenzraum offenhalten, in dem zwangsläufig alles zur Selektion wird und dann erst zur Wertbildung Anlaß gibt. So tritt denn auch die Semantik der Werte in ihrer heutigen Form erst in der Mitte des 19. Jahrhunderts auf, längst nachdem die großen Funktionscodes ihre Systeme unter Kontingenzdruck gesetzt haben. Die Ausdifferenzierung dieser Systeme wird nicht durch den Einheitsgesichtspunkt der Funktion, sondern durch das Differenzschema eines Code ausgelöst. Man kann dies nur adäquat beobachten und nachvollziehen, wenn man von Einheit auf Differenz, von idées directrices auf distinctions directrices umdenkt.

Die Konsequenzen lassen sich anhand der Liste von Eigenschaften voll entwickelter Codes (II, 1–6) durchprüfen. Wenn sich ein Code als funktional geeignet erweist – und die Masse der Codierversuche, vor allem die Moral mit ihrem Code von gut und schlecht, bleibt zurück[19] – entwickelt er einen eigen-

19 Auch das, was Koselleck „Semantik asymmetrischer Gegenbegriffe" genannt hat (z.B. Zivilisation/Barbarei), versagt vor diesem Erfordernis. Solche Gegenbegriffe evoluieren die Gesellschaft nicht, sondern haben nach einiger Zeit nur noch historische Bedeutung. Vgl. Reinhart Koselleck, Zur historisch-politischen Semantik asymmetrischer Gegenbegriffe, in: Ders., Vergangene Zukunft: Zur Semantik geschichtlicher Zeiten, Frankfurt 1979, S. 211–259. Erst recht gilt das für die zahlreichen „Duale", die aus älteren Gesellschaftsformationen bekannt sind. Vgl. für einen Überblick Rodney Needham (Hrsg.), Right and Left: Essays on Dual Symbolic Classification, Chicago 1973. Ein weiteres Beispiel für historisch sich verbrauchende Unterscheidungen bietet die Analyse der Semantik von „Gegendifferenzierungen", mit denen der Liberalismus seit dem Ende

ständigen Kontingenzbereich, der auf der kurzgeschlossenen Selbstreferenz des Codes beruht und eine bestimmte Funktion bedient, etwa Erwartungen für den Konfliktfall sicherstellt (Recht) oder Erkenntniszuwachs wahrscheinlich macht (Wissenschaft). Die funktionale Differenzierung der Codes ist nichts anderes als eine Differenzierung von Differenzen. Sie trennt damit Selektionszwänge, und erst durch Reaktion auf diesen Anreiz entwickeln sich unterschiedliche Funktionssysteme.

Es wäre mithin verfehlt, sich funktionale Differenzierung nach dem Muster der Dekomposition eines Ganzen in Teile vorzustellen, die voneinander relativ unabhängig sind. Von dieser Vorstellung ausgehend, wird man immer wieder zur Beobachtung von „Entdifferenzierungen" gedrängt, da die Interdependenzen bei funktionaler Differenzierung, verglichen mit stratifizierten Gesellschaftsordnungen oder mit Zentrum/Peripherie-Differenzierungen, nicht abnehmen, sondern zunehmen. Die Differenzierung setzt jedoch nicht bei Einheiten an, sondern bei Differenzen. Sie ergibt sich daraus, daß Operationen, die zwischen Recht und Unrecht wählen, sich von denen unterscheiden, die entscheiden, ob und wieviel man zahlen oder nichtzahlen will – und dies, obwohl die Eigentumsordnung und ihre monetäre Integration selbstverständlich auf Recht beruhen. Unterschiedliche Codes führen zu einer unterschiedlichen Qualifizierung von Informationen, weil sie den Informationswert der Information auf unterschiedliche Selektionshorizonte beziehen. Daran schließt eine unterschiedliche Transformation von Unterscheidungen in andere Unterscheidungen an. Wenn sich eine differentielle Codierung durchsetzt, entstehen unterscheidbare Operationen, die ihren Code benutzen und damit festigen. Evolutionstheoretisch reformulierend kann man deshalb sagen, daß die Codierung der Sprache einen immensen „variety pool" öffnet, daß die Codierung besonderer Kommunikationsmedien Selektionen aus deren Bereich favorisiert bzw. defavorisiert und daß sich im Anschluß daran Systeme ausdifferenzieren, die Selektionen restabilisieren, wiederholbar machen und zugleich dadurch bewirkte Möglichkeitsüberschüsse in den variety pool zurückleiten[20].

Forts. Anmerkung 19

des 17. Jahrhunderts gegen die Differenzierungen der stratifizierten Gesellschaft (Familien, Haushalte, Klientelsysteme, Schichten) zu Felde zog. Dazu Stephen Holmes, Differenzierung und Arbeitsteilung im Denken des Liberalismus, in: Niklas Luhmann (Hrsg.), Soziale Differenzierung: Zur Geschichte einer Idee, Opladen 1985, S. 9–41.

20 Im Vergleich zu einer strikt darwinistisch konzipierten Evolutionstheorie ist hier auch Selektion als systeminterner Vorgang und nicht exogen als Selektion durch die Umwelt begriffen. Diese Umkonzipierung, die das Differenzschema Variation/Selektion intakt läßt und übernimmt, hat systemtheoretische Gründe; sie reagiert auf die Entwicklung einer Theorie selbstreferentieller, autopoietisch-geschlossener Systeme.

V.

Den weitläufigen gesellschaftstheoretischen Konsequenzen, die sich von hier aus entfalten lassen, können wir an dieser Stelle nicht nachgehen. Wir beschränken uns auf vier unmittelbar anschließende Skizzen: auf das Problem der Transformation von Paradoxien, die aus der Selbstanwendung des Codes resultieren (V), auf das Problem des Verhältnisses der funktionsbezogenen Codierungen zur Religion (VI), auf die Anfälligkeit aller Codes für einen heimlichen Austausch der Gegenbegriffe (VII) und auf ein Beispiel für die evolutionäre Selektion erfolgreicher unwahrscheinlicher Codierungen (VIII).

Paradoxien sind das genaue Gegenstück zu Tautologien. Sie entstehen, wenn eine selbstreferentielle Operation nicht einfach sich selbst bestätigt, sondern die Selbstbestätigung über die Implikation des Gegenteils laufen läßt. Wo immer ein Positiv/Negativ-Code ausdifferenziert wird und den Anspruch erhebt, alle Operationen eines bestimmten Bereichs mit Einschluß der Codierung selbst zu ordnen, entstehen Paradoxien.

Am bekanntesten sind diejenigen der Erkenntnistheorie, die den Satz „dieser Satz ist unwahr" zulassen muß (wenn sie Universalitätsansprüche erhebt) und nicht zulassen kann. Das Problem wird bekanntlich rein voluntaristisch gelöst: durch Verbot solcher Aussagen und durch Vorschreiben einer Hierarchie von Aussagetypen oder Aussageebenen.

Dasselbe Problem tritt aber auch in anderen Funktionsbereichen auf. So erzeugt jede Zahlung (bei dem Empfänger) Zahlungsfähigkeit und (bei dem Zahlenden) Zahlungsunfähigkeit. Ein System, das nur diesen Operationstypus kennt, muß sich dann konsequent als Einheit von Überfluß und Knappheit erfahren. Da diese Einheit unfaßbar wäre, greift man statt dessen auf Ersatzvorstellungen zurück – etwa auf die Voraussetzung einer „notwendigen" Ungleichverteilung oder, in der theoretischen Reflexion, auf Gleichgewichtstheorien.

Betrachtet man das politische System, dann kann man sich vorstellen, daß es jeder regierenden Partei naheliegt, gegen Prinzip und strukturelle Grundlagen der Opposition in Opposition zu gehen. Andererseits gibt es Oppositionsparteien, die, wie heute die Grünen, am liebsten zugleich an der Regierung und in der Opposition wären. Solches Kollabieren der Differenz muß verhindert werden, wenn gesichert bleiben soll, daß die Politik sich primär an der formalen Differenz von Regierung und Opposition, also am Innehaben leitender Staatsämter und an der Möglichkeit des Wechsels orientiert – und nicht statt dessen einfach an moralisch sich empfehlenden Sachzielen.

Auch das Rechtssystem hat eine alte Tradition der Auseinandersetzung mit der Paradoxie, die aus der Selbstanwendung des Code resultiert. Die Frage lautet dann, ob die Differenz von Recht und Unrecht mit Recht (wieso dann Unrecht?) oder mit Unrecht (wieso dann Recht?) eingeführt ist. Auch hier fehlt es nicht an Ausweichstrategien, die mit zeitgenössischen Anforderungen an plausible Semantik abgestimmt sind. Im Mittelalter konnte man sich (aufgrund antiker Überlieferungen) die Derogation des Rechts durch das Recht im Hinblick auf höheren Nutzen vorstellen[21]. Der Papst zum Beispiel kann sich von seinen eigenen Eiden freisprechen, wenn es um das Wohl der Kirche geht. Im 17. Jahrhundert verlagert man dieses Problem, abgestimmt auf einen neu aufkommenden Individualismus, in die Doktrin der nichtunrechtsfähigen „natürlichen Rechte“, die sich durch Inkaufnahme von Einschränkungen Anerkennung und korrespondierende Verpflichtungen erkaufen können[22]. Sehr bald, mit der sich durchsetzenden Positivierung des Rechts, spielt sich dann die heute, trotz Benjamin[23] noch benutzte Lösung ein, die Paradoxie als „Gewalt“ zu verschlüsseln und dann auf Legitimation zu setzen.

Diese verschiedenen Fallbeispiele lassen sich auf einen gemeinsamen Nenner bringen. In jedem Fall entstehen für den, der ein codiertes System unter dem Gesichtspunkt seiner Einheit beobachtet (und das schließt die Selbstbeobachtung = Reflexion des Systems ein), Paradoxien mit der Folge, daß an diesem Punkt die Operationen des Systems blockiert sind. Es liegt in der Logik solcher Paradoxien, daß sie zugleich vorhanden und nichtvorhanden, zugleich gesehen und nichtgesehen sind. Sie machen es notwendig, sie zu vermeiden, und sie machen das, was dazu verhilft, sie zu vermeiden, notwendig. Die Systeme müssen sich den Durchblick auf je ihr spezifisches Paradox verstellen, sie müssen an dieser Stelle mit genau placierten Unschärfen (Beispiel: „Gewalt“) arbeiten oder mit Geboten (Beispiel: Ebenenhierarchie) oder mit fraglos akzeptierten Wertungen (Beispiel: „Demokratie“ in einem Sinne, der Opposition impliziert). In dem Maße, als moderne Funktionssysteme zur Selbstreflexion befähigt sind, erreicht dieses Problem ein hohes Maß an Durchsichtigkeit – trotz der und gerade im Hinblick auf die Notwendigkeit der Verschlüsselung und des Fragestopps. Man könnte fast von Transparenz der Intransparenz sprechen[24]. Und wenn dies eine Überteibung ist, dann läßt sich jedenfalls feststellen, daß dieser Zusammenhang von Paradoxie und Entparadoxierung nicht länger in die alte semantische Form des „Geheimnisses“ gekleidet wird.

Man kommt also ohne Religion aus, oder man meint es zumindest[25]. Aber warum? Die üblicherweise hier auftauchenden Gründe: daß die Religion seit der Reformation nicht mehr in der notwendigen Eindeutigkeit und Unaus-

21 Vgl. Alessandro Bonucci, La derogabilità del diritto naturale nella scolastica, Perugia 1906.

22 Zu dieser Konstruktion Niklas Luhmann, Die Theorie der Ordnung und die natürlichen Rechte, in: Rechtshistorisches Journal, 3, 1984, S. 133–149.

23 Walter Benjamin, Zur Kritik der Gewalt (1921) – eine Studie zu genau diesem Paradoxieproblem. Zitiert nach: Gesammelte Schriften, Bd. II, 1, Frankfurt 1977, S. 179–203.

24 Oder mit Paul Dumouchel von Rekonstruktion der Realität aus Bekanntem durch Bezug auf Unbekanntes – so: L'ambivalence de la rareté, in: Paul Dumouchel und Jean-Pierre Dupuy, L'enfer des choses: René Girard et la logique de l'économie, Paris 1979, S. 135–254 (234 f.).

25 Vgl. zur Desakralisierung der Paradoxie und Paradoxie der Desakralisation Jean-Pierre Dupuy, Ordres et Désordres: Enquête sur un nouveau paradigme, Paris 1982, insb. S. 157.

weichlichkeit gegeben und daß die moderne Gesellschaft in weiten Bereichen „säkularisiert" sei, reichen nicht sehr weit. Man könnte statt dessen der Frage nachgehen, ob und wie weit auch dies ein Problem der Codierung ist.

VI.

Ohne Zweifel benutzt auch die Religion einen Code. Man kann diesen Code mit dem Begriffspaar Immanenz/Transzendenz bezeichnen. Das macht klar, daß auch hier eine Duplikationsregel zugrundeliegt. Allem weltimmanent gegebenen Sinn wird ein entsprechender transzendenter Sinn zugeordnet. Alles, was „hier" geschieht, kann sich auf einen anderen Sinn beziehen und von da her in veränderter Blickstellung anders gewertet werden. Natürlich geschieht auch dies in der Welt, aber mit einem Verfahren, das Douglas Hofstadter als „strange loop" bezeichnen würde: „Something *in* the system acts *on* the system as if it were outside[26]." Das spezifisch Religiöse liegt darin, daß dieses Verfahren nicht systembezogen, sondern weltbezogen entworfen ist, also nicht einfach die Umwelt eines Systems, sondern eine Nichtwelt der Welt, also eine offene Paradoxie einbezieht.

Eine solche Codierung war zunächst durch einen ontologischen Weltbegriff erleichtert worden, der die Welt als aggregatio corporum, als universitas rerum, als sichtbares Lebewesen, als ein durch eine äußere Sphäre abgeschlossenes Ganzes auffaßte. Das war für eine nur sehr unzulänglich bekannte Welt plausibel gewesen; man konnte, ja mußte davon ausgehen, daß hinter den nie ganz zugänglichen Horizonten dieser Welt andere Realitäten möglich seien. Die vollständige Entdeckung aller Regionen des Erdballs und die wissenschaftliche Forschung haben diese Prämissen aufgelöst und so erst dem Code Immanenz/Transzendenz die Radikalfassung einer Duplikationsregel gegeben. Es kann jetzt nicht mehr um eine Schnittlinie innerhalb des Seins nach Maßgabe der Differenz von zugänglich/unzugänglich gehen, sondern um eine eigentümliche Form der Reflexion anhand einer Unterscheidung, die eben dafür geschaffen ist und nicht eine schon vorhandene Differenz nur richtig wahrnimmt.

Wenn nun dies das Problem ist: Selbstbeobachtung der Welt anhand der immanenten Differenz von Immanenz und Transzendenz: welche Semantiken und welche Systeme entparadoxieren dies Paradox? Wie wird das Kollabieren der Differenz verhindert, wie wird verhindert, daß man einfach Immanenz für transzendent erklärt und sich dann irgendwelchen sozialen Bewegungen – der Freiheit, des Friedens, der Ökologie, der Revolution – anschließt?

Eine Analyse historisch-semantischer Materialien erhärtet den Verdacht, daß das Problem im Verhältnis zur Moral liegen könnte. Eine erfolgreiche Ausdifferenzierung von funktionsbezogenen Codes erfordert eine Differenzierung gegen Moral. Die positiven bzw. negativen Codewerte dürfen nicht mit den

26 Douglas R. Hofstadter, Gödel, Escher, Bach: An Eternal Golden Braid, Hassocks,Sussex 1979, S. 691.

moralischen Werten gut und schlecht gleichgesetzt werden, weil sonst keine Differenzierung von Codierung und Programmierung möglich ist. Es darf zum Beispiel nicht moralisch negativ bewertet werden, wenn man sich um den Nachweis einer Unwahrheit oder um den Nachweis von Unrecht bemüht. Die Ausdifferenzierung von funktionsbezogenen Codes hat deshalb ein Umwerten traditionaler Wertesemantiken erfordert, wie man an Themen wie curiositas oder Pleonexie ablesen kann. Die Funktionssysteme codieren sich auf einer Ebene höherer Amoralität.

Eine solche Distanz zur Moral ist unerläßliche Bedingung für ein Erfordernis, das man *situative Beweglichkeit* nennen könnte. Eine hinreichende Differenzierung von Codes, Semantiken und Systemen ist nur erreichbar, wenn man die Zuordnung von Kommunikationen zu Codes fallweise nach Maßgabe der konkreten Situationen vornehmen kann, wobei die Situation dann zugleich durch diese Zuordnung als wirtschaftliche, rechtliche, politische, wissenschaftliche usw. definiert wird. Nicht „natürliche“ Vorgabe, wohl aber Trennbarkeit von codespezifisch definierbaren Situationen ist Voraussetzung einer hinreichenden Differenzierung evolutionär unwahrscheinlicher und dadurch empfindlicher Codierungen. Die Moral, die Achtungserweise unter Menschen reguliert, tendiert dagegen immer zur Hochrechnung von Merkmalen auf konkrete Personen und damit zur Entdifferenzierung von Situationen; oder mit anderen Worten: Moral tendiert dazu, zu weitgehende strukturelle Konsequenzen aus ihrem eigenen Differenzschema zu ziehen, sie erzeugt damit Streit, so wie sie selbst polemogenen Ursprungs zu sein scheint[27]. Zu den Unwahrscheinlichkeiten evolutionär avancierter Codierungen gehört aber Vorsorge für situative Beweglichkeit, und das bringt sie unvermeidlich in Distanz zur Moral.

Für die Religion scheint dies schwierig, wenn nicht unmöglich zu sein. Zumindest in ihrer europäischen Tradition hatte sie sich auf den Schematismus Heil und Verdammnis (oder: Himmel und Hölle) festgelegt, der eine moralische Qualifikation voraussetzt. Immer wieder hat es zwar Versuche gegeben, diesen Code mit dem von Immanenz und Transzendenz zu kombinieren, weil schließlich die Religion bereits ausdifferenziert ist und sich nicht ohne weiteres dem moralischen Urteil der Welt anschließen kann. So kommt für die Gerechten wie für die Sünder das Jüngste Gericht nach Mt. 25,31 ff. (der Text verrät bereits die Handschrift der Theologen) als Überraschung. Nachdem der Text die Überraschung verraten hat, legt man auf Mitwirkung (wenn nicht: Alleinwirkung) von Gnade wert. Außerdem werden Zweitcodierungen angeboten: Der Sünder muß seine Sünden bereuen, der Gerechte muß wissen, daß auch er trotz aller Bemühung Sünder ist. Die Code-Paradoxie wird internalisiert. Aber all das basiert bei aller Modifikation auf den Grundan-

27 Daß die Reflexionstheorien der Moral, die Ethiken, dies übergehen und nicht hinreichend vor Moral warnen, verstärkt nur diese Eigenart. Der Grund dafür ist: daß Reflexionstheorien ihre Codes entparadoxieren müssen und deshalb in diesem Falle die Einsicht nicht zulassen können, daß die Moral zugleich gut und schlecht ist.

nahmen einer moralischen Differenz. Nachdem aber spätestens seit dem 18. Jahrhundert Hinweise auf die Hölle und auf ewige Verdammnis unglaubwürdig geworden sind, ist die Verlegenheit offenkundig. Die Codierung Immanenz/Transzendenz gibt nicht zureichend an, wie Informationen auf diese Werte zu beziehen sind, und die Theologen sind in der Gefahr, den gerade aktuellen gesellschaftlichen Moralmoden aufzusitzen und den neuen sozialen Bewegungen hinterherzulaufen.

Vielleicht ist es aber kein Zufall, daß gerade dort, wo die Formulierung der Paradoxie gelingt, die Programmierung des Richtigen mißlingt. Kein anderes Funktionssystem kann die Einheit seines Code formulieren, es würde damit bei einer Tautologie oder bei einer Paradoxie landen, die es sich selbst verbieten muß. Die Religion kann dafür auf ihren Gottesbegriff verweisen (mit Einschluß von Inkarnation, wenn nicht in trinitarischer Interpretation). Sie versucht, mit Vorstellungen wie „Offenbarung" einen Brückenschlag hin zur Welt, in der man zwischen richtig und falsch unterscheiden muß. Aber dann beginnen die Schwierigkeiten – und vielleicht die Notwendigkeit, die Programmierung des Richtigen den Funktionssystemen oder dem Protest gegen sie zu überlassen.

VII.

Unterscheidungen werden benutzt, um das eine (und nicht das andere) zu bezeichnen und als Ausgangspunkt für weitere Operationen zu benutzen[28]. Darin steckt aber zugleich eine Gefahr, eine Art Falle. Man kann das, was bezeichnet worden ist, festhalten, aber das, wovon es unterschieden worden ist, heimlich austauschen. Man übersetzt dann eine scheinbar identische Bezeichnung in den Kontext einer anderen Unterscheidung, wodurch sie, oft unvermerkt, einen anderen Sinn erhält. Man spricht zum Beispiel im 18. Jahrhundert nach wie vor von civilitas (seit Mitte des Jahrhunderts auch: Zivilisation), meint als Gegenbegriff aber nicht mehr Barbarei, sondern Natur[29].

Die Umstellung der alteuropäischen Semantik auf neue Verhältnisse im 18. Jahrhundert scheint sich unter anderem dieser Technik der Substitution anderer Unterscheidungen bei festgehaltenen Bezeichnungen bedient zu ha-

28 Auf der Einheit dieser Grundoperation des Unterscheidens und Bezeichnens (distinction, indication) beruht die formale Eleganz der Logik von George Spencer Brown, a.a.O.

29 Vgl. Diderots Supplément au Voyage de Bougainville, zit. nach Œuvres, éd. de la Pléiade, Paris 1951, S. 993–1032, oder, weniger berühmt, Louis-Sébastien Mercier, L'homme sauvage, histoire traduite de ..., Paris 1767. Zu den daraus resultierenden Ambivalenzen, die Wilden betreffend, vgl. an neueren Arbeiten auch Alfonso M. Iacono, Il Borghese e il Selvaggio, Milano 1981; Eberhard Berg, Zwischen den Welten: Über die Anthropologie der Aufklärung und ihr Verhältnis zur Entdeckungs-Reise und Welt-Erfahrung mit besonderem Blick auf das Werk Georg Forsters, Berlin 1982.

ben[30]. Auf diese Weise läßt sich die Kontinuität eines Kommunikationszusammenhanges bei Diskontinuität seiner Sinnbezüge wahren, und Mißverständnisse können eine zeitlang als Verständnisse behandelt werden, bis man an den Konsequenzen merkt, wohin man geführt worden ist. Das kann zu bedeutenden oder zu fragwürdigen Theorieinnovationen führen – so wenn „System" nicht mehr im Sinne von Ganzheit genommen und von Teilen unterschieden, sondern einer Umwelt entgegengesetzt wird; oder wenn „Gesellschaft" plötzlich nicht mehr von Einzelnen unterschieden wird, sondern von Staat oder dann von Gemeinschaft. Sehr irritierende Formen solcher Unterscheidungssubstitutionen stellen sich ein, wenn die Bezeichnungen moralisch aufgeladen werden und dann in einem Gegensatz von gut und schlecht operieren. Die positive oder negative Ladung von Bezeichnungen ermöglicht es dann, zu signalisieren und zu erkennen, welcher Gruppe derjenige angehört, der die Bezeichnung verwendet, und die Regulierung der Anschlußkommunikation erfolgt dann über eine soziale, nicht über eine sachliche Unterscheidung[31].

Als „Kapitalismus" wird dann nicht mehr eine Wirtschaftsordnung bezeichnet, in der man auch über Kapitalinvestition unter Gesichtspunkten der Wirtschaftlichkeit entscheidet, sondern etwas, wogegen man sein muß, wenn man auf Verständigung mit dem, der diesen Ausdruck gebraucht, Wert legt. Wer bockig genug ist, an der sachlichen Unterscheidung festzuhalten, kann dann gerade diese benutzen, um sozialen Dissens zu markieren. (es empfiehlt sich dabei die Kommunikationsstrategie mancher Popperianer: so zu tun, als könne man nicht verstehen, was gemeint sei, also auf die Metadifferenz Verstehen/Nichtverstehen auszuweichen, um die Moral zu demoralisieren.)

Im vorliegenden Zusammenhang interessiert jedoch vor allem, daß die Codes der Funktionssysteme gegen derartige Deformierungen weitgehend immunisiert worden sind. Wert und Gegenwert sind zu stark verknüpft, und die Programme – Theorien oder Wirtschaftsunternehmen, Rechtsgesetze oder Politikformen – sind zu sehr auf bestimmte Codes spezialisiert, als daß man, ohne aufzufallen, Gegenbegriffe austauschen könnte. Man kann es natürlich – kann zum Beispiel Kernkraftwerke nicht wegen ihres Sicherheitsrisikos oder wegen ihrer Unwirtschaftlichkeit ablehnen, sondern deshalb, weil sie dem Kapitalismus dienen[32]; aber das wird dann nur noch als Affirmation des eigenen Standpunktes und als Ablehnung von Gegnern wahrgenommen und liefert in diesem Sinne keine Information mehr.

Es scheint, daß in dieser Situation eine generalisierte Ablehnung codierter Informationsverarbeitung Chancen hat, die in der Gesellschaft aus der Ab-

30 In einem laufenden Forschungsprojekt untersucht Stephen Holmes solche Fälle von „antonym substitution" als Formen der Konsolidierung einer nicht mehr ständischen liberalen Terminologie.

31 Vgl. dazu Robert K. Merton, Insiders and Outsiders: A Chapter in the Sociology of Knowledge, in: American Journal of Sociology, 78, 1972, S. 9–47.

32 Siehe nur: Rainer Eckert, Ökologie – Ökonomie – „Grenzen des Wachstums", Frankfurt 1978.

lehnung der Gesellschaft lebt. Gleichsam als Parasit im Sinne von Michel Serres[33]. Oder auch als eine neue, semantisch noch nicht formierte Art von Religion, in der das „Ich" des Individuums den Platz der Transzendenz besetzt, und mit einem „strange loop" erreicht, daß „something *in* the system acts *on* the system as if it were outside"[34], und die Frage nach der religiösen Einheit von Immanenz und Transzendenz nicht mehr mit „Gott" beantwortet wird.

VIII.

Wie schon angedeutet, wird es eine Frage der Evolution (und daher unprognostizierbar) sein, welche Codierungen auf längere Sicht sich halten und Informationsverarbeitungen dirigieren, also Funktionssysteme bilden können. Spektakuläre technische Erfolge haben vor allem das Recht (als Codierung von Macht) und das Geld (als Codierung von Eigentum) aufzuweisen. Auch der Selektionscode des Erziehungssystems, der Karrieren dirigiert, muß als in diesem Sinne erfolgreich gelten[35]. In all diesen Fällen sind im Anschluß an codierte Kommunikation hochkomplexe Systeme entstanden, die in zunehmendem Maße Schwierigkeiten haben, ihre eigene Komplexität zu kontrollieren. Wir gehen der Frage, was daraus wird, nicht weiter nach.

Ein Sonderproblem, das uns abschließend beschäftigen soll, bietet die Codierung politischer Macht. Hier haben sich zwei verschiedene Formen herausgebildet. Der traditionelle Code hierarchisiert die politische Macht und fixiert mit Hilfe einer Ämterstruktur überlegene und unterlegene Macht. Dabei wird die unterlegene Macht in den modernen Staaten semantisch nicht mehr „feudalistisch" als selbständige Macht konstruiert, sondern als delegierte Macht, die sich „letztlich" aus dem Willen des Volkes herleitet. Eine solche Ordnung erfordert Strukturen, die es hinreichend plausibel machen, daß „das Volk herrscht", insbesondere politische Wahlen. Der Code fixiert aber gleichwohl in vielen Fällen nur die Differenz von oben und unten.

In den sogenannten „westlichen" Demokratien hat sich auf der Basis einer solchen Ordnung des Staates zusätzlich eine Art Supercodierung entwickelt, die die Spitze der Ämterhierarchie nochmals binär codiert mit Hilfe des Schemas Regierung/Opposition. Dies Schema bezieht sich auf die Besetzung der höchsten Staatsämter (Parlament und Regierung) und sieht für diese Besetzung kontinuierlich mehr als nur eine Möglichkeit vor. In einer solchen Ordnung stehen dauerhaft regierungsfähige, aber derzeit nicht regierende Gruppierungen

33 Le Parasite, Paris 1980, dt. Übers. Der Parasit, Frankfurt 1981.

34 Hofstadter, a.a.O.

35 Speziell hierzu Niklas Luhmann, Codierung und Programmierung: Bildung und Selektion im Erziehungssystem, in: Heinz-Elmar Tenorth (Hrsg.), Allgemeine Bildung: Analysen zu ihrer Wirklichkeit, Versuche über ihre Zukunft, Weinheim 1986, S. 154–182. In diesem Band S. 182–201.

bereit, um eine Alternative für die derzeit amtsführende Politik anzubieten. Dabei wird die Differenz auch semantisch auf Dauer gestellt, sei es formal durch den Gegensatz von rechts und links, sei es inhaltlich durch die Unterscheidung konservativer und progressiver Richtungen. Es muß vorausgesetzt werden, daß diese Supercodierung nach dem Schema Regierung/Opposition die Regierungsfähigkeit, das heißt: die Möglichkeit des Einsatzes politischer Macht zur Erzeugung kollektiv bindender Entscheidungen, nicht beeinträchtigt. Einerseits darf die regierende Mehrheit durch die Möglichkeit, bei unliebsamen Entscheidungen ihre Position zu verlieren, nicht entscheidungsunfähig werden. Andererseits kommen für die Rolle der Opposition nur jederzeit regierungsfähige Parteien in Betracht und nicht zum Beispiel (man denke an den polnischen Versuch) Gewerkschaften.

Diese Darstellung wird sich zunächst wie eine triviale Beschreibung allgemein bekannter Sachverhalte lesen – wenn man nicht beachtet, daß damit eine evolutionär extrem unwahrscheinliche Codierung beschrieben ist. Die Unwahrscheinlichkeit besteht darin, daß die Spitze einer Hierarchie, die Garantie der Einheit des Systems, der Kontingenz ausgesetzt wird, und zwar nicht im Hinblick auf eventuelle politische Fatalitäten, gegen die man sich ratione status zu wehren habe, sondern strukturell und dauerhaft. Als Einheit des politischen Systems kann dann nur noch diese Differenz gelten, und die Beschreibung des politischen Systems als „Staat" wird dadurch mediatisiert.

Historisch ist die Neuerung im Kampf gegen die „Despotie" des absoluten Staates eingeführt worden, und entsprechend beherrscht diese Unterscheidung von absoluten (totalitären, diktatorischen) und demokratischen (pluralistischen, freiheitlichen) politischen Ordnungen noch immer unser Denken. Vielleicht wäre hier eine Gegenbegriffssubstitution an der Zeit. Jedenfalls behindert eine ideologisch moralische Kontrastierung die Einsicht in die eigentümlichen Risiken und Probleme einer Supercodierung der politischen Macht nach Regierung und Opposition, und man begnügt sich allzu rasch mit der befriedigenden Feststellung, zum Glück unter dem Regime einer freiheitlichen Demokratie zu leben. Es kann dann durchaus sein, daß man strukturelle Bedingungen der Möglichkeit einer Codierung nach Regierung/Opposition übersieht und verspielt – nicht zuletzt dadurch, daß man sich allzu sehr auf das Verfassungsgesetz verläßt.

Zu den unerläßlichen Grundlagen der Codierung Regierung/Opposition gehört, wie bei allen gewagteren Codierungen, eine hinreichende Distanzierung von Moral. Regierung und Opposition dürfen sich nicht mit moralischen Vorwürfen bekämpfen, weil moralische Depravierung hieße: der anderen Seite die Wählbarkeit und die Regierungsfähigkeit zu bestreiten[36]. Es ist keine Frage, daß diese Bedingung in einer Fernsehkultur schwer (oder nur hinter

36 Vgl. hierzu der Sache nach, wenn auch nicht mit der Intention auf höhere Amoralität, Talcott Parsons, „McCarthyism" and American Social Tension: A Soziologist's View, in: Yale Review, 1955, S. 226–245; unter dem Titel Social Strains in America, in: Ders., Structure and Process in Modern Society, New York 1960, S. 226–247.

den Kulissen) einzuhalten ist. Um so mehr ist der Hinweis angebracht, daß hier Disziplinierung zu verlangen wäre und immer wieder die Möglichkeit verschenkt wird, demokratische Gesinnung auszudrücken. Die Rede von „inneren Feinden" ist eine Eigenart östlicher „Demokratien" und mit den Anforderungen an die Codierung Regierung/Opposition nicht in Einklang zu bringen.

Eine zweite, fast noch wichtigere Bedingung ist: daß die Parteienkonkurrenz in der Lage sein muß, wichtige Themen der Politik zu erfassen, zu spalten und zur Wahl zu stellen. Dies ist, wie man immer wieder sieht, mit der Grundwerteausrichtung der Parteiprogramme ebensowenig zu schaffen wie mit einem schematischen Opponiergehabe bei jedem sich bietenden Anlaß. Angesichts einer traditionellen sozialpolitischen Differenzcodierung ist es bisher nicht gelungen, die wichtigen ökologischen Themen in die Parteienkonkurrenz einzubauen[37]. Mit gewissen Annäherungen zwischen SPD und Grünen könnte sich hier eine Änderung anbahnen, aber noch scheint keine große Partei bereit zu sein, ihre Differenz zu anderen auf der Linie primär ökologische/primär ökonomische Politik zu strukturieren. Alle wollen immer alles anbieten mit der Folge, daß die zentralen politischen Differenzen in den Flügelkämpfen der Parteien intern ausgetragen werden müssen und öffentlich als Uneinigkeit, Dissens, Streit usw. beschimpft werden.

Unterhalb aller Verfassungsfragen gibt es derzeit mithin deutliche Tests der evolutionären Haltbarkeit dieses unwahrscheinlichen Codes Regierung/Opposition und manche Anzeichen, die bedenklich stimmen könnten. Auch wenn es weiterhin gelingt, die codeimmanenten Paradoxien zu entschärfen, das heißt zu verhindern, daß die regierende Partei gegen das Prinzip der Opposition in Opposition geht oder daß Oppositionsparteien zugleich in der Opposition und an der Regierung sind, hängt die Bewährung dieser Codierung von vielen weiteren Voraussetzungen ab. Nicht zuletzt muß die unter (III) erörterte, prekäre leichte Asymmetrisierung institutionalisiert werden können. Es muß für die Parteien zwar erstrebenswert sein, an der Regierung und nicht in der Opposition zu sein; aber zugleich darf vom Publikum nicht erwartet werden, daß es diese Präferenz teilt und nur eine der Parteien für regierungsfähig hält. An der Delikatheit solcher Zumutungen läßt sich die Unwahrscheinlichkeit dieser distinction directrice ablesen und zugleich erkennen, was verloren gehen würde, wenn man die politische Macht rehierarchisieren und auf die einfache Differenz von mächtig und ohnmächtig zurückführen würde.

Dies Beispiel lehrt im übrigen, daß die Frage der Codierung sich im typischen Falle nicht als eine einfache Ja/Nein-Entscheidung stellt, sondern daß es in erster Linie auf die semantische Form ankommt. Diese kann ins evolutionär Unwahrscheinliche, Riskante, Folgenreiche getrieben werden, ohne daß das Resultat nach heutiger Auffassung unisono als „Fortschritt" begrüßt werden könnte. Dimensionen dieser Unwahrscheinlichkeit sind vor allem: 1. Dif-

37 Vgl. dazu Peter Graf Kielmansegg, Politik in der Sackgasse? Umweltschutz in der Wettbewerbsdemokratie, in: Heiner Geißler (Hrsg.), Optionen auf eine lebenswerte Zukunft: Analysen und Beiträge zu Umwelt und Wachstum, München 1979, S. 37–56.

ferenzierung der Codes gegeneinander, Entlastung von wechselseitigen Implikationen; 2. Distanzierung gegenüber alltäglichen, manche sagen „naturwüchsigen“, Primärmeinungen und normalen Reaktionsweisen; 3. Distanzierung gegenüber Moral; und 4. Technizität des Codes im Sinne einer Erleichterung des Übergangs von Wert zu Gegenwert und zurück. Man kann es als eine Eigenart der modernen Gesellschaft ansehen, daß Entwicklungen dieser Art sehr weit fortgeschritten sind und daß sich Folgeinstitutionen darauf eingestellt haben; aber auch: daß die Unwahrscheinlichkeit, Riskiertheit und Technizität dieser Regulierungen in der Gesellschaft beobachtet und als ungemütlich empfunden werden. Eine unübersehbare Literatur etabliert sich auf dieser Ebene der Beobachtung von Beobachtungen[38]. Was auf dieser Ebene an Gesellschaftstheorie produziert wird, kann sich in der Gesellschaft gegen die Gesellschaft äußern und reproduziert die Unwahrscheinlichkeit der Codierungen in der Form einer Kritik, die die Bedingungen ihrer eigenen Möglichkeit nicht mehr einholen kann[39]. Die merkwürdige Semantik des „a priori“ und ihr Wiedereintauchen in die Geschichte ist eine der Lösungen, die dieser Diskurs entwickelt hat. Wenn man auch dies noch beobachtet, dann fällt vor allem auf, daß bei jeder Beobachtung von Beobachtungen Einsichtsgewinn durch Einsichtsverlust erzielt wird. Das, was für die codierten Operationen als Notwendigkeit erscheint (weil es die Paradoxien der Selbstreferenz ihres Codes auflöst), erscheint dem Beobachter als kontingent (und sei es nur: weil er diese Funktion der Entparadoxierung erkennen kann). Die auf dieser Ebene des Beobachtens formulierte Gesellschaftstheorie, und eine andere gibt es nicht, ist dann keine gegenstandsadäquate Erkenntnis; sie hat weder die Möglichkeit, Handlungsrezepte zu entwickeln, noch die Möglichkeit, Gründe für Handlungen zu prüfen. Sie ist eine eigentümliche Form der Reduktion von Komplexität, die in der Gesellschaft für Zwecke ihrer Selbstbeobachtung entwickelt wird und die gesellschaftliche Evolution über Kommunikation beeinflussen kann.

38 Inzwischen gibt es dazu bereits eine dritte Ebene der Beobachtung von Beobachtungen von Beobachtungen: die Kommentierung von Literatur, die sich mit der kritischen Beschreibung von codierten Operationen der gesellschaftlichen Realität befaßt, etwa der Literatur vom Typus Hegel oder Marx. Der vielleicht kompetenteste Beobachter dieser dritten Ebene ist heute wohl Jürgen Habermas. Siehe besonders: Der philosophische Diskurs der Moderne: Zwölf Vorlesungen, Frankfurt 1985.

39 Ein früher Beobachter dieses Sachverhalts ist Simon-Nicolas-Henri Linguet, Le Fanatisme des philosophes, London-Abbeville 1764.

Die Differenzierung von Politik und Wirtschaft und ihre gesellschaftlichen Grundlagen

I. Die Last der Geschichte

Alle Interpretationen der Gesellschaft sind geschichtlich bedingt. Sie sind Gegenstand einer historischen Semantik. Für die moderne Gesellschaft ist diese Semantik in der zweiten Hälfte des 18. Jahrhunderts geformt worden[1]. Sie ist seitdem zwar vielfältig modifiziert, aber nicht grundlegend geändert worden. Das gilt in besonderem Maße für diejenigen Theorien, die Politik und Wirtschaft beschreiben und die in der Trennung dieser beiden Bereiche, aber auch in ihrem Zusammenspiel, in der „politischen Ökonomie", das Wesen der modernen Gesellschaft zu erfassen suchen. Auch die „Kritik der politischen Ökonomie" durch Karl Marx bewegt sich innerhalb dieser historischen Semantik. Der Neuheitsgehalt dieser Theorie wird zumeist überschätzt. Jedenfalls war die Gleichsetzung von Wirtschaft und Gesellschaft lange vor Marx üblich geworden, und die daraus folgende Unterschätzung des Politischen wurde sehr bald nach Marx wieder korrigiert.

Irgendwann wird aber jede historische Prägung des Denkens obsolet. Von Zeit zu Zeit sollte man deshalb überprüfen, ob die etablierten Grundlagen des Denkens auf die gegenwärtigen Verhältnisse noch passen oder ob sie ersetzt werden müssen. Es kann sein, daß die Tradition immer weniger in der Lage ist, gegenwärtigen Erfahrungen Rechnung zu tragen. Es kann auch sein, daß innerhalb der Theoriediskussion bessere Möglichkeiten entwickelt werden. Die folgenden Überlegungen gehen davon aus, daß heute beides zutrifft. Einerseits ist die moderne Gesellschaft heute viel mehr als vor zweihundert Jahren mit ihrer eigenen Wirklichkeit konfrontiert. Sie zögert, ihre eigene Fortschrittlichkeit zu bejahen. Sie sieht viel mehr ungelöste, wenn nicht unlösbare Probleme als Folgen ihrer eigenen Struktur. Andererseits sind aber auch die theoretischen Möglichkeiten, dies zu begreifen, entschieden verbessert worden. Es ist daher notwendig und möglich, der üblichen politisch-ökonomischen Beschreibung der Gesellschaft mit Distanz gegenüberzutreten.

Das 18. Jahrhundert hatte ein neues Denken über die moderne Gesellschaft mit der Unterscheidung von Natur und Zivilisation begonnen (eine Unterscheidung, die ihrerseits die alte Unterscheidung von Natur und Gnade durch Austausch des Gegenbegriffs zu Natur ersetzt). Dabei war das Hauptproblem die Erklärung von Ungleichheit als unnatürliche, aber notwendige Struktur der

1 Dies ist die zentrale These des Lexikons Geschichtliche Grundbegriffe: Historisches Lexikon zur politisch-sozialen Sprache in Deutschland, Stuttgart, ab 1972.

modernen Zivilisation. Hierfür wurden jetzt *zwei* (und nicht mehr nur eine) Erklärungen angeboten. Die noch lateinisch schreibende deutsche Naturrechtslehre sprach von imperium und dominium als unterschiedlichen Formen der Erzeugung notwendiger Ungleichheit. Die Reformbewegung der Physiokraten unterschied force und propriété in der Absicht, auch die Handhabung der öffentlichen Gewalt nach den „natürlichen Gesetzen" der Eigentumsverwaltung zu ordnen. In England hatte sich schon längst die Unterscheidung von government und society eingebürgert. Sie wurde vor allem durch Adam Smith durch Gleichsetzung von Zivilisation mit Arbeitsteilung in Richtung auf eine Theorie der „commercial society" entwickelt.

Dieser politisch-ökonomische Dualismus trug einer faktisch durchgesetzten Differenzierung von Geldwirtschaft auf der einen Seite und rechtlich geordneter Machtpraxis auf der anderen Seite Rechnung. Er bot gute Ausgangspunkte für die Formulierung separater Reflexionstheorien für beide Bereiche. Erstmals in der Geschichte entsteht eine nationale bzw. internationale ökonomische Theorie, die nicht mehr an die Hauswirtschaft gebunden ist, sondern Produktion wie Konsum als Annex des Marktgeschehens begreift. Erstmals in der Geschichte entsteht, davon getrennt, eine politische Theorie als Theorie des modernen Verfassungsstaates, die nicht mehr die (von Hegel dann wieder aufgenommene) Ambition hat, die gesellschaftliche Gesamtheit der menschlichen Verhältnisse zu beschreiben.

Von dieser Ausgangslage herkommend, haben sich ökonomische Theorie und politische Theorie zu hoher Eigenständigkeit entfaltet. Bei allen Abstraktionsgewinnen, vor allem in der ökonomischen Theorie, wurde die Orientierung an den praktischen Erfordernissen von Politik bzw. Wirtschaft gepflegt. Bei allen theoretischen Innovationen wurde die Verpflichtung auf normative und evaluative Prämissen des jeweiligen Bereichs respektiert. Weiter fällt auf, daß beide Theoriebereiche sich an jeweils eigenen Leitdifferenzen orientierten, nämlich Markt und Planung auf der einen und Demokratie und Staat auf der anderen Seite. Die Formulierung des Theorieproblems als (jeweils eigene) Differenz bot eine Chance, innerhalb dieser Differenz der jeweils anderen Seite Rechnung zu tragen. So konnte in der Wirtschaftstheorie der Staat als Träger von Planungen berücksichtigt werden und bei Planungsbedarf auf den Staat zurückgegriffen werden, während das Schema Demokratie/Staat der politischen Theorie die Chance bot, den Druck wirtschaftlicher Interessen auf den Staat im Begriff der Demokratie zu kanalisieren und zu legitimieren. Zugleich war aber durch die Unterscheidung dieser Leitdifferenzen die Eigenständigkeit der wirtschaftlichen bzw. politischen Theoriebildung garantiert, und keine konnte auf die andere zurückgeführt werden. Keine konnte sich selbst als Theorie des umfassenden Systems der Gesellschaft etablieren.

Es wird auf Anhieb erkennbar sein, wie stark auch die heutige Diskussion der Probleme von Wirtschaft und Politik diesem Denken noch verpflichtet ist. Gewisse Ermüdungserscheinungen sind erkennbar, zum Beispiel am Verzicht auf klare Optionen für Extrempositionen wie reine Marktwirtschaft oder schrankenlose Demokratie. Auch sind die Theorien, nicht zuletzt unter dem Druck praktischer Engagements, komplexer geworden. Seit einiger Zeit läßt sich ferner ein eigentümliches Phänomen von Selbstreferenz beobachten. Man fragt sich, was es für ein System bedeutet, wenn eine Theorie dieses Systems in das System eingeführt und in ihm zur Grundlage praktischen Handelns wird. Muß dann eine neue Theorie entstehen, die ein System beschreibt, das sich nach einer älteren Theorie richtet und eben dadurch diese Theorie diskreditiert? Man hat dieses Problem, wenn eine Wirtschaft nach den Vorstellungen von Keynes gesteuert wird und sich eben darauf mit Inflationserwartungen einzustellen beginnt. Man findet es aber auch in den Verfassungstheorien, die bemerken, daß die Verfassung als Realisierung der Unterscheidung von Staat und Gesellschaft geschrieben ist, während heute diese Unterscheidung weithin als obsolet gilt. Heißt Theoriewechsel dann gleichsam automatisch: größere Freiheiten der Verfassungsinterpretation?

Bei all dem blieben die eigentümlichen Parallelen oder gar Isomorphien zwischen ökonomischer und politischer Reflexion unbeachtet. Vor allem aber blieb ungeklärt, wie denn die *Einheit* der Gesellschaft zu denken sei, die in so heterogene Bereiche wie Wirtschaft und Politik gegliedert ist. Die Faszination durch diese Differenz verdeckte zugleich die Frage nach der Einheit der Differenz. In gewissem Maße hat man versucht, dieser Schwäche durch Dominanzbehauptungen abzuhelfen. So gilt in der ortho-marxistischen Theorie die kapitalistische Wirtschaft als dominant und der Staat nur als Exekutionsinstrument der Kapitalisten. Neuere Theorien des Wohlfahrtsstaates sehen dagegen umgekehrt die Aufgabe der Politik in der Regulierung der Wirtschaft (wenn nicht sogar: der Gesellschaft) mit der Konsequenz, daß die Politik wiederum eine Spitzenposition in der Gesellschaft einnimmt.

In gewissem Umfange hat auch die beginnende Soziologie versucht, die polit-ökonomischen Diskussionen der „Gesellschaftswissenschaft" des 19. Jahrhunderts hinter sich zu lassen und die soziologische Forschung auf eigene Füße zu stellen. Das geschah zum Beispiel mit Betonung der Momente Kultur, Wissen, Sozialisation, aber auch, bei Max Weber und bei Vilfredo Pareto zum Beispiel, mit Zweifeln an dem Rationalitätsanspruch der Moderne. Dies hat jedoch bisher nicht zu einer Gesellschaftstheorie neuen Typs geführt. Diese Theorie müßte einerseits die funktionale Spezifikation und die hohe Eigenständigkeit der Systeme für Wirtschaft und für Politik anerkennen, müßte aber andererseits die Frage nach der Einheit der Gesellschaft trotzdem im Auge behalten und beantworten können. Diese Aufgabenstellung führt in ihrer Konsequenz dazu, die moderne Gesellschaft als ein funktional differenziertes System zu beschreiben.

II. Funktionale Differenzierung

Eine Gesellschaft kann als funktional differenziert bezeichnet werden, wenn sie ihre wichtigsten Teilsysteme im Hinblick auf spezifische Probleme bildet, die dann in dem jeweils zuständigen Funktionssystem gelöst werden müssen. Das impliziert einen Verzicht auf eine feste Rangordnung der Funktionen, weil man nicht ein für allemal festlegen kann, daß Politik immer wichtiger ist als Wirtschaft, Wirtschaft immer wichtiger als Recht, Recht immer wichtiger als Wissenschaft, Wissenschaft immer wichtiger als Erziehung, Erziehung immer wichtiger als Gesundheit (und dann vielleicht zirkulär: Gesundheit immer wichtiger als Politik?). An die Stelle einer solchen Rangordnung, wie sie im indischen Kastensystem oder auch in spätmittelalterlichen Ständeordnungen vorgesehen war, tritt die Regel, daß jedes Funktionssystem der eigenen Funktion den Primat gibt und von diesem Standpunkt aus andere Funktionssysteme, also die Gesellschaft im übrigen, als Umwelt behandelt.

Eine Gesellschaftsordnung dieses Typs hat sich erstmals im Übergang zur Neuzeit durchsetzen können. Das deutet schon darauf hin, daß es sich um eine relativ späte, evolutionär voraussetzungsvolle und strukturell hoch unwahrscheinliche Ordnung handelt. Sie erfordert ein hohes Maß an Ausdifferenzierung und funktionale Autonomie der Teilsysteme, verzichtet auf eine starre Regulierung des Verhältnisses dieser Systeme zueinander, ersetzt also generell Intersystembeziehungen durch System/Umwelt-Beziehungen, also „strict coupling" durch „loose coupling"[2]. Eben dies macht es schwierig, die Gesellschaft als Einheit in der Gesellschaft noch zu erkennen, ganz zu schweigen davon, sie zu repräsentieren. Man trifft nur auf die Funktionssysteme. Jedes von ihnen bestimmt seinen Platz in der Gesellschaft selbst und realisiert eben dadurch Gesellschaft. Jedes von ihnen beschreibt das eigene Verhältnis zur Gesellschaft als Beziehung von System und Umwelt in der Gesellschaft. Aber diese Beschreibungen können nicht konvergieren, da für jedes Funktionssystem die Umwelt, und damit die Gesellschaft, anders aussieht.

Diese Eigenart funktionaler Differenzierung erklärt sehr gut, daß im Übergang zur modernen Gesellschaft keine zureichende Beschreibung des Geschehens gefunden werden konnte, denn die dafür zuständigen Positionen – sei es des Adels an der Spitze des System, sei es des städtisch-kultivierten Lebens als Zentrum des System – wurden durch den Übergang selbst destruiert und nicht ersetzt. Ersatzvorstellungen – etwa die der Vernunftaufklärung und des Neuhumanismus, die Vorstellung eines teils aufklärerischen, teils technisch-industriellen Fortschritts oder die Vorstellung einer aufsteigenden bürgerlichen Klasse – besetzten diese Lücke, konnten sich aber in unserem Jahrhundert nicht mehr halten. Das gleiche gilt für die Faszination durch die Unterscheidung von „Staat und Gesellschaft", das heißt durch die Differenz von Politik und Gesellschaft. Wir haben es heute mit Rudimenten dieser Versuche zu tun, die schon oft kritisiert und dann wieder neu verleimt, zerstört und dann als unentbehrlich wiederhergestellt worden sind. Nicht zuletzt deshalb findet man derzeit eine verbreitete Skepsis im Hinblick auf die Möglichkeit überzeugender Gesellschaftstheorien und, als Konsequenz, Vorstellungen über „postindustrielle" oder gar „postmoderne" Gesellschaft, die aber mit ihren theoretischen Unzulänglichkeiten nur in Ermangelung besserer Deutungsangebote und jeweils nur sehr kurzfristig, als intellektuelle Mode gleichsam, ein gewisses Aufsehen erregen.

2 Vgl. hierzu Karl Weick, The Social Psychology of Organizing, 2. Aufl., Reading Mass. 1979.

Mein Eindruck ist, daß die Situation am Ausgang dieses Jahrhunderts Reformulierungen der Gesellschaftstheorie erzwingt und auch ermöglicht und daß das Konzept der funktionalen Differenzierung dabei eine zentrale Rolle spielen kann.

Historisch geändert hat sich vor allem die faktische Situation und damit die Erfahrungslage für die Beobachtung der Gesellschaft. Wie nie zuvor ist deutlich, daß positive und negative Aspekte in einer unauflösbaren Weise verknüpft sind und durch ein und dieselben Strukturbedingungen reproduziert werden. Der technische Fortschritt führt zu Umweltschäden, die nur durch weiteren technischen Fortschritt mit einer immer stärkeren Technologieabhängigkeit der Gesellschaft abgeschwächt werden können. Das rationale Funktionieren der Funktionssysteme, und gerade das rationale Ausnutzen kleinster Differenzen, Chancen, Gelegenheiten erzeugt durch „Abweichungsverstärkung" immense Ungleichheiten, für die keine Funktion angegeben werden kann. Das gilt für die Wirtschaft, also für die Verteilung von Reichtum und Armut, aber auch für die Erziehung und für die Chancen der Forschung. Die hohe Organisationsabhängigkeit der Funktionssysteme führt zu einer Abhängigkeit von der „bürokratischen" Logik der Selbstreproduktion von Organisationen, die die Offenheit und Flexibilität der Funktionssysteme erheblich einschränkt und ein ständiges Nichtausnutzen von Chancen erzeugt. Entsprechend wächst die Diskrepanz zwischen Erwartungen und Wirklichkeiten, zwischen dem, was man als möglich sieht, und dem, was dann faktisch geschieht. Nicht zuletzt muß man davon ausgehen, daß funktionale Differenzierung nicht allen Funktionsbereichen gleich gut bekommt. Religion zum Beispiel kann ihre Reduktion auf eine gesellschaftliche Funktion kaum akzeptieren, und das gleiche könnte für die Kunst gelten. Begünstigt werden offenbar technisch kompetente Funktionsbereiche, die besser als andere in der Lage sind, ihre Funktion über spezifische Codes und Programme zu operationalisieren.

Die Liste dieser Kalamitäten könnte verlängert werden. Im Prinzip war diese Ambivalenz der strukturellen Verknüpfung von erwünschten und unerwünschten Seiten des modernen Lebens zwar auch dem 18. Jahrhundert bekannt[3]. Sie wurde als Eigenart von Zivilisation angesehen. Inzwischen haben die Probleme jedoch ein ganz anderes Format gewonnen. Erst heute sind wir offenbar in der Lage, die Konsequenzen der funktionalen Differenzierung des Gesellschaftssystems, vor allem die Steigerung von Leistungsfähigkeit und Unsicherheit in fast allen Lebensbereichen, einigermaßen umfassend zu sehen. Und es ist kein Zweifel, daß der Anblick viele erschreckt. Die sogenannten „neuen sozialen Bewegungen"[4] sind nur eines von vielen Symptomen dafür.

3 Vgl. z.B. Jean Blondel, Des hommes tels qu'ils sont et doivent être: Ouvrage de sentiment, London-Paris 1758; Anne-Robert-Jacques Turgot, Réflexions sur la formation et la distribution des richesses (1766), zit. nach Œuvress de Turgot (ed. Gustave Schelle), Bd. 2, Paris 1914, S. 533–601; Simon-Nicolas-Henri Linguet, Théorie des loix civiles, ou Principes fondamentaux de la société, London 1767.

4 Für einen internationalen Überblick vgl. Karl-Werner Brand (Hrsg.), Neue soziale Bewegungen in Westeuropa und den USA, Frankfurt 1985.

Alle spezifischen Zurechnungen versagen. Man kann die Quelle des Unglücks weder im Kapitalismus sehen noch im inhumanen Charakter der Technologien, weder in der schulklassenförmigen Erziehung noch in den idealisierenden Abstraktionen der modernen „galileischen" Wissenschaft. Mit all diesen Zurechnungen wird auf die Eigenart einzelner Funktionssysteme abgestellt. Der Befund und auch ein Überblick über die Angriffsziele der Kritik deuten eher daraufhin, daß die auslösende Ursache in der funktionalen Differenzierung selbst liegt, und das heißt: in einer Form gesellschaftlicher Ordnung, die wir weder gewünscht noch gewollt haben, weder planmäßig herbeigeführt haben noch durch eine andere Ordnung ersetzen können.

Was möglich bleibt, ist eine bessere Beschreibung des Phänomens, eine genauere Beobachtung, vielleicht auch ein Abdämpfen unnötiger Aufregungen und vielleicht mit all dem eine bessere Auswahl von Reaktionen.

III. Systemtheorie

In dieser Situation mag es wie ein Zufall erscheinen, daß unter der Bezeichnung Systemtheorie (aber auch: Kybernetik, Informationstheorie, Kommunikationstheorie, Evolutionstheorie) wissenschaftliche Begriffe und Theorien entstanden sind, die die Aussichten auf eine adäquate Beschreibung der Gesellschaft in wichtigen Hinsichten verbessern. So pessimistisch man in die Zukunft unserer Gesellschaft blicken mag, so optimistisch kann man sein in bezug auf verbesserte Instrumente der Beobachtung und Beschreibung. So konfus derart hochkomplexe und dynamische Verhältnisse auf den ersten Blick erscheinen mögen: man kann die Verwirrung verstehen und braucht nicht das Verstehen zu verwirren.

Allerdings liegen die wissenschaftlichen Innovationen, auf die hier bezug genommen wird, derzeit noch ganz außerhalb der Soziologie, sind also bisher noch nicht einmal in Ansätzen zum Aufbau einer Theorie der Gesellschaft verwendet worden. Ihre Quellen und ihr Beweismaterial liegen teils in mathematischen und logischen Überlegungen, teils in biologischen und neurophysiologischen Forschungen. Ihre Übertragung auf soziale Verhältnisse wird erhebliche Korrekturen an der allgemeinen Theorie und sorgfältige Beachtung der Besonderheiten sozialer Systeme erfordern[5]. Weder kann man mit Analogieschlüssen arbeiten (denn dafür fehlt diesem Denken die ontologische Grundlage), noch sollte man sich mit einem nur metaphorischen Gebrauch von Begriffen begnügen, die ihren Ursprung in anderen Bereichen der Wirklichkeit haben.

Trotz dieser Vorbehalte beeindrucken zwei radikale Veränderungen am traditionalen Denken über komplexe Einheiten:

1. Systeme werden nicht mehr primär als aus Teilen bestehende Ganzheiten angesehen, sondern als *Differenzen zwischen System und Umwelt.* Die

5 Als einen Versuch in dieser Richtung siehe Niklas Luhmann, Soziale Systeme: Grundriß einer allgemeinen Theorie, Frankfurt 1984.

Frage ist nicht mehr, ob ein „Bestand“ erhalten werden kann, sondern wie Ausdifferenzierungen entstehen und „autopoietisch“ reproduziert werden können. Die Systemtheorie gründet sich nicht mehr auf Einheit, sondern auf Differenz.

2. Systeme werden im Hinblick auf ihre *selbstreferentielle Konstitution* untersucht. Selbstreferenz gilt nicht länger, wie einst „Reflexion“, als Eigenschaft eines besonderen (denkenden) Seelenteils (Aristoteles) und erst recht nicht als Struktur eines „transzendentalen“ Subjekts (Kant) oder eines Ich-Bewußtseins (Fichte), sondern als ein weit verbreitetes natürliches Phänomen. In radikalster Form wird dies durch den Begriff der autopoietischen Systeme formuliert[6]. Der Begriff bezeichnet Systeme, die die Elemente, aus denen sie bestehen, durch das geschlossene Netzwerk eben dieser Elemente selbst herstellen.

Diese ganz außerhalb soziologischer Forschungen entwickelten Revisionen der Systemtheorie haben Voraussetzungen geschaffen, mit deren Hilfe die Gesellschaft sehr viel besser als früher als ein soziales System beschrieben werden kann. Man kann jetzt die Gesellschaft als ein autopoietisches System auffassen, das aus Kommunikationen besteht und die Kommunikationen, aus denen es besteht, durch das Netzwerk dieser Kommunikationen selbst produziert und reproduziert. Das führt zu einer klaren Abgrenzung von System und Umwelt: Die Gesellschaft besteht nur aus Kommunikationen (nicht zum Beispiel aus Menschen), und alles, was nicht Kommunikation ist, gehört zur Umwelt dieses Systems. Es gibt folglich auch keine Kommunikation des Systems mit seiner Umwelt, denn Kommunikation ist immer interne Operation der Autopoiesis des Systems; es gibt also auch keinen Input und keinen Output von Kommunikation. Die Gesellschaft ist auf der Ebene ihrer eigenen Operationen ein geschlossenes System, ist aber eben deshalb zugleich ein extrem offenes, reizbares, sensibles System, da die Kommunikation über ihre Themen und Informationen ständig auf die Umwelt bezug nimmt.

Auch das Konzept der funktionalen Differenzierung kann mit Hilfe dieser Begrifflichkeit besser interpretiert werden. Während noch Durkheim funktionale Differenzierung als eine Art „Arbeitsteilung“ behandelte, also auf das Effizienzargument von Adam Smith zurückgreifen mußte, sieht die Systemtheorie Systemdifferenzierung als eine Wiederholung der Ausdifferenzierung von Systemen im Inneren von Systemen. Das Verfahren der Differenzierung von System und Umwelt wird rekursiv auf sein eigenes Resultat angewandt. Innerhalb von Systemen entstehen neue Differenzen von Teilsystemen und Teilsystemumwelten, und innerhalb der Teilsysteme kann sich dies bei ausreichender Größe wiederholen. Funktionale Differenzierung ist die bisher gewagteste, evolutionär unwahrscheinlichste Form dieser internen System-

6 Vgl. Humberto R. Maturana/Francisco J. Varela, Autopoiesis and Cognition: The Realization of the Living, Dordrecht 1980; Milan Zeleny (Hrsg.), Autopoiesis: A Theory of Living Organization, New York 1981; Humberto Maturana/Francisco Varela, El árbol del conocimiento, Santiago, Chile 1984.

differenzierung. Sie ist zugleich die Form, die am radikalsten das Gesamtsystem Gesellschaft von seinen internen System/Umwelt-Verhältnissen abhängig macht und dabei auf deren Koordination verzichtet. Die unter II angestellten Überlegungen zum Problem funktionaler Differenzierung fügen sich hier zwanglos ein.

Zugleich lassen sich weitere Fragen anschließen. Wenn und soweit es gelingt, Funktionssysteme auszudifferenzieren, müssen dies wiederum selbstreferentielle Systeme sein, die sich in all ihren Operationen auf andere eigene Operationen beziehen und dieses Netzwerk reproduzieren müssen, um sich auf ihre Umwelt einstellen zu können. Und es müssen autopoietische Systeme sein, die die eigenen Operationen, zum Beispiel kollektiv bindende Entscheidungen im Falle des politischen Systems oder Zahlungen im Falle des Wirtschaftssystems, selbst produzieren[7]. Für die Funktionssysteme gilt dann dasselbe wie für das sie umfassende Gesellschaftssystem, das keine Kommunikationen außerhalb der Gesellschaft und auch keine Kommunikationen mit der Umwelt des Systems realisieren kann. Auch die Funktionssysteme können ihre eigenen Operationen nur intern und nicht außerhalb der eigenen Grenzen einsetzen. So sind Zahlungen stets wirtschaftsinterne Operationen, auch wenn sie an die Staatskasse oder an private Haushalte gerichtet sind; denn Zahlungen können nur verwendet werden, um Zahlungsfähigkeit zu vernichten und an anderer Stelle zu reproduzieren. Die Wirtschaft kann nicht an ihre Umwelt zahlen; sie kann nur über Bedürfnisse und Motive als Gründe für Zahlungen auf ihre Umwelt Bezug nehmen.

Dies sind recht ungewöhnliche Ausgangspunkte für eine Rekonstruktion von Reflexionstheorien der Funktionssysteme. In unserem Beispiel des Wirtschaftssystems müßten die üblichen Gleichgewichtsmodelle ersetzt werden durch Annahmen über Rekursivität bei der Anwendung von Operationen auf die Resultate von Operationen mit der Frage, ob und welche stabilen „Eigenbehaviours"[8] bei solcher Rekursivität entstehen. In der politischen Theorie müßte der übliche Ansatz bei regulierenden und intervenierenden Operationen ersetzt werden durch die Frage, welche stabilen Formen zu erwarten sind, wenn ständig Macht auf Macht angewandt, und vor allem: wenn ständig politisch-diffuse Macht von Parteien und Interessenverbänden, Massenmedien und sozialen Bewegungen auf staatlich organisierte und rechtlich verbindliche Macht angewandt wird. In beiden Fällen würden Theorien entstehen, die die Autonomie und Eigendynamik der Funktionssysteme herausstellen und darin, daß dies zugelassen wird, die Charakteristik der modernen Gesellschaft sehen: hohe Leistungsfähigkeit und hohe Unsicherheit, hohe Störbarkeit und hohe Rekuperationsfähigkeit.

Gerade diese Merkmale der funktionalen Autonomie können nicht allein

7 Zu diesen Beispielen siehe Niklas Luhmann, Politische Theorie im Wohlfahrtsstaat, München 1981; ders., Die Wirtschaft der Gesellschaft als autopoietisches System, Zeitschrift für Soziologie 13 (1984), S. 308–327.

8 Dieser Begriff bei Heinz von Foerster, Observing Systems, Seaside, Cal. 1981.

aus Theorien der Wirtschaft oder der Politik abgeleitet werden, die die Ausdifferenzierung ihrer Systeme voraussetzen. Sie sind durch die Form der Gesellschaft bedingt. Eine Theorie der Gesellschaft, die das Risiko funktionaler Differenzierung erfassen will, kann sich nicht mit der Beschreibung des politisch-ökonomischen Komplexes begnügen. Sie kann, im Anschluß an die Tradition, der Differenzierung von Politik und Wirtschaft Rechnung tragen. Sie wird aber auch berücksichtigen müssen, daß es noch zahlreiche andere Funktionssysteme mit ähnlichen Formen autopoietischer Geschlossenheit gibt, so etwa das Recht, die Wissenschaft, die Kunst, die Erziehung, die Religion. Nur wenn man auf die Form der Differenzierung abstellt, sieht man, worin die moderne Gesellschaft sich von allen älteren Gesellschaftsformationen unterscheidet; und nur so kann auch erklärt werden, daß Theorien entstehen, die es ablehnen, die Gesellschaft auf eines ihrer Funktionssysteme, und sei es das politische oder das wirtschaftliche System zu reduzieren, und die statt dessen von der Differenz von Politik und Wirtschaft ausgehen.

IV. Medium und Organisation

Will man auf diesen Grundlagen Wirtschaftssystem und politisches System vergleichen, dann muß man Fragestellungen entwickeln, die komplexen Anforderungen genügen. Sie müssen mit dem theoretischen Ansatz der Theorie selbstreferentieller Systeme kompatibel sein, müssen sich sowohl im Wirtschaftssystem als auch im politischen System verfolgen lassen und müssen gleichwohl diese Systeme nicht als ähnlich, sondern als verschieden und als unkoordinierbar behandeln können. Wir wollen dies mit Hilfe der Unterscheidung von Medium und Organisation versuchen und führen diesen Gedanken zunächst am Beispiel des Wirtschaftssystems aus.

Der Begriff „Medium" dient hier als abgekürzte Formel für *symbolisch generalisierte Kommunikationsmedien*. Der Begriff wird aus der Handlungstheorie von Talcott Parsons in die Kommunikationstheorie überführt und bezeichnet dann generalisierte Symbole, die in der Kommunikation verwendet werden können und die Ablehnungswahrscheinlichkeit der Kommunikation mindern. Beispiele sind: Wahrheit, Liebe, Macht und für den Fall des Wirtschaftssystems Geld[9]. Offensichtlich gibt es eine strukturelle Affinität zwischen Medienbildung und funktionaler Differenzierung. Funktionale Differenzierung löst Kommunikationen aus ihren Ursprungskontexten im täglichen Leben, in der Familie, in Tradition und Sitte heraus und macht deshalb die Annahme der Kommunikationen unwahrscheinlich. Medien dienen dazu, diese Unwahrscheinlichkeit – zum Beispiel der Befolgung eines Befehls, der

9 Vgl. für einen Überblick Niklas Luhmann, Einführende Bemerkungen zu einer Theorie symbolisch generalisierter Kommunikationsmedien, in ders., Soziologische Aufklärung 2, Opladen 1975, S. 170–192; ferner ders., Macht, Stuttgart 1975; ders., Liebe als Passion, Frankfurt 1982.

Hingabe einer wertvollen Sache – zu neutralisieren und sie in Wahrscheinlichkeit, zumindest in Erwartbarkeit zu transformieren. Nur so kann Systemdifferenzierung in Ausrichtung auf bestimmte Funktionen in Gang gebracht werden, und der Effekt ist dann, daß alle Operationen eines bestimmten Funktionssystems sich am systemeigenen Medium orientieren und dadurch die Autopoiesis des Systems bewirken. Erst durch die Entwicklung des Kommunikationsmediums Geld wird Wirtschaft als System ausdifferenziert, und ohne dieses Medium gibt es nur Subsistenzproduktion mit gelegentlichem Abtausch überschüssiger Erträge und vor allem: mit politischer Nutzung überschüssiger Erträge.

Der Begriff *Organisation* hat ebenfalls mit zunehmender Unwahrscheinlichkeit von Verhaltenserwartungen zu tun. Er bezeichnet eine Art der Bildung sozialer Systeme, in die man durch Entscheidung eintreten und aus denen man durch Entscheidung wieder austreten kann[10]. Diese Entscheidungen können je nach der Attraktivität der Mitgliedschaft mehr oder weniger scharf konditioniert werden mit dem Effekt, daß über Organisation ein hochgradig unwahrscheinliches, zum Beispiel hochspezialisiertes, nicht direkt dem eigenen Interesse dienendes Verhalten sichergestellt werden kann. Man muß sich den Regeln der Organisation unterwerfen, um Mitglied werden und bleiben zu können. Man muß sich bereiterklären, Weisungen zu befolgen und Verantwortung zu übernehmen. Und man muß sich innerhalb einer eigenen Zone der Indifferenz auch bereitfinden, die laufende Änderung dieser Bedingungen hinzunehmen. Daß all dies nicht genau planmäßig funktioniert und ein erhebliches Maß an Umgehung, Ignorierung, ja Boykottierung mit sich bringt, ist bekannt und kann nicht überraschen. Erstaunlich ist im Gegenteil das Ausmaß, in dem es trotzdem gelingt, ein sehr unwahrscheinliches, in keinem anderen Kontext erwartbares Verhalten trotzdem zu normalisieren.

Medium und Organisation sind mithin zwei verschiedene Formen der Bildung ungewöhnlicher, anspruchsvoller Erwartungen, der Transformation von Unwahrscheinlichkeit in Wahrscheinlichkeit. In dieser abstrakten Hinsicht sind es funktional äquivalente Mittel, und alle Funktionssysteme, besonders aber die Wirtschaft, sind auf ihr Zusammenspiel angewiesen. Auf beide Mittel zurückzugreifen, lohnt sich aber nur, wenn sie sich erheblich unterscheiden, also ihre Funktion auf verschiedene Weise erfüllen. Wo liegt der Unterschied?

Wir beschränken uns auf die auffälligste Differenz. Durch Medien werden die einzelnen Operationen eines Systems in extrem lockerer Weise verknüpft. Vom Geld her gesehen, können zu zahlende Summen beliebig gestückelt und jede Summe für einen anderen Zweck ausgegeben werden. Man kauft Rosen, tankt Benzin, telephoniert, ohne daß irgendein Zusammenhang dieser Handlungen bestehen müßte, und erst recht sind diejenigen, die auf diese Weise Geld erhalten, in keinerlei Handlungsverbund integriert. Man kann diesen auffälligen Tatbestand auch als ständigen Informationsverlust begreifen. Mit jeder Geldzahlung können die Motive der Zahlung sofort vergessen werden.

10 Vgl. Niklas Luhmann, Funktionen und Folgen formaler Organisation, Berlin 1964.

Der Wert und die weitere Verwendung des Geldes hängen nicht davon ab, wozu es von Moment zu Moment ausgegeben wird. Die Wirtschaft befreit sich also ständig von Gedächtnisleistungen und gewinnt auf diese Weise eine extreme Fähigkeit, sich von Moment zu Moment wechselnden Bedürfnissen anzupassen.

Dies wäre allerdings nur dann der Fall, wenn es keine Organisation gäbe; denn für Organisation gilt das Gegenteil. Sie führen zu einem viel dichteren Zusammenhang der einzelnen Operationen – sei es über Hierarchisierung der Weisungsketten, sei es über komplexe Programme, sei es über Verwendung derselben Personen zur Durchführung einer Vielzahl von Operationen und nicht zuletzt über eine Verknüpfung und Abstimmung dieser organisatorischen, programmatischen und personalen Entscheidungsprämissen aufeinander.

Die Organisationstheorie hat zwar gerade das „loose coupling" als strukturelles Moment auch in Organisationen entdeckt. Das heißt aber nur, daß auch in Organisationen ein mehr oder weniger großes Ausmaß von interner Unabhängigkeit nicht zu vermeiden, ja sinnvoll ist. Dies fällt auf, wenn man sie etwa mit Maschinen vergleicht. Im Vergleich zum Medium beeindruckt jedoch umgekehrt die Dichte der wechselseitigen Festlegung der Operationen und der Beschränkung der Freiheitsspielräume im Verhältnis zueinander. Und Integration ist ja nichts anderes als dies: Beschränkung der Freiheitsspielräume der Elemente. Organisationen sind, mit anderen Worten, sehr viel stärker integriert als Medien.

Der Grund dafür ist leicht einzusehen: In einem Funktionssystem gibt es nur ein einziges Medium, dagegen viele Organisationen. Wäre das Medium selbst organisationsähnlich integriert, würde dies das Funktionssystem auf das Format einer einzigen Organisation reduzieren. Da es aber in einem Funktionssystem wie der Wirtschaft sehr viele Organisationen gibt, kann der Effekt zu starker organisatorischer Integration durch Differenzierung und durch marktförmige Vermittlung ausgeglichen werden; oder jedenfalls kann verhindert werden, daß er sich ohne weiteres auf die Gesamtwirtschaft überträgt.

Die Bedeutung dieses Sachverhaltes für die moderne Wirtschaft (und in anderer Weise auch für das politische System) rechtfertigt es, den Unterschied mit einer präziser zugreifenden systemtheoretischen Terminologie zu reformulieren. Wir unterscheiden im Anschluß an Henri Atlan[11] Varietät und Redundanz. Als *Varietät* soll die Vielzahl und Verschiedenartigkeit der Elemente eines Systems bezeichnet sein, als *Redundanz* das Ausmaß, in dem man in Kenntnis eines Elementes andere erraten kann und nicht auf weitere Information angewiesen ist. Es handelt sich um zwei unterschiedliche, aber nicht strikt gegenläufige Maße für Komplexität. Bei Erhöhung der Varietät ist es wahrscheinlich, aber nicht mathematisch oder naturgesetzlich zwangsläufig, daß die Redundanz abnimmt und der Überraschungswert der Information über Elemente zunimmt. Die Zusammenhänge lockern sich. Umgekehrt tendiert

11 Entre le cristal et la fumée, Paris 1979; ders., La complexité naturelle et l'auto-création du sens, in: Science et pratique de la complexité, Tokyo-Montpellier 1986, S. 201–223.

die Erhöhung der Redundanz des Systems, die dichte bürokratische, auf Sicherheit setzende Organisation dazu, die Varietät des Systems zu verringern, weil dann überhaupt nur noch Erwartbares und Sicheres im Blickfeld des Systems liegt. Es ist aber auch denkbar, daß Formen gefunden werden, denen es gelingt, höhere Varietät mit höherer Redundanz zu kombinieren.

Bezieht man diese Begriffe auf die Wirtschaft im ganzen, so ist leicht zu sehen, daß das Medium Geld die Varietät, die Organisationen dagegen die Redundanz repräsentieren. Beide Formen sind daher gleichzeitig präsent, und keine kann sich ohne die andere halten. Dasselbe gilt unter sehr anderen Bedingungen auch für das politische System. Wenn über staatliche Konzentration physischer Gewalt die jedenfalls überlegene Macht als Medium gesichert ist, und heute muß man vielleicht sagen: soweit dies der Fall ist, verfügt das politische System über hohe Varietät. Es kann Macht zu sehr verschiedenen Zwecken einsetzen, und es kann die politischen Programme in demokratischen Verfahren laufend ändern, ohne daß die geringen Zusammenhänge zwischen den einzelnen Zwecken die Durchsetzungsfähigkeit der Macht einschränken müßten. Die hohe Varietät des Mediums ermöglicht eine opportunistische, flexible, anpassungsfähige Politik, die die jeweilige Einschätzung von Interessenlagen, aber auch von politischen Pressionen und von Aussichten auf Gewinn von Wählerstimmen in den Operationen des politischen Systems abbilden kann. Andererseits gibt es auch hier Organisationen mit Eigenleben und Anpassungsresistenz, vor allem die staatliche Bürokratie mit ihren extremen Sicherheitsbedürfnissen, aber auch politische Parteien, Gewerkschaften und andere Interessenverbände, die sich auf ein inneres Bild ihres organisatorischen Erfolgs festgelegt haben – oft ohne rechtzeitig zu merken, daß die Voraussetzungen dafür sich geändert haben. Keine dieser Organisationen kann die Umweltbedingungen ihres Erfolgs wirklich testen, und jede hält sich daher zunächst an ihre eigene Redundanz.

In sehr globaler, historisch weit zurückreichender Betrachtungsweise macht es keine Schwierigkeit, zu erkennen, daß und wie sehr funktionale Differenzierung eine Balancierung von Varietät und Redundanz begünstigt hat und es ermöglicht hat, Formen zu finden, die höhere Varietät mit ausreichender Redundanz versorgen. Das entspricht voll und ganz der Leibnizschen Formel für die Vollkommenheit der Welt: so viel Varietät wie möglich bei so viel Ordnung wie nötig. Wenn man das aus der Kosmologie in die Gesellschaftstheorie überträgt, sieht man, daß Marktwirtschaft auf der einen und politische Demokratie auf der anderen Seite in durchaus nicht vollkommener aber doch eindrucksvoller, jedenfalls historisch unvergleichlicher Weise den Kombinationsspielraum von Varietät und Redundanz auf ein Niveau höherer Komplexität gebracht haben.

Anscheinend wiederholt sich aber auch auf diesem Niveau eine allgemeine Gesetzlichkeit: daß das dichter integrierte System sich stärker durchsetzen kann als das lose integrierte Medium[12]. Gerade weil das Medium so flexibel

12 Vgl. aus psychologischer Sicht Fritz Heider, Thing and Medium, Psychological Issues 1/3 (1959), S. 1–34.

und anpassungsfähig ist, prägen die Organisationen ihm ihre Eigenarten und ihre inneren Beschränkungen auf. Das Geld wird so verdient und so ausgegeben, wie die Organisation es will. Und je mehr inneren Zwängen die Organisation unterliegt und je unelastischer sie ist, desto mehr muß das Medium sich ihr anpassen – so wie der Sand sich dem Stein, aber nicht der Stein sich dem Sand anpaßt.

Daraus kann man folgern, daß die beiden Möglichkeiten der Transformation von unwahrscheinlichem in wahrscheinliches Verhalten nicht mit gleichen Chancen in Wettbewerb treten. Die Organisation limitiert das Mögliche stärker und setzt sich deshalb durch. Andererseits rächt sich das Medium für seine Niederlage dadurch, daß es ständig Möglichkeiten sichtbar macht, die *nicht ausgenutzt worden sind.* Die Organisation wird mit Kontingenz überflutet, wird mit Risikobewußtsein und Sicherheitsbedarf und nicht selten mit permanent schlechtem Gewissen bestraft. Sie verpaßt Gelegenheiten. Daß man anders hätte entscheiden können und daß sich nachträglich herausstellen könnte, daß eine andere Entscheidung besser gewesen wäre, gehört zum Alltagswissen der Organisationen. Die bekannten „bürokratischen" Strukturen und Praktiken großer Organisationen dienen im wesentlichen dazu, dem entgegenzuwirken und Erwartbarkeit, das heißt Redundanz, trotzdem sicherzustellen, und anscheinend gelingt dies um so besser, je größer die Organisation ist.

Diese Überlegungen lassen vermuten, daß es eine die Organisationen bestimmende Tendenz zur Verstärkung von Redundanz gibt, das heißt zur Vermeidung von (oder Vorbereitung auf) Überraschungen und zur „Unsicherheitsabsorption"[13]. Die in Marktsituationen oder in politischen Situationen an sich mögliche Varietät wird nicht als Vielzahl und Verschiedenartigkeit von Entscheidungen realisiert, sondern erscheint nur in der Form von Versäumnissen, ausgestattet mit der Möglichkeit zu begründen, weshalb die Versäumnisse gar keine waren, sondern das eigene Verhalten trotzdem richtig war.

V. Großorganisationen

In diesem Zusammenhang wird, wie schon angedeutet, die Größe der Organisation eine Rolle spielen. Sie ermöglicht einerseits mehr Varietät, gibt aber zugleich auch der Redundanz größeres Gewicht. Sie faßt vielerlei Tätigkeiten formal zusammen, schwächt aber zugleich die organisationsinterne Bedeutung des Mediums, sei es Geld, sei es politische Macht, durch Rücksichten auf die internen Eigenarten des organisatorischen Milieus ab. Die Entstehung von Großorganisationen verschiebt deshalb innerhalb der Funktionssysteme das Verhältnis von Medium und Organisation, also das Verhältnis von Varietät und Redundanz in Richtung auf Organisation und Redundanz.

Will man die Bedeutung dieser Frage für eine Theorie – der Wirtschaft oder der Politik, also für diese Funktionssysteme im ganzen erkennen, muß man zu-

13 Siehe James G. March/Herbert A. Simon, Organizations, New York 1958, S. 165 f.

nächst einmal schnelle Aversionen gegen Bürokratie zurückstellen. Außerdem muß ein Vorurteil revidiert werden, das bis in die neuesten Varianten des Neoliberalismus, der „Neuen Politischen Ökonomie" und des Neokorporativismus die Diskussion beherrscht, nämlich das Vorurteil, daß das politische System zentralistisch, die Wirtschaft dagegen dezentral organisiert sei, oder daß dies zumindest so sein müsse, wenn gutes Funktionieren erreicht werden soll. Die Absicht dieser Unterscheidung ist leicht zu erkennen. Sie widersetzt sich den Versuchen, die Wirtschaft nach Enteignung der Produktionsmittel staatlich zentral zu planen. Was immer man von solchen Ambitionen und ihren Erfolgschancen halten mag: ihre Befürwortung bzw. Ablehnung darf nicht die Begriffe bestimmen, mit denen die politisch-ökonomische Wirklichkeit beobachtet wird.

Vorab muß man auch hier die Unterscheidung von Medium und Organisation zu Grunde legen. Sie zeigt sehr rasch, daß sowohl Macht als auch Geld Zentralmedien der entsprechenden Funktionsbereiche sind. Das entspricht der These rekursiver, selbstreferentieller Geschlossenheit der Funktionssysteme. Wie immer es in älteren Gesellschaften, etwa denen des Mittelalters mit dualen Währungssystemen (Goldwährung/Silberwährung, Fernhandelswährung/Lokalwährung) und mit überlappenden personalen Herrschaftssystemen gewesen sein mag: das Regime funktionaler Differenzierung ist auf eine Kongruenz von Medium und Funktionssystem angewiesen. Zumindest in dieser Hinsicht, nämlich als Medium, ist jedes Funktionssystem in sich selbst als Einheit präsent.

Nicht so als Organisation. Keines der Funktionssysteme kann als Einheit organisiert werden – allein schon deshalb nicht, weil dies Eintritt und Austritt von Mitgliedern voraussetzen würde, die Partizipation an den Funktionssystemen jedoch für die gesamte Gesellschaft offen gehalten werden muß. Es gibt also in einem Funktionssystem stets eine Vielzahl von Organisationen (Parteien und Bürokratien in der Politik, Produktions- und Handels oder Dienstleistungsunternehmen in der Wirtschaft, Universitäten und Forschungsorganisationen in der Wissenschaft usw.). Aber wie verknüpft sich dann die Vielzahl der Organisationen mit der Einheit des Mediums?

Dies geschieht im politischen System und im Wirtschaftssystem auf ganz verschiedene, aber strukturell vergleichbare Weise. Im politischen System erfüllt diejenige Organisation, die sich als „Staat" durchgesetzt hat, diese Funktion der Vermittlung. Deshalb gibt es, dies aber erst seit dem 19. Jahrhundert, nur noch einen staatsbezogenen Begriff von Politik[14]. Politisch ist Macht insoweit, als sie über den Staatsapparat ausgeübt wird; und sekundär insoweit, als sie die Staatspraxis zu beeinflussen vermag. Das ist uns heute so selbstverständlich, daß wir die Auffälligkeit dieses Sachverhalts erst bemerken, wenn

14 Vgl. Niklas Luhmann, Staat und Politik: Zur Semantik der Selbstbeschreibung politischer Systeme, in: Udo Bermbach (Hrsg.), Politische Theoriengeschichte, Sonderheft 15/1984 der Politischen Vierteljahresschrift, Opladen 1984, S. 99–125. In diesem Band S. 74–103.

wir ihn mit der historisch-alteuropäischen Terminologie des Ethisch-Politischen, der civiltà und des verantwortlichen Verhaltens in öffentlichen Angelegenheiten konfrontieren.

Sehr viel weniger beachtet wird, daß es im Wirtschaftssystem ein funktionales Äquivalent gibt – funktional ebenfalls für die Verknüpfung von Medium und Organisationen. Man findet es im Organisationssystem der Banken, oder genauer gesagt: in der organisatorischen Hierarchie von Zentralbank, Geschäftsbanken und Kunden. Wenn Wirtschaftssystem und politisches System unter dem Gesichtspunkt der Zentralisation verglichen werden, dann liegt im Verhältnis von Staat und Banken die Parallele. Das gilt bis in viele Einzelheiten der Theorie symbolisch generalisierter Medien hinein. (Talcott Parsons hat zum Beispiel in Analogie zu Banken von politischem Kredit und politischem Vertrauen gesprochen und gezeigt, daß in beiden Fällen Probleme der Inflation und der Deflation auftreten, weil das Medium stets in einer Weise benutzt werden muß, die über die faktisch vorhandenen Ressourcen weit hinausgeht[15]. Staat und Bankensystem haben die gleiche einzigartige Stellung im Verhältnis zu anderen Organisationen ihres Funktionssystems. Auch historische Analysen könnten diesen Zusammenhang bestätigen; denn die politische und die wirtschaftliche Zentralorganisation, der moderne Staat und das moderne Bankensystem, entstehen ungefähr gleichzeitig[16]. Da es im übrigen in allen Fällen um zirkuläre Verhältnisse geht, ist es müßig, die Frage zu stellen, ob der Einfluß des Staats auf das politische System vergleichsweise größer ist als der Einfluß des Bankennetzes auf das Wirtschaftssystem; denn in beiden Fällen ist Einfluß nur dadurch zu erreichen, daß man sich für Beeinflussung durch andere öffnet.

Erst vor dem Hintergrund dieser schon komplizierten und in vielen Hinsichten unkonventionellen Überlegungen läßt sich abschätzen, welche Probleme entstehen, wenn es außerhalb dieser Primärorganisationen der Funktionssysteme, außerhalb von Staatsorganisation und Bankenorganisation, zu weiteren Großorganisationen kommt. Es gibt, so weit ich sehe, kaum zureichende Analysen, die uns hier weiterhelfen könnten, und sicher kein zureichendes empirisches Wissen. Man könnte jedoch vermuten, daß auch hier dann das Spiel von Steinen und Sand gespielt wird, und daß sich die rigideren Organisationen gegenüber denen durchsetzen, die das Medium verwalten und deshalb elastischer reagieren können. Großorganisationen dieser Art können auf die Eigenarten ihrer Produktionstechnologie und ihre „standard operational procedures"[17], auf das bereits investierte Kapital, auf internationale Konkurrenz und neuerdings sogar auf die (anscheinend eigens dafür erfundenen) Kon-

15 Siehe: On the Concept of Political Power, in: Talcott Parsons, Sociological Theory and Modern Society, New York 1967, S. 297–354 (332 ff.).

16 Hierzu besonders instruktiv: P.G.M. Dickson, The Financial Revolution in England: A Study in the Development of Public Credit, 1688–1756, London 1970.

17 Nach Graham T. Allison, The Essence of Decision: Explaining the Cuban Missile Crisis, Boston 1971.

zepte der „corporate identity" und der „organizational culture" verweisen, um geltend zu machen: wir sind, was wir sind, und es ist gut so. Ihre Rigidität selbst sichert ihnen dann gegenüber elastischeren Organisationen und gegenüber Medien den Erfolg. Sie können sich durchsetzen wie rigide Personen gegenüber toleranteren im Medium der geselligen Konversation, *obwohl die Durchsetzungsfähigkeit auf der Nichtausnutzung von Möglichkeiten beruht.*

VI. Varietät und Redundanz in Wirtschaft und Politik

Wenn die Wirtschaft als Gelegenheit zur Ausnutzung von Gelegenheiten beschrieben wird oder wenn man die höchste politische Fähigkeit als Nutzung des Augenblicks charakterisiert hat, dann mögen die vorstehenden Überlegungen eher skeptisch stimmen. Sie konvergieren mit einer verbreiteten Klage über Bürokratisierung in Wirtschaft und Politik, mit dem Eindruck von Erstarrung und, im Kontrast dazu, einer Art illegaler Beweglichkeit. Sie liefern durch eine anspruchsvollere Begrifflichkeit aber bessere Möglichkeiten der Beobachtung und eventuell eine größere Genauigkeit der Kritik.

Zunächst muß man allzu einfache Bewertungen aufgeben – etwa die, daß Varietät gut und Redundanz schlecht, daß Flexibilität gut und Starrheit schlecht sei. Überwiegend wird heute zwar größere Flexibilität und Anpassungsfähigkeit gerühmt, aber die Momente der Inkonsequenz des Verhaltens, der geringen Durchhaltefähigkeit und des Chaotischen einer zu großen Zahl von heterogenen Zielen und Entscheidungen dürfen nicht gering veranschlagt werden; und das heißt, daß auch das unbeirrte Festhalten an einem einmal eingeschlagenen Kurs, man nennt das heute „Thatcherism", als eine Form des Ausprobierens vieles für sich haben kann. Wenn es bei Flexibilität und Starrheit um zwei Formen der Bildung von recht unwahrscheinlichen Erwartungen geht, liegt das Problem nicht in der Option für die eine und gegen die andere Seite, sondern in der Kombination. Man verbaut sich jedes Verständnis für Organisation, wenn man sie unter der Bezeichnung „Bürokratie" einfach für schlecht hält. Varietät und Redundanz sind gleichermaßen notwendig, und unter heutigen Verhältnissen mehr so als früher.

Geht man davon aus, so liegt es nahe, Kompromisse zwischen Extremen zu fordern, vielleicht durch die Metapher des Gleichgewichts. Das hat jedoch seinerseits Nachteile. Man trifft sich in der Mitte und verzichtet darauf, die Chancen zu erproben, die in einer einseitigen Forcierung von Varietät bzw. Redundanz liegen. Um auch diesen Nachteil zu vermeiden, könnte man sich Differenzierungen vorstellen.

Allerdings trifft die Vorstellung einer Differenzierung von eher flexiblen und eher rigiden Organisationen bzw. Organisationsteilen auf die bereits erörterten Bedenken. In der Interaktion werden sich die weniger integrierten Systeme als stärker deformierbar erweisen und die stark integrierten Systeme werden sich durchsetzen, was immer das für ihr eigenes Schicksal bedeuten mag. Zu anderen Ergebnissen könnte man jedoch gelangen, wenn man an eine zeitliche Differenzierung denkt. Das wäre erreichbar, wenn es gelänge, große

Organisationen zeitweise für mehr Varietät zu öffnen, Produkte zu diversifizieren, neue Märkte zu suchen, abweichendes Verhalten zu prämiieren, um dann auf Erfahrungen mit diesem Kurs zu reagieren und gegebenenfalls wieder stärker auf Redundanz zu setzen. Diese Idee eines Kurswechsels bringt die Opposition von Varietät und Redundanz in den Bereich strategischer Aufmerksamkeit. Sie trägt auch der Tatsache Rechnung, daß ein weit vorausschauendes Planen ohnehin kaum möglich ist (und wenn: dann nur auf der Basis strikter Redundanzen) und daß es deshalb richtiger sein mag, erst zu handeln, und dann zu sehen, wie man auf die sich einstellenden Resultate reagieren kann.

Diese Überlegungen betreffen den Bereich der Organisationsplanung, und in der Tat kann man sich eine Wahl zwischen einer varietätsausweitenden und einer redundanzverstärkenden Strategie nicht für ganze Funktionssysteme vorstellen, denn diese sind nicht organisiert, also nicht entscheidungsfähig, sondern nur für Organisationen. Diese Verlagerung des Problems auf die Ebene der organisierten Systeme schließt einerseits aus, daß von hier aus das Verhältnis von Medium und Organisation durchgreifend bestimmt werden kann. Organisationen sind und bleiben Organisationen. Andererseits wird das Problem damit nicht bedeutungslos, und je mehr Großorganisationen das Geschehen in Politik und Wirtschaft bestimmen, desto wichtiger mag es werden, daß sie in sich selbst das Problem von Varietät und Redundanz wiederholen und sich nicht, weil sie Organisationen sind, allzu sehr auf Redundanz festlegen.

Ob das politische System oder das wirtschaftliche System dafür die besseren Chancen bieten, läßt sich aus der Theorie heraus nicht entscheiden. Beide Medien, Macht und Geld, bieten einen immensen Überschuß von nichtausgenutzten Möglichkeiten. In beiden Systemen besteht, von da her gesehen, Spielraum für Strategien, und es mag unter anderem eine Frage der Führungsauslese sein, ob und wie weit und in welchem Wechsel sich Präferenzen in der einen oder anderen Richtung durchsetzen. Nicht zuletzt wird man aber auch im Verhältnis von politischen und wirtschaftlichen Organisationen mit der höheren Durchsetzungskraft der rigideren Systeme zu rechnen haben mit der Folge, daß dasjenige System, das sich zu größerer Varietät und Anpassungsfähigkeit öffnet, zugleich dasjenige sein wird, das durch die andere Seite dominiert wird.

Auch diese Überlegung bestätigt, daß es kein generelles Rezept für Varietätsausweitung oder für Redundanzverstärkung geben kann, und daß ein bestimmter Kurs je nach der Ausgangslage, je nach den zuvor durchgesetzten Präferenzen und je nach den gerade aktuellen Intersystembeziehungenen richtig oder falsch sein kann. Zugleich macht diese Analyse es unmöglich, von einer generell etablierten Dominanzbeziehung zwischen Politik und Wirtschaft in der einen oder anderen Richtung auszugehen.

Und genau das hatten wir behauptet mit der These, die moderne Gesellschaft sei ein funktional differenziertes System, in dem es keinen generell etablierten Vorrang eines Funktionssystems über andere mehr geben kann.

Gesellschaftsstrukturelle Bedingungen und Folgeprobleme des naturwissenschaftlich-technischen Fortschritts

Die moderne Gesellschaft

Die moderne Gesellschaft steht bei rasch anwachsendem Problembewußtsein vor einer neuen Schwelle der Selbsterkenntnis, und wir können nicht sicher sein, daß das Vokabular, das in der Übergangsphase vom 17. bis 19. Jahrhundert entwickelt worden ist, ihr viel dabei hilft. Die Probleme sind härter, die Theorien fragwürdiger geworden. Das, was man historische Semantik nennen könnte, blockiert an mindestens zwei Stellen eine zureichende Reflexion. Es handelt sich um den Subjekt-Begriff und um den Technik-Begriff. Darauf möchte ich gleich am Anfang eingehen, um danach desto unbefangener analysieren zu können.

Mit dem Begriff des Subjekts – genauer: mit der Subjektität des Selbstbewußtseins – war der *take off* zur modernen Welt formuliert worden. Auch die immer noch wichtigste Äußerung zu unserem Thema, Husserls Buch über die Krisis der europäischen Wissenschaften[1], ist vom Standpunkt des Subjekts aus geschrieben. Husserl reklamiert deshalb gegen Wissenschaft und Technik der Moderne die mangelnde Erfüllung der Sinnansprüche des Subjekts. Wissenschaft und Technik seien zwar ihrerseits auch subjektive Sinnstiftung, aber sie seien am konkreten Sinnleben des Subjekts vorbeiidealisiert und blieben deshalb unbefriedigend. Damit ist ein Insistieren auf „sinnvollen" Lebensvollzügen formuliert, aber die Gesellschaft bleibt ausgeblendet.

Sehr viel aufregender ist Husserls Begriff der „Technisierung". Er stellt auf formales Operieren unter Absehen von „wirklichem Wahrheitssinn" ab, also nicht bloß auf den mechanisch-maschinellen Vollzug in der physischen Welt[2].

Man mag nun fortfahren, über „Sinnentleerung" vom Standpunkt des Subjekts aus zu klagen. Aber das ist dann nur eine Negativwertung aufgrund von Ansprüchen, die man vielleicht gar nicht festhalten kann oder die ihrerseits sogar Antriebsfaktoren der wissenschaftlich-technischen Entwicklung sind – so wie Ansprüche auf „Qualität des Lebens" letztlich doch wohl Ansprüche an öffentliche Kassen sind.

Der aus der physischen Welt in die Lebenswelt übertragene Technik-Begriff hat, sieht man von dieser Wertung vorläufig einmal ab, zwei Seiten, die ich der

1 Edmund Husserl, Die Krisis der europäischen Wissenschaften und die transzendentale Phänomenologie, Husserliana Bd. VI, Den Haag 1954.

2 Vgl. dazu auch Hans Blumenberg, Lebenswelt und Technisierung unter den Aspekten der Phänomenologie, Turin 1963.

weiteren Analyse zugrunde legen möchte. Das Absehen vom laufenden Mitvollzug aller konkreten Sinnesimplikationen bedeutet einerseits *Steigerung der Kontingenz*, andererseits *Entlastung*. Die Technik löst danach, soweit sie reicht, das anspruchsvolle Problem: zwischen Kontingenzsteigerung und Entlastung eine *Beziehung* herzustellen, die theoretisch gedacht und operativ vollzogen werden kann. Es geht also um ein Steigerungsverhältnis im Humanbereich, und der maschinelle Vollzug vieler (keineswegs aller!) technisierten Operationen ist nur eine äußere Erscheinungsform dieses Zugewinns. Entsprechend hätte man Technologien zu denken als Kontrollstrukturen für den Einsatz von Techniken – Kontrollstrukturen, die teils in der Wissenschaft (Erklärung und Prognose), teils in der Organisation als artifizielle Verknüpfung verschiedenartiger Techniken verankert sind[3].

Bei einer solchen Umlagerung des Problems verschiebt sich der Gesichtspunkt des Zusammenhangs von Wissenschaft und Technik: Es handelt sich nicht mehr um eine wissenschaftliche Entdeckung von Kausalmöglichkeiten der Natur, sondern um eine sehr viel tiefer liegende Affinität. Der wissenschaftliche Fortschritt setzt seinerseits Technik als apparative Ausstattung, als Meßverfahren, als Kalkulation immer schon voraus, und gerade am Beginn der neuzeitlichen Wissenschaftsentwicklung, im 16. und 17. Jahrhundert, ist dies durchaus bewußt. Dieser Zusammenhang erscheint als Kontingenzsteigerung und Entlastung. Es kommt aber darauf an, das, was ihn ermöglicht, zu begreifen.

Husserl hat uns vor diese Frage geführt – aber er hat es nicht vermocht, sie im Rahmen seiner Analyse der subjektiven Intentionalität zureichend zu beantworten[4]. An dieser Stelle schalten wir auf Gesellschaftstheorie um in der Annahme, daß die eigentlichen Bedingungen dieser historischen Entwicklung in den Strukturen des Gesellschaftssystems liegen.

3 Hierzu auch: Niklas Luhmann/Karl Eberhard Schorr, Das Technologiedefizit der Erziehung und die Pädagogik, Zeitschrift für Pädagogik 25 (1979), S. 345–365; dies., Reflexionsprobleme im Erziehungssystem, Stuttgart 1979, S. 118 ff.

4 Vom sinnverlangenden Subjekt aus gesehen erscheint ihm das Sichverlassen auf Technik als Naivität, die die eigentlichen Sinnfundamente des Lebens vergißt, und so erscheint das Problem eingekleidet in die Frage, „wie eine solche Naivität tatsächlich als lebendige historische Tatsache möglich wurde und immerfort wird, wie eine Methode, die wirklich auf ein Ziel, die systematische Lösung einer unendlichen wissenschaftlichen Aufgabe, ausgerichtet ist und dafür immerfort zweifellose Ergebnisse zeitigt, je erwachsen konnte und dann durch die Jahrhunderte hindurch immerfort nützlich zu fungieren vermag, ohne daß irgend jemand ein wirkliches Verständnis des eigentlichen Sinnes und der inneren Notwendigkeit solcher Leistungen besaß" (Krisis, a.a.O., S. 52). So wird nach der historischen Fatalität der Konstitution von lebensweltlicher Wissenschaft und Technik gefragt.

Die Differenzierung der Gesellschaft in funktionale Subsysteme

In systemtheoretischer Perspektive erscheint die Gesellschaft als ein soziales System, das Kommunikationszusammenhänge ausdifferenziert und abgrenzt gegen eine Umwelt, die aus anderen Systemen und deren Interdependenzen besteht. Zur Gesellschaft gehört danach nur das Kommunikationsgeschehen selbst. Nicht zu ihr gehören die personalen Systeme der Menschen und erst recht nicht die physisch-chemisch-organische Natur der Menschen und anderer Systeme. Dies alles zählt zur Umwelt der Gesellschaft, wobei selbstverständlich ist, daß eine Gesellschaft ohne diese Umwelt nicht möglich wäre. Es ist wichtig, diesen Ausgangspunkt festzuhalten, denn im folgenden wird diese System/Umwelt-Differenz vorausgesetzt, weil es uns darauf ankommt, die Bedingungen und die Folgeprobleme des naturwissenschaftlich-technischen Fortschritts in der Gesellschaft, also im Kommunikationszusammenhang, zu lokalisieren, und nicht etwa im Klima, in Intelligenzen, Mentalitäten etc.[5].

Die Ausdifferenzierung von gesellschaftlicher Kommunikation gegen physische, chemische, organische, psychische Interferenzen (und das heißt: die Kontrolle entsprechender Kausalitäten *durch das ausdifferenzierte System selbst*) ist die primäre und unerläßliche Bedingung für alles weitere. Diese Grundbedingung, die in allen Gesellschaftssystemen mehr oder weniger realisiert sein muß, wird im Übergang zur Neuzeit durch zwei Zusatzbedingungen gesteigert und auf neue Formen gebracht – auf neue Formen gebracht dadurch, daß das Gesellschaftssystem im historischen Prozeß auf diese neuen Bedingungen zu reagieren beginnt. Die Veränderungen betreffen:

1) die Verbreitung von Kommunikationen durch Einführung der Technik des Buchdrucks,
2) die stärkere Ausdifferenzierung funktionsspezifischer Teilsysteme in der Gesellschaft mit der Folge einer allmählichen Umstellung des Gesellschaftssystems von stratifikatorischer auf funktionale Binnendifferenzierung.

1) Die Konsequenzen der Einführung des Buchdrucks sind theoretisch bei weitem noch nicht aufgearbeitet[6]. Für unsere Zwecke ist vor allem wichtig, daß der Kommunikationsraum immens vergrößert und der Lernprozeß be-

5 Vorsorglich sei noch angemerkt, daß damit die Kausalität solcher Umweltfaktoren keineswegs bestritten ist. Die System/Umwelt-Differenz bezeichnet *keine Unterbrechung*, sondern im Gegenteil eine *Regelung von Kausalprozessen*.

6 Das geringe Interesse dafür mag damit zusammenhängen, daß man hier keine Variable sieht, die zu ändern man in Betracht ziehen könnte; infolgedessen kann man sie den Historikern überlassen. An bemerkenswerten Ausnahmen siehe vor allem Elisabeth Eisenstein, The Advent of Printing and the Problem of the Renaissance. Past and Present, 45 (1969), S. 27–89; dies., L'avènement d l'imprimerie et la Réforme: Une nouvelle approche au problème du démembrement de la chrétienté occidentale, Annales E. S. C. 26 (1971), S. 1355–1382; Michael Giesecke, Schriftsprache als Entwicklungsfaktor in Sprach- und Begriffsgeschichte, in: Reinhart Koselleck (Hrsg.), Historische Semantik und Begriffsgeschichte, Stuttgart 1979, S. 262–302.

schleunigt, die Reaktionszeit verkürzt und das Festhalten eingenommener Positionen zu einem öffentlichen Phänomen werden. Auch ist jetzt ein neues Buch besser als ein altes Buch, also neues Wissen besser als altes Wissen, während früher die Distanz zu den Quellen und das Abschreiben eine Fehlerquelle gewesen waren. Jedenfalls werden jetzt erstmals Technik und Technologie in einem umfassenden Sinne literaturfähig. Damit wird rein mengenmäßig ein Kommunikationsvolumen möglich, innerhalb dessen hochselektive Prozesse der spezialisierenden und der generalisierenden Informationsverarbeitung ihre Entfaltungsmöglichkeiten finden. Innerhalb kurzer Zeit sind die Grenzen der mittelalterlichen Rezeptologie, der Kräuterbüchlein und der Tischsittenlehren, für immer gesprengt.

2) Der zweite, wichtigste Gesichtspunkt betrifft die Form, in der das Gesellschaftssystem intern in Teilsysteme differenziert wird. Vom Schema dieser Differenzierung hängt es ab, welche Komplexität das Kommunikationssystem der Gesellschaft erreichen und wie komplex demzufolge die für die Gesellschaft faßbare Umwelt sein kann. Die moderne Gesellschaft ist nicht einfach nur komplexer und differenzierter als ältere Gesellschaftssysteme; sie ist dadurch ausgezeichnet, daß sie durch eine andere *Form* der Differenzierung höhere Komplexität erzeugt und dadurch die gesamte semantische Ausstattung des sozialen Lebens veränderten Bedingungen aussetzt.

Diese Veränderung betrifft Wissenschaft in einem doppelten Zugriff. Einerseits wird ein eigenes gesellschaftliches Subsystem für Wissenschaft ausdifferenziert unter dem Gesichtspunkt einer besonderen Funktion und mit Hilfe eines besonderen Kommunikationsmediums. Anspruchsvolle Wahrheit ist jetzt wissenschaftlich gesicherte Wahrheit, und nirgendwo anders in der Gesellschaft kann sie produziert werden. Dadurch kann in Wahrheitsangelegenheiten wissenschaftlich relativ „rücksichtslos" verfahren werden, vor allem ohne Rücksicht auf Alltagsplausibilität und ohne Rücksicht auf religiöse und politische Konvenienz. Andererseits ist auch die gesellschaftliche *Umwelt* dieses Wissenschaftssystems jetzt mehr als zuvor mit Bezug auf Funktionen differenziert. Dadurch ist deutlicher markierbar, wieso Wissenschaft nicht, oder jedenfalls nicht direkt, religiöse Überzeugungen tangiert, politische Machtchancen verlagert oder die Intimbasis des Familienlebens – etwa durch therapeutische Perspektiven – unterhöhlt. Die Wissenschaft produziert im Blick auf ihre *eigene* Funktion für *andere* Funktionssysteme nur Überschüsse an Selektionsmöglichkeiten, die nach *deren* Kriterien benutzt oder beiseite gelassen werden können. So bleibt von der Wissenschaft aus gesehen durchaus offen, welche Konstellationen ökonomisch profitabel genutzt oder didaktisch für Erziehungszwecke ausgewertet werden können.

Damit ist, und dies Problem wird uns weiterhin beschäftigen müssen, die *Folgenverantwortung aufgeteilt.* Sie ist in der Gesellschaft nicht mehr zentralisierbar, weil dies dem Prinzip der Erzeugung von unterschiedlich auswertbaren Selektionschancen widersprechen würde. Es scheint, daß unter solchen gesellschaftsstrukturellen Bedingungen diejenigen Funktionssysteme am besten reussieren, die sich auf ihre Funktion konzentrieren können, ohne dadurch andere Funktionssysteme zu stark zu präjudizieren. Das gilt besonders für Wissenschaft, für Wirtschaft und für in Rechtsform gefaßte Politik. Nicht zufällig sind es auch die Kommunikationsmedien dieser Systeme, nämlich Wahrheit, Geld und an Rechtsform gebundene Macht, die sich in hohem Maße als „technisierbar" erwiesen haben, indem sie nämlich den operativen Vollzug vom konkreten Mitvollzug aller Sinnesimplikationen ablösen und ihn zu Selektionszusammenhängen mit noch kontrollierbaren Fernwirkungen verknüpfen können. Es gibt also, das kann hier im einzelnen nicht vorgeführt werden[7], Zusammenhänge zwischen forcierter Ausdifferenzierung, funktionaler Spezifikation, Technizität der kommunikativen Operationen und relativer „Offenheit" des Beitrags für die Operationen anderer Teilsysteme der Gesellschaft. Diese Zusammenhänge zeichnen einige, aber keineswegs alle Funktionsbereiche des Gesellschaftssystems aus. Sie haben, eben wegen dieser Vorteile, nämlich wegen der Möglichkeit, auch unter der Bedingung hoher Komplexität in System und Umwelt noch operationsfähig zu bleiben, die moderne Gesellschaft geprägt. Es könnte aber sein, daß die Grenzen der Leistungsfähigkeit dieses technischen Syndroms von Kontingenzsteigerungen und Entlastungen inzwischen erreicht sind. Und jedenfalls wird man sich fragen müssen, ob die Folgeprobleme eines derart unbalancierten Wachstums mit den gleichen Mitteln gelöst werden können, die als Antriebsfaktoren gewirkt haben.

Die Ausdifferenzierung der Subsysteme

Der hiermit skizzierte gesellschaftsstrukturelle Kontext bestimmt maßgeblich, in welchen Möglichkeitshorizonten sich die einzelnen Funktionssysteme bewegen. Er gibt allen Funktionssystemen eine gemeinsame Grundlage. Insofern schließt dieser theoretische Ansatz es aus zu sagen, die moderne Gesellschaft sei in erster Linie durch ihre technisch-wissenschaftlichen Erfolge und durch deren Folgeprobleme charakterisiert. Sie bildet den historisch einmaligen Fall eines Gesellschaftssystems mit primär funktionaler Differenzierung, und darauf geht alles weitere zurück: die Form der Politik, die privat- oder staatskapitalistische Wirtschaft, die volle Positivierung des Rechts, die schulförmige Erziehung der Gesamtpopulation, die weitgehende Herauslösung von Intimbeziehungen aus zugemuteten gesellschaftlichen Bedingungen und eben auch: die weitgehende Autonomie der wissenschaftlichen Forschung. Es handelt sich also um eine für alle Funktionssysteme identische Bedingung ihrer Möglichkeit mit von Funktionsbereich zu Funktionsbereich sehr verschiedenartigen Formen und Wirkungen. Jede Analyse steht daher vor der Notwendigkeit, zwei Ebenen mit jeweils verschiedenen Systemreferenzen zu unterscheiden: die Gesellschaft als (funktional differenziertes) Gesamtsystem und die einzelnen Funktionssysteme. Wenn man in einzelnen Funktionsbereichen „Krisen" erkennen zu können meint, ist es demnach eine offene Frage, ob die Krise nach der Art von

7 Siehe für einige weiterführende Analysen Niklas Luhmann, Macht, Stuttgart 1975.

Inflationen oder Deflationen im Funktionssystem selbst korrigierbar ist oder ob sie auf der funktionalen Differenzierung als solcher beruht[8].

Diese strukturtheoretische Rückbeziehung von Eigenarten der modernen Wissenschaft schließt es jedoch keineswegs aus, sie macht es gerade erst möglich, die Wissenschaft als ein soziales System besonderer Art zu untersuchen. Die Ausdifferenzierung von Systemen konstituiert immer ein besonderes Verhältnis von System und Umwelt. In diesem Verhältnis sind daher Besonderheiten zu erwarten, wenn es zur Ausdifferenzierung von Wissenschaft kommt. Vor allem die folgenden Merkmale fallen ins Gewicht:

1) Die Ausdifferenzierung führt zu einer *Steigerung des Auflösevermögens* in bezug auf „natürliche" Sachverhalte. Das heißt: etwas, was vorher als eine Einheit gesehen und behandelt wurde, wird als Relation bzw. Relationsgefüge zwischen Einheiten rekonstruiert. Die begriffliche Auflöseschematik definiert dann die Rekombinationsmöglichkeiten, so daß neuartige Sachverhalte projektiert und vielleicht auch geschaffen werden können.
2) Die Ausdifferenzierung konstituiert Kommunikationssysteme, die nur *selbstreferentiell* operieren können und all ihre Umweltbeziehungen mit sich selbst aushandeln müssen. Punktuelle Umweltbeziehungen werden ausgeschlossen. Das System benötigt Selbstkontakt für jede Wahrnehmung, für jede Entscheidung. Externe Prämissen verlieren damit keineswegs an Bedeutung. Die Strukturen der Gegenstände erheischen Beachtung; Lenkung von Aufmerksamkeit, z.B. durch monetäre Anreize, bleibt möglich; und all das gewinnt mit der zunehmenden Komplexität der Forschungsthematiken sogar reichere Möglichkeiten des Ansetzens, Limitierens, Steuerns. Aber über das *Setzen* von Prämissen ist der *Durchgriff auf Resultate* nicht mehr zu sichern. Das System entzieht sich gesellschaftlicher Steuerung und verlangt nur noch eine Umwelt mit günstigen Bedingungen[9].
3) Die selbstreferentielle, rekursive Operationsweise *hebt alle gegenstandsbedingten Schranken der Erkenntnis auf* und ersetzt sie durch selbsteingeführte (also revidierbare) Limitationalität. Deshalb wird ein prinzipiell unendlicher Fortgang der Bemühungen um Erkenntnis (und sei es mit abnehmendem Ertrag) denkbar; und zwar aus Gründen, die in der Umstrukturierbarkeit der selektiven Verarbeitung kognitiver Komplexität liegen

8 So scheint die für die Religion so problematische „Säkularisierung" weiter Lebensbereiche mit funktionaler Differenzierung (auch der Religion selbst) zusammenzuhängen. „Säkularisierung" ist der Begriff für funktionale Differenzierung vom Standpunkt der Religion aus. Hierzu Niklas Luhmann, Funktion der Religion, Frankfurt 1977, S. 225 ff.

9 Prinzipiell entgegengesetzt die sog. Finalisierungsthese. Siehe: Gernot Böhme/Wolfgang van den Daele/Wolfgang Krohn, Finalisierung der Wissenschaft, Zeitschrift für Soziologie 2 (1973), S. 128–144. Vgl. auch Wolfgang van den Daele/Wolfgang Krohn/Peter Weingart (Hrsg.), Geplante Forschung: Vergleichende Studien über den Einfluß politischer Programme auf die Wissenschaftsentwicklung, Frankfurt 1979.

und unabhängig davon sind, ob man die Komplexität der wissenschaftlich erforschbaren Welt als endlich oder als unendlich ansetzt[10].

4) Diese *operative* Selbstreferenz gibt seit dem 18. Jahrhundert Anlaß zur Entwicklung wissenschaftsspezifischer *Reflexionstheorien*, mit denen versucht wird, die Identität der Differenz von Erkenntnis und Gegenstand (System und Umwelt) zu bestimmen und dabei dem Problem der Selbstreferenz auszuweichen[11]. In diesem Kontext wird dann auch die gesellschaftliche Funktion der Wissenschaft als Thema wissenschaftseigener Interpretation angesehen, so daß es zur Frage der Wissenschaft selbst wird, zu bestimmen, was als gesicherte Wahrheit anzusehen ist. Diese Interpretation wird, und das scheint sich zwangsläufig zu ergeben, von der Frage der gesellschaftlichen *Wirkungen* abgekoppelt. Die Wissenschaft kann Identität nur hochselektiv und nur in einer Weise bestimmen, die zugleich eine Inkorporation von Folgenverantwortung ausschließt.

5) Die im allgemeinen unter dieser Formgebung erreichte Leistungssteigerung hat den früher einheitlichen Naturbegriff gesprengt und zur Differenzierung von Naturwissenschaften und Humanwissenschaften (Geisteswissenschaften, Sozialwissenschaften etc.) geführt. Auch diese Differenz wird von der Wissenschaft selbst interpretiert, und das heißt immer auch: wechselnd interpretiert, kontrovers interpretiert. Im gesamtgesellschaftlichen Kontext gesehen, haben die *Naturwissenschaften* ihre Effekte dadurch, daß sie das *Handeln* und nur über das Handeln das Erleben der Menschen beeinflussen, während für die *Humanwissenschaften* das Umgekehrte gilt: daß sie primär das *Erleben* und nur über das Erleben das Handeln beeinflussen[12]. Anders als die sog. Praktische Philosophie es sieht, provoziert die Gesellschaft sich gerade durch ihre Naturwissenschaften zum Handeln, weil hier die Wahrheiten genügend eindeutig sind, um Handlungsanschlüsse mitabzudecken. Im Bereich der Humanwissenschaften ist genau dies dagegen typisch ungesichert, die gesellschaftlichen Auswirkungen sind hier daher sehr viel stärker über Plausibilitäten in bezug auf richtiges Erleben vermittelt, und das heißt

10 Zu den dann noch geltenden Restriktionen vgl. Nicholas Rescher, Scientific Progress: A Philosophical Essay on the Economics of Research in Natural Science, Pittsburgh–Oxford 1978.

11 Eines dieser Ausweichmanöver ist die bereits behandelte Auslagerung der Selbstreferenz in das „Subjekt" der Erkenntnis, ein anderes die Apriorisierung der Erkenntnisgrundlagen. Generell kann man sagen, daß erst in der neuesten evolutionstheoretischen Epistemologie die bisher unbezweifelte Notwendigkeit, Selbstreferenz aus logischen Gründen auszuschließen, aus Distanz betrachtet wird. Vgl. aber parallel dazu auch Gotthard Günther, Beiträge zur Grundlegung einer operationsfähigen Dialektik, 3 Bde. Hamburg 1976–1980.

12 Unter Erleben und Handeln wird, wie an anderer Stelle erläutert, das *Resultat von Prozessen der Kausalzurechnung* verstanden. Siehe Niklas Luhmann, Erleben und Handeln, in: Hans Lenk (Hrsg.), Handlungstheorien interdisziplinär, Bd. II, 1. München 1979, S. 235–253.

auch: anfälliger gegen Ideenabnutzung, Ideenwandel, Ideenpolitik[13]. Dieser Unterschied hängt vermutlich damit zusammen, daß die beiden Gegenstandsbereiche in unterschiedlichem Ausmaße und in unterschiedlichem Sinne komplex erscheinen, wenn (und nur wenn!) die Wissenschaft ihr Auflösevermögen steigert. Jedenfalls ist diese Differenz ein Faktum, das eine eigentümliche Schieflage produziert und reproduziert, und zwar gerade wegen des eigentümlichen *Handlungs*vorsprungs der Effekte von *Natur*wissenschaften.

All diese Aspekte des System/Umwelt-Verhältnisses moderner Wissenschaft sind unmittelbar Korrelate der Ausdifferenzierung des Funktionssystems Wissenschaft, also Korrelate der funktionsbezogenen Gesellschaftsdifferenzierung[14]. Sie sind nur möglich, weil zwei verschiedene Ebenen der Systembildung, die des Gesamtsystems und die der Teilsysteme, zusammenwirken. Dies ist zugleich die systemtheoretische Version für das, was bei Husserl als Differenz von Technik bzw. Wissenschaft und Lebenswelt erscheint: Die Funktionssysteme werden in der Gesellschaft ausdifferenziert und setzen voraus, daß diese im Sinne alltäglich-selbstverständlicher Kontakte immer noch funktioniert. Die Gesellschaft produziert so, *wenn* sie zu funktionaler Differenzierung übergeht, in sich selbst die *Differenz* von Lebenswelt und Technik, und das heißt auch, daß die gesellschaftlichen Verhältnisse weder als das eine noch als das andere allein begriffen und kritisiert werden können. Man kann daher neben der Wissenschaft auch andere Funktionssysteme, etwa den Wohlfahrtsstaat, zu den Anforderungen der „Lebenswelt" in Kontrast setzen[15].

Probleme der Stabilisierung

Dies Gesamtarrangement ist, von seiner Evolution her gesehen, relativ neu, und es hat so problematische Folgen, daß man nicht absehen kann, ob es sich langfristig stabilisieren läßt. Die Art und Weise, in der Gesellschaftssysteme sich mit selbsterzeugten Problemen belasten, hängt ihrerseits eng mit dem Differenzierungstypus zusammen. In traditionalen, schichtmäßig differenzierten Gesellschaftssystemen konnten auch die Folgeprobleme dieser Ordnung wieder schichtspezifisch kanalisiert, das heißt mit dem gleichen Mittel gelöst werden, das sie verursacht hatte. Deshalb erschien Schichtung diesen Gesellschaften als

13 Auch hier hat übrigens der Buchdruck die entscheidende Wende gebracht: Abschreiben konnte und mußte man immer wieder nochmal. Neudrucke erreichen sehr rasch eine Abnahmegrenze, der Druck muß dann immer etwas inhaltlich Neues bieten, was am leichtesten erreichbar ist, wenn man Angesehenes abtakelt.

14 Von „Korrelaten" wird deshalb gesprochen, weil die Kausalverhältnisse zirkulär sind. Die Form der Gesellschaftsdifferenzierung bestätigt und verfestigt sich an den System/Umwelt-Verhältnissen ihrer Teilsysteme. Man kann also nicht „die Gesellschaft" als Ursache und das in ihr Erscheinende als ihre Wirkung bezeichnen.

15 So jetzt Achille Ardigò, Crisi di governabilità e mondi vitali, Bologna 1980.

„Natur", als Ordnung schlechthin. In einer funktional differenzierten Gesellschaft ist dies nicht mehr möglich. Deshalb erscheint diese Gesellschaft sich selbst als kontingent, und man hat sich zu fragen, ob und welche Mittel sie einsetzen kann, um ihre Folgeprobleme auszuhalten.

Auch bei der Betrachtung der Folgeprobleme des naturwissenschaftlich-technischen Fortschritts sind wieder typische Aspekte, die mit funktionaler Differenzierung schlechthin gegeben sind, und wissenschaftsspezifische Ausprägungen zu unterscheiden. In weitem Umfange sind diese Folgeprobleme *gesellschaftsstrukturell bedingt und deshalb selbst bei Aussicht auf Katastrophen nicht durch Beseitigung ihrer strukturellen Auslöser zu bereinigen.*

Ich beschränke mich auf drei wichtige Probleme, an denen gerade diese Verflechtung des Typischen und des Besonderen deutlich gemacht werden kann.

1) Ausdifferenzierte Funktionssysteme sind, bisher jedenfalls, so entwickelt, daß sie ihr *eigenes* Wachstum nicht *selbst* kontrollieren können. In die jeweiligen Funktionsperspektiven ist ein Steigerungsaspekt eingebaut. Dieser kann durch komplexe Anforderungen, durch Rücksicht auf Nebenwirkungen, durch Gleichgewichtserfordernisse in einem multidimensionalen Zielraum unter Beschränkungen gesetzt werden. Es ist auch denkbar, ja sogar wahrscheinlich, daß der Ausbau funktional-operativer Systeme diese so komplex werden läßt, daß ein Hinausgehen über gegebene Zustände immer komplexere (also nicht zuletzt: immer kostspieligere) Operationen erfordert[16]. Aber im Prinzip gibt es keine funktionsspezifischen Gründe, eine bessere Erfüllung der Funktion nicht zu wollen: keine pädagogischen Gründe, von mehr Bemühungen um bessere Erziehung eines größeren Teiles der Bevölkerung abzusehen; keine wirtschaftlichen Gründe, auf wirtschaftliches Wachstum zu verzichten; keine politischen Gründe, nicht nach Zielen oder Themen zu suchen, die mehr Konsens einbringen[17], und eben auch keine wissenschaftlichen Gründe, darauf zu verzichten, immer mehr Sätze zu produzieren, die als wahr bzw. falsch festgestellt werden können. Es gibt in vielen dieser Funktionssysteme zwar Reflexionstheorien, aber diese sind ihrerseits autonomisiert und nicht als Bremsvorrichtung angelegt. Speziell im Bereich der erkenntnistheoretischen Reflexionen kann man deutlich sehen, daß dieses Umsteigen auf ein System mit Antriebsstärke ohne Bremsen im 18. Jahrhundert erfolgt, und zwar in der Form eines Verzichts auf eine religiöse Abschlußformel[17a].

16 Derartige Überlegungen werden derzeit nicht nur für die zunehmenden Kosten des wissenschaftlichen Fortschritts, sondern in genauer Parallele auch für die zunehmenden Kosten des Wohlfahrtsstaates, also eines Politikoptimierungsunternehmens, angestellt. Beiden Fällen liegt die gleiche strukturelle Problematik zugrunde.

17 Vgl. auch Niklas Luhmann, Politische Theorie im Wohlfahrtsstaat, München 1981.

17a Noch Pierre Daniel Huet, Traité de la foiblesse de l'esprit humain, Amsterdam 1723, Neudruck Hildesheim 1974, hält zur Entscheidung der Frage, ob das, was der Wissenschaft als wahr erscheine, auch wahr sei, die Religion für zuständig, weil für das, was die Wissenschaft selbstbeteiligt produziere, die Wissenschaft selbst keine letzte Urteils-

Damit hängt zusammen, daß Beschränkungen als „äußerlich", als extern auferlegt erfahren werden und daß Autonomiekonzepte entstehen, die nach dem Muster von Freiheitsansprüchen vorgetragen werden. Das Gegensteuern der Philosophie hat hier nicht viel geholfen. Was immer Titel wie Subjekt, Freiheit, Emanzipation, Vernunft, Notwendigkeit besagen sollten – sie werden rebanalisiert und den sozialstrukturellen Bedingungen angepaßt, unter denen Funktionssysteme operieren. Diese Systeme richten ihre Kommunikation an Funktionen und Funktionscodes aus und registrieren deshalb alles, was unter dem Gesichtspunkt anderer Funktionen ihnen auferlegt wird, als Beschränkung ihrer „eigentlichen" Zwecke.

2) Die Funktionsperspektiven, auf die hin die Gesellschaft Subsysteme ausdifferenziert, beziehen sich jeweils auf Probleme des Gesellschaftssystems, das heißt auf Probleme der sozialen Kommunikation. Das gilt auch für die Wahrheitsorientierung der Wissenschaft und gilt auch dort, wo es um „Natur"-Wissenschaft geht. Die Binnendifferenzierung des Gesellschaftssystems schließt also nicht an eine vorgefundene Sachdifferenzierung der Welt an. Das heißt einerseits, daß das Kommunikationssystem Gesellschaft sich unter eigenen Gesichtspunkten ausdifferenziert, daß es selbstreferentiell operiert und sich nur über Themen der Kommunikation auf seine Umwelt bezieht. Die Umwelt kann für das System dadurch sehr viel komplexer werden als bei Beschränkung auf Punkt-für-Punkt- oder Sektor-zu-Sektor-Beziehungen. Andererseits fällt es, wenn man auf diese Erfolgslinien hin ausdifferenziert, zunehmend schwer, die *Interdependenzen* in der Umwelt *systemintern abzubilden und in kommunikative Behandlung zu übersetzen*. Die symbolischen Medien der Kommunikation reagieren auf Differenzierung mit Generalisierungen. In zunehmendem Umfange gelingt es auch, systeminterne Verfahren als Reduktion von Umweltkomplexität zu begreifen[18]. Aber mit all dem ist nicht (oder nur in unzureichendem Ausmaße) erreichbar, daß Umweltinterdependenzen systemintern als *Interdependenzen* behandelt werden können; dazu fehlt der Gesellschaft und ihren Teilsystemen die erforderliche Komplexität.

Dies Problem stellt sich für alle Funktionssysteme, betrifft sie aber in sehr unterschiedlichem Ausmaße. Die Naturwissenschaften sind dadurch weniger belastet, da ihr Gegenstandsbereich viele interdependenzabsorbierende Einrichtungen mit hoher Stabilität aufweist. Gerade diese Tatsache, daß Funktionssysteme unterschiedlich betroffen sind und trotzdem autonom operieren, wird aber für das Gesellschaftssystem zu einem Problem disbalancierter Veränderung. Zusammenhänge in der Umwelt, die für die Naturwissenschaften

Forts. Anmerkung 17a

kompetenz in Anspruch nehmen könne (vgl. insbes. S. 180 f.). Im selben Jahrhundert gewöhnt man sich aber sehr rasch daran, die Vernunft zur Richterin in eigener Sache zu erklären.

18 Ausgangspunkte dafür gibt es vor allem in der Begriffstheorie, in der kognitiven Psychologie und in der Theorie des betrieblichen Entscheidungswesens.

noch behandelbar sind, stellen andere Funktionssysteme bereits vor kaum lösbare Probleme. Ein gutes Beispiel hierfür ist die Überforderung der Rechtsschutzkonstruktion des Rechtssystems (und, rechtsdogmatisch gesehen, der Bindung des Rechtsschutzes an die Wahrnehmung subjektiver Rechte) durch die wissenschaftlich und technisch aktualisierten Interdependenzen der Umwelt[19]. Ferner wird von hier aus verständlich, daß genau an den Stellen, an denen die Naturwissenschaften wichtige Interdependenzunterbrecher ihres Gegenstandsbereichs berühren, nämlich bei atomaren Systemen und bei geschlossenen genetischen Strukturen, für das politische System der Gesellschaft ungewöhnliche Probleme entstehen[20]. Schon Probebohrungen, die das Wissenschaftssystem an diesen Stellen hinabläßt, und Ahnungen dessen, was möglich sein könnte, lösen Ängste und entsprechende Pauschalreaktionen aus, die sich dem normalen Traktieren politischer Probleme entziehen.

Bei steigender Bewußtheit der Erfahrung von Umweltinterdependenzen muß man ganz generell mit einer *Verkürzung der handlungsrelevanten Zeithorizonte* rechnen, da die Zeittiefe der Erwartungen rasch ins Unberechenbare führt. Soll man investieren? Soll man eine Ausbildung oder eine Arbeit auf sich nehmen, die sich erst nach vielen Jahren auszuzahlen beginnt? Soll man sich überstimmen lassen und die Entscheidung akzeptieren in der Hoffnung, das nächste Mal zur Mehrheit zu gehören? Zahlreiche Einrichtungen der verschiedenartigsten Funktionssysteme sind nur unter der Voraussetzung einer offenen Zukunft motivfähig. Eine Erosion dieser Prämisse zeichnet sich aber bereits ab, und es gehört mit in das Bild, daß das Funktionssystem Wissenschaft, das dieses Komplexitätsbewußtsein in globalen Ausmaßen produziert, davon selbst einstweilen noch am wenigsten betroffen ist – vor allem, weil es die eigenen Aktivitäten nicht unter Zeitdruck setzen muß.

3) Eine dritte Überlegung kann mit der Einsicht einsetzen, daß ein Gefahr- oder Risikobewußtsein in unübersehbaren Situationen sich mit Hilfe sozialer Prozesse formiert. Aus der Obhut der Religion entlassen, sind Gefahr- und Risikomerkmale sozusagen rezeptfrei verfügbar und können benutzt werden, um Unbehagen zu konzentrieren und Angst zu erzeugen.

Wie es zugeht, daß bei bestimmten Folgemerkmalen des naturwissenschaftlich-technischen Fortschritts Angst ankristallisiert und bei anderen nicht, müßte genauer erforscht werden[21]. Jedenfalls ist das semantische Syndrom Gefahr/Risiko/Angst eine *generalisierende Reduktion*, die – ganz ähnlich wie Konflikte – Überreaktionen wahrscheinlich macht. Ein Kernkraftwerkunfall,

19 Vgl. Christian Sailer, Subjektives Recht und Umweltschutz, Deutsches Verwaltungsblatt 91 (1976), S. 521–532; Volkmar Gessner, Retten die Gerichte die Umwelt?, in: ders. u.a., Umweltschutz und Rechtssoziologie, Bielefeld 1978, S. 167–199.

20 Zu Konsequenzen für das Wissenschaftssystem selbst siehe z.B. Helga Nowotny, Kernenergie: Gefahr oder Notwendigkeit, Frankfurt 1979.

21 Daß das Berühren von Interdependenzunterbrechern hier eine Rolle spielt, ist zunächst nur eine Hypothese, für die empirische Bewährung noch aussteht.

eine öffentliche Expertendiskussion – und schon explodiert die „öffentliche Meinung" und legt Aversionen frei, die ihrerseits weiterwirken. Das Erkennen der Gefahren ist unerläßliche Voraussetzung für jede Gegenmaßnahme – und zugleich eine Gefahr neuer Art. Dabei ist, wie stets bei riskantem Handeln, ein Zeitproblem im Spiel: Man muß handeln, *bevor* man wissen kann. Dies Problem wird normalerweise über Vertrauen bzw. Mißtrauen gelöst[22]. Diese Alternative ist jedoch abgestimmt auf soziales Verhalten: auf Schäden, die Menschen einander zufügen können. Sie kann in gewissem Umfange in Richtung auf „Systemvertrauen bzw. -mißtrauen" generalisiert werden. Soweit es aber bei den Folgeproblemen des naturwissenschaftlich-technischen Fortschritts um Probleme geht, deren Riskanz gerade darin besteht, daß sie sich der *Vorsorge schlechthin entziehen* und *dies bewußt wird*, hakt der Gesamtmechanismus von Vertrauen-oder-Mißtrauen aus. Es hat keinen Zweck, anstelle von Vertrauen auf Mißtrauen umzuschwenken, weil auch das Mißtrauen nicht helfen kann. Man kann dann nur versuchen, Sicherheit im Nichtstun zu finden. Wenn dieser Ausweg der Selbstlähmung wahrscheinlich wird, ist es wiederum die Frage, ob und wo es in einer funktional differenzierten Gesellschaft Instanzen geben kann, die sich *dagegen durchsetzen können.*

Probleme der Orientierung und Steuerung

Auf ihren Kern zurückgeführt, besagt diese Analyse, daß sowohl die Möglichkeitsräume als auch die Folgeprobleme des naturwissenschaftlich-technischen Fortschritts mit dem Formtypus gesellschaftlicher Differenzierung zusammenhängen. Außerdem sehen wir in der Form der Differenzierung des Gesellschaftssystems – das heißt in dem Prinzip, nach dem die *primären* Teilsysteme der Gesellschaft gebildet werden – das Grundmerkmal eines jeden Gesellschaftstypus. In diesem Sinne „experimentiert" die neuzeitliche Gesellschaft mit dem Versuch, ein funktional differenziertes System zu sein und die evolutionären Risiken und Unwahrscheinlichkeiten dieses Systemtyps zu stabilisieren.

In einer Lage, wie sie durch diese theoretischen Annahmen beschrieben ist, gibt es keine Möglichkeit, „das System abzulehnen" und „alternative" Lebensgrundlagen zu suchen. „Die" Gesellschaft kann, und das sind praktisch wichtige Orientierungsfestlegungen, nur in der Form ihrer Differenzierung abgelehnt werden. Jede „Kritik" hat aber (wenn „Kritik" auf Unterscheidenkönnen beruhen soll) Formen der Differenzierung vorauszusetzen, also zu akzeptieren. Insofern sind die zentralen Probleme durch Strukturen bedingt, deren Ableh-

22 Zur Zeitstruktur von Vertrauen/Mißtrauen vgl. Niklas Luhmann, Vertrauen: Ein Mechanismus der Reduktion sozialer Komplexität, 2. Aufl., Stuttgart 1973. Zur Entpersonalisierung von Risiken vgl. auch Helga Nowotny, Scientific Purity and Nuclear Danger, in: Everett Mendelsohn et al. (Hrsg.), The Social Production of Scientific Knowledge, Sociology of Science 1 (1977), S. 243–264.

nung man nicht durchhalten könnte, weil das hieße, ohne Gesellschaft zu leben. Mag man nun an Parkinsons Drachenkampf mit der Bürokratie, an Wiederbegrünungsinitiativen oder an Ausweichkulturen denken: all das landet kläglich im Gestrüpp der Kongresse, der Haushaltsmittel, der modischen Literatur und des profitablen Geschäfts mit den Sehnsüchten anderer. Zu pauschal ansetzende Kritik wird zu kleinformatig realisiert. Und dies ist nicht eine Auswirkung des „Kapitalismus", sondern eine Auswirkung unzureichenden Denkens in einer im ganzen noch unvertrauten gesellschaftlichen Situation.

Man muß davon ausgehen, daß bei gesellschaftsstrukturell bedingten Problemlagen die Auslöser der Probleme nicht beseitigt werden können. Die Probleme haben eine nichteliminierbare Ursache und dadurch ein anderes Format als jede denkbare Lösung. Nur wenn man dies akzeptiert, ist es möglich, sich *im System* Alternativen vorzustellen, mit denen die Folgelast des prinzipiell Bejahten umverteilt und ins Aushaltbare abgeschwächt werden kann.

Ich will nicht auf die evidenten Kalamitäten eingehen, die dadurch entstanden sind, daß ihr naturwissenschaftlich-technisches Potential unsere Gesellschaft befähigt, in historisch einmaligem Ausmaß ihre Umwelt zu verändern. Die Fakten sind hinreichend bekannt. Soziologisch anzumerken wäre nur, daß *keine andere Gesellschaft mehr existiert, die unsere Gesellschaft daran hindern könnte*. Die moderne, funktional differenzierte Gesellschaft ist unausweichlich Weltgesellschaft. Regionale, staatlich-politische Binnendifferenzierungen der Weltgesellschaft dienen eher dazu, die Grundmerkmale dieses Gesellschaftstypus durch Konkurrenz und Entwicklungsvergleich zu steigern. Eine Kontrolle von Auswirkungen auf die Umwelt könnte unter diesen Umständen nur Selbstkontrolle sein, und dem wirkt die gegebene Binnenstruktur eher entgegen.

In erster Linie muß man sich bei einem System mit funktionaler Differenzierung fragen, ob und wie weit *andere Funktionssysteme* in der Lage sind, die durch den naturwissenschaftlich-technischen Fortschritt ausgelösten Probleme als *ihre* Probleme aufzufassen und zu normalisieren, ohne daß daran ihre eigene Ausdifferenzierung scheitert. In der Wirtschaft zum Beispiel werden gewaltige Kapitalmassierungen in relativ kurzer Zeit aufzubringen sein, wenn man weitgehende Umweltschäden verhindern und erschöpfte Energiequellen ersetzen will. Schon ob es möglich ist, ist eine Frage. Und wenn es möglich ist, steht man vor der Frage, ob nicht die Kapitalmassierung als solche und die Art ihrer Aufbringung bzw. der Disposition durch Entscheidung unvermeidlich zu einem *politischen* Problem werden und so erstens die demokratische Form von Politik und zweitens die Differenzierung von Politik und Wirtschaft aufheben. Wenn es so läuft, könnte sich erweisen, daß die funktional differenzierte Gesellschaft die Erhaltung und Ausreizung eines ihrer ausdifferenzierten Funktionssysteme mit der Rücknahme von Differenzierung in anderen Hinsichten bezahlen muß.

Eine zweite Frage ist: ob es prinzipiell möglich ist und ob es mit demokratischen Formen von Politik vereinbar ist, wenn man dem politischen System der Gesellschaft *die Verantwortung für das Nichteinsetzen von Technologien* aufbürdet. Oder noch grundsätzlicher: wenn im politischen System darüber entschieden werden müßte, in welchem Umfange das, was wissenschaftlich möglich ist, was wirtschaftlich möglich ist, was pädagogisch möglich ist, auch faktisch realisiert werden darf. Man kann sich kaum vorstellen, daß eine solche kontraprojektive, gegen das Mögliche gerichtete Politik in demokratischen Formen möglich ist – es sei denn in stark irrationalisierter Form, nämlich dort, wo Ängste oder Ressentiments gegen das Mögliche mobilisert werden können. Entwicklungen dieser Art, Entwicklungen zu einer durch Überforderung und Irrationalismen angetriebenen Politik zeichnen sich ansatzweise bereits ab. In jedem Falle würde eine so betriebene Politik die Formalmechanismen der herkömmlichen Demokratie und der rechtlich geregelten Verfahren weitgehend außer Funktion setzen.

Angesichts dieser Sachlage wird man sich überlegen müssen, ob und wie die Reflexionsleistungen *innerhalb* einzelner Funktionssysteme verstärkt werden können mit dem Ziel, die Umsetzung der Funktion auf Ziele zu relativieren, die Wachstum auslösenden Impulse unter Kontrolle zu bringen und die Funktion so zu interpretieren, daß Verzichte auf Funktionserfüllung miteinbezogen sind. Es gibt durchaus theoretische Modelle für dieses Postulat der Selbstlimitierung. Die neuere Entscheidungstheorie spricht von „bounded rationality" und arbeitet an Theorien, die ein rationales Abbrechen des Strebens nach Rationalität anleiten können. In der Systemtheorie ist ein Umdenken von Zweckrationalität auf Systemrationalität eingeleitet, und im gesellschaftstheoretischen Kontext kann man auch und gerade für den Fall funktionaler Systemdifferenzierung zeigen, daß und wie die Funktionsorientierung durch andere Systemreferenzen relativiert werden muß. Aber das sind Theorien, und die Frage, ob und wie weit es gelingen kann, derart anspruchsvolle Orientierungen ideenpolitisch zu realisieren, führt erneut auf ungeklärtes Terrain. Es müßte hierfür Theorien geben, die sich selbst beim Eintritt in die Realität beobachten bzw. ihr eigenes Geschick oder Mißgeschick für diesen Fall prognostizieren können.

Auch wenn hier viele Fragen offen bleiben, zeichnen sich eben damit auch offene Optionen ab. Sie betreffen erwartbare Richtungen der Strukturtransformation und Möglichkeiten des Ablenkens oder Korrigierens ihrer Folgen. Angesichts des Tempos, in dem die Veränderungen irreversible Tendenzen annehmen, bedrückt vor allem die Unzulänglichkeit der intellektuellen Ausstattung für diesen Fall. Das gilt für alle Sorten totalisierender Kritik, zum Beispiel für die wirklich törichte Kritik an Kapital und Kapitalismus, ferner für (heimlich konservative) Angst davor, konservativ zu sein, für die individualistische Identitätsdurchsetzungsemanzipatorik, für die Ansiedlung von immer mehr Demokratie und immer mehr Bürgernähe an den „fringe benefits" des Wohlfahrtsstaates. All das ist nicht deshalb verfehlt, weil das Gegenteil richtig wäre, sondern weil es durch Probleme der „bürgerlichen Gesellschaft" geprägt ist, die längst überholt sind. Der publizistische und politpädagogische Erfolg dieser Ideen suggeriert nur eine Aktualität ihrer Probleme; er ist gerade umgekehrt ein Indikator dafür, daß diese Probleme ihre Aktualität verloren haben.

In der Phase ihrer Selbstrealisation zeigt die moderne Gesellschaft ein ganz anderes Gesicht. Sie beginnt in sich auf sich zu reagieren. Die historische Einmaligkeit und Unwahrscheinlichkeit ihrer Ordnung erscheint in den Folgeproblemen. Diese betreffen, da Ordnung immer Ausdifferenzierung ist, den Zusammenhang von System und Umwelt. Die Einheit von System und Umwelt müßte im System repräsentiert werden können. Gerade hierfür gibt es in einem System, das in sich nur funktional spezifizierte Teilsysteme kennt, keinen vorbestimmten Standort. Der alte Titel dafür war „Theorie".

Es gehört zur Paradoxie dieses Problems, daß Antworten darauf formuliert werden in dem Moment, in dem ihre Grundlagen verschwinden. Karl Mannheim dachte für diese „denkerische Höhenstufe"[23] an freischwebende Intelligenz – in dem Moment, in dem die Intellektuellen sich fanatisierten. Parsons[24] dachte an die Universität in dem Moment, in dem diese ihr Selbstvertrauen verlor. Fast gewinnt man den Eindruck, als ob der Keim der Hoffnung ins gerade Untergehende gepflanzt werden müsse.

Aber wenn man auch dies noch sehen und sagen kann und wenn man auch die Reflexionstheorien als Produkt der Gesellschaft noch in ihre Reflexion einbeziehen kann, entsteht eine offene Situation. Die Soziologie ist selbst Ferment dieser Situation und reflektiert sich in ihr. Sie verfügt aber nicht über hellseherische Kräfte, die nötig wären, um Evolution auf der Basis selbstreferentieller Systeme zu prognostizieren.

23 So Ideologie und Utopie, 3. Aufl., Frankfurt 1952, S. 92.

24 Talcott Parsons/Gerald M. Platt, The American University, Cambridge, Mass. 1973.

II. Politik

Die Unterscheidung von Staat und Gesellschaft

I.

Die Gewohnheit, Staat und Gesellschaft zu unterscheiden, ist noch nicht zweihundert Jahre alt. Im Rückblick gesehen war sie der erste großartige Versuch, eine umfassende Theorie sozialer Verhältnisse auf eine Differenz zu gründen – und nicht mehr auf Einheit. Die Unterscheidung von Staat und Gesellschaft macht sich unabhängig von Annahmen über einen Bauplan der Schöpfung, über ein Wesen des Menschen oder über einen Anfang bzw. ein Ende der Geschichte. Der Letztbezug der Theorie wird von Einheit auf Differenz umgestellt.

Wie schwer dies gefallen sein muß und wie sehr es als theoretisch unbefriedigend empfunden wurde, läßt sich an der eindrucksvollsten Theorie ablesen, die von diesem Ausgangspunkt her entwickelt wurde: an Hegels Rechtsphilosophie. Sie sucht auf eine Weise, die in einem neuartigen Sinne Dialektik heißt, im Ausgang von Differenz wieder zur Einheit zu kommen. Wie man weiß, ist ihr das, auf empirische Verhältnisse bezogen, mißlungen – bei aller Schönheit der theoretischen Architektur. Auf eigentümliche Weise wiederholt sich eine Struktur, die man bereits in den Weltbeschreibungen sehr alter Gesellschaften findet, zum Beispiel in Ägypten, nämlich Ordnung unter dem Begriff „maat", und innerhalb dieser Ordnung dann die Differenz von profanen und sakralen Einrichtungen. Das Heilige tritt in die Welt wieder ein und läßt dabei etwas anderes außer sich. Hegel copiert diese Form, nicht von Einheit ausgehend, aber zur Einheit gelangend. Während man, auf Ägypten bezogen, mit Jan Assmann[1] von einer doppelten Theologie sprechen kann, kommt es bei Hegel zu einem doppelten Staatsbegriff: zum Not- und Verstandesstaat in Differenz zur Gesellschaft und zum Staat im emphatischen Sinne.

Achtet man als Soziologe auf Gründe für das Scheitern oder für das Unglaubwürdigwerden von Theorieangeboten, könnte man vermuten, daß diese hierarchische Struktur prinzipiell inadäquat geworden ist, auch wenn sie gekippt wird und die Einheit nicht als Grund, als Quelle der Emanation, angesetzt wird sondern als Resultat der Geschichte. Die Repräsentation des Ganzen im Ganzen, die Repräsentation der Einheit eines Systems im System als Moment einer Differenz, hat bestimmte sozialstrukturelle Voraussetzungen. Sie ist nur plausibel zu machen, wenn es in der Gesellschaft, sei es eine Spitze, sei es ein Zentrum oder eine Oberschicht, einen städtischen Mittelpunkt gibt, von wo aus eine Deutung konkurrenzfrei vorgeschlagen werden kann. Diese

1 Ägypten: Theologie und Frömmigkeit einer frühen Hochkultur, Stuttgart 1984, S. 11 ff.

Voraussetzung hat in dem Maße, als die moderne Gesellschaft besondere Funktionssysteme für Wirtschaft, Politik, Wissenschaft, Erziehung usw. ausdifferenziert, aufgegeben werden müssen. Daher gibt es heute keinen festen Ort für – sagen wir: natürliche Repräsentation. Die Gesellschaft kann immer noch als Einheit aufgefaßt werden – aber von unterschiedlichen Systemperspektiven aus in unterschiedlicher Weise.

Der strukturelle Umbau von stratifikatorischer zu funktionaler Differenzierung wird erstmals mit der Unterscheidung von Staat und Gesellschaft registriert. Darin liegt deren historische Bedeutung. Diese Unterscheidung wird durch eine Differenz von Politik und Wirtschaft, von Gewalt und Eigentum interpretiert. Dabei wird bereits vorausgesetzt, daß die Gewalt durch Recht gebunden ist und sich über Recht in die Gesellschaft ausbreitet; und daß das Eigentum in seinem Geldwert wirtschaftlich kalkulierbar geworden ist. Es geht, mit anderen Worten, um die Differenz von Rechtsstaat und von monetär integrierter Wirtschaft. Dabei bleibt ungeklärt, wie man von dieser Differenz aus die Einheit des Differenten begreifen kann. Die Tradition, die dafür den Begriff der societas civilis zur Verfügung gestellt hatte, kann nicht mehr fortgesetzt werden, denn die Unterscheidung von Staat und Gesellschaft hatte gerade diesen Begriff in zwei Komponenten gespalten. Man versucht und versucht, statt dessen auf eine regional organisierte Politik oder auf die Nation als politische und kulturelle Einheit zurückzugreifen; aber dies ist allein schon deshalb kein überzeugender Ausweg, weil die Wirtschaft eindeutig international strukturiert ist und sich in die Einheit eines regional begriffenen Systems nicht mehr einordnen läßt.

Man kann hieraus folgern, daß eine repräsentative Selbstbeschreibung des Gesellschaftssystems im ganzen sich in der Gesellschaft nicht mehr aufdrängen läßt. Es liegt dann nahe, von Differenz statt von Einheit auszugehen. Aber was folgt daraus für die Rationalität der Wahl einer solchen Differenz und speziell für die Rationalität der Unterscheidung von Staat und Gesellschaft?

II.

Bevor wir uns dieser Frage zuwenden, beginnen wir einen zweiten Anlauf. Bei der Lektüre von Texten aus dem ausgehenden 18. Jahrhundert, aus der Inkubationszeit der Unterscheidung von Staat und Gesellschaft, fällt auf, daß die Ebenen der Interaktion und des umfassenden Gesellschaftssystems noch nicht unterschieden werden. Gesellschaft ist für Kant das Resultat von Geselligkeit. Deshalb kann Kant, obwohl er die Unterscheidung von Gewalt und Eigentum vorfindet, Staat und Gesellschaft nicht auseinanderziehen. „Die zur Gesetzgebung vereinigten Glieder einer solchen Gesellschaft (societas civilis), d.i. eines Staats ...", heißt es zum Beispiel in der Metaphysik der Sitten[2]. Die Idealisierungen, mit denen man auf Erfahrungen, etwa der Französischen Revolution, reagiert, halten diese Ununterschiedenheit von Interaktion und Gesell-

2 I. Teil, § 46.

schaft fest. Das gilt für das Konzept der freien Wechselwirkung in Fichtes Vorlesungen über die Bestimmung des Gelehrten – bei aller Trotzigkeit – „und daure es Millionen und Billionen Jahre“[3], mit der es formuliert ist. Das gilt nicht weniger für Schillers Briefe über die ästhetische Erziehung des Menschen und für ihren Staatsbegriff. Die Vollendung des Menschen sei in der schönen, geselligen Interaktion zu realisieren, und das sei der Staat bzw. die Gesellschaft.

Faktisch entziehen sich jedoch seit langem gerade Wirtschaft und Politik diesem Postulat einer Einheit von Interaktion und Gesellschaft: Die Wirtschaft, indem sie das Eigentum einer monetären, marktabhängigen Kalkulation überantwortet, wobei nicht mehr Tausch und Verhandlung, sondern Konkurrenz die Preise diktiert; die Politik, indem sie sich an öffentlicher Meinung orientiert und indem sie politische Macht indirekt über Recht wirksam werden läßt. Unverkennbar sind die großen Codes der auf Eigentum und auf Zwangsgewalt basierten Systeme inzwischen durch Zweitcodierung, durch Monetarisierung und durch Juridifizierung, in ihrer technischen Effizienz immens gesteigert, und dies in einer Weise, die nicht mehr auf eine Interaktionsmoral (und sei es im gehobenen Stil des kategorischen Imperativs) zurückgeführt werden kann. Das Geld setzt unbegrenzte Eigensucht frei, macht Pleonexie zur Tugend. Das Recht dient als Freiheitsgarantie gerade dem Schutz gegen die Zumutung, in Interaktion zu treten und hier moralisch oder vernünftig zu handeln.

Die sich alsbald dann durchsetzende Unterscheidung von Staat und Gesellschaft honoriert diese Tatbestände, wenngleich nicht mit der hier formulierten Einsicht. Sie reagiert auf die Technizität der Funktionscodes, die sie zutreffend als Abstraktion und zugleich in sehr problematischer Weise als „Entfremdung“ interpretiert. Tatsächlich führt die unterschiedliche Codierung der Kommunikationsmedien Macht/Recht und Eigentum/Geld zu einer Differenzierung von Politik und Wirtschaft in einer Weise, die nicht mehr in der überlegenen Macht des Grundeigentümers integriert werden kann. Deswegen wird die Differenz von Herr und Knecht auf dem Altar der Dialektik geopfert. Deswegen fasziniert zunächst die Unterscheidung von Staat und Gesellschaft, ohne daß die Frage der Einheit dieser Differenz, wenn man von Hegel einmal absieht, hätte beantwortet werden müssen.

III.

Und noch ein dritter Anlauf: Die Schwierigkeiten, religiöse Weltsetzungen und Kosmologien, Theologien und Ontologien zu ersetzen, hatten um 1700 die Aufmerksamkeit zunächst auf Vernunft und Moral gelenkt. Die Büchse der Pandora wurde im Glauben an Fortschritt geöffnet, und herauskam etwas, was in der Religion immer gut verkapselt gewesen war: die Paradoxie[4]. Das,

3 Werke, Darmstadt 1962, Bd. 1, S. 239.

4 Siehe auch Niklas Luhmann, Society, Meaning, Religion – Based on Self-Reference, Sociological Analysis 46 (1985), S. 5–20.

was schon lange geahnt und in der Beichtkasuistik oder auch in den Devotionslehren verdrängt worden war: Die Möglichkeit, daß das Gute das Schlechte sei oder auch umgekehrt, kam ans Licht zur Irritation der Vernunft.

Nun konnte die Wirtschaftstheorie behaupten, und dies bereits vor Mandeville, daß verwerfliches Streben nach Verdienst und Luxus wohltätige Wirkungen habe. Es schafft Arbeitsplätze, würden wir heute sagen. Wie immer empört Moralisten die Wiedereinführung dieses Paradoxes als Maxime in die Moral bekämpfen, etwa Shaftesbury mit seinen Einwänden gegen die Maxime „to do ill that good might follow"[5], so wenig ließ sich das Problem unterdrücken. Es ließ sich nur durch seine Umkehrung ergänzen. Die Moralparadoxie tritt nämlich in zwei Formen auf: Verwerfliches Handeln kann willkommene Auswirkungen haben, aber ebenso können auch die besten Absichten zu schlimmen Folgen führen. Das lehrt spätestens die Französische Revolution. Zugleich wird damit ersichtlich, daß die Moralparadoxie sich auf die beiden Funktionssysteme Wirtschaft und Politik verteilen läßt. Die Wirtschaft hat es glücklicherweise mit den positiven Folgen der Eigensucht zu tun. Ihr genügt daher Einsicht in die Wirkungsweise der invisible hand. In der Politik geht es dagegen um die schlimmen Folgen der guten Absichten. Sie braucht daher eine Rechtsverfassung, damit verhindert wird, daß allein schon die moralisch einwandfreie Gesinnung dazu legitimiert, andere zu zwingen.

Die Unterscheidung von Staat und Gesellschaft eignet sich also auch dazu, Moral zu entparadoxieren. Das Problem wird nach Maßgabe seiner eigenen Logik auf die unterschiedlichen Kanäle der Wirtschaft und der Politik geleitet und dann auf je unterschiedliche Weise entschärft. Dazu benötigt man nicht mehr spezifisch moralische Mittel, sondern *institutionelle* Vorkehrungen, wie sie in der Geldwirtschaft und den modernen, das heißt konstitutionellen Staaten zur Verfügung stehen. Was wir als „Liberalismus" in politischer und in wirtschaftlicher Hinsicht kennen, ist auf diese Formen der Entparadoxierung von Paradoxen eingeschworen.

Aber konnte man sicher sein, daß das Problem der Einheit ein nur moralisches Paradox sei? Daß es nur darum gehe, die Blockierungen zu vermeiden, die sich ergeben würden, wenn das Gute das Schlechte und das Schlechte das Gute wäre? Oder sitzt man hier einer historisch ephemeren Problemformulierung, einer bloßen Säkularisierung von Theodizee-Problemen auf? Und wenn es so wäre: Muß die Frage nach der Einheit der Differenz von Staat und Gesellschaft vielleicht vermieden werden, weil sie wieder in die Paradoxie zurückführen würde?

5 In: Charakteristicks of Men, Manners, Opinions, Times, London 1714, Nachdruck Farnborough Hants, UK 1968, Bd. 2, S. 205 im Zusammenhang mit dem Theodizee-Problem.

IV.

Es gab also um 1800 hinreichende Überzeugungsmittel, um die Unterscheidung von Staat und Gesellschaft einzuführen und durchzusetzen. Es gab zwar keinen Begriff, der die Einheit der Differenz bezeichnen konnte – wenn man nicht hierfür mit Hegel wiederum auf den Begriff des Staates oder später mit den Soziologen wiederum auf den Begriff der Gesellschaft zurückgreifen wollte. Offenbar meinte man, auf eine Formel für die Einheit der Differenz und damit auf eine Formel für die Rationalität der Gesamtkonstruktion verzichten zu können. Keine Nachfolge für Vernunft also, keine Nachfolge für die Einheit, die sich selbst in Geltung setzt und beurteilt. Um so mehr lohnt es sich, genauer nachzusehen, wie denn dies Denken sich *statt dessen* die Rationalität garantiert. Wir fragen, mit anderen Worten, nach funktionalen Äquivalenten für Einheit als Rationalitätsgarantie.

Fragt man so, dann stößt man auf einen eigentümlichen Sachverhalt, den man als Wiedereinführung der Unterscheidung in das Unterschiedene, als „re-entry" im Sinne der Logik von George Spencer Brown[6] charakterisieren kann. Die fortschreitende soziale Differenzierung hatte zur Differenz von Politik und Wirtschaft geführt. Diese Differenz wird unter der Bezeichnung „Staat und Gesellschaft" in das politische System und in das Wirtschaftssystem wiedereingeführt. Das politische System identifiziert sich selbst als „Staat", um sich selbst damit von der Gesellschaft zu unterscheiden. Es gibt sich, um sich selbst zur Respektierung dieser Differenz zu zwingen, eine Verfassung. Die Gesellschaft ist dann nicht mehr nur einfach eine Umwelt des politischen Systems. Die Unterscheidung von Staat und Gesellschaft wird vielmehr zur Regel dieses Systems selbst. Der Staat respektiert dann die Eigenständigkeit der Gesellschaft, indem er individuelle Rechte, heute sagen wir Grundrechte, als unantastbar anerkennt und sich selbst, um dies zu sichern, als Rechtsstaat organisiert. Das dient auch, wie man nicht verkennen darf, der Entlastung von Politik, dem Eigeninteresse von Politik, ja der politischen Bequemlichkeit[7]. Jedenfalls kann der Prozeß verfassungsmäßiger Demokratisierung nur unter einer solchen thematischen Begrenzung anlaufen.

Die Unterscheidung von Staat und Gesellschaft gibt mithin an, auf welche Differenz der Staat primär reagiert, wenn er im eigenen Betrieb Informationen verarbeitet; wobei Verarbeitung von Informationen nichts anderes heißt als: Umformung von Differenzen[8]. Zugleich regelt sich mit dieser Regel die Identität des Systems und bestimmt als Staat das, was Funktionen erfüllt, die die Gesellschaft allein nicht erfüllen kann. Die Wiedereinführung der Unterscheidung in das durch sie Unterschiedene wird zum Gesetz des Staates und zum

6 Laws of Form, 2. Aufl., New York 1972.

7 Vgl. hierzu und zur liberalen Legendenbildung im Rückblick auf den absoluten Staat Regina Ogorek, Das Machtspruchmysterium, Rechtshistorisches Journal 3 (1984), S. 82–107.

8 Nach: Gregory Bateson, Ökologie des Geistes, dt. Übers. Frankfurt 1981, insb. S. 515 ff.

Prinzip seiner Rationalität, heute würden wir sagen: zur Regel seiner Selbstorganisation. Dabei blieb die Operation dieses re-entry selbst undurchsichtig. Man darf nicht vergessen, daß jene Zeit noch gar nicht über einen Begriff der Umwelt verfügte. Selbst das Wort Umwelt, ebenso environment, wird erst am Anfang des 19. Jahrhunderts erfunden[9]. Das Bedürfnis, in Differenzen statt in Einheiten zu denken, muß sich seine Sprache erst schaffen. Deshalb konnte der komplizierte Vorgang der Wiedereinführung einer Unterscheidung in das erst durch sie Unterschiedene auch nicht formuliert und beurteilt werden. Man ging seit der Mitte des 19. Jahrhunderts, vor allem seit Lorenz Stein, einfach davon aus, daß die Unterscheidung von Staat und Gesellschaft einem Sachverhalt entspreche, und überließ sich im übrigen ideologischen Interpretationen des damit bezeichneten Sachverhalts. Daß man von re-entry nur im Kontext einer komplizierten Logik selbstreferentieller Verhältnisse würde sprechen können[10], war nicht vorauszusehen.

V.

Eine ernsthafte, kritische Diskussion der Unterscheidung von Staat und Gesellschaft ist erst in unserem Jahrhundert, ja eigentlich erst nach 1945 in Gang gekommen[11]. Der Grund dafür dürfte in der eigentümlichen Überforderung des Staates liegen, die daraus resultiert, daß er die Unterscheidung sich selbst als Gesetz gegeben hat. Die Diskussion knüpft daran an, daß die Verfassung eine solche Differenz vorauszusetzen scheint und nur mit ihrer Hilfe sinngemäß interpretiert werden kann. Die Frage ist dann, ob und in welchem Sinne diese Unterscheidung durch die zwischenzeitliche Entwicklung überholt ist. Über Theoriefragen setzt diese Diskussion sich souverän hinweg. Keines der im Vorstehenden angeschnittenen Probleme wird, so weit ich sehe, behandelt. Statt dessen geht es um Trennung und Interdependenz und um die Frage, ob die Interdependenzen zwischen Staat und Gesellschaft derart zugenommen haben, daß die Unterscheidung nicht mehr aufrechtzuerhalten sei. Das ist jedoch eine unergiebige Fragestellung, zumal niemand ein hohes Maß an wechselseitigen Abhängigkeiten zwischen Staat und Gesellschaft bestreiten wird. Die Funktion und die Rationalität einer Unterscheidung (und erst recht: einer in das Unterschiedene wiedereingeführten Unterscheidung) liegt nicht in der Trennung, sondern gerade im Zusammenhang des Unterschiedenen. Differenzierung soll nicht Ablösung ermöglichen, sondern Spezifikation der Rekombination.

So verständlich, rückblickend gesehen, die historische Funktion der Leit-

9 Vgl. Leo Spitzer, *Milieu* und *Ambiance*: An Essay in Historical Semantics, Philosophy and Phenomenological Research 3 (1942), S. 1–42, 169–218 (204 ff.).

10 Vgl. Francisco Varela, A Calculus for Self-Reference, International Journal of General Systems 2 (1975), S. 5–24.

11 Für einen Überblick vgl. Ernst Wolfgang Böckenförde (Hrsg.), Staat und Gesellschaft, Darmstadt 1976.

differenz von Staat und Gesellschaft für die Umstellung von Einheit auf Differenz ist: sie kollidiert mit heutigem soziologischem Sprachgebrauch und wirkt deshalb eigentümlich disbalanciert. Das, was offensichtlich gemeint war, wird heute als politisches System und als Wirtschaftssystem bezeichnet. (Man streitet, aber das können wir beiseite lassen, auch innerhalb der Soziologie über das Ausmaß, in dem realistisch von Differenzierung bzw. Entdifferenzierung von Politik und Wirtschaft gesprochen werden kann.) Was „Staat" genannt wird, ist dann allenfalls eine vereinfachende, focussierende Selbstbezeichnung des politischen Systems[12]. Die Semantik von „Staat" ist in diesem Sinne geschrumpft. Umgekehrt ist die Semantik von Gesellschaft expandiert. Unter Gesellschaft, und die Soziologie hat diesen Begriff, wenn auch zögernd, übernommen und ideologisch gereinigt –, unter Gesellschaft versteht man heute das umfassendste Sozialsystem, fast wieder im Sinne des aristotelischen „pasôn kyriotáte kai pásas periéchousa tàs állas"[13].

Dann wirkt es allerdings seltsam, Staat und Gesellschaft zu unterscheiden – etwa so, als ob man Hausfrauen und Menschen unterscheiden würde.

Mit Hilfe einer soziologischen Theorie der Gesellschaft kann man nicht nur die alte Thematik von Staat und Gesellschaft rekonstruieren, sondern zugleich sehr viel komplexere analytische Mittel bereitstellen. Diese Gesellschaft kann dann auf zwei Ebenen begriffen werden: sozialstrukturell in der Form ihrer Differenzierung in Subsysteme und semantisch in den Formen, in denen sie darauf durch Selbstbeobachtung und Selbstbeschreibung reagiert. Zunächst bieten sich dafür vor allem historische Analysen an[14]. Die hier skizzierte historische Semantik der Unterscheidung von Staat und Gesellschaft ist dafür ein Beispiel. Die eigentliche Aufgabe aber liegt vor uns. Es wird darum gehen, auszuprobieren, ob und wie weit eine soziologische Gesellschaftstheorie, obwohl aus der Sicht des Subsystems Soziologie des Subsystems Wissenschaft des Gesellschaftssystems entworfen, zur Entwicklung einer adäquaten Selbstbeschreibung der modernen Gesellschaft beitragen kann. Die soziologische Theorie wird, wenn sie auf die Winzigkeit ihrer eigenen Existenz reflektiert, darüber eher skeptisch urteilen. Aber das sollte sie nicht hindern, ihre eigenen Möglichkeiten zu entwickeln und dann zu beobachten, was daraus folgt.

12 Vgl. Niklas Luhmann, Staat und Politik: Zur Semantik der Selbstbeschreibung politischer Systeme, in: Udo Bermbach (Hrsg.), Politische Theoriegeschichte, Sonderheft 15/1984 der Politischen Vierteljahresschrift, Opladen 1984, S. 99–125. In diesem Band S. 74–103.

13 Pol. 1252a 5–6. Zur Auflösung dieses Periéchon in der neuzeitlichen Semantik vgl. Spitzer, a.a.O.

14 Einige Beispiele in: Niklas Luhmann, Gesellschaftsstruktur und Semantik, 2 Bde., Frankfurt 1980–81; ders., Liebe als Passion, Frankfurt 1982.

Staat und Politik

Zur Semantik der Selbstbeschreibung politischer Systeme

I.

Die nachfolgenden Analysen behandeln Themen der Ideengeschichte im Bereich von Politik. Sie sind jedoch nicht als Disziplingeschichte, nicht als Geschichte oder Vorgeschichte der Politikwissenschaft konzipiert. Ebenso wenig folgen sie dem klassischen Kanon der „wissenssoziologischen" Ideologiekritik. Sie begnügen sich nicht damit, Ideen auf offensiv oder defensiv gestimmte soziale Schichten, Klassen, Gruppen zu beziehen und sie damit pauschalpsychologisch zu erklären. Erst recht soll eine bloß deskriptive Erzählung des Bedeutungswechsels bestimmter Worte oder Begriffe im Laufe der Geschichte überwunden werden. Weder Fachgeschichte also noch Ideologiekritik, noch scheinbar neutrale Ideengeschichte: welche Möglichkeiten bleiben, wenn man diese bereits gebahnten Wege nicht betreten will?

Wir suchen den Ausweg in einer engeren Verwebung struktureller und semantischer Aspekte[1]. Die Schwächen der bisherigen Versuche sind Schwächen der soziologischen Theorie. Nur eine hinreichend komplexe (und das heißt immer auch: abstrakte) soziologische Theorie bietet die Möglichkeit, den Zusammenhängen zwischen strukturellen und semantischen Entwicklungen auf die Spur zu kommen. Für die Analyse relativ konkreter Sachfragen ist auf Seiten der Theorie adäquate Komplexität erforderlich. Der Weg zum Konkreten führt über Abstraktion, und zwar über ein für die heutigen Sozialwissenschaften ungewohntes, ja befremdliches Maß an Abstraktion. Oder anders formuliert: Die Tiefenschärfe, mit der man die Bedeutung und den Bedeutungswandel von Ideen nachvollziehen kann, variiert mit der Komplexität soziologischer Theorie. Nur so kann man auch den differenzierten Beziehungen zwischen strukturellen und semantischen Aspekten, zwischen Sozialstruktur und Kulturgut, wenigstens annäherungsweise gerecht werden.

Auf Seiten der soziologischen Theorie bieten diverse systemtheoretische Ansätze heute wohl die besten Ausgangspunkte für ein solches Vorhaben, besonders wenn sie so konzipiert sind, daß sie handlungstheoretische und kom-

1 Für weitere Versuche in dieser Richtung vgl. Niklas Luhmann: Funktion der Religion, Frankfurt 1977; Niklas Luhmann/Karl Eberhard Schorr: Reflexionsprobleme im Erziehungssystem, Stuttgart 1979; Niklas Luhmann: Gesellschaftsstruktur und Semantik: Studien zur Wissenssoziologie der modernen Gesellschaft, 2 Bde., Frankfurt 1980–81; Niklas Luhmann, Liebe als Passion: Zur Codierung von Intimität, Frankfurt 1982.

munikationstheoretische Traditionen in sich aufnehmen können. Dies erfordert den Einbau selbstreferentieller Figuren in die Theorie, und zwar so, daß nicht nur die Theorie selbst, sondern auch ihr Gegenstand als selbstreferentiell begriffen wird. Wir gehen deshalb von einer Theorie selbstreferentieller Systeme aus. Im vorliegenden Zusammenhang kann eine derart implikationsreiche Theorie natürlich nicht dargestellt werden[2]. Wir müssen uns damit begnügen, die für die folgenden Analysen unmittelbar wichtigen Grundvorstellungen herauszuziehen und sie nicht in ihrem theoretischen Kontext, sondern durch Verwendung plausibel zu machen.

II.

Komplexe Systeme sind unfähig, ihre eigene Komplexität voll zu erfassen. Würde ihnen das gelingen, so wären sie eben damit bereits wieder komplexer als zuvor, da das System dann zusätzlich auch eine Beschreibung der eigenen Komplexität enthält. In komplexen Systemen sind daher alle Operationen reduktiv angelegt, und zwar sowohl in bezug auf die Umweltkomplexität als auch in bezug auf die eigene Komplexität. Komplexität zwingt zur Selektion, und dies gilt schlechthin, also auch für Versuche, die Komplexität selbst zu thematisieren. Jede Selbstbeobachtung und Selbstbeschreibung muß daher auf Selbstsimplifikation beruhen. Dafür gibt es, abstrakt gesehen, verschiedene Möglichkeiten, zum Beispiel Focussierung auf eine bestimmte Sinngebung, Verdrängung (Latenz) oder auch Unterspezifikation von Zielen[3]. In jedem Falle enthalten sie keine vollständige Abbildung ihrer selbst in sich selbst, benötigen aber trotzdem unter näher zu klärenden Umständen zur Orientierung ihrer eigenen Operationen Möglichkeiten der Selbstbeobachtung und Selbstbeschreibung, also eine eigene „Identität".

Der Begriff Selbstbeobachtung ist mithin komplexitätsbezogen einzusetzen. Er setzt voraus, daß man sich selbst nicht kennt. Nur unter dieser Voraussetzung hat der Versuch Sinn, sich selbst Informationen über sich selbst abzugewinnen. Und nur dafür setzt man Differenzschemata ein (vor allem, aber nicht nur: System/Umwelt), mit denen es möglich wird, Informationen als kontingente Selektionen aufzufassen – als dies und nicht etwas anderes. Ähnliches ist gemeint, wenn man sagt, daß ein System sich über Selbstbeobachtung Zufällen aussetzt. Je besser die semantische Ausstattung der Selbstbeobachtung, desto

2 Wichtig sind: Edgar Morin: La Méthode, Bd. 1, Paris 1977, Bd. 2, Paris 1980; Humberto R. Maturana: Erkennen: Die Organisation und Verkörperung von Wirklichkeit, Braunschweig 1982. Vgl. auch Milan Zeleny (Hrsg.): Autopoiesis: A Theory of Living Organization, New York 1981. Ferner Niklas Luhmann: Soziale Systeme, Frankfurt 1984.

3 Zur letztgenannten Variante vgl. etwa Gordon Pask: The Meaning of Cybernetics in the Behavioural Sciences (The Cybernetics of Behaviour and Cognition; Extending the Meaning of „Goal"), in: John Rose (Hrsg.): Progress of Cybernetics Bd. 1, London 1970, S. 15–44.

mehr kann es sein internes Operieren von externen Ereignissen abhängig machen, die es als Zufall behandeln muß (mag die Welt nun determiniert sein oder nicht).

Ein Moment der Selbstbeobachtung ist in alle sozialen Systeme eingebaut. Es besteht darin, daß die komplexen Zusammenhänge kommunikativer Informationsverarbeitung, aus denen das soziale System besteht, auf Handlungen reduziert werden. Handlungen sind zurechenbare Selektionen. Über Zurechnung kann man Beobachtung und Anschlußverhalten dirigieren. Kommunikation läßt, je nach Thema, ein weites Repertoire an Reaktionsmöglichkeiten offen. Handeln focussiert stärker, allein schon dadurch, daß man beim Verstehen von Kommunikationen sich daran orientieren kann, wer was gesagt hat.

Von Selbstbeobachtung kann man nur sprechen, wenn und soweit die eigene Operationsweise des Systems eingesetzt wird. Die Selbstbeobachtung psychischer Systeme involviert Bewußtsein, die Selbstbeobachtung sozialer Systeme involviert Kommunikation. Beide Medien müssen systemlogisch unterschieden werden, auch wenn man zu konzedieren hat, daß sie sich faktisch wechselseitig voraussetzen, weil soziale Systeme psychische Systeme als ihre Umwelt voraussetzen und umgekehrt. Die Besonderheit von Selbstbeobachtung liegt im übrigen nicht im privilegierten Zugang zu besonderen Informationsquellen (Introspektion), sondern in der Unauswechselbarkeit des Selbst. Für Selbstbeobachtung gibt es deshalb keine Kontrollen und deshalb auch keine Kriterien, während der Fremdbeobachter sich daran orientieren kann, was andere in ähnlicher Lage am selben Objekt beobachten.

Selbstbeobachtung ist daher – und all dies wird für die „Staats"-Semantik bedeutsam werden – weniger willkürlich und weniger informativ als Fremdbeobachtung. Sie ist weniger willkürlich, weil sie die Operationen des Systems selbst beim Beobachten benutzt, also deren Einsatzbedingungen nicht nach Belieben wählen kann. Sie kann bei bewußten Systemen nicht von Bewußtsein, bei Kommunikationssystemen nicht von Kommunikation und ihren Schranken abstrahieren. Dagegen kann ein Fremdbeobachter solche Systeme auch gegen das für sie Latente profilieren, sie zum Beispiel unter dem Schema bewußt/unbewußt bzw. kommunikabel/inkommunikabel beobachten[4]. Dabei muß man dann Verlust an Sicherheit mit Informationsgewinn kompensieren – das Problem aller Ideologiekritiker, Psychotherapeuten und ähnlicher Gewerbe.

Oft trifft man auf die Behauptung, daß für Selbstbeobachtung aus logischen Gründen eine Differenzierung von Ebenen, also eine hierarchische Organisation erforderlich sei[5]. Damit wird aber wohl die Logik in ihrem Realitäts-

4 Obwohl die Geschichte dieser Fremdbeobachtungsschemata noch nicht geschrieben ist, wird man nicht fehlgehen in der Vermutung, daß sie im 18. Jahrhundert aufkommen, und zwar zunächst im für Leser (Fremdbeobachter) geschriebenen Roman. So schafft sich die Aufklärung und die Vorbereitung der „modernen Staaten" schon gleich die Möglichkeit einer Gegenkultur.

5 Vgl. z.B. Henri Atlan: Entre le cristal et la fumée: Essai sur l'organisation du vivant, Paris 1979, S. 70.

zwang überschätzt. Jedenfalls gibt es auch Bewußtseinsformen und auch Kommunikationsweisen, die ihren Reiz gerade aus dem Zusammenbruch dieses logischen Erfordernisses ziehen – zum Beispiel Paradoxien, Metaphern, Witze. Auch können wir offen lassen, ob die Unterscheidung mehrerer Ebenen wirklich hierarchisch angeordnet sein muß. Uns wird es genügen, die entsprechenden Semantiken, nämlich die Semantik der Politik und die Semantik des Staates zu unterscheiden. Dabei kann, je nach Umständen, die eine die andere führen und umgekehrt.

Durch diese allgemeinen Vorbemerkungen geleitet, handeln wir im folgenden von Besonderheiten der semantischen Steuerung der Selbstbeobachtung einer bestimmten Art von sozialen Systemen, nämlich politischer Systeme. Dem allgemeinen Theorierahmen entnehmen wir, daß diese semantische Steuerung, auch wenn sie Bewußtsein engagiert und damit immer auch Fremdbeobachtung sozialer Systeme durch psychische Systeme auslöst, auf der Ebene sozialer Kommunikation realisiert wird und hier gleichsam konkurrenzlos, jedenfalls ohne Abstimmung mit anderen Beobachtern fungiert. Die Begrifflichkeit, die dafür entwickelt wird, steuert mithin einen (mehr oder minder adäquat bewußten) Kommunikationsprozeß. Sie verleiht ihm Referenzen, die eine Verständigung und Anschlußverhalten erleichtern, aber auch Konflikte focussieren können. Sie beruht in jedem Falle auf *Selektionen* und benötigt *Komplexitätsreduktionen*, um im Wechsel kommunikativer Themen und Beiträge identische Orientierungsmarken bieten zu können. Sie konzentriert Selbstbeobachtung mit Hilfe von *Selbstbeschreibungen*, das heißt mit Hilfe von Sinnstiftungen, die den Akt (das Ereignis) der Kommunikation von Selbstbeobachtung überdauern und nach Bedarf reproduziert werden können. Selbstbeschreibungen rekonstruieren die Komplexität des Systems, und zwar so, daß diese in vereinfachter Form (zum Beispiel als unklare Zielsetzung) in das System wieder eingeführt und dann als Orientierungsfaktor benutzt werden kann.

In der kybernetischen Literatur findet man oft an dieser Funktionsstelle von „Selbstbeschreibung" den Begriff des Modells. Ein System reguliert sich selbst mit Hilfe von Modellen. Dabei denkt man das Modell des Regulators jedoch als außerhalb der zu regulierenden Zustände befindlich[6]: Ein Thermostat muß zwar die Welt als Hitze/Kälte-Welt modellieren, aber er bezieht in dieses Modell die Möglichkeit nicht ein, daß die Welt ihn selbst überhitzen oder unterkühlen könnte. Diese Einschränkung soll mit dem Begriff Selbstbeschreibung aufgehoben werden.

III.

Ein Blick auf Staatswissenschaft, Staatslehre, Staatstheorie, politische Wissenschaft zeigt die Begriffe Staat und Politik in einer Gemengelage, die schwer zu

6 Vgl. z.B. Roger S. Conant/W. Ross Ashby: Every Good Regulator of a System Must be a Model of That System, International Journal of System Science 1 (1970), S. 89–97.

entwirren ist. Der alte Begriff des Politischen, der durch die Differenz zum Hause bestimmt war und annähernd mit dem des „Zivilen" übereinkam (ja im 17. Jahrhundert zunächst auch entsprechend erweitert wurde[7]), ist aufgegeben. Politisches hat, wenn nicht begrifflich, so doch umgangssprachlich einen Bezug auf den Staat angenommen. Im Staat und auf den Staat konzentriert nach heutigem Verständnis sich die Politik. Die damit notwendige, weil zentrale, Klärung des Staatsbegriffes hat sich jedoch nicht erreichen lassen. Nach wie vor begnügt sich die Staatslehre mit der Trias Staatsvolk, Staatsgebiet, Staatsgewalt, ohne nach der Einheit dieser Dreifaltigkeit auch nur zu fragen. Das Fehlen einer genuin „trinitarischen" Einheitskonzeption zementiert zugleich den „Rechtsstaat"; es ist ein verborgener Hinweis darauf, daß der Einheitsbegriff der Selbstbeschreibung des politischen Systems bei einem anderen Funktionssystem ausgeliehen werden muß, nämlich beim Rechtssystem. Er liegt im Begriff der juristischen Person.

Der Politikbegriff wird dadurch immer wieder ermutigt, sich vom Staatsbegriff zu lösen, ohne daß geklärt wäre, wohin er dann treibt. Die funktionale Definition der Politik als Herstellung kollektiv bindender Entscheidungen für das Gesellschaftssystem dürfte derzeit das einzige solide Angebot sein; aber es bleibt umstritten, teils weil es zu weit, teils weil es zu eng gefaßt ist.

Dieses Geflecht von politisch-staatlicher Begrifflichkeit läßt sich auflösen, wenn man die vorstehend skizzierte Theorie selbstreferentieller Systeme zu Grunde legt. Man sieht dann rasch, daß die auf den Staatsbegriff konzentrierte Semantik eine Selbstbeschreibung des politischen Systems ermöglicht. Staat – das ist dann kein unmittelbar zugänglicher Sachverhalt, kein Weltausschnitt, nicht das Volk in Form, nicht eine Menge von Menschen, die in näher anzugebenden Beziehungen (so z.B. im 18. Jahrhundert: öffentliche, im Unterschied zu privaten Beziehungen, seit 1800 eher Staatsangehörigkeit, Gewaltunterworfenheit etc.) zueinander stehen. Der *Staat*, das ist die *Formel für die Selbstbeschreibung des politischen Systems der Gesellschaft.*

Von „Selbstbeschreibung" kann bei sozialen Systemen nur mit Bezug auf Kommunikation die Rede sein. Der Staat hat seine Realität mithin nicht, wie bei Max Weber[8] im Bewußtsein des Einzelmenschen, der den Sinn seines Handelns am Staat orientiert; sondern ein politisches System beschreibt sich selbst als Staat, wenn Kommunikationen, die diese Formel verwenden, als verstehbar eingeschätzt und verstanden werden (was immer konkret im Bewußtsein des Einzelnen dabei abläuft). Eine Kommunikation, die sich auf den Staat bezieht, will nicht nur Bewußtsein erzeugen; sie will weitere Kommunikationen dirigieren, und nur daraus ergibt sich der Bedarf für Synthese durch Kollektivbegriffe.

7 Vgl. Volker Sellin: Politik, in: Geschichtliche Grundbegriffe. Historisches Lexikon zur politisch-sozialen Sprache in Deutschland Bd. 4, Stuttgart 1978, S. 789–874, insb. 814–830; ferner Gotthardt Frühsorge: Der politische Körper: Zum Begriff des Politischen im 17. Jahrhundert und in den Romanen Christian Weises, Stuttgart 1974.

8 Vgl. die grundsätzlichen Klarstellungen in: Wirtschaft und Gesellschaft, 3. Aufl., Tübingen 1947, S. 6.

Die Selbstbeschreibung des politischen Systems als Staat ermöglicht eine semantische Überhöhung des politischen Mediums Macht. Als Staatsgewalt gefaßt, kann diese Macht sich als notwendig legitimieren, während alle politischen Aktivitäten gerade dadurch politisch relevant sind, daß auch anders entschieden werden könnte. Über den Staatsbegriff kann also die Politik mit Sinn aufgeladen werden und zugleich in ihrem Gebrauch limitiert werden: Sie ist mehr und auch weniger als „bloße Politik".

Aus diesem Grunde liegt im Begriff des Staates keineswegs eine erschöpfende (wenn auch vereinfachende) Definition des Politischen. Politik wird nicht als *Staat*, sondern in *Beziehung auf den Staat* bestimmt. Das Politische ist immer auch am Staat, aber nie nur am Staat orientiert. Dieser Unterschied hat seinen Grund nicht zuletzt im Universalismus, den das ausdifferenzierte Funktionssystem für Politik mit allen Funktionssystemen teilt. Politisches Nichthandeln ist politisch ebenso relevant wie politisches Handeln. Nur Handeln und Nichthandeln zusammen bilden das vollständige Universum des Politischen, das jederzeit die Frage zuläßt, warum bestimmte Themen politisch nicht aufgegriffen worden sind. Oder anders gesagt: Kein Politiker kann sich durch Nichthandeln seiner Funktion entziehen. Das Gegenteil gilt für den Staat. Wenn keine staatlich bindenden Entscheidungen getroffen worden sind oder wenn es rechtlich nicht möglich ist, bestimmte Entscheidungen zu treffen, ist damit nicht einfach nur eine andere Form staatlichen Entscheidens realisiert, sondern es liegt ganz einfach keine staatliche Entscheidung vor, und die Konsequenzen müssen politisch (aber eben nicht staatlich) verantwortet werden.

Nach diesen Klarstellungen kann man festhalten, daß die Differenz von Politik und Staat der Überführung von Universalismus der Funktionsrelevanz in Selbstbeschränkung des Systems dient. Nichts anderes besagt es, wenn man die Funktion der Politik als Ermöglichung und Herstellung von kollektiv bindenden Entscheidungen angibt.

Dies allgemeine theoretische Konzept läßt zunächst eine historische Auswertung zu. Der Bedarf für eine besondere Staats-Semantik wird danach mit der Entwicklungsgeschichte des Gesellschaftssystems und mit der Ausdifferenzierung eines universalistisch-funktionsbezogenen Teilsystems für Politik zusammenhängen. Das stimmt mit der heute allgemein akzeptierten Auffassung überein, daß der Staatsbegriff erst seit der zweiten Hälfte des 18. Jahrhunderts eine auf den politischen Bereich bezogene Fassung annimmt[9] und erst nach und nach die heutige Bedeutung einer rechtsfähigen Kollektivperson annimmt, der Handlungen mit Folgewirkung zugerechnet werden können.

Hiermit erledigt sich auf Anhieb die umstrittene Frage, ob das Mittelalter einen Staat gekannt hat oder nicht; oder ob die antike Polis ein Staat gewesen

9 Vgl. zur Vorgeschichte, in der „status" sich auf die ganz allgemeine Differenz von fest/beweglich, sicher/unsicher bezogen hatte und deshalb immer einen semantischen Zusatz erforderte (z. B. status civitatis), Wolfgang Mager: Zur Entstehung des modernen Staatsbegriffs, Wiesbaden 1968; Paul-Ludwig Weinacht: Staat: Studien zur Bedeutungsgeschichte des Wortes von den Anfängen bis ins 19. Jahrhundert, Berlin 1968.

sei oder ob sie nur aus ihren besonderen historischen Eigentümlichkeiten heraus beschrieben werden könne. Was in jenen Gesellschaftsverhältnissen fehlte, war der Bedarf für die Einführung einer Selbstbeschreibungsterminologie funktionsbezogener Art. Das heißt nicht, daß man zur Selbstbeobachtung unfähig gewesen wäre, aber man kam mit direkten Bezeichnungen aus, mit: Stadt (polis), Gemeinwesen (communitas), civitas, Herrschaft. Und wenn die Vorgängerterminologie von „Staat", nämlich „status", eingesetzt wurde, dann ging es um einen bedeutungssteigernden Zusatz allgemeiner Art und vor allem um eine Option innerhalb der allgemeinen Differenz von fest/beweglich bzw. sicher/unsicher. Erst bei zunehmender Komplexität und Differenziertheit der gesellschaftlichen Verhältnisse zerfällt diese Semantik von Direktbezeichnung und Steigerungs- oder Perfektionsausdruck; und an ihre Stelle tritt der Bedarf für eine bewußt focussierende, vereinheitlichende, aggregierend wirkende Terminologie, die als Selbstbeschreibung des Systems im System benutzt werden kann und eine laufende Mitorientierung an der Einheit dieses Systems (im Unterschied zu anderen oder im Kontrast zu seiner Umwelt) ermöglicht. Und jetzt wird „Staat" zum Element einer neuen Differenzterminologie – sei es im internationalen Kontext der Welt der „modernen Staaten", sei es im Zusammenhang mit funktionsbezogenen Differenzformulierungen wie Staat und Gesellschaft, Staat und Religion, Staat und Wirtschaft, Staat und Schule.

Orientiert man sich an der unter II. skizzierten Differenz von System und Selbstbeschreibung des Systems, dann führt das auf folgende Hypothesen, die am ideengeschichtlichen Material zu überprüfen wären.

1) Der Bedarf für Selbstbeschreibungen entsteht mit zunehmender *Ausdifferenzierung* der entsprechenden Systeme. Er entsteht auf der Ebene gesellschaftlicher Teilsysteme also dadurch, daß diese Systeme im Übergang zur modernen Gesellschaft als funktionsbezogene Systeme ausdifferenziert werden[10]. Für das politische System erfolgt dies schubweise: zunächst in der Form der Ausdifferenzierung eines besonderen Herrschaftsapparates, die im „absoluten Staat" abgeschlossen wird; sodann durch Reflexivwerden der Machtverhältnisse, durch Machtunterwerfung aller politischen (staatlichen) Macht und durch Inklusion auch des Publikums in die Ausdifferenzierung des politischen Systems. Der Titel, der sich hierfür durchsetzt, ist „Demokratie".

2) Bei zunehmender Ausdifferenzierung steigt die *Autonomie* des Systems (mag man dies nun für gut halten und wünschen oder nicht). Autonomie heißt im Bereich von Politik: daß das politische System sich nur selbst regeln und nur durch Selbstregulierung auf Umweltprobleme reagieren kann. Das wird seit der zweiten Hälfte des 16. Jahrhunderts mit dem mittelalterlichen, jetzt aber reformulierten Begriff der „Souveränität" umschrieben. Der Begriff lebt zunächst noch von hierarchischen Konnotationen; denn im Begriff der Hierarchie lag

10 Dies ist zugleich die gemeinsame Leitlinie der oben (Anm. 1) zitierten Arbeiten zum Zusammenhang von Gesellschaftsstruktur und Semantik in der modernen Gesellschaft.

immer schon die Notwendigkeit, eine Spitze mit zum Teil unerklärbaren Eigenschaften zu postulieren. Diese Zu„spitzung" von Autonomie erscheint im politischen Kontext des 17. Jahrhunderts als Unerläßlichkeit eines Moments arbiträrer Gewalt an der Spitze. Je mehr sich dann aber das sozialstrukturelle Faktum der gesellschaftlichen Autonomie als Interpretationskontext der politischen Semantik durchsetzt, umso mehr drängt sich die Notwendigkeit auf, die Kontrolle des arbiträren Gebrauchs politischer Gewalt mit Mitteln des politischen Systems selbst zu organisieren und diese Frage nicht dem allgemeinen Naturrecht oder der allgemeinen gesellschaftlichen Moral zu überlassen. Das Resultat ist der „Verfassungsstaat".

3) Die fortschreitende Ausdifferenzierung und Autonomisierung eines politischen Systems der Gesellschaft setzt die Semantik des guten Lebens, mit der die politische Gesellschaft bisher begriffen war, unter Anpassungsdruck. Es öffnen sich dabei, rein logisch gesehen, zwei Wege, die zunächst beide beschritten werden. Teils versucht man, der Entwicklung durch Anpassung des Begriffs des Politischen zu folgen; politisch wird fast gleichbedeutend mit zivilisiert, überlegt, klug und bleibt auf gesellschaftliches Verhalten im allgemeinen bezogen. Teils wird die Formel vom guten Leben auf rein physisches Überleben reduziert – eine quasi materialistische Theorie, die die Politik auf Sicherung des Menschen gegen sich selbst beschränkt und die politische Herrschaft darauf gründet und dafür stark macht[11]. Die Ausweitung des Politikverständnisses verläuft sich, weil sie am Bezug auf Gesellschaft im allgemeinen festhält, in fruchtlosen moralischen Mahnungen. Nur die zuletzt genannte reduktive Semantik spitzt das Problem der Willkür politischer Herrschaft zu.

4) An diesem Spitzenproblem politischer Willkür läßt sich ein Sachverhalt aufzeigen, den man wiederum allgemein formulieren kann: In dem Maße, als Systeme durch Ausdifferenzierung in relative Autonomie entlassen werden, werden sie auch *Ursachen* (zumindest: Mitursachen) ihrer eigenen Probleme. So wird das Paradox von notwendig arbiträrer und zugleich kontrollierbarer politischer Gewalt zu einem Eigenproblem des politischen Systems. Mit der Entdeckung solcher Sachlagen verliebt sich Europa zunächst ins Paradox oder in die paradoxe Metapher. Deren Möglichkeiten werden im Zeitraum von etwa 1650–1750 ausprobiert. Im Bereich der Religion braucht man nur an Pascal zu erinnern. Die Semantik des amour passion gibt viele weitere Beispiele[12]. Die „invisible hand" wird zur Ordnungsinstanz von Wissenschaft (Joseph Glanvill) und Wirtschaft (Adam Smith)[13]. Für das politische System braucht man nur

11 An Sekundärliteratur siehe hierzu etwa Hans Maier: Die Lehre von der Politik an den deutschen Universitäten vornehmlich vom 16.–18. Jahrhundert, in: Dieter Oberndörfer (Hrsg.): Wissenschaftliche Politik, Freiburg 1962, S. 59–116; ders., Ältere deutsche Staatslehre und westliche politische Tradition, Tübingen 1966; Bernard Willms: Die Antwort des Leviathan: Thomas Hobbes' politische Philosophie, Neuwied 1970.

12 Hierzu ausführlich Niklas Luhmann: Liebe als Passion, a.a.O., S. 57 ff.

13 Üblicherweise wird diese Formel Adam Smith zugeschrieben und mit „Liberalismus" assoziiert. Vgl. statt vieler Robert Nozik, Anarchy, State, and Utopia, New York 1974,

auf „l'état c'est moi" zu verweisen[14]. Die weitere Entwicklung gibt sich mit solchen Formen der Selbstbeschreibung jedoch nicht mehr zufrieden. Sie enthalten zu wenig Instruktion und werden daher durch neuartige Reflexionstheorien ersetzt.

5) Wenn Selbstbeschreibungen, so lautet unsere nächste Hypothese, mehr leisten müssen als nur eine Folie zu bieten für laufende Selbstbeobachtung, entstehen *Reflexionstheorien*. Das semantische Instrumentarium der Selbstbeschreibung wird auf entsprechende Komplexität gebracht[15]. Der Bezug auf die Einheit (trotz Vielheit) des Systems wird nicht nur *generalisiert*; er wird auch *abstrahiert*, um ganz verschiedenartigen Folgerungen (zum Beispiel über Gewaltenteilung, Menschenrechte, Zulassung von Oppositionsparteien, Repräsentationsprinzip etc.) Anknüpfung und Zusammenhalt bieten. Damit scheiden die alten Generalisierungsduale vom Typ „vires ac consuetudines", „Staat und Land", „Land und Herrschaft", „Obrigkeit und Untertanen", „Hofstaat und Regiment" als unzureichend weil unspezifizierbar aus[16].

Mit Reflexions„theorien" ist in diesem Zusammenhang nicht schon gleich wissenschaftliche Theorie im Sinne einer forschungsleitenden Hypothese oder eines Forschungsprogramms des Wissenschaftssystems gemeint. Dessen Grenzen sind im 18. Jahrhundert, dem Jahrhundert der gens de lettres, noch nicht scharf gezogen, und gerade das begünstigt das Entstehen von Reflexionstheorien für

Forts. Anmerkung 13
S. 18. Sie war jedoch längst vorher in Gebrauch. Im Text beziehe ich mich auf Joseph Glanvill: The Vanity of Dogmatizing, London 1661, Nachdruck Hove, Sussex 1970, S. 180.

14 Eine befriedigende Interpretation habe ich nicht finden können. Die Frage, ob Ludwig XIV wirklich so gedacht habe (vgl. Fritz Hartung: L'état c'est moi, Historische Zeitschrift 169 (1949), S. 1–30), ist für den Eklat der Formel ohne Belang. Auch die abschwächende Interpretation von Weinacht, a.a.O., S. 51, es handele sich noch um den alten Begriff von état, also einfach um eine quasi tautologische Formulierung, vermag mich nicht zu überzeugen. Sie erklärt jedenfalls nicht den eigentümlichen Reiz der Formel.

15 Trotzdem klagen Beobachter, die nun dies wieder beobachten (z.B. Edmund Burke), über die „Vereinfachungen" dieser neuen Reflexionstheorien, ohne rechtes Verständnis aufzubringen für den notwendigen Zusammenhang von Komplexität und Vereinfachung.

16 Auf die Generalisierungsleistung solcher Duale haben vor allem altphilologische und ethnologische Untersuchungen aufmerksam gemacht. Untersuchungen zu ihrem Auslaufen in der frühen Neuzeit sind mir nicht bekannt. Vgl. z.B. Ernst Kemmer: Die polare Ausdrucksweise in der griechischen Literatur, Würzburg 1903; Adhémar Massart: L'emploi, en égyptien, de deux termes opposés pour exprimer la totalité, in: Mélanges bibliques (Festschrift André Robert), Paris 1957, S. 38–46; Louis Dumont: Homo hierarchicus: The Caste System and its Implications, Engl. Übers. London 1970, insb. S. 42 ff. (zu: rein/unrein). Bei den uns interessierenden politischen Formeln bleibt im übrigen oft unklar, wie weit eine bloße Aufzählung gemeint ist und wie weit die semantische Möglichkeit, einen Gegensatz als Einheitsausdruck zu verwenden, mitbenutzt wird.

die einzelnen Funktionsbereiche. Daß die jetzt benötigten Selbstbeschreibungen auf Theorieform gebracht werden, bedeutet einfach: daß gedankliche Modelle benutzt werden, die Vergleiche von recht heterogenen Sachverhalten ermöglichen. Diese Vergleiche dienen jetzt nicht mehr einfach dem Nachvollzug der analogia entis, nicht mehr dem Aufweis der immanenten Allgemeinheit und Rationalität des Wesens aller geschaffenen Dinge, sondern sie fixieren einen Gesichtspunkt, in bezug auf den gleich und ungleich differenziert werden kann mit Konsequenzen für ein daraus folgendes Anschlußhandeln. Man kann den Fortschritt ermessen an einem Vergleich der Haupt/Glieder-Metapher mit den Gleichgewichtstheorien und schließlich mit den im 18. Jahrhundert einsetzenden Bezugnahmen auf Struktur und Funktion.

6) Der Staatsbegriff ist fertiggestellt, wenn er als Einheitsformel für die Selbstbeschreibung des politischen Systems benutzt werden kann. Angesichts der vielschichtigen und fluktuierenden Bedeutungen in der älteren Wortgeschichte von status/Staat ist es nicht leicht, hierfür einen auch nur annähernd genauen Zeitpunkt anzugeben. Man könnte an Hobbes denken, aber hier wird State noch als gleichbedeutend mit civitas und common-wealth verwendet und nach der alten Körper-Metaphorik abgehandelt: und es kommt nicht auf einen neuen Begriff an, sondern auf die Betonung der Künstlichkeit und Gemachtheit menschlicher Ordnung[17]. Als Test für den neuen Sinn des Begriffs könnte man die Frage benutzen, ab wann die operative Terminologie des politischen Systems auf „den Staat" bezogen werden kann; ab wann man zum Beispiel sagen und verstehen kann, der Staat werde regiert (und nicht nur: der Staat sei die eigentümliche Festigkeit und Sicherheit des Regiments und als solcher zu erhalten)[18]. Für den Übergang und die entsprechende Verschwommenheit in genau dieser Frage siehe etwa die Definition in Zedlers Universal Lexikon: Als Staat bezeichne man „die Regierung, oder die Regiments-Form und Verfassung zwischen Obrigkeit und Unterthanen eines Landes. In solchem Sinne sagt man, ein Staat werde Monarchisch oder Aristocratisch etc. regieret"[19] (was genau besehen dann heißen würde: die Regierung werde regieret). Wenig später kann man schon von den Einzelnen sprechen, „aus denen ein Staat besteht"[20]. Für die

17 Die bekannte Stelle aus der Einleitung zum Leviathan sei nochmals zitiert: „For by Art is created that great LEVIATHAN called a COMMON-WEALTH, or STATE, (in latine CIVITAS) which is but an Artificall Man" – zit. nach Leviathan, Ausgabe der Everyman's Library, London 1953, S. 1.

18 Grundlage für diese Sinnänderung scheinen sowohl die ratio status-Lehre als auch die naturrechtlichen Vertragskonstruktionen westeuropäischer Prägung gewesen zu sein. Die erste erfordert, die zweite begründet die Abstraktion einer Bezugseinheit, auf die hin dann Aussagen gemacht und Operationen zugerechnet werden können.

19 Großes Universal Lexikon Bd. 39, Halle-Leipzig 1744, S. 639, zit. nach Weinacht a.a.O., S. 105.

20 „Le sort des particuliers qui composent un Etat", heißt es zum Beispiel bei Simon-Nicolas-Henri Linguet: Théorie des loix civiles, ou Principes fondamentaux de la société, London 1767, Bd. 1, S. 11. Auch die Physiokraten verwenden Nationa, Etat, manchmal pays gleichsinnig.

aufgeklärte Staatspraxis steht dann ein Staatsbegriff zur Verfügung, der sich vom Begriff der Zivilgesellschaft nicht mehr abhebt, also das Neue mit zu weit gefaßter Begrifflichkeit einführt[21].

7) Der Staatsbegriff ändert in dem Maße, als er in die Funktionsstelle einer Formel für die Selbstbeschreibung des politischen Systems einrückt, den Sinnbezug aller politischen Begriffe, einschließlich des Begriffs der Politik selbst. Diese werden vom alteuropäischen Begriff der societas civilis abgelöst und dem Staatsbegriff zugeordnet. Mehr und mehr setzt sich im 18. Jahrhundert ein Politikbegriff durch, der nur noch den Einsatz staatlicher Machtmittel betrifft (und nicht mehr allgemein die Bedingungen des guten gesellschaftlichen Lebens)[22]. Die Möglichkeiten von Politik variieren nun mit der Reichweite der dem Staate zugestandenen Aktivitäten; sie hängen von der Staatsauffassung ab und erweisen sich sehr bald dann als konstitutionalisierbar. In diesem Verständnis setzt Humboldt unter dem Eindruck der Französischen Revolution 1792 zu dem Versuch an, „die Grenzen der Wirksamkeit des Staats zu bestimmen". Entsprechend wird, und zwar gerade dadurch, daß die Französische Revolution sich auf das unmittelbar Änderbare konzentriert, die Politik verstaatlicht und die bürgerliche Gesellschaft entpolitisiert – ein Vorgang, den dann Hegel und Marx nicht hinnehmen werden (was beide auf je verschiedene Weise zu einem eigenwilligen Politikverständnis führt).

8) Der absolute Staat hatte sich gegenüber *religiösen* Entzweiungen durchzusetzen. Er hatte zu diesem Zwecke die Ausdifferenzierung staatlicher Zentralmacht vorangetrieben. Im 18. Jahrhundert wurde das Problem der *externen* Entzweiung durch das Problem der *internen* Entzweiung abgelöst[23]. Der konstistutionelle Staat muß demzufolge gegenüber *politischen* Entzweiungen eine *juristische Neutralität* sichern. Er muß die Französische Revolution, die neuen Regimes, die Restauration überstehen. Er muß nicht nur der Gesellschaft gegenüber, sondern auch der Politik gegenüber Unabhängigkeit bewahren können. Erst diese Situation macht es erforderlich, die Staatsformel in das politische System einzuführen und dessen Identität so zu rekonstruieren, daß es mit politischen Parteiungen kompatibel wird. Das bereits ausdifferenzierte politische System erreicht damit eine neue Komplexitätsstufe: Es kann seine Einheit als Staat auffassen und sie mit politischen Differenzen kombinieren.

21 Svarez spricht zum Beispiel von den „bürgerlichen Gesellschaften, welche wir Staaten nennen" – zit. nach Hermann Conrad: Staatsgedanke und Staatspraxis des aufgeklärten Absolutismus, Opladen 1971, S. 24.

22 Vgl. Sellin: a.a.O., S. 831 ff.

23 Ich stelle bewußt auf das Problembewußtsein ab, wobei mitzubedenken ist, daß die Differenz von extern und intern sich erst im Zuge der Ausdifferenzierung des politischen Systems klärt. Zur Zeit der religionspolitischen Bürgerkriege des 16. und 17. Jahrhunderts sind religiöse und politische Motivierungen, die sich rückblickend wohl unterscheiden lassen, unentwirrbar verquickt: Religion wird in der eigenen Partei als Ziel, beim Gegner als Vorwand gesehen und vice versa.

Nur wenn dies ermöglicht ist, kann der Zugriff auf politische Konflikte gesellschaftlichen Kräften freigegeben werden. Das 19. und 20. Jahrhundert experimentieren mit institutionellen Lösungen für dieses Problem und benutzen „Verfassungen“ als Instrument für deren Fixierung und Variation.

9) Der Staat erhält also eine Verfassung. Das ermöglicht eine Wiedereinführung der Komplexität des Systems in das System, und zwar mit Hilfe von systemspezifischen Konditionierungen. Konditioniert werden die spezifisch politischen Operationen der Konsensgewinnung und der Zwangsausübung: die eine durch das Repräsentationsprinzip, die andere durch das Prinzip des Rechtsstaates. Entsprechend muß die alte *Einheit* von status und potentia ersetzt werden durch die *Differenz* von politischer Gewalt und Rechtskontrollen[24] Die Zusammenfügung beider Konditionierungsapparate steigert die rekonstruierte Komplexität so weit, daß die liberale Verfassungstheorie, ein Madison etwa, hoffen kann, daß die komplexe Einheit des Staates genügend Schutz bietet gegen die nur politische Einheit eines Mehrheitswillens[25].

10) Eine weitere Auswertung der Unterscheidung von System und Selbstbeschreibung des Systems betrifft Hypothesen über *Zeitverhältnisse*. Im hier gewählten Theorieansatz hat man davon auszugehen, daß es zu einer Selbstbeobachtung nur kommen kann, wenn etwas Beobachtbares vorliegt; und daß die Selbstbeobachtung nur dann Selbstbeschreibung erfordert, wenn ihr Gegenstand zu komplex ist für eine rein situative Beschreibung und Reaktivierung von Fall zu Fall. Erst recht gilt dies für die Inanspruchnahme von Reflexionstheorien zur Selbstbeschreibung. Nach all dem wird man davon auszugehen haben, daß die Entwicklung einer Semantik für Selbstbeschreibungen den sozialstrukturellen Entwicklungen nachfolgt, sie feiert, sie zusammenfaßt, sie tradierfähig macht.

Andererseits setzt jedoch auch die sozialstrukturelle Evolution eine Art semantische Begleitung voraus, denn sie muß sich im Gesellschaftssystem, das heißt in der Form von Kommunikation vollziehen. Insofern gibt es immer auch Ideenangebote, die, rückblickend gesehen, wie Vorwegnahmen wirken und in ihrem zeitgenössischen Kontext benutzt werden können, obwohl ihre spätere Funktion noch gar nicht in Betracht kommt. Man könnte sie, mit einem kulturanthropologischen Begriff, als preadaptive advances bezeichnen.

24 Diese Neuerung muß natürlich wieder ausgeblendet werden, wenn man die Geschichte der Semantik von potentia/potestas/Gewalt aufarbeiten will. Vgl. hierzu Kurt Röttgers, Andeutungen zu einer Geschichte des Redens über die Gewalt, in: Otthein Rammstedt (Hrsg.): Gewaltverhältnisse und die Ohnmacht der Kritik, Frankfurt 1974, S. 157–234; Wolfgang Lienemann: Gewalt und Gewaltverzicht: Studien zur abendländischen Vorgeschichte der gegenwärtigen Wahrnehmung von Gewalt, München 1982.

25 Vgl. im Kontext eines Theorievergleichs unter diesem Gesichtspunkt: Harlan Wilson: Complexity as a Theoretical Problem: Wider Perspectives in Political Theory, in: Todd R. LaPorte (Hrsg.): Organized Social Complexity: Challenge to Politics and Policy, Princeton N.J. 1975, S. 282–331 (insb. 302 ff.).

Nur beide Hypothesen zusammen erklären, obwohl sie scheinbar Entgegengesetztes postulieren, die historische Entwicklung der Staatssemantik aus einem allgemeinen Zusatzbegriff, der eine Art Perfektion bezeichnet und das, was hervorgehoben werden soll, begleiten kann, über einen selbständig stehenden, attributionsfähigen Begriff (etwa im Kontext von „Fürstenstaat") bis hin zum modernen Staatsbegriff. Die Selbständigkeit erreicht der Begriff im 17. Jahrhundert angesichts der sichtbar ausdifferenzierten Staatsgewalten. Die Funktion der Selbstbeschreibung im Kontext von Reflexionstheorien und damit seine spezifische Modernität gewinnt er erst im Zuge der Verfassungsbewegungen am Ende des 18. Jahrhunderts.

In der Zwischenzeit galt eine Art Überleitungssemantik. Die Gesellschaft selbst wurde schärfer als zuvor an Hand der Leitdifferenz von Regierenden und Regierten aufgefaßt. Man konnte dann entweder die Regierenden und ihren Apparat Staat nennen oder die mit dieser Differenz konstituierte Gesellschaft als ganzes. Im letzteren Falle war der Staat nichts anderes als die societas perfecta, also der Perfektionszustand der Gesellschaft selbst[26]. Es ist diese Perfektionsvorstellung, die sich in der zweiten Hälfte des 18. Jahrhunderts auflöst, ihr letzter Impuls war die Französische Revolution[27]. In eins damit wird die Leitdifferenz Regierende/Regierte ersetzt durch die Differenz von Staat und Gesellschaft[28]. Und mit Hilfe dieser Differenz kann man nun beginnen, funktionale Differenzierung anzuerkennen — sei es, daß man die Gesellschaft als eine bloß wirtschaftliche Ordnung der Bedürfnisse und Interessen versteht; sei es, daß man den Staat auf durch die Verfassung vorgeschriebene Aufgaben beschränkt.

26 Diese Wortbedeutungsvariante ist vor allem von Weinacht: a.a.O., S. 173 ff., herausgearbeitet worden.

27 Sie findet sich aber auch noch bei Edmund Burke — unter der neuen Bezeichnung Staat! „It is a partnership in all science; a partnership in all art; a partnership in every virtue, and in all perfection" (Reflections on the French Revolution, 1790, Neuauflage 1973, zit. nach der Ausgabe der Everyman's Library, London 1929, S. 93).

28 *Diese Differenz* hat ihre eigene Einheit darin, daß sie sich historisch gegen die damals übliche Einheit von Staat und Zivilgesellschaft durchsetzt; ihre Einheit ist also *selbst eine Differenz*, nämlich eine historisch gegen Einheit gerichtete Differenz. Sie überzeugt deshalb ohne viel begrifflichen Aufwand schließlich als historische Differenz. Diese komplexe Sachlage erklärt die Schwierigkeiten der terminologiegeschichtlichen Forschungen zur Entstehung der Differenz von Staat und Gesellschaft. Treffend formuliert dies Reinhart Koselleck: Preußen zwischen Reform und Revolution, 2. Aufl. Stuttgart 1975, S. 52: „Das Landrecht kennt keine vom Staat getrennte bürgerliche Gesellschaft, aber es trifft auch keine präzisen Bestimmungen dieser Begriffe, weil sie nicht mehr identisch waren, ohne schon unterscheidbar zu sein". Vgl. im übrigen Adalbert von Unruh: Dogmengeschichtliche Untersuchungen über den Gegensatz von Staat und Gesellschaft vor Hegel, Leipzig 1928; Werner Conze: Staat und Gesellschaft in der frührevolutionären Epoche Deutschlands (1958) und Erich Angermann: Das Auseinandertreten von „Staat" und „Gesellschaft" im Denken des 18. Jahrhunderts (1963), beides neu gedruckt in Ernst-Wolfgang Böckenförde (Hrsg.): Staat und Gesellschaft, Darmstadt 1976.

11) Wenn als Ergebnis der strukturellen und semantischen Ausdifferenzierung des politischen Systems Politik und Staat trotz Staatsbezugs der Politik unterschieden werden können, hat das weittragende Folgen. Noch im 19. Jahrhundert war der Staatsbegriff mit Politikzumutungen überladen worden. Das ist an vielen staatstheoretischen Kontroversen ablesbar – etwa an der Unterscheidung eines eher genossenschaftlichen und eines eher anstaltlichen Staatsbegriffs oder an der nahestehenden Unterscheidung von Ordnung und Organisation („Apparat“). Solche Begriffsdifferenzen können aufgelöst werden, wenn man zwischen Politik und Staat unterscheidet. Das politische System kann dann aufgefaßt werden als ein selbstregulatives autopoietisches System der Machtanwendung, in dem alle Macht auf Macht angewandt wird und selbst der Machtanwendung unterliegt, also ein rekursiv-geschlossenes, daher symmetrisches, nichthierarchisches System[29], das Kommunikation unter dem Kommunikationscode von Macht ermöglicht und keinerlei Machtanwendung davon ausnehmen kann.

Die Selbstbeschreibung dieses Systems als Staat ermöglicht es, sich zugleich auch an einer hierarchischen Ordnung zu orientieren, die dem Bindungseffekt der politischen Entscheidungen Rechtswirkung gibt. Man weiß: das bloße Verbindlichmachen reicht politisch nicht aus; aber man kann trotzdem ein weiteres Verständnis von Politik und ein asymmetrisches Verhältnis von Vorrangigkeit der Entscheidungen zugleich praktizieren. Wenn diese Ordnung, die herkömmlich mit „Demokratie“ assoziiert wird, einmal eingespielt ist, wird es überflüssig, den Staatsbegriff mit metaphysischen, sittlichen oder gemeinschaftsbezogenen Konnotationen aufzuladen. Er kann dann in seiner Funktion verstanden werden: in seiner Funktion der Asymmetrisierung von Politik.

Diese wenigen Bemerkungen mögen als Hinweise auf ein Forschungsprogramm genügen, das die ideengeschichtliche „Empirie“ unter theoretischen Gesichtspunkten auswertet. Würde das hinreichende Bestätigung ergeben, wäre dies ein wichtiger Anhaltspunkt dafür, daß der Staatsbegriff in der Tat die Selbstbeschreibung des politischen Systems formuliert, und daß die Einführung der Semantik von status, estat, Stand, stat, Staat in ihrer frühneuzeitlichen Transformation durch das Einrücken in diese Funktion der Selbstbeschreibung zu erklären ist. Die Unterscheidung von System und Selbstbeschreibung des Systems beleuchtet jedoch nicht nur die Vorgeschichte des Verhältnisses von Staat und Politik. Sie bietet außerdem Einblicke in eigentümliche Konzeption des modernen Verfassungsstaates und Ausblicke auf aktuelle Probleme des Wohlfahrtsstaates. Diesen Fragen wollen wir uns nunmehr zuwenden.

29 Zu dieser Eigenart autopoietischer Systeme, die keines ihrer Elemente aus der rekursiven Geschlossenheit der Autopoiesis ausgliedern können, vgl. für den Fall organischer Systeme Gerhard Roth, Biological Systems and the Problem of Reductionism, in: Gerhard Roth/Günter Schwegler (Hrsg.): Self-Organizing Systems: An Interdisciplinary Approach, Frankfurt 1981, S. 106–120. Zu Konsequenzen für die Auffassung von Evolution auch ders., Conditions of Evolution and Adaptation in Organisms as Autopoietic Systems, in: D. Mossakowski/G. Roth (Hrsg.): Environment Adaption and Evolution, Stuttgart 1982, S. 37–48.

IV.

Um 1800 steht „der Staat“ als Formel für die Selbstbeschreibung des politischen Systems zur Verfügung. Man denkt dabei an ein Kollektiv, das durch nähere Bestimmungen identifiziert werden kann. Es handelt sich um den Träger (das Subjekt) der Staatsgewalt auf einem bestimmten Staatsgebiet, das jetzt vom Privateigentum (auch der Fürsten) sorgfältig unterschieden wird. In seiner Geburtsstunde wird diesem neuen Staatsbegriff sogleich eine historische Bestimmung mitgegeben: man spricht, mit unklaren Rückwärtsgrenzen, von den „modernen Staaten“[30], und sieht in ihnen ein wesentliches Moment der modernen Zeit. Der Staat ist juristische Person, also möglicher Träger von Rechten und Pflichten. Damit ist die Trennung von jeder natürlichen Person vollzogen, wenngleich diese Vorstellung selbst einem Hegel noch Schwierigkeiten bereitet[31]. Als Wesenheit eigener Art braucht der Staat auch keine Zwecke, um sich zu legitimieren. Er existiert als faktische Notwendigkeit[32], und Legitimation läuft auf effektive Durchsetzung der staatlichen Macht hinaus. Vorher hatte man bei „Staat“, insbesondere im Zusammenhang der Formulierung ratio status, den Eindruck, daß die Gesamtheit der Bedingungen erfolgreichen politischen Handelns gemeint sei, deren Verbesserung zugleich das Ziel dieses Handelns sei. Diese Bedingungen konnten weit ausgreifend gemeint sein, konnten die gesamte Gesellschaft einbeziehen und zum Beispiel auch das Fehlen von Feinden oder sonstigen widrigen Umständen betreffen. Die Formel war allenfalls situativ abgrenzbar. Jetzt wird der Staat aus einem Gesamtheitsbegriff mit Perfektionstendenz in den Begriff einer Einheit umformuliert, der man Notwendigkeit bescheinigt. Der Staat wird damit zu etwas Bestimmtem – unter anderem.

Auf Komplementäreinrichtungen zu diesem Staatsverständnis, auf Verfassung und Verfassungstheorie und auf die daran anschließenden ideologischen Kontroversen kommen wir sogleich zu sprechen. Zunächst muß jedoch geklärt werden, was es bedeutet, wenn das politische Funktionssystem sich an einem solchen Staatsverständnis seiner eigenen Identität versichert. Der Sinnbezug von Politik wird dadurch verdichtet und greifbar gemacht. Daß etwas politische Bedeutung hat, weist sich am Bezug auf den Staat aus, was immer sonst gemeint und beabsichtigt sein mag. Durch Einbau einer solchen Selbstbeschreibung wird das politische System mit *mitlaufender Selbstreferenz* ausgestattet. Bei allem, was politisch geschieht, steht die Identität des Systems, genannt

30 Zunächst im Plural. Die Singularfassung bürgert sich erst ab 1830 ein im Zusammenhang mit den Debatten des deutschen Frühkonstitutionalismus. Vgl. dazu Stephan Skalweit: Der „moderne Staat“: Ein historischer Begriff und seine Problematik, Vorträge (G 203) der Rheinisch-Westfälischen Akademie der Wissenschaften, Opladen 1975.

31 Siehe die berühmt/berüchtigten Passagen über den Monarchen in den Grundlinien der Philosophie des Rechts, insb. § 279.

32 „Eine ursprüngliche Ordnung, ein nothwendiger Zustand“, heißt es bei F.C. Dahlmann: Die Politik, auf den Grund und das Maß der gegebenen Zustände zurückgeführt, Bd. 1, 3. Aufl., Leipzig 1847, S. 3.

Staat, mit im Blick. Anders ließe sich eine funktionale Ausdifferenzierung bestimmter politischer Kommunikationsweisen nicht verwirklichen; es bliebe zu oft unklar und oft zu spät erkennbar, welche Kommunikationen sich dem politischen System zuordnen und welche nicht.

Historisch gesehen tritt hier mitlaufende Selbstreferenz an die Stelle mitlaufender Fremdreferenz. Vorher hatte der Bezug auf Gott – Gottes Beistand sei bei allen Werken erforderlich – diese Funktionsstelle besetzt. Man könnte als Soziologe meinen, daß die Formel Gott die heimliche Selbstreferenz des Gesellschaftssystems zum Ausdruck bringt, daß nämlich in der Gesellschaft eine religiöse Sinngebung als relevantes Selektionsprinzip auftritt. Jedenfalls war aber der Sinnbezug fremdreferentiell, nicht selbstreferentiell formuliert. Es ging um Transzendenz. Dieser Sinnbezug gerät im 17. Jahrhundert in zunehmende Spannung zu den Notwendigkeiten, die Autonomie der Funktionssysteme in der Form mitlaufender Selbstreferenz zu begründen. Die Staatsformel, zunächst noch als unmittelbare göttliche Legitimation unmittelbarer (das heißt: konsensunabhängiger) Herrschaft eingeführt[33], verselbständigt sich. Sie war schon zuvor als *natürliche* Herrschaft behauptet worden, und Natur heißt in dieser Zeit ideenpolitisch immer: daß nicht nur Theologen für die Interpretation zuständig sind. Bald darauf scheitert die religiöse Interpretation an ihrer Unfähigkeit, klare Kriterien für die wichtige Frage des Widerstandsrechts zu liefern. Speziell dies Problem zwingt die Religion dazu, sich aus dem Geschäft politischer Legitimation zurückzuziehen und es dem Staat selbst zu überlassen – und seitdem hat die Theologie ihr Problem mit dem Staat[34].

Das politische System ist nicht das einzige, das eine mitlaufende Selbstreferenz instituieren muß, um die ihm zufallende Autonomie in Distinktionen und Operationen übersetzen zu können. Ein Vergleich mit dem genau analogen Sachverhalt in der Wirtschaft mag verdeutlichen, um was es geht. Auch die Ausdifferenzierung der Wirtschaft wird durch einen Gesichtspunkt mitlaufender Selbstreferenz ermöglicht. Hier erfüllt das Geld diese Funktion. Alle Operationen, die in Anspruch nehmen, zur Wirtschaft zu gehören, müssen dies durch Bezugnahme auf Geldzahlungen ausweisen. Dies gilt selbst für Arbeit und, in kapitalistischen Wirtschaftssystemen, selbst für den Kapitaleinsatz. Dabei kann ein Geldsystem nur als Einheit (als verkürzter Einheitsausdruck des Gesamtsystems der Wirtschaft) fungieren, was sich nicht zuletzt an Inflationen und Deflationen zeigt[35].

33 Vgl. etwa Lodovicus Molina: De justitia et jure (1593), tr. 11, disp. XXII, 9 und XXVII, zit. nach der Ausgabe Mainz 1659, Sp. 115 und 127.

34 Und zwar speziell die evangelische Theologie. Vgl. hierzu Martin Honecker: Evangelische Theologie vor dem Staatsproblem. Vorträge (G 254) der Rheinisch-Westfälischen Akademie der Wissenschaften, Opladen 1981. Daß für die Theologie selbst der Traditionsbruch weniger scharf ausfällt und die Zwei-Reiche-Lehre immer noch zitabel ist, muß nicht erstaunen. Für sie liegen auch heute Beobachtungslagen, Unterscheidungen und Identifikationen anders als für andere Beobachter der Gesellschaft.

35 Hierzu näher Niklas Luhmann: Das sind Preise, Soziale Welt 34 (1983), Heft 2, S. 153–170.

Auf einen detaillierten Vergleich von Geldreferenz und Staatsreferenz können wir uns hier nicht einlassen. Wir müßten dann Probleme der Zentralisierbarkeit/Dezentralisierbarkeit, der Medienstruktur, der Organisationsabhängigkeit, der Teilsystembildung in Wirtschaft und Politik einbeziehen. Das würde zu weit führen. Es muß hier genügen, das Prinzip der mitlaufenden Selbstreferenz als ein allgemeines Prinzip darzustellen, das auch in anderen Fällen vorkommt — nicht zuletzt natürlich in dem berühmtesten Fall: der Ich-Vorstellung psychischer Systeme. Es bedeutet, daß alle Operationen der entsprechenden Systeme mit einer Doppelverweisung ausgestattet sind, daß sie immer auf das System selbst verweisen und auf anderes; und daß sie dadurch Systeme realisieren, die zugleich geschlossen und offen sind, geschlossen im Bereich ihrer zirkulären Selbstreferenz und offen im Hinblick auf all das, was an Umweltinformation damit assoziierbar ist[36].

Geht man von dieser Fragestellung aus, dann erscheinen klassische Probleme der politischen Theorie in neuem Licht. Das politische System hatte, noch befangen in hierarchischen Denkmustern, sich selbst die Frage gestellt, wie das unerläßliche Moment von Willkür an der Spitze des Staates als Souveränität vorgesehen und dennoch kontrolliert werden könne. Bis weit in die Neuzeit hinein war diese Frage auf die Gesellschaft als ganzes bezogen und mit der Körper-Analogie behandelt worden. So wie der Mensch so sei auch die Gesellschaft ein Körper. Sie benötigte, wie jeder Körper, einen Kopf, der regiere. Dieser Kopf könne aber seine Aufgabe nur erfüllen, wenn er auf die übrigen Glieder Rücksicht nehme. Das schränke seine Willkür ein. Das Problem wird also durch Hinweis auf die Natur von Körpern im allgemeinen und von politischen Körpern im besonderen gelöst.

Seit dem 16. Jahrhundert gerät diese Analogie zunehmend unter Druck — man könnte sagen: unter Komplexitätsdruck. Sie wird von verschiedenartigen politischen Zielrichtungen bemüht, von gemäßigt-ständischen ebenso wie von radikal-absolutistischen. Ferner wird sie mit der Arzt/Patient-Metapher verknüpft. Der Fürst habe die Gesellschaft zu behandeln wie ein Arzt den Körper eines Patienten[37]. Darin kommt ein neuartiges Vertrauen in Kunst (ars) und Machbarkeit zum Ausdruck, das sich zunächst aber noch auf Natur als Wirkungsmedium stützt. Entsprechend wächst das Bewußtsein der Willkürkomponente im politischen Handeln, ohne daß die Bezugnahme auf Natur entbehrlich geworden wäre. Parallel zur zunehmenden Ausdifferenzierung eines politischen Systems in der Gesellschaft gewinnt die Leitformel der politischen

36 Dies entspricht neueren Vorstellungen der Systemtheorie, wonach Geschlossenheit/Offenheit nicht mehr als ein Gegensatz unterschiedlicher Systemtypen zu begreifen ist, sondern als ein Steigerungsverhältnis. Sieht man es so, dann interessieren die Bedingungen, unter denen mit strengerer Geschlossenheit größere Offenheit erreichbar ist. Zur Übertragung auf Probleme des politischen Systems vgl. Niklas Luhmann: Politische Theorie im Wohlfahrtsstaat, München 1981.

37 Zu beiden Gesichtspunkten vgl. Hinweise bei Paul Archambault: The Analogy of the Body in Renaissance Political Literature, Bibliothèque d'Humanisme et Renaissance 29 (1967), S. 21–53.

Theorie die Form einer Paradoxie: Es handelt sich um (freiwillig?) gebundene Willkür.

Die Theorie des konstitutionellen Staates hat dieses Paradox übernehmen und in einem Regelwerk von Verfassungsbestimmungen erfolgreich behandeln können[38]. Man kann daraus schließen, daß das klassische Paradox die Probleme nicht hinreichend formuliert. Wir ersetzen es durch das Paradox der Geschlossenheit als Bedingung für Offenheit, der mitlaufenden Selbstreferenz als Bedingung für Sensibilität in bezug auf Umweltinformationen.

Im Blick auf das Problem der Willkürkontrolle hatte die politische Theorie des Verfassungsstaates wichtige Komplementäreinrichtungen zur reinen Selbstreferenz („ich will, was mir gefällt") ausgearbeitet. Sie dienen jeweils der Öffnung des Systems für noch nicht festliegende Informationen und Einflüsse. Rückblickend gesehen besteht die wohl wichtigste Erfindung in der Einrichtung parlamentarischer Repräsentation mit zugelassener Opposition als Basis für die Wahl einer Regierung. Man könnte dies mit einem systemtheoretischen Terminus „redundancy of potential command" nennen[39]. Das heißt: der Ausdruck der Einheit des Systems wird vom Herrschafts*akt* oder von der Herrschafts*instanz* (und das ist notwendigerweise die Spitze der Hierarchie) in einen Redundanzausdruck verlagert. Die Einheit des Systems liegt dann in der Produktion eines *Überschusses an Selbststeuerungsmöglichkeiten* und in der dadurch erzwungenen *Selektion.* Überschuß heißt: auf noch Unbestimmtes Gefaßtsein; heißt: Empfindlichkeit für Bedingungen. Nicht zufällig ist dies Prinzip am Falle des Gehirns entdeckt und dann verallgemeinert worden. Es beruht auf dem Zusammenspiel von Geschlossenheit und Offenheit, und es ermöglicht eine Steigerung in beide Richtungen. Das System wird dadurch in die Form unterbestimmter Ziele und unterbestimmter Komplexität gebracht. Es wird von weiteren Bedingungen abhängig. Das Resultat kann auch Dauerkonflikte, „Unregierbarkeit", Selbstdestruktion sein.

Damit wird die Symbiose von Umweltempfindlichkeit und Machtpraxis, die unbegrenzte Fähigkeit, Themen zu politisieren, in neuartiger Dringlichkeit zum Problem. Der Herrscher konnte sich rein faktisch nicht um alles kümmern. Absolute Macht ist geringe Macht. Die autonom gesetzte, unterbestimmte, sich selbst bestimmende politische Macht ist in ganz anderer Weise gefährlich. Ihr werden *Menschenrechte* entgegengesetzt. Obwohl historisch gegen den absoluten Staat formuliert und auf Naturrecht gestützt, gewinnen sie ihre eigentliche Funktion erst in der Demokratie und schützen hier die anderen Gesellschaftsbereiche sowie die Einzelpersonen gegen den Universalismus möglicher Politik[40].

38 Die wohl wichtigste Bedingung dafür war, daß *statt dessen* das Recht paradoxiert werden mußte als positiv-rechtliche Regelung der Geltungsgründe positiven Rechts.

39 Siehe im Anschluß an diese Formulierung von McCulloch Gordon Pask: The Meaning of Cybernetics in the Behavioural Sciences (The Cybernetics of Behaviour and Cognition; Extending the Meaning of „Goal"), in: John Rose (Hrsg.): Progress of Cybernetics Bd. 1, London 1970, S. 15–44 (32 ff.).

40 Hierzu näher Niklas Luhmann: Grundrechte als Institution, Berlin 1965.

Auch das organisatorische Arrangement, das mit dem Prinzip der Gewaltenteilung umschrieben und dem Prinzip der Einheit (Souveränität, Letztwillkür) der Staatsgewalt entgegengesetzt wird, läßt sich in diesem systemtheoretischen Rahmen interpretieren. Die *Gewaltenteilung* hat eine Art Filterwirkung: sie läßt nur rechtlich zulässige Kommunikation durch. Sie substituiert gewissermaßen die Einheit des Rechts für die alte Einheit der Gewalt. Das Resultat wird mit der Formel vom Rechtsstaat umschrieben. Bei Recht ist jetzt an positives, auf Entscheidung zurückführbares Recht gedacht[41]. Das Rechtssystem wird entsprechend umgebaut: Es wird abhängiger von politischen Prämissen der Rechtsetzung und konditioniert zugleich schärfer, was politisch möglich ist – vor allem dadurch, daß Rechtsänderung hochgradig spezifiziert erfolgen muß, und dadurch, daß sie Zeit und Konsens kostet.

Vor allem erreicht man über Gewaltenteilung, Rechtsstaat und einige weitere rechtsimmanente Vorkehrungen (insbesondere: Vertragsfreiheit) etwas, was man in Analogie zum Geldwesen als *Ausmünzung und Dezentralisation* politischer Gewalt bezeichnen könnte. In der Form von subjektiven Rechten wird, ähnlich wie in der Form von Geld, die mitlaufende Selbstreferenz alltäglich in einem fast beliebig wählbaren Zuschnitt verfügbar. Man kann subjektive Rechte einklagen und zur Vollstreckung Staatsgewalt in Anspruch nehmen, auch wenn an der Entstehung dieser Rechte der Staat gar nicht beteiligt war und ihre Begründung keinerlei politische Kontrollen durchlaufen mußte. Für die Einführung des Syndroms demokratischer Verfassungsstaat war diese latent politische, aber aus der staatlichen Verfügung entlassene Funktion des Privatrechts von erheblicher Bedeutung gewesen: und an den heutigen Animositäten gegen private Rechtsverfügung kann man noch ablesen, wie unwahrscheinlich und wie kontextabhängig eine solche Errungenschaft ist. Sie beruht, wie alle Einrichtungen, die wir hier diskutiert haben, auf der Unterscheidung des politischen Systems und seiner Selbstbeschreibung als Staat; und man würde sie (ebenso wie Repräsentativverfassungen, Grundrechte, Gewaltenteilung, Rechtsstaat) im Lebensnerv treffen, wenn man zum älteren unitarischen Konzept politischer Herrschaft zurückkehren würde.

V.

Die funktionale Ausgewogenheit – um 1800 hätte man wahrscheinlich gesagt: die Schönheit und Zweckmäßigkeit – des Verfassungsstaats verdient, auch und gerade dann, wenn man sie systemtheoretisch nachanalysiert, höchste Bewunderung. Nicht minder erstaunlich ist, daß es dem 18./19. Jahrhundert gelungen ist, sie *mit Hilfe von Theorie in das System einzuführen*. Die Staatssemantik, einmal erfunden, konnte als Kristallisationspunkt für politische Theorie wirken.

41 Vgl. Niklas Luhmann: Ausdifferenzierung des Rechts: Beiträge zur Rechtssoziologie und Rechtstheorie, Frankfurt 1981, insb. S. 113 ff., 154 ff.

Sie macht speziell die politischen Systeme der kontinentalen Staaten anfällig für theorie-orientierten Einfluß[42].

Unter politischer Theorie ist dabei, wie bereits gesagt, nicht eine wissenschaftliche Theorie über Gegenstände des politischen Systems verstanden, also nicht ein Forschungsprogramm, das nach den Regeln der Wissenschaftstheorie abzuwickeln ist; sondern politische Theorie soll hier die begriffliche und vergleichende Orientierung der politischen Kommunikation selbst heißen. Politische Theorie ist involviert, wenn immer die politische Kommunikation Sinnbegriffe benutzt, die einen Vergleich implizieren – wenn etwa von sozialer Marktwirtschaft die Rede ist (und damit gemeint ist, daß die Wirtschaft nicht geplant, aber in bezug auf den Preis von Arbeit auch nicht am Markt orientiert werden darf – wie gewunden immer dann „Theorien" ausfallen, die derart seltsame Ansichten zu begründen suchen). Politische Theorie ist im Spiel, wenn die Beamtenverbände auf „Unabhängigkeit des Beamtentums" als ein Prinzip der deutschen Staatsauffassung pochen; denn hier ist mitgemeint, daß anderenfalls der politischen Korruption Tür und Tor geöffnet und sinnvolle politische Instabilität in die öffentliche Verwaltung hineingetragen würde, wo sie fehl am Platze sei. Politische Theorie ist mithin Theorie des Systems im System – ähnlich wie Wissenschaftstheorie für das Wissenschaftssystem oder Rechtstheorie für das Rechtssystem oder Theologie für das Religionssystem. Soweit damit ein Bezug auf die Identität des Systems mitläuft, dienen solche Theorien dem Mitvollzug der Selbstreferenz des Systems. Soweit die Einheit des Systems thematisch erfaßt und begründet wird, kann man von Reflexionstheorien sprechen.

Mit Hilfe des Konzepts von „Theorie des Systems im System" läßt sich der auffällige Tatbestand formulieren, daß die europäische Gesellschaft im Zuge der Umstellung ihres Gesellschaftssystems auf funktionale Differenzierung im 17. und 18. Jahrhundert in den verschiedensten Funktionsbereichen solche systemimmanenten Theorien zu formulieren beginnt. Das gilt nicht nur für Großsysteme wie Wissenschaft, Wirtschaft und Politik. Auch die Liebessemantik reflektiert, daß die Liebenden sich selbst an ihr orientieren. Auch im Roman wird nochmals über den Roman theoretisiert (und beides nicht erst, wie man meinen könnte, in der Romantik, sondern bereits im 17. Jahrhundert). Es handelt sich also um ein recht allgemeines Phänomen der Innenabsicherung neuartiger Funktionsautonomien, die an der allgemeinen gesellschaftlichen Moral und an den überkommenen Perfektionshierarchien nicht mehr Halt genug finden. Nach Erklärungen muß man deshalb in der Gesellschaftstheorie suchen, und das heißt für unseren Sonderfall der Verfassungstheorien: weder in der Wissenschaftsgeschichte noch in den besonderen Eigentümlichkeiten des politischen Funktionsbereichs[43].

42 Das ist für angelsächsisches Denken bis heute befremdlich geblieben. Vgl. hierzu Kenneth H.F. Dyson: The State Tradition in Western Europe: A Study of an Idea and Institution, Oxford 1980, S. 17 (mit Hinweisen).

43 Deswegen sind detaillierte Analysen der Theoriegeschichte einzelner Funktionsbereiche natürlich keineswegs entbehrlich. Im Gegenteil: erst auf diesem Wege kommt man zu

Ein allgemeiner Zug, der sich besonders auch im Bereich der Staatssemantik und ihrer Akzessorien findet, liegt in der normativen und wertthematischen Überhöhung ihres Gegenstandes. Im 18. Jahrhundert hatte noch die Stoßrichtung gegen das bestehende Regime und gegen die alte Welt mitgetragen. Nach der Etablierung des modernen Staates sieht dieser sich plötzlich auf sich allein gestellt. Er wird nun wie ein nationales Heiligtum behandelt. Dies konvergiert mit einem noch nicht voll trivialisierten Begriff von positivem Recht. Der Staat ist Hüter des Rechts und damit Hüter der Freiheit. Er kann verlangen, daß man ihm Opfer bringt, daß man für ihn stirbt.

Dies hat erkennbare Vorteile für Staatstheorien aller Art. Sie können von der normativen Identität und von der Selbstverteidigungsbereitschaft ihres Gegenstandes ausgehen und untersuchen, wie Gefährdungen behandelt und Abweichungen eliminiert werden können. Kybernetisch gesprochen können sie mit einer Art Regelmechanismus rechnen, können sie alle Vorteile des negativen feedback nutzen. Der Staat gleicht danach einem gesunden Körper, der sich gegen Krankheiten wehrt und dabei unterstützt werden muß. Die Theorie des Systems im System zeichnet die hierfür geeigneten Einrichtungen nach, sie läßt sich voll ein auf die Selbstbeschreibung des Systems, sie ist damit eine politische Theorie, die sich nicht mehr als solche, sondern als Staatstheorie versteht[44].

Diese Staatstheorie hat keinen Platz für die Zukunft. Sie überläßt die Zukunft der „gesellschaftlichen Entwicklung". Sie mag erkennen, daß die Anforderungen an die Staatstätigkeit sich durch die Folgen der Industrialisierung ändern. Sie mag für das Erfordernis einer „socialen Politik" mehr oder weniger aufgeschlossen sein. Sie projektiert keinen Übergang zu einer anderen Form von Staat, einer anderen Form von Selbstbeschreibung des politischen Systems. Sie sieht – und wer könnte das erwarten? – den Wohlfahrtsstaat nicht voraus. Sie führt ihn herbei.

Während der Verfassungsstaat als ein Werk theoretischer Reflexion betrachtet werden kann, ist der Wohlfahrtsstaat ein Resultat evolutionärer Entwicklungen. Das soll nicht heißen: niemand habe ihn gewollt, er sei unbeabsichtigt entstanden. Er ist durch und durch das Ergebnis politischer Zielsetzungen, aber eben unreflektierter politischer Zielsetzungen. Die Staatssemantik wird fortgeschrieben, man spricht seit dem zweiten Weltkrieg in zunehmendem Umfang von welfare state, aber der Begriff resumiert, obwohl nach wie vor

Forts. Anmerkung 43

Generalisierungen, die der Gesellschaft als ganzen bzw. dem Formtypus funktionaler Differenzierung zugerechnet werden können. Vgl. als ein Beispiel: Niklas Luhmann/Karl Eberhard Schorr: Reflexionsprobleme im Erziehungssystem, Stuttgart 1979.

44 Daß gerade in dieser Situation einer sich positivierenden Staatstheorie dann Aristoteles wieder faszinieren kann, sieht man zum Beispiel bei Treitschke. Das kann, in der jetzigen Situation, aber nur auf eine Forcierung der Staatsorientierung hinauslaufen. Siehe auch Manfred Riedel: Der Staatsbegriff der deutschen Geschichtsschreibung des 19. Jahrhunderts in seinem Verhältnis zur klassisch-politischen Philosophie, Der Staat 2 (1963), S. 41–63; Skalweit: a.a.O.

zentral an „Staat" festgemacht, eher ein problemreiches Resultat von Politik als eine Gründungsmaxime. Mit der Schwerpunktverlagerung von Verfassungsstaat, Rechtsstaat und selbst Demokratie auf Wohlfahrtsstaat reagiert die Selbstbeschreibung des politischen Systems auf ein neuartiges Problemgefühl. Der Begriff faßt dies in der Funktion einer Selbstbeschreibung zur Einheit zusammen – aber zunächst ohne Führung durch Theorie.

VI.

Will man den Wohlfahrtsstaat in äußerster Verkürzung charakterisieren, so kann man von einer *Überforderung des Staates durch die Politik* sprechen. Schon in der Weimarer Zeit hatte man dem Staat pessimistische Diagnosen gestellt und von Krise des Staatsgedankens, von Scheinstaat, Ersatzstaat, Reststaat oder gar vom Ende des Staates gesprochen[45]. Damals war die Problematik der nationalstaatlichen und die Durchsetzungsfähigkeit der demokratischen Politik das Problem. Im Wohlfahrtsstaat rücken ganz andere Fragen in den Vordergrund. Es scheint jetzt in der Logik der Politik selbst zu liegen, Situationen zu schaffen, die in ihren Folgen die Politik vor immer schwierigere Probleme stellen. Es könnte sein, daß der Staatsgedanke daran nicht unbeteiligt ist. Wir erinnern: der Staat ist nichts anderes als die Selbstbeschreibung des politischen Systems. Es geht demnach um eine laufende Selbstüberforderung des politischen Systems, die mit Hilfe einer bestimmten Selbstbeschreibung, eben mit der Focussierung auf Staat, organisiert wird.

Damit ist keineswegs gesagt, daß die Problematik des Wohlfahrtsstaates sich auf eine schlichte semantische Fehlleistung reduzieren ließe: eine neue Theorie, und der Spuk wäre vorbei! Erst recht geht es nicht um eine bloße Justierung der wissenschaftlichen (also: externen) Beobachtungsinstrumente, um eine bessere (und dann hilfreiche) Erforschung des Phänomens. Ein System hat in bezug auf seine eigene Selbstbeschreibung geringe Freiheitsgrade, es muß ja Selbstbeschreibung in dem Doppelsinne einer Beschreibung des Systems durch die eigenen Operationen sein[46]. Die Selbstbeschreibung muß, anders und mit Bezug auf soziale Systeme formuliert, kommunikativ funktionieren. Sie setzt im politischen System ein organisatorisches und rechtliches Substrat voraus (so wie im Wirtschaftssystem Geldmünzen, Geldscheine, Banknoten und die entsprechenden Einrichtungen). Wir haben an Hand der Ge-

45 Vgl. Alfred Weber: Die Krise des modernen Staatsgedankens in Europa, Stuttgart 1925; Otto Hintze: Wesen und Wandlung des modernen Staates (1931), neu gedruckt in ders., Gesammelte Abhandlungen zur Allgemeinen Verfassungsgeschichte, 2. Aufl. Göttingen 1962, S. 470–496; Carl Schmitt: Der Begriff des Politischen (1932), Neudruck Berlin 1963.

46 Wir lassen die theoretisch wichtigen Fragen hier beiseite, wie weit hierzu interne Distanz eingerichtet werden muß und wie weit sich dafür besondere Rollen einrichten lassen. Man käme damit auf die Frage nach funktionalen Äquivalenten für das, was die politische Theorie bis zu den Neostoikern hin als Weisheit (sagesse) bezeichnet hatte.

schichte der Staatssemantik einen Vorgang der Revolutionierung politischer Selbstbeschreibung nachzeichnen können. Dieser Vorgang verlief aber, zeitlich etwas versetzt, parallel zur Ausdifferenzierung des politischen Systems selbst. Er hat diese strukturelle Ausdifferenzierung begleitet, honoriert, mitgetragen. Und *in diesem Zusammenhang* war auch *Einfluß von Theorie* auf die neu zu schaffende Selbstbeschreibungssemantik möglich. Die strukturelle und semantische Evolution hatte es mit neuartigen Erscheinungen zu tun, und was zu beseitigen war, entstammte einem anderen Typus von Gesellschaft. Die heutige Situation ist damit nicht zu vergleichen. Sie ergibt sich daraus, daß die moderne Gesellschaft sich mit ihrer eigenen Realität konfrontiert findet, und entsprechend sind die Funktionsstellen für Selbstbeobachtung, Selbstbeschreibung und entsprechende Terminologien bereits besetzt. Die Rede vom Staat funktioniert – wenn man Regierungen auswechselt, für oder gegen Aufrüstung agiert, Parlamente wählt, Parteiprogramme entwirft, Mittel für Schulbau, Straßenbau, Jugendarbeit anfordert; und sie funktioniert auch dann, wenn bei all dem das Gefühl mitspielt, dies alles sei irgendwie falsch oder doch unzulänglich angelegt. Die Selbstbeschreibung Staat ist nicht nur in den Institutionen, sie ist auch in den Ansprüchen und Erwartungshaltungen etabliert. Sie fixiert den kommunikativ unerläßlichen Adressaten, und dies nicht ad hoc, sondern als Einheit für unzählige Operationen des gesamten Systems. Es ist vorerst nicht zu sehen, wie sie zu ersetzen wäre. Nach wie vor bleibt der Staatsbegriff deshalb der Bezugspunkt für eine Systematisierung politischer Ideen und Interessen; er könnte nur bewußter als solcher benutzt, zum Beispiel zur Darstellung der Einheit in der Vielfalt politischer Selbstaussagen einer politischen Richtung, einer Partei, eines Regierungsprogramms verwendet werden.

Was man unter diesen Umständen erwarten kann, ist eine allmähliche Änderung des Sinnes der Leitterminologie, die um den Staatsbegriff herum gebildet ist. Die Veränderungen an der Verweisungsstruktur des Staatssinnes ebenso wie die Veränderungen in der gesellschaftlichen Lage bilden sich evolutionär; sie können nur nachgezeichnet, nur nachbegriffen werden. Dabei findet sich die wissenschaftliche Beobachtung in einer gänzlich anderen Lage als vor zweihundert Jahren. Sie kann sich statt an Ideen an das Vorhandene halten; aber eben das macht ihr die Aufgabe schwer. Sie ist zudem an das politische Kommunikationsnetz nicht mehr angeschlossen. Auch zwischen Wissenschaftssystem und politischem System hat die Differenz zugenommen, und dieser Prozeß ist nicht zuletzt dadurch verstärkt worden, daß Wissenschaftler in einer für Politik nicht verständlichen, nicht zuordnungsfähigen Weise politisch agitieren[47].

Mit all den Unsicherheiten, die in dieser Lage getragen werden müssen, kann man gleichwohl versuchen, das Thema Staat und Politik weiterzuführen, und auch dabei mag der Gedanke hilfreich sein, daß der Staat nichts anderes ist als

47 Und dies mit einem Politikbegriff, der bereits 1843 überholt war (und mit einer Gegenbewegung wieder eingeführt werden mußte), als Marx seine Abhandlung zur Judenfrage veröffentlichte.

die Selbstbeschreibung des politischen Systems. Wir wollen dies mit einigen Thesen zur Lage versuchen, die je für sich wahr oder falsch sein können unabhängig von der supertheoretischen Fassung, in deren Rahmen sie hier präsentiert werden.

1) Die gesellschaftliche und die politische Evolution hat hier, und das gilt wohl allgemein, nicht zu einer Gleichverteilung aller möglichen Diversität geführt. Sie hat vielmehr dominante Strukturen ausgebildet, die ihrerseits selektiv wirken auf Zweit- und Drittentwicklungen. Als dominante Form, besonders, aber nicht nur, im politischen Bereich, sieht man seit Weber und Michels die *bürokratische* Form der Erledigung von Geschäften. Im Verhältnis zur soziologischen Klassik muß jedoch die Theorie der Bürokratie auf eine andere Ebene der Begrifflichkeit umgesetzt werden. Es geht nicht um eine bestimmte *Typik* von Arbeit oder Mentalität oder Rollenverhalten, sondern um eine gewissermaßen „ökologische" *Relation* zwischen Verwaltung und Publikum[48]. Das funktionale Äquivalent für die Wirtschaft ist der Markt, ebenfalls begriffen als Relation zwischen hochkomplexer Produktionsorganisation und relativ einfachem Verbrauch.

Eine solche Relation ist dominant in dem Sinne, daß andere Einrichtungen sich ankristallisieren können und von ihr abhängig werden. Man rechnet mit ihrer Existenz, ihrer Aktivierbarkeit, ihrem Funktionieren. So setzen Politiker fraglos voraus, daß eine Bürokratie existiert, die ihre Entscheidungen ausführt. Dominanz ist, anders gesagt, Ansatzpunkt für parasitäre Entwicklungen. Sie bedeutet nicht, und das muß gerade für das politische System besonders betont werden, daß die Möglichkeit einer zentralen Kontrolle, einer verantwortungsfähigen Herrschaft besteht. Im Gegenteil: auch die Herrschaftszentren sind Parasiten der Bürokratie; sie profitieren mit ihrer Politik, vor allem mit ihrer Politik der Versprechungen davon, daß Bürokratie als dominante Struktur existiert. „La domination écologique", heißt es ganz allgemein bei Edgar Morin, „ne signifie pas domination"[49]. Es gibt keine bürokratische Herrschaft – weder als Herrschaft über die Bürokratie, noch als Herrschaft mittels der Bürokratie, noch als Herrschaft der Bürokratie. Es gibt nur die bürokratisierte System/Umwelt-Beziehung und ihre Parasiten. Im Ergebnis kann es so zu einem riesigen, zentral nicht mehr kontrollierbaren Beschaffungs- und Erlaubniswesen[50] kommen, das als Gesamtheit dann „Staat" heißt. Bürokratie fungiert dann als Verbindungsnetz zwischen Zapfstellen, und die Erfahrung deutet darauf hin, daß dies Netz auch dann noch gehalten wird, wenn nichts wirklich mehr fließt.

Hat man diesen bürokratischen Komplex vor Augen, dann könnte man den Staat vielleicht definieren als *Regel der Transformation von Informationen in*

48 Vgl. hierzu besonders: Dieter Grunow/Friedhart Hegner/Franz Xaver Kaufmann: Bürger und Verwaltung, 4 Bde., Frankfurt 1978.

49 In: La Méthode, Bd. 2, Paris 1980, S. 44.

50 Den Begriff Erlaubniswesen fand ich in einer Kreisverwaltung der DDR.

Programme. Formal ist dieser Begriff allerdings noch zu weit gefaßt[51], er muß eingeschränkt werden auf den Bereich kollektiv bindenden Entscheidens, den Bereich der politischen Funktion. Man könnte hier auch an Kelsens juristischen Staatsbegriff denken, aber wir meinen nicht nur die Erzeugung der rechtlichen Geltung von Programmen, fassen also Kelsens juristischen und seinen soziologischen Staatsbegriff wieder zusammen[52].

Jedenfalls ist in der Umgangssprache (und auch in der Umgangssprache, die die Politik benutzt) diese Bürokratie gemeint, wenn von „Staat" die Rede ist. Als „Bürokratie" ist sie Gegenstand umfassender Kritik. Als Staat wird sie für notwendig gehalten. Als Bürokratie soll sie, wenn nicht abgeschafft, so doch möglichst reduziert werden. Als Staat ist sie gleichwohl Gegenstand immer neuer Bedürfnisse und Wünsche. Die Staatsterminologie dient somit als Schutz und Schirm der Bürokratie, sie ermöglicht die ständige Erneuerung einer positiven Bewertung des negativ Bewerteten. So ist es. Die Theorie der Selbstbeschreibung komplexer Systeme ermöglicht es zu fragen, ob es dabei bleiben muß.

2) Bürokratie ist das vielleicht auffälligste, aber bei weitem nicht das einzige Phänomen, das die neuere Strukturentwicklung des politischen Systems kennzeichnet. Die Demokratisierung der politischen Willensbildung und die aktive wie passive Inklusion der Gesamtbevölkerung in das politische System haben zu einer Umstellung von Abweichungsverhinderung auf Abweichungsverstärkung, von negativem feedback auf positiven feedback geführt. Der demokratische Staat orientiert sich an den Bedürfnissen der Bevölkerung und sucht, besonders bei institutionalisierter Konkurrenz um den Zugang zur Macht (redundancy of potential command), die Bedürfnisbefriedigung zu verbessern. Als Folge nehmen die Bedürfnisse selbst zu, die Anspruchsniveaus steigen und man erwartet schließlich vom „Staat" auch Leistungen, die technisch mit den Mitteln der Politik, mit kollektiv bindenden Entscheidungen, gar nicht zu erbringen sind.

Dieser Selbststeigerungsmechanismus kann nicht in sich selbst Maß und Grenzen finden. Er ist politisch nicht regulierbar. Ihm kann nur die Energiezufuhr abgeschnitten werden. Die Inhibierung muß, mit anderen Worten, auf einer anderen Realitätsebene einsetzen, und sie läuft, heute unübersehbar, über Begrenzung der Geldmittel. Die Dualität von Selbststeigerung und Inhibierung ist ein sehr allgemeines Prinzip des „pattern formation"[53]. Typisch

51 Siehe z.B. den Begriff des „appareil" bei Edgar Morin: La Méthode, Bd. 1, Paris 1977, S. 239ff.: „l'appareil dispose du pouvoir de transformer de l'information en programme, c'est-a-dire en contrainte organisationelle" (S. 239).

52 Vgl. Hans Kelsen: Der soziologische und der juristische Staatsbegriff: Kritische Untersuchung des Verhältnisses zwischen Staat und Recht, Tübingen 1922; ders., Allgemeine Staatslehre, Berlin 1925.

53 Vgl. Alfred Gierer: Generation of Biological Patterns and Form: Some Physical, Mathematical, and Logical Aspects, Prog. Biophys. molec. Biol. 37 (1981), S. 1–47; ders.,

scheint auch zu sein, daß die Abweichungsverstärkung durch positiven feedback *spezifische* Bahnen sucht (zum Beispiel *bestimmte* Ansprüche betrifft), während die Limitierung durch *generell* knappe Ressourcen aufgezwungen wird. Damit ist aber noch nicht ausgemacht, unter welchen besonderen Bedingungen dies Zusammenspiel von Selbststeigerung und Inhibierung stabile Formen erzeugt (und wahrscheinlich wird die Theorie in dieser Frage der Sonderbedingungen weniger generalisierbar sein als in der hier angedeuteten allgemeinen Fassung).

3) Selbst wenn man nur die beiden vorstehend genannten Gesichtspunkte, Bürokratisierung und Selbstüberforderung in Betracht zieht (und die politische Evolution ließe sich vermutlich unter vielen anderen Aspekten näher beschreiben), kommen Zweifel auf, ob und wie weit die Staatssemantik noch in der Lage ist, dieser Entwicklung zu folgen und das Wesentliche zu fassen. Man kann, wenn man sich etwa an die Staatslehre von Hermann Heller hält[54], eine Reduktion des Staatsbegriffs auf organisierte Entscheidungs- und Wirkungseinheit erkennen. Auch ist eine dieser Reduktion genau entsprechende Erweiterung des Politikbegriffs zu erkennen. Sie liegt insbesondere darin, daß von Politik nicht nur dann gesprochen wird, wenn es um Herrschaft über den Staat als Ganzen geht, sondern auch bei einer Inanspruchnahme von Staatsgewalt zur Realisierung von Teilzielen[55]. Dies sind wichtige, aber bei weitem nicht ausreichende Konzessionen. Vor allem gerät bei der Reduktion auf die Staatsorganisation (die der umgangssprachlichen politischen Kommunikation durchaus entspricht) der Gesellschaftsbezug des politischen Systems aus dem Blick – was dann durch eine Wiedererneuerung der Wiedererneuerung des gesamtgesellschaftlichen Politikbegriffs durch Karl Marx beantwortet wird.

Weder in bezug auf die strukturellen noch in bezug auf die semantischen Veränderungen kann man eine geplante Entwicklung feststellen, obwohl Planung in der Entwicklung eine mehr oder weniger große Rolle spielt. Die Transformation des politischen Systems kommt durch Evolution zustande, sie ist sowohl von den jeweils erreichten Systemzuständen als auch von Zufällen abhängig, und die Zufallsabhängigkeit wird, darauf deutet viel hin, durch vermehrte Planung nicht vermindert, sondern vergrößert. Mehr Information bedeutet mehr interne Unordnung, mehr Probleme bei der Reproduktion einer Ordnung aus Ordnung und Unordnung, demzufolge erhöhter Entscheidungsbedarf und stärkere Inanspruchnahme all der klassischen Mechanismen, die für eine Kombination von Souveränität und Willkürkontrolle, Gewalt und Konsens, Zwang und Legitimation sorgen sollten. Und noch ist unklar, ob und wie der Verfassungsstaat dies aushalten kann.

Forts. Anmerkung 53

Socioeconomic Inequalities: Effects of Self-Enhancement, Depletion and Redistribution, Jahrbuch für Nationalökonomie und Statistik 196 (1981), S. 309–331. Vgl. auch D. Stanley-Jones: The Role of Positive Feedback, in: John Rose (Hrsg.): Progress of Cybernetics Bd. 1, London 1970, S. 249–263.

54 Hermann Heller: Staatslehre, Leiden 1934.

55 A.a.O., S. 205.

VII.

Eine Theorie der politischen Evolution steht nicht zur Verfügung. Während die Wissenschaftstheorie und in gewissem Umfange auch die Wirtschaftstheorie zumindest Bemühungen aufweisen, evolutionstheoretische Konzepte mit den rationalistischen Traditionen ihres eigenen Systemsbereichs zu verknüpfen, fehlt, soweit ich sehe, Entsprechendes in der politischen Theorie. Manches spricht dafür, daß man auch hier die Vorstellung rationaler, zielorientierter Planung durch die Vorstellung der differenzorientierten Beobachtung von Evolution ersetzen müßte; und daß das Problem dann nicht mehr in der sachlichen Komplexität des Gegenstandes liegt und auch nicht mehr nur in der Legitimation der Machtübertragung und des dazu notwendigen Vertrauens. Bedeutsamer wird die Differenz von Fremdbeobachtung und Selbstbeobachtung, von black box Analyse und interner politischer Kommunikation (wobei es auch *in* der black box ganz schön dunkel sein kann).

Wenn man sich überlegt, wozu Selbstbeschreibungen eingesetzt werden, stößt man auf die bereits erwähnte Differenz von negativem und positivem feedback. Auch die von Pizzorno benutzte Unterscheidung von Retroaktion und Interaktion trifft diese Differenz, zumindest partiell[56]. Im erstgenannten Falle reagiert das System auf Veränderungen, die sich an selbstbestimmten Variablen und deren zu tolerierenden Ausprägungen zeigen; es mißt sich sozusagen selbst an den eigenen Erwartungen und korrigiert sich entsprechend. Wenn es dagegen um bloße Wirkungszusammenhänge zwischen System und Umwelt geht, etwa um eine wachsende Bevölkerung und deren Ernährung, korrigiert schließlich die Umwelt das auf Wachstum eingestellte System; sie liefert nicht mehr ausreichend Material oder Energie und zwingt das System dadurch zu Anpassungen, die im System selbst nicht vorgesehen sind.

Die Selbstbeschreibung des Verfassungsstaates hatte, bei aller Offenheit für wechselnde politische Inhalte, ein retroaktives Modell eingesetzt. Abweichungen sollten, wo sie erkannt wurden, ausgemerzt werden, notfalls durch Verfassungsgerichte. Man ging, vielleicht etwas naiv, von der Auffassung aus, daß dadurch auch die laufende Anpassung an gesellschaftliche Veränderungen sicherzustellen sei. Das politische System des Wohlfahrtsstaates hat sich, auch bei intakten verfassungsrechtlichen Mechanismen, jedoch auf Selbststeigerung, also auf Abweichungsverstärkung mittels positivem feedback eingelassen. Die Entwicklungen seiner System/Umwelt-Beziehungen können dann nur noch interaktiv (im Sinne Pizzornos), das heißt nur durch Entzug der Energiezufuhr korrigiert werden. *In der Selbstbeschreibung des Wohlfahrtsstaates hat das Knappwerden der Mittel keinen positiven Sinn!* Das heißt aber auch: daß die Selbstbeschreibung jenseits ihrer verfassungsrechtlichen Funktionen an Sinn verliert. Und damit tritt die Bedeutung der Staatssemantik und ihrer Reflexionstheorien für die Selbststeuerung des Systems zurück. Normen, Werte,

56 Vgl. Alessandro Pizzorno: L'incomplétude des systèmes, Connexions 9 (1974), S. 33–64; 10 (1974), S. 5–26 (47 ff.).

Theorien, die auf den Komplex Staat und Recht bezogen waren, verlieren an Überzeugungskraft. Ihre Funktionen bleiben erhalten, und man kann auch nicht sagen, daß der Verfassungsstaat durch den Wohlfahrtsstaat ersetzt wird. Aber als Wohlfahrtsstaat ausgebaut, läßt das politische System sich auf einen Gesellschaftsbezug und damit auf einen Umweltbezug ein, *den es selbst nicht mehr regulieren kann.* Wie ein Heuschreckenschwarm wird es dadurch gezwungen werden, den Flug zu beenden, daß ihm die Glukose bzw. das Geld ausgeht[57].

Wenn dies zutrifft, ist damit über die Zukunft der Staatssemantik noch nicht definitiv geurteilt. Man wird diese Frage jedoch in dem zugleich erweiternden und einschränkenden Kontext einer Theorie selbstreferentieller Systeme neu überlegen müssen. Soll die leitende Selbstbeschreibung politischer Systeme an den Staatsbegriff und an dessen organisatorisches Substrat gebunden bleiben? Und was genau kann mit diesem Begriff angesichts der Evolution des politischen Systems festgehalten werden? Die normativen Grundlagen scheinen ausgedünnt zu sein, die Vorstellung eines organisierten Steigerungsmechanismus ist zunehmenden Zweifeln ausgesetzt. Andererseits ist der Bedarf für einen Adressaten, der die Qualität des Lebens zu beschaffen und zu garantieren hat, ungebrochen. In den sozialistischen Staaten läßt sich bereits beobachten, daß der Staat dann eine Art Gesamtformel für die Ökologie des Raffinements im Beschaffungs- und Erlaubniswesen werden kann – eine weit hergeleitete, kaum noch faßbare Angelegenheit. „Res publica" gewiß – aber mit welchem Abstand zur moralischen Tradition dieses Begriffs!

Nimmt man diese Fragestellung auf, so muß man sich über die theoretischen Vorgaben im Klaren sein. Ein selbstreferentielles Sozialsystem besteht nur aus Kommunikationen, also aus Ereignissen[58]; es muß sich selbst mit den kommunikativen Operationen, aus denen es besteht, laufend reproduzieren. Dafür sind Selbstbeschreibungen unerläßlich. Die Frage lautet also, wie ein politisches System sich selbst reproduzieren wird, wenn es die Selbstbeschreibung als Staat enthält und die Reproduktion daran orientiert.

Ferner gibt die Theorie vor, daß es nicht möglich ist, die Komplexität des Systems als Beschreibung der Komplexität in das System wiedereinzuführen. Alle Selbstbeschreibungen sind Selbstsimplifikationen, ein der psychologischen Forschung längst vertrauter, aber auch für soziale Systeme relevanter Sachverhalt. Von hier aus gibt es Brücken zur Evolutionstheorie. Selbstbeschreibung mit Hilfe von selektiven Vereinfachungen – und die Staatstheorie ist geradezu ein Paradebeispiel dafür – führen zwangsläufig zu einer abweichenden Reproduktion, und abweichende Reproduktion ist der Prozeß, der in seinen strukturellen Auswirkungen als Evolution beschrieben werden kann. Hier wird im übrigen noch einmal deutlich, wie wenig es zutrifft, wenn man der Systemtheorie „konservative" Tendenzen unterstellt; sie zeigt im Gegenteil, daß exakte Reproduktion ein illusorisches Programm wäre.

57 Zu dieser Parallele vgl. T. Weis-Fogh: An Aerodynamic Sense Organ Stimulating and Regulating Flight in Locusts, Nature 164 (1949), S. 873–874.

58 Bei genauerer Ausarbeitung müßte man sagen: aus einer Kombinatorik von Ereignissen.

Während auf diese Weise klassische Themen wie unvermeidliche Willkür souveräner Machtausübung, Kontingenz aller Entscheidungen, ideologische Struktur der politischen Präferenzen usw. einige Abstraktionsstufen tiefer in den Theorieapparat eingebaut sind (denn die Grundbegriffe ziehen ihr Erfolgsbewußtsein nicht nur aus der politischen Theorie und nicht nur aus der Gesellschaftstheorie) ist mit dem Begriff der Selbstbeschreibung zugleich die eigentümliche Engigkeit und Unkorrigierbarkeit der entsprechenden Semantik erfaßt. Niemand kann ein politisches System darüber belehren, daß es kein Staat sei; und es findet in sich selbst, gerade wenn die laufende Kommunikation im Staatsbegriff ihre mitlaufende Selbstreferenz semantisiert hat, kaum Ansatzpunkte für eine Selbstkorrektur. Selbstbeschreibung kann nicht durch Fremdbeschreibung geknackt werden, und sie fungiert in sich selbst, was Identitätsbezug, also ihre Reflexion angeht, ohne Kontrolle an Kriterien. Transformationen sind dann auf unbemerkten Sinnwandel, auf allmählichen Plausibilitätsentzug angewiesen. Strukturell wie semantisch ist Selbstsubstitution die einzige Möglichkeit, die letztlich zu erwartende Destruktion eine Weile aufzuhalten.

Bei einer solchen Konstellation kann es durchaus sinnvoll sein, daß eine Diskussion politischer Begriffe im Wissenschaftssystem begonnen wird und für die Politiker zunächst unverständlich bleibt. Sie mögen mit Theorieverdacht oder auch mit politischen Zuordnungen reagieren. Modische Begriffe mögen sich zum Gebrauch im Geschäft der politischen Kosmetik eignen. Jedenfalls hat die Vorstellung, Wissenschaft und Politik ließen sich durch einen Theorie/Praxis-Zusammenhang koppeln, so viele Enttäuschungen erlitten, daß sie nur noch von unverbesserlichen Optimisten aufrechterhalten wird. Schon die Sprache der empirischen Sozialforschung, etwa die Formulierung mit Hilfe von „Variablen", ist an Fremdbeschreibung gebunden und kann nicht in Selbstbeschreibungen eingehen, weil sie das System auf Variationsmöglichkeiten festlegt, die es selbst nie aktivieren könnte. Oder anders formuliert: Die „Variablen"-Terminologie setzt Austauschbarkeit der Beobachter und entsprechende Kriterien für das Identischhalten des Gegenstandes voraus, was bei Selbstbeobachtung entfällt. Selbst wenn die Wissenschaftssprache hin und wieder mit Anwendungserfolgen aufwarten könnte, fiele die laufende Produktion von Hoffnungen und Enttäuschungen stärker ins Gewicht. Die Politikwissenschaft sollte in einer solchen Situation sich nicht scheuen, mit anspruchsvollen Theorien zu arbeiten. Sie kann so besser beobachten. Beobachten heißt diskriminieren. Das erfordert Angabe des Referenzrahmens, insbesondere der zu Grunde liegenden Systemreferenz. Jede Referenz kann, wenn die Wissenschaft sich den Weg zur Dogmatik verbietet, nur durch Bezugnahme auf eine andere Referenz eingeführt werden. Die dazu notwendige Sprache entwickelt, wenn geübt, eine eigene Art von Virtuosität. Das alles kann der Politik nicht zugemutet werden – allein schon deshalb nicht, weil kein Politiker es als Eigenleistung, als Selbstgedachtes, vorführen könnte.

Die Differenzierung der Funktionssysteme für Politik und für Wissenschaft, die Trennung ihrer Autonomiebereiche, ihrer Semantik, ihrer Reproduktionsdetermination, ihrer Selbstreferenzen, ist unter dem Aspekt der gesellschaftlichen Planung ein Problem, ja geradezu ein Hindernis auf dem Wege zum angestrebten Erfolg. Sieht man denselben Sachverhalt in evolutionstheoretischer Perspektive, mag das Urteil anders ausfallen. Es mag dann in den nichtintegrierbaren Kommunikations- und Bewußtseinsbildungsmöglichkeiten, die unsere Gesellschaft im Überfluß bietet, auch die Chance stecken, das Gesellschaftssystem für eine noch nicht absehbare, möglicherweise aber nicht sehr entfernte Zukunft anpassungsfähig zu erhalten.

Der Wohlfahrtsstaat zwischen Evolution und Rationalität

I. Politische Ziele und Planungsprobleme

Nach Erscheinungsform und Terminologie ist der moderne Wohlfahrtsstaat ein Kind dieses Jahrhunderts. Er ist aus dem liberalen Verfassungsstaat, wie er um 1800 konzipiert wurde, hervorgegangen und vor allem durch eine laufende Erweiterung politischer Zielsetzungen gekennzeichnet. Der Wohlfahrtsstaat konnte auf Ziele hin entworfen und fast ohne Theorie in Gang gebracht werden, solange diese Ziele Verbesserung von Sachlagen, Vermehrung von Sicherheiten, Steigerung von Versorgungsleistungen mit hinreichend breit gewähltem Empfängerkreis waren. Diese Aufbauphase ist abgeschlossen. Die Amelioristik der Ziele dient immer noch der Bekundung guter politischer Absichten. Sie zeigt gleichzeitig aber Züge der Überspannung und Ermattung. Verheißungen können nicht erfüllt oder müssen gar abgeschwächt werden. Wo Politiker Verbesserungen größeren Stils ankündigen, kann man fast schon vermuten, daß sie es nicht ernst meinen. Jedenfalls fällt es schwer, ihnen daraufhin schon Vertrauen zu schenken. Aber die Sprache der Politik hat sich noch nicht umgestellt. Sie pendelt zwischen Zielen und Mitteln, zwischen an sich Wünschenswertem auf der einen und dem Fehlen der Mittel auf der anderen Seite. Es fehlt ihr ein theoretisches Konzept und vor allem ein Kriterium für die Frage, welche Erwartungen eigentlich an Politik gerichtet werden können und welche nicht.

Die Sprache der Werte, Ziele und Mittel hatte sich mit Planungshoffnungen verbunden. Dafür zumindest schien es wissenschaftliche Fundamente zu geben. Die hier angebotenen Theorien sahen jedoch Planung ab extra vor. Man hatte ein Arrangierproblem vor Augen, das man bestmöglich oder jedenfalls zufriedenstellend zu lösen trachtete. Die Limitierungen der Planbarkeit selbst (etwa ihrer Techniken der Informationsbeschaffung und Datenauswertung) gingen in die „constraints" des Problems mit ein. Wie in den Bekenntnissen Rousseaus diente die Darstellung der Versündigungen als Beweis der Unschuld und als Beleg für Sensibilität. Bei soziologischer Betrachtung kann jedoch nicht geleugnet werden, daß auch die Planung in der Gesellschaft bzw. in ihrem politischen System stattfindet. Sie wird in dem System, in dem sie wirkt, beobachtet und löst durch ihre bloße Existenz schon Erwartungen und Reaktionen aus. Sie müßte ihr eigenes Planen daher miteinplanen können, müßte antezipieren können, wie andere antezipieren, was sie antezipiert. Sie müßte sich an einem Modell des Systems, dem sie angehört, orientieren, müßte also die Komplexität des Systems im System nochmals abbilden. Für all das gibt es aber erst ansatzweise theoretische Konzeptionen[1] und keinerlei erprobte Techniken.

Die viel beredete „Krise" des Wohlfahrtsstaates ist vor allem eine Krise der bisherigen Denkmittel, eine Mentalitätskrise. Sie wird teils überschätzt, wenn man annimmt, daß das Gesellschaftssystem, das diesen Wohlfahrtsstaat hervorgebracht habe, am Ende seiner Möglichkeiten angelangt sei; und teils unterschätzt, wenn man annimmt, daß es nur um momentane wirtschaftliche Rezessionen und um leere Kassen gehe. Es gibt wenig Anlaß zu der Hoffnung, daß die politische Theorie aus sich heraus sich regenerieren könnte. Erweitert man jedoch den gedanklichen Einzugsbereich auf die Gesellschaftstheorie oder gar auf grundlegende Konzepte der gegenwärtigen interdisziplinären Diskussion (System, Komplexität, Selbstreferenz, Evolution, Selektion – um nur einige zu nennen), findet man faszinierende Möglichkeiten für theoretische Neuformulierungen, die freilich für den Wohlfahrtsstaat selbst nicht schon Problemlösungen darstellen.

II. Gesellschaftstheoretische Analyse

Ähnlich wie aus Anlaß einer früheren Tagung, in der es (aus meiner Sicht) um Parallelprobleme im Wissenschaftssystem ging[2], möchte ich auch hier eine übergeordnete Systemreferenz zugrunde legen. Ich gehe vom Gesamtsystem der modernen Gesellschaft aus und nicht von den besonderen Wunschlisten und Sorgen der Politik. Mindestens drei Ebenen der Behandlung müssen dann unterschieden werden:

1. Das *soziale System der Gesellschaft*, das alle sinnhaft orientierten Kommunikationen in sich einschließt, also nur in sich selbst und nicht nach außen kommunizieren kann.
2. Das System für *Politik*, d.h. das für die Herstellung kollektiv bindender Entscheidungen *ausdifferenzierte Subsystem* der Gesellschaft.
3. Die in das politische System eingeführte *Selbstbeschreibung* dieses Systems, die üblicherweise den Begriff des „Staates" verwendet, wenn es darum geht, politische Operationen an der Identität des Systems zu orientieren.

Auf der ersten Ebene des Gesellschaftssystems geht es um ein selbstreferentiell-geschlossenes System, das nur dadurch fortbestehen kann, daß es ständig rekursive Kommunikationsverläufe reproduziert und sich dadurch aus einer Umwelt ausdifferenziert. Geschlossenheit ist hier, wie in der neueren System-

1 Vgl. z.B. Conant, R.S./W.R. Ashby, „Every Good Regulator of a System Must be a Model of That System", International Journal of System Science, 1 (1970), S. 89–97; Varela, F.J., „A Calculus for Self-Reference", International Journal of General Systems, 2 (1975), S. 5–24.

2 Siehe Luhmann, N., „Gesellschaftsstrukturelle Bedingungen und Folgeprobleme des naturwissenschaftlich-technischen Fortschritts", in: R. Löw/P. Koslowski/Ph. Kreuzer (Hrsg.), Fortschritt ohne Maß, München 1981, S. 113–131. In diesem Band S. 49–63.

theorie überhaupt, nicht als Gegensatz zu Offenheit, sondern als Bedingung für Offenheit zu begreifen[3]. Auf der Basis und in den Grenzen selbstreferentieller Kommunikation kann über die Umwelt kommuniziert und ihr dadurch systeminterne Relevanz verliehen werden.

Auf der zweiten Ebene ist zu beachten, daß das politische System als ein Funktionssystem unter anderen ausdifferenziert ist – auf gleichem Niveau wie auch Wirtschaft, Wissenschaft, Religion, Recht, Erziehung, Familienleben. Hierdurch wird, theoriegeschichtlich gesehen, die Gegenüberstellung von Staat und Gesellschaft ersetzt[4], mit der die neuzeitliche Semantik zunächst auf die zunehmende Ausdifferenzierung von Politik und Wirtschaft und auf den Zusammenbruch der ständischen Einheit des Gesellschaftssystems reagiert hatte. Diese Gegenüberstellung würde unter heutigen Bedingungen nur zu überzogenen Erwartungen an die Politik führen, da sie den Staat gegenüber allen Gesellschaftsbereichen mit einer besonderen Aufsichtsfunktion ausstattet[5]. Die Komplexität der modernen Gesamtgesellschaft kann ihre Einheit weder in einer Hierarchie noch in einem Dual finden, sondern nur in der Geschlossenheit der selbstreferentiellen Kommunikation und in der evolutionär beweglichen Interdependenz ihrer Teilsysteme.

Zu beachten ist, daß das politische System und die Gesellschaft nicht wie zwei einander gegenüberstehende Systeme begriffen werden können[6]. Das wäre nichts anderes als eine Neuauflage der alten Dichotomie von Staat und Gesellschaft. Auch ist die Gesellschaft nicht einfach Umwelt des politischen Systems, denn das politische System ist ja selbst Teil der Gesellschaft (und es kann natürlich nicht Teil seiner eigenen Umwelt sein). Mit der Logik der Systemdifferenzierung muß man vielmehr denken, daß die Ausdifferenzierung eines Teilsystems das Gesamtsystem in sich selbst als Differenz von Teilsystem und Teilsystemumwelt redupliziert; und daß dies auf verschiedene Weise zugleich

3 Sehr schöne Analysen dazu bei Morin, E., La Méthode 1, Paris 1977, S. 210 ff. Vgl. auch Varela, F. J., Principles of Biological Autonomy, New York 1979.

4 Bei Autoren, die an dieser Unterscheidung festhalten, fällt denn auch auf, daß sie an einem *historischen* Kontext präsentiert wird. Vgl. Böckenförde, E.-W., „Einleitung", in: ders. (Hrsg.), Staat und Gesellschaft, Darmstadt 1976, ferner Kriele, M., Einführung in die Staatslehre: Die geschichtlichen Legitimitätsgrundlagen des demokratischen Verfassungsstaates, Reinbek 1975, S. 292 ff., und Koslowski, P., Gesellschaft und Staat: Ein unvermeidlicher Dualismus, Stuttgart 1982. Vgl. ferner in diesem Band S. 67 ff.

5 Koslowski, a.a.O., S. 4, Anm. 10, weist darauf hin, daß der Staat kein Funktionssystem unter anderen sei, weil er eine besondere Qualität besitze: die Hoheitlichkeit. Aber genau dies gilt mutatis mutandis für alle Funktionssysteme und ist Bedingung ihrer Ausdifferenzierung; sie alle berufen sich auf eine besondere Qualität ihres funktionalen Beitrags zum menschlichen Zusammenleben. Wer würde das für Religion leugnen, oder für Recht, oder für Erziehung, oder für Wirtschaft?

6 In die Probleme dieser Fehlschaltung verstrickt sich z. B. Lavau, G., „Le système politique et son environnement", Revue français de sociologie, 11, 12 (1971), No. special, S. 169–181.

geschehen kann, für Politik zum Beispiel anders als für Wirtschaft, anders als für Erziehung, anders als für Wissenschaft usw.[7].

Auch die dritte Ebene, auf der sich die Oberflächendramatik unseres Themas abspielt, bedarf einer kurzen Erläuterung. In systemtheoretischer Sicht kann es als ein Zeichen hoher Ausdifferenzierung und Autonomie gelten, wenn Funktionssysteme nicht mehr rein situativ von Fall zu Fall operieren unter Vorgabe fast aller Bedingungen für Erfolg und Mißerfolg, sondern wenn sie eine Selbstbeschreibung benötigen und erstellen, um sich immer auch an sich selbst und mit Hilfe dieser Selbstreferenz dann an ihrer Umwelt zu orientieren. Solche Selbstbeschreibungen bilden auf der Ebene der Funktionssysteme ein funktionales Äquivalent für die „natürliche" Geschlossenheit, die auf der Ebene des Gesellschaftssystems durch die Art der verwendeten Operationen, nämlich durch das Ausdifferenzieren von Kommunikation, erreicht wird. Auch durch Selbstbeschreibungen kann, wenngleich in semantisch-artifizieller Weise, Geschlossenheit als Grundlage für Offenheit realisiert werden. Der Begriff des „Staates" ist für genau diese Funktion der Selbstbeschreibung erfunden bzw. zurechtgerückt worden. Im allgemeinen Kommunikationsraum des Politischen wird damit die Handlungsfähigkeit betont, die kollektive Entscheidungs- und Wirkungseinheit[8] und die Finalisierung des Politischen in Richtung auf öffentliches Wohl. Das erklärt auch die im Verhältnis zur Politik hohe Beimischung normativer und ideologischer Komponenten in rechten und in linken Staatstheorien. Der „Staat" ist die (wie immer historisch bedingte, wie immer fatale) semantische Selbstsimplifikation des politischen Systems.

III. Politische Evolution

Die Eigenarten des Wohlfahrtsstaates sind in allen wichtigen Hinsichten konsequenter Ausdruck des Prinzips funktionaler Differenzierung des Gesellschaftssystems[9]. Sie sind insofern kein Irrweg der Politik, den man schleunigst verlassen müßte, sondern ebenso wie Verfassungsstaat und Demokratie mit der modernen Gesellschaft gegeben. Wenn überhaupt Funktionssysteme zu relativ autonomer Orientierung an der eigenen Funktion ausdifferenziert werden, wird man Hypostasierung der je eigenen Funktion, Bestbedienungsambitionen, Amelioristik, Steigerungsideale, möglichst weitgehende Inklusion der Gesamtbevölkerung in den je eigenen Funktionskreis zu gewärtigen haben. Alle Ein-

7 In der klassischen Logik vom Ganzen und Teil war genau dies nicht faßbar gewesen, man hatte deshalb analytische divisio und reale partitio unterscheiden müssen und nur eine einzige Form der Realteilung (gesellschaftlich: die nach Schichtung) anerkennen können. Vgl. zu den logischen Problemen auf dieser Basis Saarnio, U., „Der Teil und die Gesamtheit", Actes du XIème Congrès international de Philosophie, 5, Amsterdam/ Louvain, 1953, S. 35–37.

8 Im Sinne der Staatslehre Hermann Hellers.

9 Hierzu ausführlicher: Luhmann, N., Politische Theorie im Wohlfahrtsstaat, München 1981.

schränkungen müssen über die Umwelt oktroyiert werden. Das wohlfahrtsstaatliche politische System bietet in dieser Hinsicht kein anderes Bild als die forschungsorientierte Wissenschaft, die Wirtschaft, das Erziehungssystem. Der Wohlfahrtsstaat fällt nicht aus dem Rahmen, er realisiert in seinem Bereich die Grundoptionen der modernen Gesellschaft, und seine Antinomien – etwa die Steigerung von Freiheit und Gleichheit, von Partizipation und Betreuung – bilden seine Antriebsmotorik, auch hierin vergleichbar den Antinomien anderer Funktionssysteme (Freiheit und Bindung im Recht, Investition und Konsum in der Wirtschaft, Bewirkung von Selbständigkeit in der Erziehung). Insofern ist es nicht falsch, wenn behauptet wird, daß in der Hypertrophie des Wohlfahrtsstaates die Problematik des Formtypus der modernen Gesellschaft zutage tritt.

Das Wohlwollen des Wohlfahrtsstaates ist mitsamt seinen fatalen Konsequenzen gesellschaftsstrukturell gedeckt. Der Übergang zu einer andersartigen Typik von Politik zeichnet sich nicht ab und ist auch nicht zu prognostizieren. Das Auffällige, historisch Unvergleichbare daran ist: daß Ordnung nicht über ein Eliminieren von Abweichungen, sondern über eine Steigerung der Abweichung von bestehenden Zuständen angestrebt wird. Sie soll, kybernetisch gesprochen, nicht über negativen Feedback, sondern über positiven Feedback realisiert werden. Alles Erreichte gilt als Grundlage für ein „Mehr" in gleicher Richtung, obwohl man weiß, daß dies nicht endlos weitergehen kann. Anders als in ihren Anfängen würde die Kybernetik heute solcher Entwicklung nicht jede Aussicht auf Restabilisierung absprechen[10]. Man schließt Morphogenese, das heißt Entwicklung von Strukturen auf höherem Komplexitätsniveau, unter solchen Bedingungen nicht mehr schlechthin aus. Aber es fehlt jedes operative Wissen, jeder Anhaltspunkt für praktisch brauchbare Kriterien, die einem sagen könnten, unter welchen einschränkenden Bedingungen auf der Basis von Abweichungsverstärkungen Strukturen noch möglich sind. Und es könnte sein, um Edgar Morin zu zitieren, daß die Entwicklung eine Lage erreicht hat, in der Weisheit und Wahnsinn nicht mehr einen deutlich erkennbaren Gegensatz bilden[11].

Diese Überlegungen legen die Schlußfolgerung nahe, daß mit der Entwicklung des Wohlfahrtsstaates das politische System eine eigene Evolution beginnt. Evolution heißt: daß sich Strukturänderungen aus einem unkoordinierten („zufälligen") Zusammenspiel von Variationen, Selektionen und Restabilisierungen ergeben und daß die Ergebnisse weder planbar noch prognostizierbar sind. Der Verfassungsstaat war im wesentlichen durch politische Theorie induziert und entsprechend planmäßig realisiert worden. Ihm lagen Vorstellungen wie: politisch unantastbare Menschenrechte, Eigentums- und Persönlich-

10 Die Wendung der Einschätzung ist eingeleitet worden durch einen wichtigen Beitrag von Maruyama, M., „The Second Cybernetics: Deviation-Amplifying Mutual Causal Processes", General Systems, 8 (1963), S. 233–241.

11 Morin, a.a.O. (1977), S. 222: „il faut penser aujourd'hui que les termes de folie/sagesse ne s'excluent qu'à certains niveaux, et non à tous, non aux plus fondamentaux".

keitsschutz, Trennung der Gewalten, Rechtsform des Verfassungsgesetzes, Repräsentationsprinzip mit Zulassung oppositioneller Parteien (statt inhaltlicher Definition der Repräsentationsberechtigung) zugrunde. Die Problemstellung war: souveräne Gewalt zur Entscheidung aller möglichen Konflikte in einem Territorium (einschließlich religiöser Konflikte) zu etablieren und zugleich den arbiträren Gebrauch dieser Gewalt zu verhindern. Dieses (zunächst für widerspruchsvoll gehaltene) Programm ist theoretisch operationalisiert und praktisch realisiert worden. Eine solche Glanzleistung praktisch gewordener Theorie wird sich im Falle des Wohlfahrtsstaates nicht wiederholen; denn während der Verfassungsstaat unter der Voraussetzung von Abweichungseliminierung (negativem Feedback) konzipiert werden konnte, geht es im Wohlfahrtsstaat um Abweichungssteigerung (positiven Feedback), also um ein theoretisch in seinen Bedingungen und Schranken sehr viel schwieriger zu fassendes Prinzip. Dadurch daß auf der Grundlage (nicht: unter Überwindung!) des Verfassungsstaates der Wohlfahrtsstaat entstanden ist, geht das politische System von theoretisch fundierter Planung in Evolution über. Es geht dann nicht mehr um Realisieren eines Konzepts, sondern um Hinausschieben der Destruktion.

Unter den vielen Strukturen, die man als Resultat und als Faktor politischer Evolution behandeln könnte, ist das Ausbilden *dominanter bürokratischer Strukturen* vielleicht die wichtigste. Bürokratie entsteht durch Instrumentierung von Herrschaft und durch Instrumentierung von Demokratie[12], zur Vorbereitung und zur Durchführung von Entscheidungen. Sie wächst in jedem Falle – unter welcher Ideologie das Regime auch antritt. Evolution führt hier, wie zumeist (wenn nicht immer), nicht zu einer Gleichverteilung des Verschiedenen in einem komplexen Ganzen (ein Eindruck, der entstehen könnte, wenn man die Welt mit Hilfe eines Katalogs der Pflanzen und Tiere betrachtet). Typisch ist vielmehr die Ausdifferenzierung einer dominanten Struktur, an die sich parasitäre Erscheinungen anschließen, die sich wechselseitig parasitieren oder subparasitieren können. Dominanz in diesem evolutionstheoretischen Sinne ist nicht mit Domination durch einen Ordnungswillen zu verwechseln, sie setzt keine zentralen Entscheidungsinstanzen voraus. Sie liegt überhaupt nicht im Dominieren einzelner *Exemplare* oder *Gattungen*

12 Zur inneren Affinität von Demokratisierung und Bürokratisierung gibt es (abgesehen vom Bereich der privaten Vereine) noch wenig Forschung. Vor allem durch die spektakuläre Entwicklung der früheren Universitäten zu den heutigen Großbürokratien ist man darauf aufmerksam geworden. Vgl. Nias, D.J., „The Sorcerer's Apprentice: A Case Study of Complexity in Educational Institutions", in: T.R. LaPorte (Hrsg.), Organized Social Complexity: Challenge to Politics and Policy, Princeton N.J. 1975, 256–278; Luhmann, N., „Zwei Quellen der Bürokratisierung in Hochschulen", Festschrift Reinhard Mohn (Privatdruck), o.O., o.J. (1981), S. 150–155. In diesem Band S. 212–215; ders., „Organisation und Entscheidung", in: ders., Soziologische Aufklärung 3, Opladen 1981, S. 335–389, hier S. 344 ff.; Cafferata, G.L., „The Building of Democratic Organizations: An Embryological Metaphor", Administrative Science Quarterly, 27 (1982), S. 280–300.

(Löwen, Kaninchen, Bürokraten etc.), sondern im Dominieren bestimmter „ökologischer" *Relationen* zwischen Systemen und Umwelten[13]. Leider besitzt die gängige Sprache keine Terminologie, um diesen wichtigen Unterschied zu formulieren[14]; und nur deshalb wird ständig über Unregierbarkeit geklagt, so als ob etwas anderes zu erwarten wäre.

Während für andere Funktionssysteme, vor allem für Wissenschaft und für Wirtschaft, evolutionstheoretische Analysen bereits diskutiert werden[15], fehlen vergleichbare Bemühungen für das politische System der Gesellschaft. Das liegt vermutlich daran, daß die hohe Dezentralisation in Wissenschaft (Forscher) und Wirtschaft (Firmen) eher den Vergleich mit dem Überleben von Populationen der Lebewesen nahelegt als das stark zentralisierte, verstaatlichte politische System. Geht man jedoch auf die Ebene der Entscheidungsprozesse zurück, wird deutlich, daß der Zentralisierungsgrad des politischen Systems weitgehend eine organisatorische Fiktion ist; daß er zumindest überschätzt wird, daß Einzelentscheidungen in hohem Maße unkoordiniert erfolgen und daß vor allem ihre „Überlebenschancen" nur locker verknüpft (obwohl durch Zugehörigkeit zur Population der politischen Entscheidungen erhöht) sind[16].

Dies Forschungsdefizit, Evolution von Politik betreffend, kann hier natürlich nicht behoben, sondern nur festgestellt werden. Es muß uns genügen, hier noch unbetretene Pfade der Forschung aufzuzeigen. Und das Interesse an solchen Forschungen wird wachsen, wenn die sozialwissenschaftliche Forschung

13 Ein Modell: Tauben auf dem Markusplatz, mit einer Fülle von parasitären Einrichtungen an Touristen, Photographen, Futterverkäufern, Straßenreinigern, die sich wechselseitig teils fördern, teils behindern, in jedem Falle aber nur in Symbiose mit der dominanten Struktur existieren, die ihrerseits durch sie überlebt.

14 Im Französischen kann man elegant formulieren: „La dominance écologique ne signifie pas domination", um den Sachverhalt dann mit dem englischen Begriff von ‚control' in Fassung zu bringen (Morin, E., La Méthode 2, Paris 1980, S. 44). Der Sachverhalt ist klar, aber die Alltagssprache scheint schon bei derart anspruchslosen Unterscheidungen überfordert zu sein.

15 Vgl. z.B. Simmel, G., „Über eine Beziehung der Selektionslehre zur Erkenntnistheorie", Archiv für systematische Philosophie, 1 (1895), S. 34–45; Blachowitz, J.A., „Systems Theory and Evolutionary Models of the Development of Science", Philosophy of Science, 38 (1971), S. 178–199; Campbell, D.T., „Evolutionary Epistemology", in: P. A. Schilpp (Hrsg.), The Philosophy of Karl Popper 1, La Salle III. 1974, S. 412–463; Toulmin, S., Kritik der kollektiven Vernunft, dt. Übers., Frankfurt a.M. 1978; Alchian, A., „Uncertainty, Evolution and Economic Theory", Journal of Political Economy, 58 (1950), S. 211–221; Spengler, J., „Social Evolution and the Theory of Economic Development", in: H.R. Barringer et al. (Hrsg.), Social Change in Developing Areas: A Reinterpretation of Evolutionary Theory, Cambridge Mass. 1965, S. 243–272; Nelson, R./Winter, S., „Neoclassical vs. Evolutionary Theories of Economic Growth: Critique and Prospectus", Economic Journal, 84 (1974), S. 886–905.

16 Vgl. hierzu die Unterscheidung verschiedener Formen von Interdependenz in Organisationen bei Thompson, J.D., Organizations in Action: Social Science Bases of Administrative Theory, New York 1967, insb. S. 54 f.

sich von der Selbstbeschreibung des politischen Systems, also vom Staatsbegriff und den Staatstheorien, stärker ablöst und damit auch den Zentralisierungsgrad des politischen Systems nicht durch die Begriffswahl schon überschätzt.

IV. Einführung von Theorie ins System

Wenn man mit ungeplanten und unplanbaren evolutionären Veränderungen der Gesellschaftsstrukturen im allgemeinen und der politischen Strukturen im besonderen zu rechnen hat: welche Funktion hat dann noch die Einführung von Theorie in das System? Es hat offensichtlich wenig Sinn, der Evolution normative oder wertmäßige Kriterien entgegenzuhalten. Die gesamte human angeregte Fortschritts- und Wachstumsideologie ist kein Korrektiv für Evolution, sie setzt das ohnehin evoluierende System nur verstärkt unter Selektionsdruck. Ebensowenig kann Theorie Prognoseleistungen einbringen und Korrekturen unerwünschter Entwicklungen anregen; wäre dies möglich, würde Evolution durch Planung ersetzt werden[17]. Normative wie technologische Theorieapparate werden beim gegenwärtigen Wissensstand mehr Devianz erzeugen als richtlinienmäßige Systemzustände. Dennoch könnte Theorie wichtiger sein als je zuvor, und zwar als Ausstattung des Systems mit der Fähigkeit zur vergleichenden Selbstbeobachtung.

Der Begriff der Beobachtung soll hier sehr formal eingesetzt werden; er meint operative Handhabung einer Differenz zum Zwecke der Informationsgewinnung. Danach hängt Beobachtung offensichtlich von der Qualität der Differenz ab, die zugrunde gelegt wird. Theorien nehmen (obwohl dies bisher wissenschaftstheoretisch wenig thematisiert worden ist) beträchtliche Freiheiten in Anspruch in der Wahl solcher Leitdifferenzen. Man mag an quantitative Bestimmungen denken (mehr und weniger), an Ursache und Wirkung, Zweck und Mittel, Konformität und Abweichung, Gesetz und Einzelfall; aber auch an das ganze Arsenal der Modernitätsdistinktionen, die das 19. Jahrhundert hinterlassen hat, etwa Status/Kontrakt, Gemeinschaft/Gesellschaft; ferner an so ideologieträchtige Differenzen wie Individuum/Kollektiv, sozial/liberal, progressiv/konservativ. Die interdisziplinären Entwicklungen der letzten Jahrzehnte zeichnen sich vor allem dadurch aus, daß sie damit begonnen haben, diese Typik von Differenzen durch eine „neue Generation" abzulösen, die abstrakter, aber zugleich auch anschlußfähiger gewählt wird. Ich denke zum Beispiel an: System/Umwelt, Element/Relation, Variation/Selektion, Ordnung/Unordnung, Ereignis/Struktur, Identität/Differenz. Mein Eindruck ist, daß eine Art metaparadigmatische Revolution auf interdisziplinärer Ebene anläuft,

17 Ältere Kombinationen von System- und Evolutionstheorie haben genau dies versucht, ohne dabei die Probleme der Selbstreferenz und der Hyperkomplexität hinreichend zu beachten. Siehe noch Jantsch, E., Design for Evolution: Self-organization and Planning in the Life of Human Systems, New York 1975.

die es zugleich schwieriger und aussichtsreicher macht, die Selbstbeobachtung in den Funktionssystemen an Theorie zu orientieren. Könnte es sein, daß diese Entwicklung mit dem Übergang zu evolutionären Veränderungen auf der Ebene der Funktionssysteme der Gesellschaft korrespondiert oder doch mit ihr in Zusammenhang gebracht werden könnte?

Man kann *politische Theorie* auffassen als *Reflexion der Selbstbeobachtung und Selbstbeschreibung des politischen Systems.* Dadurch rückt die Frage nach der Überlebensfähigkeit des Staatsbegriffs ins Zentrum der Analyse. Dahinter steckt die Frage, auf was man sich festlegt, wenn man den heutigen Wohlfahrtsstaat als Staat bezeichnet und ihn damit der Tradition des Staatsdenkens zuordnet. Die Diskrepanzen, die der Staatsbegriff dann zu überspannen hat, sind vor allem von Staatsrechtslehrern oft genug herausgearbeitet worden. Ich erinnere nur an die skeptische Beurteilung der Rechtsqualität des Sozialstaates und der Leistungsverwaltung durch Ernst Forsthoff[18]. Wie man etwa an der Dienstrechtsreformdiskussion sehen kann, hat eine solche Orientierung an der Identität des Staates unmittelbar praktische Konsequenzen. Der Bezugspunkt ist dann eine Identität, über die man in der Theorie nicht mehr verfügen kann und die als Grundbegriff notwendig unscharf gefaßt sein muß.

Dem Staatsbegriff wird nicht direkt widersprochen, aber man geht doch zu einer ganz anderen Perspektive über, wenn man nicht von der Identität des Staates und auch nicht von der Differenz von Gesellschaft und Staat ausgeht, sondern, wie unter II. vorgeschlagen, die Differenz von System und Selbstbeschreibung des Systems zugrunde legt. Man kann dann in einem einheitlichen Theorierahmen von politischem System und von Staat zugleich handeln. Der Staat ist nicht letzter Bezugspunkt der Zuordnung von Handlungen, sondern eine semantische Variable, die im Variationszusammenhang mit anderen beurteilt werden muß. Selbstbeschreibungen ermöglichen eine in allen Operationen mitlaufende Selbstreferenz, die Offenheit für Umwelt nicht ausschließt, sondern gerade ermöglicht. Alle politischen Operationen können immer auf die Identität Staat bezogen werden (auch wenn sie, wie Parteipolitik, dem Staat juristisch nicht zugerechnet werden) und sind dadurch unabhängig von einer inhaltlichen Prüfung ihrer „politischen" Qualität, also unabhängig auch von dem Streit um Politikbegriffe[19]. Sie haben gerade durch diese Formalisierung der Selbstreferenz die Möglichkeit, sich mit nahezu beliebigen Themen der Umwelt des politischen Systems zu befassen, sie politisch aufzugreifen oder auch wieder fallen zu lassen. Das System ist selbstreferentiell streng geschlossen und gerade dadurch weit offen für Informationen aus der Umwelt[20], und der

18 Siehe zuletzt: Forsthoff, E., Der Staat der Industriegesellschaft: Dargestellt am Beispiel der Bundesrepublik Deutschland, München 1971; ferner auch ders., Rechtsstaat im Wandel: Verfassungsrechtliche Abhandlungen 1950–1964, Stuttgart 1964.

19 Eine vergleichbare Funktion erfüllt im Wirtschaftssystem der Bezug auf Geld und die Bindung aller wirtschaftlichen Operationen an die Zahlung monetärer Äquivalente. Die Zuordnung zur Wirtschaft wird dadurch unabhängig von inhaltlichen Kriterien der Wirtschaftlichkeit, von Produktionserfolg, Gewinn und Verlust, Rentabilität usw.

Staatsgedanke hat in diesem Funktionszusammenhang einen Kombinationsgewinn von Geschlossenheit und Offenheit ermöglicht, der welthistorisch ohne Parallelen ist.

Diese Überlegung zeigt, daß auch und gerade der Wohlfahrtsstaat auf Staatlichkeit nicht verzichten kann und den Verfassungsstaat nicht überwindet, sondern ihn inkorporieren muß. Nur wer den Staat als Kollektivindividuum, als geistige Qualität oder als historische Gestalt eines Volkes denkt, wird dem Urteil Carl Schmitts beistimmen, die Epoche der Staatlichkeit sei an ihr Ende gelangt[21]. Geht man nicht von einer Identität aus, die als objektiver Geist oder wie immer sonst beschrieben wird, sondern von der Differenz von System und Selbstbeschreibung des Systems, wird einerseits der Staat gegenüber Hochidealen der Vergangenheit als Reduktion unfaßbarer Komplexität, als Selbstsimplifikation abqualifiziert; er wird andererseits aber funktional definiert und in seiner historisch-kontingenten Notwendigkeit erst eigentlich begründet.

Vor allem gewinnt man dadurch an Verständnisfähigkeit für das, was oben als evolutionär ausgelöste Strukturänderungen bezeichnet worden ist. So könnte man von hier aus in die aktuelle Diskussion des „new corporatism" einsteigen. Ein politisches System wird in sich immer einen politischen Apparat benötigen, der Umweltinformationen in Entscheidungsprogramme, das heißt in organisatorische ‚constraints' umsetzt. Aber diese Funktion muß nicht notwendigerweise als ausschließliches Reservat einer „Staatsregierung" begriffen werden; nur der Staatsbezug bleibt unerläßliches Moment der Zuordnung zur Einheit eines umweltoffenen Systems.

Diese wenigen Hinweise müssen hier genügen, um die These zu belegen, daß evolutionäre Strukturveränderungen im Funktionssystem Politik begleitet werden könnten durch korrespondierende Veränderungen in der wissenschaftlichen und in der Selbstbeobachtung von Politik. Der Vorschlag ist: diese Beobachtung in Differenzen und nicht in Identitäten zu fundieren. Die Begründung ist: daß man dadurch von substantialisierenden und totalisierenden zu relationierenden Betrachtungsweisen übergehen kann.

V. Rationalität

Folgt man diesen Vorstellungen, so hat das Konsequenzen für die Form, in der Politik (oder allgemeiner: operatives Vorgehen in Systemen) *Rationalität* in Anspruch nehmen kann.

20 Anregungen zur Umformung des Schemas geschlossen/offen aus einem Gegensatz in einen (nicht beliebig konditionierten) Zusammenhang stammen unter anderem aus neurophysiologischen Analysen des Auges. Siehe insb. Lettvin, J.Y. et al., „What the Frog's Eye Tells the Frog's Brain", Proceedings of Institute of Radio Engineers, 47 (1959), 1940–1951.

21 Siehe Schmitt, C., Der Begriff des Politischen, Neuausgabe Berlin 1963, S. 10.

Die letzten Versuche, für *praxisnahe* Politik *globale* (naturale, weltbezogene) Rationalität in Anspruch zu nehmen, das heißt das politische Handeln und seinen Betreuungsbereich auf einem Rationalitätskontinuum zu denken, liegen vierhundert Jahre zurück. Niemand würde heute daran denken, für Politik „Weisheit" (sagesse) zu postulieren und ihre Realisierung zu versuchen wie Justus Lipsius oder Pierre Charron. Die Rationalitätssemantik hat sich auf Standpunktbegriffe, auf ausgegrenzte Realitätsinseln, auf partielle Kalküle zurückgezogen und formuliert von da aus ihre Differenz zur Welt. Ob man nun Subjekt oder Handlung, Zweck-Mittel-Optimierung oder begründeten Konsens als Bezugspunkt wählt, macht demgegenüber wenig Unterschied. Rationalität wird nicht als Wesenskontinuum der Welt, sondern als Moment eines Diskontinuums begriffen, dessen Einheit nicht mehr formuliert und nicht mehr bewertet wird. Sie tritt als Kritik auf. Damit hat man auch das Recht verloren, von Weisheit zu sprechen.

Die Verfallsgeschichte der europäischen Rationalitätssemantik korreliert deutlich mit dem Umbau des Gesellschaftssystems von stratifikatorischer auf funktionale Systemdifferenzierung, also mit der Entwicklung von einer hierarchisch-vereinheitlichten zu einer azentrischen Gesellschaft. Das kann hier im einzelnen nicht nachgezeichnet werden. Damit soll kein Verzicht auf Rationalität nahegelegt sein (was ja nur heißen könnte: von Gegenbegriffen zu leben), wohl aber eine Rekonstruktion der Begrifflichkeit. Geht man von Differenz aus, können Rationalitätsansprüche sich nur auf die Einheit der Differenz beziehen. Bezogen auf die Differenz von System und Umwelt heißt dies: daß diese Differenz als Differenz in das durch sie differenzierte System wiedereingeführt werden muß[22]. Die Rationalität eines Systems wäre dann danach zu beurteilen, ob und wie weit (in welchen Zeithorizonten, in welcher Themenbreite, in welchem Grade von Komplexität) es in der Lage ist, im System zu reflektieren, daß es die Differenz von System und Umwelt zur Informationsgewinnung verwendet. Übersetzt in eine kausaltheoretische Begrifflichkeit heißt dies, daß ein System sich in die Lage versetzen müßte, seine Einwirkungen auf die Umwelt in deren Rückwirkungen auf es selbst zu kontrollieren.

Das klingt vorerst recht anspruchslos. Mit dem Ausmaß an Umweltveränderungen, die von Systemen ausgehen, und mit einer Ausweitung der Zeithorizonte und der in Betracht gezogenen Interdependenzen, steigen jedoch die Schwierigkeiten, und sie kulminieren für die moderne Gesellschaft in kaum noch zu erfüllenden Anforderungen, in Quasi-Unmöglichkeiten. Einerseits profitieren Systeme davon, daß sie Auswirkungen auf ihre Umwelt weitgehend außer acht lassen können; sie könnten anders nie zu der für sie operativ nötigen Reduktion von Komplexität kommen. Andererseits gilt, daß ein System, das seine Umwelt verändert, auflöst, zerstört, auch sich selbst verändert, auflöst, zerstört.

22 Wie eine „distinction" in ihren „domain" (= re-entry) in der Logik von Spencer Brown, G., Laws of Form, New York 2. Aufl. 1971.

Angewandt auf den Wohlfahrtsstaat ist es nur allzu plausibel, von enormen Rückwirkungen dieses politischen Systems auf seine innergesellschaftliche Umwelt auszugehen. Gegenwärtig sind vor allem Wirtschaftssystem und Erziehungssystem betroffen: das eine durch zu hohe Belastung, das andere durch zu rasche Förderung und Restriktion. Aber auch Sozialisationsprozesse sind tangiert, auch Menschen werden zu anderen Formen der Selbstselektion gebracht – all dies mit unabsehbaren Rückwirkungen auf weitere Möglichkeiten von Politik. Die Idee der Rationalität würde verlangen, daß diese Interdependenzen in den politischen Kalkül einbezogen würden, daß sie in der politischen Kommunikation thematisiert, daß sie zum Gegenstand politischer Verantwortung und zu Grundlagen des Urteils über Erfolge und Mißerfolge gemacht würden – ein wahrhaft utopisches Programm!

Politikern ist mit solchen Vorstellungen nicht gedient. Sie operieren in einem sehr viel beschränkteren Rahmen. Sie möchten gerne wissen, wo man Sparmaßnahmen ansetzen sollte oder wie man am besten an die Jugend herankommt. Probleme dieser Art lassen sich jedoch, auch und gerade mit Mitteln einer (wie immer raffinierten) empirischen Soziologie, nicht zufriedenstellend bearbeiten, geschweige denn mit tragbarer Verantwortung beantworten. Sie weisen letztlich doch immer wieder zurück auf den zentralen Problemgenerator: die System/Umwelt-Differenz. So steht eine Theorie der Politik vor dem Dilemma, allen praktischen Operationen und besonders der Praxis politischer Kommunikation beschränkte Horizonte, reduzierte Komplexität, verständliche Sprache konzedieren zu müssen und zugleich zu wissen, daß die Probleme des Wohlfahrtsstaates so nicht einmal formulierbar sind.

Ein solches Dilemma läßt hohe Freiheit in der Wahl von Strategien. Eine Dämpfung von Erwartungen ist sicher angebracht, auch ein Zurückhalten moralischer Prätentionen. Ein Verzicht auf Theorie und auf Abstraktionen (weil sie „nichts bringen") wäre jedoch verhängnisvoll. Die Politik im Wohlfahrtsstaat ist gegenwärtig nicht derart erfolgreich, daß sie ganz auf sich selbst setzen könnte. Die Aussichten einer mit interdisziplinär bewährten Mitteln arbeitenden Theorie werden zur Zeit eher unterschätzt. Jedenfalls gibt es hier reiche, noch unerprobte Möglichkeiten. Das legt es nahe, in bezug auf dieses Arsenal zunächst einmal selektiv zu verfahren. Das Konzept der Beobachtung evolutionärer Strukturveränderungen könnte dafür eine Richtlinie abgeben. Es stützt sich auf die Faktizität der Strukturauswahl, die – unplanbar und unprognostizierbar – durch Evolution herbeigeführt wird. Es macht dann immer noch einen Unterschied aus – und darin liegt die eigentliche Theorieleistung –, auf welche Differenzen hin evolvierende Systeme beobachtet werden. Der System/Umwelt-Differenz kommt hier besondere Bedeutung zu, da Evolution die Differenz von System und Umwelt verschärft. Zugleich ist dies die Differenz, an der sich zeigen läßt, daß Evolution Rationalitätsprobleme aufwirft, traditionale Weisheitssemantiken außer Kraft setzt und das Wiedereinbeziehen der Einheit der Differenz in die Differenz, der System/Umwelt-Differenz in das selbstreferentielle System, bis zur Quasi-Unmöglichkeit erschwert.

In diesem Sinne ist das politische System, das sich als Wohlfahrtsstaat beobachtet, beschreibt, begreift, ein Unternehmen zwischen Evolution und Rationalität. Dies kann man nicht wählen und nicht vermeiden, denn die Evolution des politischen Systems ist Teil der gesellschaftlichen Evolution. Dazu gibt es keine „Alternative“. Aber es mag, langfristig gesehen, einen Unterschied ausmachen, mit welcher Theorie man das, was geschieht, in das Geschehen wiedereinführt.

Gesellschaftliche Grundlagen der Macht: Steigerung und Verteilung

I.

Für die Beurteilung von Machtverhältnissen in der Gesellschaft findet man in der Soziologie kein ausreichendes empirisch gesichertes Wissen und keinen Konsens der Fachleute. Man kann fast sagen: Jeder sieht die Sache anders und hat andere Vorstellungen über Problemstellungen und Forschungsansätze. Daß dies so ist, hat teils begriffliche und theoretische und teils methodologische Gründe. Der Sachverhalt ist für Zugriff mit bekannten und bewährten Methoden zu komplex. Diese Komplexität der realen Bedingungen und Bezüge von Macht ist ihrerseits Bedingung dafür, daß man das begriffliche Instrumentarium vorweg an Vor-Urteilen und an gesellschaftskritischen Intentionen orientieren kann, ohne mit dem Schiff der Theorie sogleich auf Grund zu laufen.

Bei diesem Stand der Wissenschaft kann ich nicht einfach berichten, was der Fall ist, wer die Macht hat und wie er sie anwendet. Schon: ob man überhaupt so fragen kann nach Besitz und Verteilung von Macht, ist ein Problem. Statt dessen stehen wir vor der Notwendigkeit, von den Kontroversen auszugehen und zunächst die begrifflichen und theoretischen Optionen zu klären.

Die Ausgangsschwierigkeiten liegen im Machtbegriff selbst. Wie immer man ihn faßt und ob und wie man ihn von anderen Formen des Einflusses oder des Durchsetzungsvermögens unterscheiden will: immer handelt es sich um eine soziale Beziehung, in der *auf beiden Seiten anders gehandelt werden könnte.* Der Machtunterworfene erfährt Macht und fügt sich der Macht nur, wenn er andere Möglichkeiten eigenen Handelns sieht und bevorzugen würde. Aber auch der Machthaber selbst übt eigene Macht nur aus, wenn er dies nicht zwangsläufig tut wie ein Automat, sondern wenn er sich dafür entscheidet, einen bestimmten Verhaltenskurs durchzusetzen. Wer sich durch eine Sachlage gezwungen fühlt, sich in bestimmter Weise zu verhalten und damit andere zu beeinflussen, versteht sich selbst nicht als Machthaber, sondern rechnet die Macht allenfalls den Verhältnissen zu, die ihn zwingen.

Man kann diese Möglichkeit, auch anders handeln zu können, mit einem alten Terminus „Kontingenz" nennen. Kontingent heißt: weder unmöglich noch notwendig. Macht kommt demnach nur zustande unter der Bedingung *doppelter Kontingenz* auf beiden Seiten der Beziehung. Das heißt: Sowohl für den *Machthaber* als auch für den *Machtunterworfenen* muß die Beziehung so definiert sein, daß *beide* anders handeln können. In diesem Sinne also sogar: verdoppelte doppelte Kontingenz.

Schon mit dieser sicher realitätsnahen Feststellung handelt man sich erhebliche praktische und methodische Schwierigkeiten ein. Denn selbst wenn man feststellen kann, daß A das tut, was B sagt: wie kann man sicher sein, daß dies unter Verzicht auf Alternativen geschieht? Wie lassen sich andere Möglichkeiten feststellen, wenn sie gar nicht realisiert werden? Wie stark müssen sie sich aufdrängen, welchen Intensitätsgrad müssen sie aufweisen, damit sie in Machtzusammenhängen überhaupt relevant sind? Müssen sie bewußt sein? Oder genügt eine Art Lebensförderlichkeit, und nach welchen Kriterien? Müssen sie sich einer Präferenzordnung fügen und in deren Rahmen rational kalkulierbar sein?

Die Beantwortung dieser Fragen wäre eine notwendige Prämisse empirischer Forschung. Da sie typisch unbeantwortet bleiben, ist die soziologische Theorie relativ frei, ihren Machtbegriff an Hand von Einstellungen zur Gesellschaft auszuwählen. Ist man vorweg davon überzeugt, daß die Gesellschaft, in der wir leben, falsch konstruiert ist, wird man einen sehr breiten und unabgrenzbaren Machtbegriff wählen. Man tendiert dann dazu, die „anderen Möglichkeiten" in der Form einer Anthropologie menschenwürdigen Lebens vorauszusetzen und alles, was deren Realisierung hindert und die Gesellschaft so formt und erhält, wie sie ist, als Herrschaft oder Gewalt oder Macht zu bezeichnen. Damit suggeriert man sich selbst und anderen zugleich einen Adressaten für Kritik. Wer dagegen von der Gesellschaft, in der wir leben, ausgeht und sich für Probleme des operativen Machtgebrauchs und dessen Effizienz interessiert, wird eher zu einem engen Machtbegriff tendieren, den man theoretisch und empirisch besser kontrollieren kann; er wird zum Beispiel bewußt ins Auge gefaßte Alternativen und eine festliegende Ordnung von Präferenzen voraussetzen müssen.

Aus diesem Diskussionsstand ziehe ich selbst den Schluß, den Machtbegriff überhaupt nicht mehr auf der Ebene der realen Verhaltenskausalität zu definieren (die als solche natürlich unbestritten bleibt), sondern Macht als *symbolisch generalisiertes Kommunikationsmedium* anzusehen[1]. Das entspricht Entwicklungen in der neueren Attributionspsychologie, wonach Verhaltenskausalität immer abhängig ist von selektiven Prozessen der Wahrnehmung und Zurechnung von Wirkungen auf Ursachen, also nie „ursprünglich" und vormeinungsfrei zum Zuge kommen kann. Wir müssen deshalb davon ausgehen, daß Macht nur erkennbar und nur praktizierbar ist, wenn das Verhalten der Beteiligten sich einem symbolischen Code zuordnet, der eine Situation als Machtsituation beschreibt. Macht ist also immer dann und nur dann gegeben, wenn die Beteiligten ihr Verhalten durch Bezug auf ein entsprechendes Kommunikationsmedium definieren. Die Machttheorie hätte sich demnach vordringlich mit den Bedingungen und Konsequenzen der Institutionalisierung eines solchen Macht-Codes zu befassen, der für typische Situationen Orientierungsmöglichkeiten bereitstellt und die Zurechnung von Kausalität regelt.

1 Vgl. Niklas Luhmann, Macht, Stuttgart 1975.

Für die Charakterisierung dieses symbolisch generalisierten Kommunikationsmediums Macht ist der Begriff der *negativen Sanktion* unerläßlich. Es ist für die natürliche, alltägliche Verhaltensorientierung offensichtlich ein wesentlicher Unterschied, ob man etwas tut, weil einem dafür eine Belohnung angeboten wird, oder deshalb, weil für den Fall des Unterlassens Nachteile angedroht sind. Dieser Unterschied ist alltagspsychologisch so wichtig, daß keine soziale Verhaltensnormierung ihn schlicht ignorieren oder überspringen kann. Wir könnten, selbst wenn wir es wollten, den Tauschverkehr des Wirtschaftslebens nicht durch einen Macht-Code regulieren, der auf der Kontrolle des Zugangs zu negativen Sanktionen aufbaut; das würde nicht ankommen, nicht verstanden werden, nicht funktionieren können.

Es bedarf aber noch einer Klarstellung, was es besagt, daß die Symbolik des Macht-Codes auf negative Sanktionen Bezug nimmt. Orientierung der Macht an negativen Sanktionen heißt nicht: daß die Macht in der Anwendung einer negativen Sanktion besteht – so wie die Hingabe der Gegenleistung Teil des Tauschverkehrs ist. Die negative Sanktion ist nur eine bereitgehaltene Alternative – eine Alternative, die im Normalfall, auf den die Macht aufbaut, *beide* Seiten lieber vermeiden als aktualisieren möchten. Die Macht ergibt sich dann daraus, daß der Machthaber die Ausführung der negativen Sanktion eher in Kauf nehmen könnte als der Machtunterworfene. Gerade weil sie nicht benutzt wird und nur solange sie nicht benutzt wird, gibt die Möglichkeit der Verhängung negativer Sanktionen Macht. Daher ist die Macht am Ende, wenn sie provoziert werden kann. Die Ausübung physischer Gewalt ist keine Anwendung von Macht, sondern Ausdruck ihres Scheiterns – oder allenfalls symbolische Darstellung der überlegenen Möglichkeit, immer wieder Sanktionen anwenden *zu können*.

II.

Dies alles war Vorbereitung – eine angesichts der diffusen und kontroversen Diskussionslage unerläßliche Vorarbeit. Im Hauptteil möchte ich mich bei der Charakterisierung von Machtverhältnissen in der modernen Gesellschaft auf drei zentrale Aussagen beschränken:

Die erste Aussage betrifft das *Gesetz der Transformation positiver in negative Sanktionen* (2). Im Anschluß daran soll ausgeführt werden, daß *nicht Schichtung, sondern Organisation die eigentliche Machtquelle in der modernen Gesellschaft ist* (3). Und drittens soll gezeigt werden, daß es aus diesen Gründen zu *beträchtlichen Differenzen von wirklicher Macht und zugeschriebener Macht* kommt und im Zusammenhang damit zu *inflationären bzw. deflationären Trends* in der Machtkommunikation (4). Diese drei Thesen hängen miteinander zusammen, stützen sich aufeinander und sollen gemeinsam ein Konzept für die Analyse der Bedingungen für Machtsteigerung und Machtverteilung in der modernen Gesellschaft anbieten.

Die erste These betrifft Machtquellen. Die primäre gesellschaftliche Machtquelle ist sicher immer: Kontrolle über sicher überlegene physische Gewalt. Auf sie ist der Staat gebaut, ohne sie wäre er unmöglich, und auch das Recht setzt Verfügung über dies Sanktionsmittel voraus. Die Aussicht, in der Anwendung physischer Gewalt die Oberhand zu behalten, hat bestimmte strukturelle Eigenschaften, die sie als Machtgrundlage geeigenet erscheinen lassen. Sie ist (1) generalisierbar, also für sehr verschiedene inhaltliche Anliegen verwendbar, nämlich unabhängig davon, was über Drohung mit physischer Gewalt durchgesetzt werden soll; sie ist (2) verhältnismäßig zuverlässig gegeben, das heißt unabhängig von Art und Intensität der Motive zum Widerstand; und sie ist (3) gut organisierbar, sie kann mit anderen Worten, in die Form von Entscheidungen über die Anwendung physischer Gewalt durch andere gebracht werden, und diese Entscheidungen können konditioniert und programmiert werden.

Dies alles ist und bleibt auch in der modernen Gesellschaft Grundlage von Recht und Politik und damit unentbehrlich für gesellschaftliches Zusammenleben. Zugleich muß man jedoch sagen, daß das heutige Wohlfahrtsunternehmen Staat durch diese Machtbasis allein nicht ausreichend zu charakterisieren ist und auf ihr allein auch nicht zu halten ist; und zwar *politisch* nicht zu halten ist. Auf der Suche nach anderen Grundlagen für Politik kommt der Staat jedoch auf ein Machtterrain, das problematische Züge aufweist und das sich durch Tendenzen zur Umformung positiver in negative Sanktionen kennzeichnen läßt.

Bei der Einführung dieser Begriffe hatte ich zunächst verschwiegen, wie schwierig es ist, negative und positive Sanktionen gegeneinander abzugrenzen. Dies ist eine Frage der Auffassung, der Situationsdefinition. Wenn man sicher genug mit positiven Leistungen rechnet, wird ihr Entzug zur negativen Sanktion. Ich sehe darin keinen Einwand gegen die begriffliche Unterscheidung, wohl aber einen Hinweis auf faktische Tendenzen zur Umformung der einen in die andere Sanktionsart, und diese Tendenzen haben im sozialen Leben weittragende Bedeutung – und dies umso mehr, als sie sich der politischen Kontrolle entziehen.

Wenn Wohltaten mit einer gewissen Regelmäßigkeit eingehen, wenn Leistungen erwartet werden können, wenn fremde Beiträge zur eigenen Lebensführung normalisiert sind, wird ihr Verlust zur Bedrohung, ihr Entzug zu einer möglichen Sanktion. Man kann einen guten Arbeitsplatz wieder verlieren; eine langjährige Kooperation kann aufgekündigt werden; eine Kirche kann leerer und leerer werden, weil eine andere Kirche gebaut ist, die bessere Parkplätze anbietet; Kunden, die bisher immer gekommen sind, bleiben weg, weil sie günstigere Einkaufsmöglichkeiten entdeckt haben; man wird nicht befördert, obwohl man nach eigener Berechnung „dran ist". Je mehr Wohlstandsgewohnheiten gebildet werden, desto mehr wächst über ankristallisierte Möglichkeiten zu negativen Santkionen potentielle Macht: potentielle Entzugsmacht. Das feinmaschige Netz rechtlicher Regulierungen und monetärer Bewertungen trägt ein übriges dazu bei, die Sensibilität auch für geringfügige Differenzen zu steigern. Auf diese Weise potenziert sich soziale Macht: als Macht von

Helfern und Betreuern; als Macht von zu Beteiligenden; als Macht derjenigen, die mit ihrem Konsens oder mit ihrer Anwesenheit eine Angelegenheit zieren oder dies in auffälliger Weise verweigern könnten; als Macht all derjenigen, die gegen etablierte Erwartungen mit Effekt nein sagen könnten.

Gewiß: diese Art von Macht wird teils harmlos sein, teils ausgesperrt werden – etwa durch Bestandsschutz von Ansprüchen als rechtliche oder als politische Maxime. Trotzdem entstehen durch immer mehr Fremdleistung laufend Chancen zur Transformation positiver in negative Sanktionen. Diese bilden Machtquellen mit politisch gefährlichen Eigenschaften: Sie sind (1) nicht zentralisierbar (es sei denn: durch Zentralisierung aller Wohltaten), sondern bleiben diffus verteilt. Sie sind deshalb (2) in ihrem Gebrauch nicht zu kontrollieren. Und sie eignen sich (3) hauptsächlich zum Verhindern, weniger zum Fördern eines bestimmten Verhaltens. Entzugsmacht wird als Blockiermacht zum politischen Problem.

Ein Vergleich mit den strukturellen Besonderheiten physischer Gewalt zeigt – und deshalb hatte ich eigens darauf hingewiesen –, daß es Machtquellen mit und Machtquellen ohne Affinität zu einem System zentral gesteuerter (staatlicher) Politik gibt. Dies kann natürlich nicht heißen: die Rückkehr zu den klassischen Grundlagen politischer Gewalt zu fordern ohne Rücksicht auf die Umstände, in denen wir leben. Aber man sollte überlegen, ob und wie Politik unter den gegebenen Umständen in der Lage sein kann, ausreichende Änderungsmacht auszudifferenzieren und zentral entscheidungsfähig (= demokratisch kontrollierbar) zu halten.

III.

Eine so diffuse, im gesamtgesellschaftlichen System nicht mehr faßbare Machtquellenlage läßt sich vermutlich nur noch über Organisation „in Ordnung bringen". Meine zweite These lautet demgemäß: Macht wird in der modernen Gesellschaft nicht mehr auf Grund sozialer Schichtung, sondern auf Grund von formaler Organisation ausgeübt.

Die Machtverhältnisse im heutigen Gesellschaftssystem sind nicht zu begreifen, wenn man vom Konzept einer herrschenden Schicht oder Klasse oder einer Elite ausgeht. Es gibt natürlich Personen, die Führungspositionen einnehmen, und es gibt Kontakterleichterungen innerhalb solcher Führungsgruppen. Aber Zugehörigkeit zu solchen Führungsgruppen ergibt sich nicht qua Familie und nicht qua gesellschaftlichem Schliff, sondern aus der Wahrnehmung organisatorischer Positionen; und wenn jemand für ein Viertel seines Lebens in diesem Führungsnetz Macht hat, so ist es viel. An den Höfen des 17. Jahrhunderts hatte man Große Herren noch mit und ohne Amt gelten lassen[2]. Das hat sich geändert. Man kann anders als in älteren Gesellschaften nicht damit rechnen, daß eine Gesellschaftsschicht Solidarität ihrer Mitglieder

2 Vgl. z.B. du Refuge, Kluger Hofmann, Frankfurt-Hamburg 1655, S. 228 ff.

erzeugt, und es ist wenig wahrscheinlich, daß schichtspezifische Verhaltensweisen den Prozeß der Anwendung von Macht folgenreich dirigieren. Das entspräche einem Gesellschaftstypus, in dem politische Macht im wesentlichen noch in der Kontrolle des Zugangs zu überlegener physischer Gewalt besteht; das ist jedoch, wie gesagt, nicht mehr der Fall.

Alle Steigerung, sachliche Diversifikation und Verfeinerung von Macht ist heute auf formale Organisation angewiesen. Das gilt besonders für das Aufbauen langer und beständiger Machtketten, für indirekte Formen der Anwendung von Macht zur Dirigierung der Ausübung von Macht anderer und für Effektivitätssteigerungen in dem Sinne, daß man mit *einer* Entscheidung *viele*, im einzelnen noch unbekannte, aber darauf abgestimmte Folgeentscheidungen auslösen kann. Zur Unterstützung von Organisationszusammenhängen und entlang ihrer Linienführung kann es natürlich nach wie vor personale Herrschaftsapparate geben. Sie sollten nicht geleugnet oder unterschätzt werden. Aber sie richten sich nach der Logik der Organisation und bleiben angewiesen auf die Okkupierung von Positionen in Organisationen.

Organisation ist ein Mechanismus der Differenzierung und Verteilung von Macht. Es geht dabei aber nicht nur um die Verteilung eines vorher vorhandenen Gutes, vielmehr schafft und verändert die Verteilung ihrerseits das, was verteilt wird. Die bürgerliche Gesellschaftstheorie hatte in der Gewaltenteilungslehre und in der Lehre von der wirtschaftlichen Konkurrenz den Differenzierungsmechanismus der Organisation einsetzen wollen, um Macht zu beschränken und auf das rechtlich Zulässige bzw. wirtschaftlich Rationale zurückzuführen. In der Ausführung dieses Programms hat man aber die Erfahrung machen müssen, daß Organisationsbildung Macht auch multipliziert – wenn auch nicht notwendigerweise in zentralistisch verfügbaren Formen. Mehr und mehr verschiebt sich dadurch die Problemlage, und es geht heute nicht mehr so sehr um die Frage des Machtmißbrauchs, sondern um die Frage, ob unsere Gesellschaft durch Organisation nicht zu viel unbrauchbare Macht produziert.

Organisationsmacht ist letztlich nichts anderes als ein Anwendungsfall der Umformung von positiven in negative Sanktionen. Sie beruht darauf, daß die Mitgliedschaft in Organisationen und speziell das Innehaben höherer Positionen als *Vorteil* gewährt und die Nichtgewährung bzw. der Entzug dann als *negative Sanktion* angeknüpft werden kann. Diese Sanktionsmacht kann ihrerseits im Detail konditioniert werden. Man muß sich einer vorgegebenen Aufgaben- und Stellenstruktur einpassen und Anweisungen ausführen (bzw. Anweisungen geben!), um nicht entlassen zu werden. Die Konditionen können geändert, die Änderung kann ihrerseits konditioniert werden usw.

Natürlich ist diese Art der Deckung von Macht durch Einstellung und Entlassung viel zu grob für die Steuerung des täglichen Arbeitsverhaltens. Sie taugt nur als Regel für die Entscheidung ernsthafter Konflikte, wird also nur in Grenzsituationen aktuell und hat (wie typisch für machtgebende negative Sanktionen) ihren Sinn darin, daß die Sanktion *nicht benutzt wird*. Man läßt es zu Konflikten, die die Mitgliedschaft in Frage stellen könnten, gar nicht erst kommen; es sei denn, man wäre ohnehin schon zum Ausscheiden entschlossen und inszeniert nur zuletzt noch einen heroischen Konflikt, der dies begründet. Im übrigen wird die Feinartikulation der Macht zusätzlich durch die Kontrolle von Personalentscheidungen vermittelt. In Organisationen herrschen, wie empirische Forschungen zeigen, oft überzogene, ganz unrealistische Beförderungserwartungen. Außerdem hat sich in der Behandlung von Personalangelegenheiten eine Verfeinerung der Empfindlichkeit entwickelt, die für Außenstehende schwer verständlich ist und minimalen Differenzen in Arbeitsplatz oder Entlohnung hohen Aufmerksamkeitswert verleiht. Dadurch wird Personalhoheit zum Machtmittel und wird Nichtbeförderung, ja selbst Umorganisation mit einer Umlagerung gewisser Unbequemlichkeiten zum Machtmittel, auf das man sich den Vorgesetzten gegenüber antezipierend einstellt.

Wie jeder Machttypus hat auch Organisationsmacht für sie eigentümliche Grenzen. Sie gehen vor allem darauf zurück, daß jeder Machtzuwachs zur Überlastung der Zentralen führt. Diese sind dann auf Vor-Auswahl ihrer Entscheidungen durch ihre Untergebenen und im Zusammenhang damit auf Einfühlungsvermögen und Kooperationswilligkeit angewiesen. Und das gibt diesen die Macht, gelegentlich anzudeuten (oder noch milder: ihre Auffassungen mit so starkem Engagement vorzutragen, daß erkennbar wird), daß sich Kooperation nicht von selbst versteht.

Auf die hierzu vorliegende Forschung kann ich im Detail nicht eingehen. Festzuhalten ist jedoch, daß diese Probleme organisationsinterner Machtbalancierung nicht nur organisationsintern relevant sind. Sie werden in dem Maße gesamtgesellschaftlich bedeutsam, als die Gesellschaft in ihren großen Funktionsbereichen wie Politik, Wirtschaft, Erziehung, Wissenschaft, medizinische Versorgung, Militär auf Organisation angewiesen ist und über Organisation Macht verteilt. Dann ergeben sich auf Grund dieser organisationsinternen Eigentümlichkeiten der Machtentfaltung und Machtblockierung Differenzen in den Perspektiven je nach dem, ob man eine Organisation von außen oder von innen sieht. Damit komme ich zu meinem dritten Gesichtspunkt, zu Problemen der Attribution von Macht, und dieser Gesichtspunkt führt wieder zu gesamtgesellschaftlichen Analysen zurück.

IV.

Die Existenz von komplexen Organisationssystemen innerhalb der Gesellschaft hat zur Folge, daß Organisationsmacht von außen anders eingeschätzt wird als von innen. Von außen gesehen, wird die Homogenität und Einsetzbarkeit von Organisationsmacht typisch überschätzt. Die Macht wird der Spitze zugeschrieben, während in Wahrheit schwer durchschaubare Machtbalancen vorliegen, die zudem mit den Themen und Situationen variieren. Wie man allgemein aus Forschungen über Wahrnehmung und Attribution von Kausalität weiß, ist der Zurechnungsprozeß auf Vereinfachungen angewiesen, um Ursachen eindeutig lokalisieren zu können. Er richtet sich im Falle der Organisation nach der formalen Hierarchie. Daher wird der Spitze mehr Macht zugeschrieben, als sie tatsächlich hat.

Dieser Prozeß der Kausalattribution bleibt, und das macht die Verhältnisse erst recht kompliziert, nicht ohne Auswirkungen auf die tatsächlichen Machtverhältnisse. Die Organisation muß nach außen hin die Machtattribution honorieren, denn andernfalls würde man in der Umwelt die Organisation nicht mehr als Ordnung sehen und behandeln können. Für Außenverkehr sind Simplifikationen erforderlich, die den Außenstehenden eine Behandlung der Organisation ermöglichen. Entsprechend muß das Machtprestige der Spitze gepflegt und geschont werden. Damit wird die externe Zuschreibung von Macht ein Machtfaktor in internen Auseinandersetzungen. Spitzenpersonen können drohen, die Organisation zu verlassen oder sonstwie Situationen zu schaffen, in denen für die Umwelt erkennbar wird, daß die Organisation nicht als Entscheidungs- und Wirkungseinheit funktioniert. Es gibt auf dieser Grundlage eine Art informale Macht der formalen Spitze, die nur darauf beruht, daß ihr Macht attribuiert wird und diese Attribution als symbolisch generalisierender Prozeß empfindlich ist gegen Information über Tatsachen. Dies gilt für einzelne Organisationen natürlich in sehr unterschiedlichem Maße, für politische Parteien mehr als für Universitäten, für Organisationen im Bereich der Massenmedien mehr als für die Post, für das Militär mehr als für Banken.

In den Aufbau von Organisationsmacht gehen damit fiktive bzw. illusionäre Komponenten ein, die über reale Wahrnehmungsdifferenzen zwischen Umwelt und System zur Realität werden und dann als Realität wirken. Dieser Prozeß symbolischer Generalisierung, der durch Attribution von Kausalität vermittelt wird, muß noch unterschieden werden von den neuerdings viel diskutierten Problemen der Legitimation von Macht, bei denen es nach verbreitetem Verständnis um die Berechtigung der Machtausübung geht. Fragen der Legitimation setzen voraus, daß Attribution, und zwar überziehende, vereinfachende Attribution, funktioniert. Deshalb ist es wenig sinnvoll, Probleme der Legitimation mit Mitteln zu lösen, die auf die Machtattribution zurückwirken und sie zerstören oder verwirren.

Schließlich noch ein Hinweis auf eine interessante und neuerdings zunehmend beachtete Theorieentwicklung: Das Konzept der symbolischen Generalisierung ermöglicht es, die Begriffe *Deflation* und *Inflation* aus der Geldtheorie in die Machttheorie zu übertragen. Wie in der Geldwirtschaft scheint es auch im Bereich von Macht ein *begrenzt sinnvolles Überziehen der Ressourcen* zu geben, vergleichbar dem Kredit. Der Machthaber trifft mehr Entscheidungen und erreicht die Befolgung von mehr Entscheidungen, als er im Konfliktfalle durchsetzen könnte. Dazu verhilft ihm unter modernen Bedingungen die Differenz von Gesellschaftssystem und Organisationssystem und der Attributionsprozeß. Wenn der Machthaber von der ihm zugerechneten Macht *zu wenig* Gebrauch macht und sich beschränkt auf die Macht, die er „wirklich hat", löst er einen *deflationären* Trend aus. Er operiert zu dicht an seinen Sanktionsmitteln, und die Gefahr ist, daß er gar nicht aus der Drohzone in die Erfolgszone der Machtausübung kommt. Umgekehrt: Wenn der Machthaber sich *zu stark* auf nur zugeschriebene Macht stützt, löst er einen *inflationären* Trend aus. Er wird damit abhängig von sichtbaren Erfolgen, die zeigen, daß er

Macht hat, und wird zugleich verwundbar durch Krisen, in denen an den Tag kommt, daß er seine Entscheidungen nicht durch Sanktionen decken kann.

So weit kommt man mit rein begrifflichen Formulierungen. Die eigentlich interessanten Fragen schließen erst an. Vor allem müßte man überlegen und empirisch prüfen, ob es in unserem Gesellschaftssystem strukturell bedingte, also schwer korrigierbare Tendenzen zur Machtinflation gibt. Das Ausmaß der Differenzen zwischen attribuierter Macht und Organisationswirklichkeit läßt eine solche Tendenz vermuten. Wenn dies zutrifft, könnte man in den gegenwärtigen Diskussionen über Unregierbarkeit, Krise und Legitimationsdefizit eine sich schon abzeichnende Folge von Dauerinflationen sehen.

Für die meisten Probleme im Zusammenhang mit Machtbildung, Machtsteigerung, Machtverteilung, die ich angeschnitten habe, gibt es gegenwärtig kein empirisch gesichertes Wissen, und dies ist nicht einfach nur ein bald zu behebender Mangel, sondern ist mitbedingt durch die Komplexität der Problemlage. Daher kommt die Soziologie über Analysevorschläge und diagnostische Mutmaßungen nicht hinaus. Wer mehr behauptet, wird sich auf eine rasche Zersetzung seiner Thesen durch Kritik gefaßt machen müssen.

Aber die Alternative kann nicht heißen: Wissen oder kein Wissen. Auch Analyseinstrumente haben einen unterschiedlichen Grad von Bewährung und unterschiedliche Anschlußfähigkeit für Forschung und Praxis. Sie müssen ausreichend komplex sein, um überhaupt etwas besagen zu können. Wichtig und auch möglich ist zunächst einmal: daß man mit dem begrifflichen Apparat der Machtanalyse deutlich hinausgelangt über das Machtkontrollprogramm der bürgerlichen Gesellschaft, die unsere Verfassungen geschaffen hat; und daß man außerdem hinausgelangt über eine bloße Ablehnung und Kritik einer Macht, die sich aus den Strukturen unseres Gesellschaftssystems ergibt.

Es hat durchaus seinen eigenen Sinn, auch ohne empirisch gesichertes Wissen über die Machtverteilung in unserer Gesellschaft und über Bedingungen ihrer Änderung eine differenzierte Analytik anzubieten, und damit die wissenschaftliche Forschung und politisches Nachdenken anzuregen. Denn Analytik ist immer selbst auch ein Moment des gesellschaftlichen Lebens, und die gesellschaftlichen Situationen werden andere, wenn wir lernen, sie anders aufzufassen.

Die Zukunft der Demokratie

I.

Alle Zukunft gibt Anlaß zu Besorgnis. Das ist ihr Sinn, und das gilt natürlich auch für die Zukunft der Demokratie. Je mehr in der Zukunft möglich ist, desto größer wird die Besorgnis; und das gilt nun in besonderem Maße für Demokratie, denn Demokratie ist, wenn irgend etwas Besonderes, ein ungewöhnliches Offenhalten von Möglichkeiten zukünftiger Wahl.

Um 1800 hatte man begonnen, den Begriff der Demokratie gerade wegen seiner inneren Unmöglichkeit zu schätzen: als illusionäre Komponente aller künftigen Verfassungen, als Zukunftsbegriff. Das scheint zur Gewohnheit geworden zu sein, ist aber dem Begriff selbst nicht gut bekommen. Uns genügt weder ein illusionärer Begriff, noch haben wir für Zukunft viel Optimismus übrig.

Soll man die Zukunftschancen und -gefährdungen von Demokratie beurteilen, möchte man gern wissen, um was es sich handelt. Es genügt hierfür nicht, sich in den Diskurs einzuschalten, der gegenwärtig unter dem Stichwort der „Postmoderne" zwischen den Avantgardisten des Stillstands und den Postgardisten der Moderne geführt wird. Systemtheoretisch kommt es zwar nicht überraschend, daß es für ein Paradox zwei Möglichkeiten der Formulierung gibt, aber in Sachen Demokratie hilft das nicht viel weiter. Je nachdem, welchen Begriff von Demokratie wir uns machen, sieht auch die Zukunft der Demokratie verschieden aus; und je nach der Zukunft sieht man dann auch in der Gegenwart schon Probleme, von denen man glaubt, daß andere sie nicht sehen oder sie nicht ernst genug nehmen. Wenn es bei Demokratie um Vernunft und Freiheit, um Emanzipation aus gesellschaftlich bedingter Unmündigkeit, um Hunger und Not, um politische, rassistische, sexistische und religiöse Unterdrückung, um Frieden und um säkulares Glück jeder Art geht, – dann sieht es in der Tat schlimm aus. Und zwar so schlimm, daß die Wahrscheinlichkeit groß ist, daß alles, was man dagegen tut, die Verhältnisse nur noch verschlimmert. Darüber zu reden, möchte ich anderen überlassen.

Selbst bei einem engeren Begriff von Demokratie sind aber noch Eingrenzungsentscheidungen zu treffen, wenn man Boden unter die Füße bekommen will. Und auch hier gilt es, Unmöglichkeiten oder Extremunwahrscheinlichkeiten aus dem Begriff auszuschließen. Demokratie ist *nicht*:

1. *Herrschaft des Volkes über das Volk.* Sie ist nicht kurzgeschlossene Selbstreferenz im Begriff der Herrschaft. Sie ist also nicht: Aufhebung von Herrschaft, Annullierung von Macht durch Macht. In einer herrschaftstheoretisch fixierten Sprache ist dies die einzige Möglichkeit, Selbstreferenz aus-

zudrücken; und das dürfte auch der Grund sein, weshalb das Wort „Demokratie“ überlebt hat. Theoretisch aber ist die Annahme, daß das Volk sich selbst beherrschen könne, unbrauchbar.

Demokratie ist *auch nicht*:

2. *ein Prinzip, nach dem alle Entscheidungen partizipabel gemacht werden müssen*; denn das würde heißen: alle Entscheidungen in Entscheidungen über Entscheidungen aufzulösen. Die Folge wäre eine ins Endlose gehende Vermehrung der Entscheidungslasten, eine riesige Teledemobürokratisierung und eine letzte Intransparenz der Machtverhältnisse mit Begünstigung der Insider, die genau dies durchschauen und in diesem trüben Wasser sehen und schwimmen können.

Statt dessen schlage ich vor, unter Demokratie die *Spaltung der Spitze* zu verstehen: die Spaltung der Spitze des ausdifferenzierten politischen Systems durch die Unterscheidung von Regierung und Opposition. Man kann, in systemtheoretischer Terminologie, auch von *Codierung des politischen Systems* sprechen, wobei Codierung nichts anderes heißt, als daß das System sich an einer Differenz von positivem und negativem Wert orientiert: an der Differenz von wahr und unwahr im Falle der Wissenschaft, an der Differenz von Recht und Unrecht im Falle des Rechtssystems, an der Differenz von Immanenz und Transzendenz im Falle des Religionssystems, und im Falle des politischen Systems eben an der *Differenz von Regierung und Opposition.*

Mit dieser Codierung wird eine fundamentale Paradoxie aufgelöst, die in allen Systemen mit organisierten Machtdifferenzen auftritt. Wenn es innerhalb eines Systems – ich spreche nicht von Außenbeziehungen – überlegene und unterlegene Macht gibt, findet man auch eine eigentümliche Ohnmacht der Mächtigen und auf der anderen Seite Macht der Ohnmächtigen. Bereits die Theorie des absoluten Staates hatte sich mit diesem Problem befaßt und darin eine Art Ausgleich gesehen. Die Differenzierung von Regierung und Opposition hat dafür eine Form gefunden, hat das Problem, wenn man so sagen darf, entparadoxiert. Die Opposition hat keine Regierungsmacht, sie kann eben deshalb die Macht der Ohnmacht zur Geltung bringen.

Solange die Gesamtgesellschaft durch das Prinzip stratifikatorischer Differenzierung hierarchisch geordnet war, war eine solche Spaltung der Spitze undenkbar gewesen bzw. hätte Erfahrungen wie Schisma oder Bürgerkrieg, also Unordnung und Kalamität assoziiert. Erst wenn die Gesellschaft so strukturiert ist, daß sie als Gesellschaft keine Spitze mehr braucht, sondern sich horizontal in Funktionssysteme gliedert, wird es möglich, daß Politik mit gespaltener Spitze operiert. Die Politik verliert in dieser Situation, die heute unausweichlich ist, die Möglichkeit der Repräsentation. Sie kann sich nicht anmaßen, das Ganze im Ganzen zu sein – oder auch nur zu vertreten. Sie gewinnt aber die Möglichkeit einer eigenen Codierung.

Man kann diese Aussage sehr leicht testen. Sobald Politiker mit mosaischen Prätentionen auftreten und die Gesamtgesellschaft ordnen wollen, bekommen sie Schwierigkeiten mit der Demokratie. Sie erfahren Opposition als einen Versuch, sie an der Durchführung ihrer Aufgabe zu hindern. Sie operieren, wie Marcel Gauchet sehr schön gezeigt hat, mit Blick auf eine andere Differenz, nämlich auf die Differenz zwischen Zustand und Ziel oder auch auf die Differenz zwischen Immanenz und Transzendenz. Sie erzeugen damit systemintern Gegner, geradezu Feinde, und legitimieren ihre Position in dieser internen Differenz an jener externen Differenz.

Obwohl Demokratie in aller Munde ist, fehlt es doch an hinreichend präzisen Vorstellungen über diese Codierung von Politik. Wie bei allen Codes hat man einen positiven Wert „Regierung" und einen negativen Wert „Opposition" zu unterscheiden. Obwohl der eine Wert sich in dem anderen spiegelt und ein Umkehrverhältnis besteht, ist die Struktur asymmetrisch – wenn man so will: symmetrisch und asymmetrisch zugleich. Genial auch, daß man das Zugleichregieren von Regierung und Opposition nach der Art der römischen Konsuln vermeidet, und die binäre Struktur trotzdem simultaneisieren kann. Bei allem, was die Regierung tut, ist die Opposition mitpräsent, so wie auch die Opposition sich ständig an der Regierung – woran denn sonst? – orientiert. Gerade weil nicht beide regieren, gerade weil deshalb kein Konsenszwang besteht, ist der Code instruktiv. Er produziert ständig systeminterne Informationen, die danach gewichten, was der Regierung und was der Opposition zugute kommt. Das alles wird über einen kleinen Zeitunterschied erreicht: über die Möglichkeit, daß regierende und oppositionelle Parteien bei der nächsten Wahl ihre Plätze tauschen.

Es ist keine Übertreibung, wenn man diese Spaltung der Spitze, diese Codierung des politischen Systems als eine hochunwahrscheinliche evolutionäre Errungenschaft beurteilt. Politische Macht ist ja zunächst anders codiert, nämlich durch die Unterscheidung von überlegener und unterlegener Macht, oder, so zum Beispiel in Staatstheorien der zweiten Hälfte des 18. Jahrhunderts, durch die Unterscheidung von (überlegener) öffentlicher und (unterlegener) privater Macht. Die Eindeutigkeit der Machtdifferenz war Motor und Ziel der Ausdifferenzierung eines besonderen politischen Systems gewesen. Dies wird durch eine Art Zweitcodierung, durch Supercodierung der überlegenen Macht in eine positiv und eine negativ bewertete Position zwar nicht aufgegeben, aber relativiert. Und zugleich verzichtet man darauf, die Regierungsgewalt mit der Autorität der richtigen Meinung auszustatten. Statt dessen gibt es eine „öffentliche Meinung", die launisch wechselnd mal die Regierenden und mal die Opposition begünstigt. Die Oberste Gewalt wird labilisiert. Es wäre eine Selbsttäuschung, sie jetzt der öffentlichen Meinung als dem heimlichen Souverän oder gar dem Volk zuzusprechen. Der Strukturgewinn liegt vielmehr in der Labilität als solcher und in der dadurch erzeugten Sensibilität des Systems.

Diese strukturelle Errungenschaft korreliert ihrerseits mit der Ausdifferenzierung des politischen Systems als eines von vielen Funktionssystemen der Gesellschaft. Diese Ausdifferenzierung bedeutet ja, daß das politische System in, nicht über einer hochkomplexen gesellschaftlichen Umwelt operieren muß, die durch eigendynamische Funktionssysteme ständig verändert wird. Die Wirtschaft fluktuiert; die Wissenschaft erfindet Atombomben, empfängnisverhütende Pillen, chemische Veränderungen aller Art; Familien und

Schulen erzeugen nicht mehr den Nachwuchs, den das Militär sich wünscht. Kurz: es geht für die Politik turbulent zu, und eben deshalb kann sie nur noch als geschlossenes, ich sage gern: autopoietisches System operieren, das dann sich selbst auf Kontingenz codieren und programmieren muß. Die dazu passende strukturelle Erfindung hat aus historisch-zufälligen Gründen den Namen Demokratie bekommen.

II.

Es gibt natürlich andere Begriffe, andere Theorien, andere Möglichkeiten, die Verhältnisse zu beurteilen. Wenn es aber so wäre, wie ich meine: was wäre dann die Zukunft der Demokratie? Oder genauer: was wäre die Gegenwart dieser Zukunft, und was ließe sich in der politischen Realität unserer Tage als Zukunftsproblem und als Gefährdungspunkt dieser eigentümlich-unwahrscheinlichen Struktur erkennen?

Wenn das Ganze hochunwahrscheinlich ist, spricht viel dafür, daß es nicht gehalten werden kann, sondern in Richtung auf sogenannte Volksdemokratien degenerieren wird. Wenn der Code gehalten werden soll, bedarf es sicher besonderer Anstrengungen und vor allem, wie ich als Theorieoptimist meine, einer genauen, das heißt einschränkenden, Beschreibung des Phänomens. Mit einer solchen Beschreibung kann man zumindest Aufmerksamkeit für Punkte erzeugen, an denen man jetzt schon Funktionsdefizite erkennen kann. Ich wähle ohne Absicht auf Vollständigkeit drei Punkte aus.

1) Der Code, der vorsieht, daß alles, was politisch relevant gemacht werden kann, entweder der Regierung oder der Opposition dient, scheint ein hohes Maß an Offenheit für Ereignisse und Informationen sicherzustellen. Er scheint auch wie eine Art von eingebautem Dauerreiz für Themensuche und Innovation zu fungieren. Andererseits bilden sich, wenn damit Spontaneität garantiert ist, auf eben dieser Grundlage Strukturen, die die weiteren Möglichkeiten einschränken. Es festigen sich Erwartungen und Gewohnheiten. Alles, was später kommt, muß sich den Strukturen einpassen, oder die Strukturen in bestimmter Hinsicht zu ändern versuchen durch Maßnahmen, die sich den Strukturen einpassen oder sie in bestimmten Hinsichten zu ändern versuchen usw. bis zur Erschöpfung der Phantasie, der Ressourcen, der Mitmachbereitschaft.

Diese Selbstdespontaneifikation – einen großen Teil dieses Wortes verdanke ich einem amerikanischen Kollegen – ist ein sehr allgemeiner Entwicklungsgang autopoietischer Systeme. Das politische System bildet keine Ausnahme. Selbst alternative Gruppen und grüne Parteien finden sich nicht nur einer auferlegten Ordnung, nicht nur Anpassungszwängen ausgesetzt, sondern auch diesem Prozeß der Selbstdespontaneifikation. Im Laufe der Zeit dunkeln sie nach. Im Gegenzug dazu kann es zu Versuchen der Rechaotisierung des Systems kommen. Gute Beispiele dafür bietet die Kunst mit einem fast auf Gleichzeitigkeit schrumpfenden und daher schnellen Prozeß von Musealisierung und Rechaotisierung. In der Politik geht das nicht schneller, als die öffentliche

Meinung es erlaubt. Selbst wenn es gelingt, ist aber das Wechselbad von *Selbstdespontaneifikation und Rechaotisierung* ein eigendynamischer Prozeß des politischen Systems *ohne inhärente Garantie dafür, daß in diesem Prozeß wichtige, gesellschaftsstrukturell vorgegebene Themen angemessen zur Sprache kommen.* Das politische System reagiert, auch und gerade bei binärer Codierung, in erster Linie immer auf sich selbst und nur in zweiter Linie auf das, was es sich mit selbstproduzierter Information an Umwelt verständlich machen kann.

2) Mit meinem zweiten Punkt will ich diese Problemstellung etwas genauer auf strukturelle Eigenarten der Parteiendemokratie zuschneiden. Gelungen ist (was im 19. Jahrhundert noch ganz offen war): die Liquidität des Code durch eine feste Parteienstruktur zu unterbauen, so daß politische Organisationsleistungen den Wechsel von Regierung zu Opposition oder von Opposition zu Regierung in der Form von politischen Parteien überdauern können. So weit so gut. Ein anderes Problem ist dadurch aber um so schwieriger geworden: nämlich die Code-Differenz für die Entscheidung wichtiger politischer Fragen auszunutzen.

Man stellt sich unter Demokratie vor, daß mit der Wahl einer bestimmten politischen Partei oder Parteiengruppierung eine Entscheidung für ein politisches Programm getroffen wird, das sich von dem Programm anderer Parteien unterscheidet. Das würde eine entsprechend binäre, gegensätzliche Parteiprogrammierung voraussetzen – etwa konservativ/progressiv oder, da das nicht mehr zieht, wohlfahrtsstaatlich restriktiv/expansiv oder, wenn dafür aus wirtschaftlichen Gründen kein Spielraum mehr vorhanden ist, eher ökologische versus ökonomische Präferenzen. Nur so könnten mögliche Richtungen des politischen Kurses in der politischen Wahl zur Wahl gestellt werden. Die Parteien scheinen jedoch das damit verbundene Risiko zu scheuen. Sie bieten ihre Programme an wie das Wasser von Contrexeville: gut für Nieren, Blut, Leber, Kreislauf, Lunge und alles andere. Und so schmeckt es denn auch. Härten oder auch die Bereitschaft, zu sagen, was man *nicht* kann, entstehen, wenn überhaupt, nicht auf der Ebene der Programme, sondern, wie durch eine Art Betriebsunfall der parteiinternen Führungsauslese, in der Form von Personen.

3) So als ob es nun darauf ankäme, diese Schwäche zu kompensieren, wird anstelle einer programmatischen Kontroverse eine moralische Kontroverse inszeniert. Anscheinend gibt es hier eine Art politisches Gesetz: Wenn das Geld als Mittel der Politik knapp wird, nimmt Moral als Ersatz dafür zu. Politiker führen sich heute sehr typisch so auf, als ob es darum gehe, das Volk darüber zu belehren, wer zu achten und wer zu mißachten sei – Achtung wie Mißachtung als moralische Sanktion auf die ganze Person oder die ganze Partei bezogen. Dies will man jedoch gar nicht wissen. Es entsteht so der öffentliche Eindruck, als ob die Position in Sachfragen im Hinblick auf eine moralische Konfrontation gewählt wird, und nicht selten gleitet die moralische Polemik in Formen ab, die die Frage nach Erziehung und Betragenskultur wichtiger Politiker aufkommen lassen. Aber auch wenn es milder zugeht, hat man dieses

Problem. „Den Anstand wahren", fordert Johannes Rau, betont persönlich, in Riesenanzeigen in den Tageszeitungen, um zwar nicht direkt zu sagen, aber doch wohl zu suggerieren, daß seine politischen Gegner unanständige Leute seien. „Den Abstand wahren", müßte man darauf antworten – den Abstand von einer derart moralgetränkten Politik.

Ich weiß wohl, daß in Ausschüssen harte sachliche Arbeit geleistet wird. Ich weiß auch, daß im Verhältnis von Regierung und Opposition ein anderer Stil des politischen Umgangs möglich ist. In Berlin wird man sich an von Weizsäcker und Vogel erinnern. Erst recht geht es mir nicht um eine ethische Lösung des Problems der Moral – etwa um Einsetzung einer Kommission, die entsprechende Richtlinien auszuarbeiten hätte. Mein Punkt ist, daß politisches Handeln mit Rücksicht auf Demokratie auf einer *Ebene höherer Amoralität* ablaufen muß.

Es handelt sich, historisch gesehen, um ein uneheliches Kind der Staatsräson und der Moral. Die Lehre von der Staatsräson hatte sich auf mittelalterlichen Grundlagen im Naturrecht und dann in der politischen Theorie entwickelt. Ihr Problem war ein typisches Problem der Paradoxie: die Notwendigkeit rechtlicher Legitimation von Verstößen gegen das Recht in höherem Interesse – zunächst der Kirche, dann des Fürsten. Nach beträchtlichen Aufregungen, vor allem in der Literatur der Gegenreformation, war dies Problem hierarchisch gelöst, nämlich mit der Vorstellung einer unvermeidlichen Willkür an der Spitze jeder Hierarchie verbunden worden. Diese „souveräne" Distanz zur Moral kann in die Demokratie, in ein System mit gespaltener Spitze, nicht übernommen werden. Statt dessen benötigt Demokratie einen anderen Stil von höherer Amoralität – nämlich den Verzicht auf Moralisierung der politischen Gegnerschaft. Das Schema Regierung/Opposition sollte weder von seiten der Regierung noch von seiten der Opposition mit einem Moralschema verquickt werden in dem Sinne, daß nur wir gut und achtungswürdig sind, die Gegenseite dagegen schlecht und verwerflich handelt. Denn damit würde bestritten werden, daß ein Wechsel von Regierung und Opposition überhaupt in Betracht kommen kann; und damit würde bestritten werden, daß demokratische Regeln gelten. Wer sich noch an den Kommunistenfeind McCarthy erinnert, hat hierfür ein gutes Beispiel vor Augen: In dem Moment, als er der demokratischen Partei kommunistische Sympathien und Unterwanderungen vorwarf, war seine Karriere beendet; denn man darf in einer Demokratie seinen politischen Gegner nicht als unwählbar behandeln. Genau dies geschieht jedoch, wenn man das politische Schema mit dem moralischen kongruent setzt.

III.

Es wird Zeit, daß ich zusammenfasse. Wenn man Demokratie für eine Idee hält und bewundert, hat man, wie immer bei Ideen, das Problem, zu erklären, weshalb sie nicht zum Zuge kommt. Ich halte statt dessen Demokratie für eine höchst voraussetzungsvolle, evolutionär unwahrscheinliche, aber reale politische Errungenschaft. Daraus folgt zunächst, daß man nicht mit der Kritik der

Zustände und Verhältnisse beginnen sollte, sondern sich zunächst wundern muß, daß es überhaupt funktioniert, und dann die Frage hat: wie lange noch. Bei diesem Ausgangspunkt wird Theorie zu einem Beobachtungsinstrument spezifischer Art. Es geht dann darum, herauszufinden, wo und in welchen Hinsichten sich gegenwärtig schon Gefährdungen abzeichnen. Es ist ebenso billig wie unverantwortlich, Ideale aufzustellen, denen die Verhältnisse nicht genügen, und dann Klage zu führen über die noch immer nicht eingelösten Versprechen der bürgerlichen Revolution. Ich sehe in dieser Attitude keine Theorie, geschweige denn kritische Theorie. Geht man statt dessen von der Unwahrscheinlichkeit dessen aus, was so gut wie normal funktioniert, kann man deutlicher und vor allem genauer erkennen, wo das System in bezug auf seine eigenen strukturellen Erfordernisse inkonsequent und selbstgefährdend operiert.

Wenn man diesen Ausgangspunkt, diese Art Fragestellung akzeptiert, kann man immer noch sehr verschiedene Theorien des politischen Systems aufstellen, für richtig halten, prüfen und verwerfen. Das Konzept, das ich hier anzudeuten versuchte, besagt, daß eine Bestimmung der Funktion von Politik – etwa Herstellung von kollektiv bindenden Entscheidungen – zwar unerläßlich ist, allein aber nicht ausreicht. Funktionssysteme sind außerdem durch binäre Codes definiert. Und wenn Sie mir darüber hinaus noch folgen und den Code der Politik im Schema Regierung und Opposition sehen, dann folgen daraus einige besorgte Anfragen oder auch kritische Beobachtungen gegenwärtiger Politik. Ich will vor allem zwei Gesichtspunkte noch einmal hervorheben.

1. Wird die Eigendynamik der Politik durch den Code Regierung/Opposition nicht zu straff, zu zentralistisch orientiert, so daß sie zu wenig Möglichkeiten hat, kontroverse gesellschaftliche Themen von der Gentechnologie bis zur Wohlfahrtsfinanzierung, von außenpolitischen Beziehungen über Rüstungsfragen bis zur Währungspolitik, überhaupt auf diesen Code zu beziehen und damit zur Wahl zu stellen?
2. Und wenn letztlich sich alles darum dreht, wer regiert und wer opponiert, ist es dann zu erwarten oder auch nur zumutbar, politische Kommunikation moralabstinent zu führen, – besonders wenn man zugleich auf eine schichtspezifische Sozialisation und Erziehung und damit auf eine selbstverständliche Verhaltenskultur der Politiker verzichten muß?

Es mag sein, daß Ihnen diese Fragen im Vergleich zu den großen Sachthemen gesellschaftspolitischer Ambition als relativ belanglos erscheinen. Aber wenn schon die konkret angesprochenen, für Demokratie strukturell wichtigen Probleme erhebliche Schwierigkeiten bereiten, wie soll man sich dann vorstellen können, daß Demokratie mehr Gleichheit und mehr Freiheit, mehr subjektive Selbstverwirklichung und mehr Frieden, bessere ökologische Balancierungen und gerechtere Verteilungen bewirken könnte?

Enttäuschungen und Hoffnungen

Zur Zukunft der Demokratie

I.

Unserer Zeit fehlen die großen, zündenden Ideen, die vor zweihundert Jahren die Verfassungsbewegung der modernen Staaten in Gang gebracht haben. In Rede und Schrift sind diese Ideen noch präsent, aber sie haben den Kontakt mit der Wirklichkeit, mit der unbegriffenen Wirklichkeit verloren. Sie erzeugen nicht mehr Hoffnungen, sie erzeugen Enttäuschungen und verstellen zudem den Blick auf die Realität.

Auch Danilo Zolo[1] teilt in gewissem Umfange diese Einschätzung, aber mit einem stärkeren Interesse an Kontinuität. Viele Intellektuelle des linken Spektrums (fast möchte ich ironisch sagen: also Intellektuelle des ideenkonservativen Lagers) denken ähnlich und verurteilen daraufhin die Gesellschaft als ein „System", das immer wieder verhindert, daß diese Ideen der Gleichheit, der allgemeinen und adäquaten Interessenrepräsentation und des Vorranges des Allgemeininteresses, der durchgehenden Rechtsstaatlichkeit der Politik und der Teilnahme aller an der politischen Willensbildung realisiert werden. Natürlich nicht! Aber muß man dann die Gründe dafür suchen oder gar fragen, wer die Schuld hat? Oder muß man eine andersartige Beschreibung der Wirklichkeit versuchen, die deswegen noch nicht konservativ sein muß, weil sie die Wirklichkeit beschreibt?

Meine Option geht in die zuletzt genannte Richtung. In den zweihundert Jahren, die seit der bürgerlichen Revolution vergangen sind, hat die moderne Gesellschaft sich so rasch verändert, daß es zunächst auf eine angemessene Beobachtung und Beschreibung ankommt. Die Ideenwelt der bürgerlichen Revolution hatte sich damit begnügen können, Gegenbegriffe zu der sich auflösenden Welt der traditionalen ständischen Gesellschaft zu formulieren. Revolution heißt ja nichts anderes als: eine systematische Betrachtung der Vergangenheit (und systematisch deshalb, weil man dahin nicht zurück kann und nicht zurück will). Deshalb heißt es nun: Das Individuum ist nicht gebunden an Haus und Herkunft, sondern an sich selbst; es ist frei. Deshalb heißt es: die ständische Ordnung regelt nicht mehr die Inklusion der Menschen in die Gesellschaft, sondern dies kann nur nach Maßgabe der Funktionssysteme geschehen, die die Individuen in ihrer Umwelt als gleich voraussetzen müssen

1 Il futuro della Democrazia: Domande a Niklas Luhmann, Il Mulino (im Druck). Der folgende Text ist eine Erwiderung auf kritische Bemerkungen von Zolo.

und nur nach jeweils eigenen, jeweils funktionalen, also jeweils verschiedenen Kriterien diskriminieren dürfen. Deshalb wird die Maschinerie des Rechtsstaates errichtet – teils zur Selbstkontrolle der politischen Souveränität durch Gewaltenteilung, teils als Instrument der immensen, durch die Rechtsform vermittelten Ausweitung des Zugriffs der politischen Gewalt auf das tägliche Leben. Deshalb erhält der Bürger subjektive Rechte, damit er die Maschinerie der politischen Gewalt gleichsam von unten benutzen, sie für eigene Ziele in Anspruch nehmen kann.

Das alles ist keineswegs überholt, und Norberto Bobbio insistiert mit Recht auf einer Erhaltung und Fortschreibung dieser Minimalbedingungen rechtsstaatlicher, durch die Verfassung geordneter Politik[2]. Wir haben unsere Sorgen damit – teils im Hinblick auf die „Verrechtlichung" und unwirksame Überregulierung des täglichen Lebens, teils im Hinblick auf Finanzprobleme, teils im Hinblick auf die nicht nur in Italien zu beobachtenden Probleme organisatorischer Implementation. Davon soll hier jedoch nicht die Rede sein. Die in diesen Fragen steckende Staatstechnik kann uns sicher nicht die Orientierungen liefern, die gefragt sind, wenn nach der Zukunft der Demokratie gefragt wird. Im Bereich der Staatstechnik kann vieles, ja alles besser gemacht werden. Aber das erspart nicht die Fragen: warum und wozu.

Immerhin verraten uns die Probleme der Staatstechnik, daß es nicht länger angemessen ist, dieses schwerfällige Instrument als Instrument der Veränderung einer Gesellschaft zu begreifen, die sich ohnehin ändert – und zwar sehr rasch ändert und in weltweiten Interdependenzen ändert, die für den Staat unerreichbar bleiben. Orientierungen können nur in einer Beschreibung der modernen Gesellschaft gewonnen werden. Der Ausgangspunkt dafür ist aber weder die Frage, warum die Hoffnungen der bürgerlichen Revolution sich, wenn man ihre Ideen wörtlich nimmt, nicht erfüllt haben; noch ist es die Frage, warum eine politische Steuerung der Gesellschaft nicht gelingt. Solche aus der Enttäuschung geborenen Fragen setzen voraus, daß man die Gesellschaft schon kennt und auf Grund dieser Kenntnis zeigen kann, weshalb solche Enttäuschungen unvermeidlich sind. Mein Ausgangspunkt ist dagegen: wir kennen diese Gesellschaft nicht. Wir haben noch keine zureichende Beschreibung geleistet. Wir können uns nicht länger damit begnügen, Ideen zu benutzen, die nur eine Ablehnung der traditionalen, ständisch stratifizierten Gesellschaft, nur Distanzgewinnung zur Tradition leisten konnten und die Zukunft im Utopischen beließen. Wir wissen, daß wir in 30 bis 50 Jahren die Grundlagen unserer Technologien auswechseln müssen. Wir wissen nicht, woher das dafür nötige Kapital und das dafür nötige Wissen kommen soll, sondern ärgern uns statt dessen über Kapitalismus oder über Gentechnologien. Wir wissen, daß jederzeit ein vernichtender Krieg ausbrechen kann auf Grund von Ideologien, die nichts anderes im Sinn haben als eine unterschiedliche Bewertung von Kapital und Arbeit aus dem Ideenhaushalt der politischen Ökonomie der ersten Hälfte des vorigen (!) Jahrhunderts. Wir wissen, daß die

2 Siehe Norberto Bobbio, Il Futuro della democrazia, Torino 1984.

ökologischen Probleme, die unsere Gesellschaft verursacht, rasant zunehmen. Wir könnten wissen, daß wir für die hier nötigen Umstellungen weder eine Instanz haben (und daß wir sie nicht ertragen würden, wenn wir sie hätten) noch eine Vorstellung von Rationalität, die uns in den hier vordringlichen Fragen des Verhaltens unter Risiko und Unsicherheit leiten könnte. Wir setzen statt dessen auf Ethik, und es kommt dann schon gar nicht mehr darauf an, ob dies eine neo-aristotelische, neo-kantische oder neo-utilitaristische Ethik sein soll. (Wie immer kann der Leser hier „neo" gegen „post" auswechseln, um zu prüfen, ob ihm dabei etwas Besseres einfällt.)

Es ist dieser Kontext des Unwissens, der gesellschaftstheoretischen Defizienz und der ständig reproduzierten Fehlorientierungen, in dem man, und gegen den man, über die Zukunft der Demokratie diskutieren sollte.

Sicher kommt es, wenn man die Dinge so sieht, vor allem darauf an, treffende Beschreibungen zu liefern[3]. Was mit solchen Beschreibungen geschieht, wenn sie politisch genommen und als Definition der Situation verwendet werden, ist nur begrenzt voraussehbar; und notfalls muß die Theorie klarstellen, wie und wozu sie verwendet wird. Sicher ist der Kontext, in dem dies geschieht, ein solcher, in dem Beobachtungen und Beschreibungen ständig beobachtet und beschrieben werden; in dem also Realität in einem ständigen Beobachten von Beobachtungen konstruiert wird und in dem auf unvorhersehbare Weise die Ausgangslage für neue Beobachtungen dadurch verändert wird.

Das schließt jede Art von Totalitarismus aus – es sei denn auf dem primitiven Niveau einer Verhinderung von Kommunikation. Totalitarismus – das heißt ja: Einführung einer Beschreibung des Systems in das System mit der Maßgabe, daß sie die einzig richtige und deshalb durchzusetzende sei. Schon die Physiokraten und dann wieder die Marxisten mußten die Erfahrung machen, daß damit nicht Einheit in der Einheit erzeugt wird, sondern Differenz. Das zu sehen, heißt nicht: Beschreibungen zu vermeiden, sondern nur: sie vorab auf die Ebene des rekursiven Beobachtens von Beobachtungen einzustellen und die Ausgangsunterscheidungen möglichst klarzustellen, damit man sehen kann, was man mit einem bestimmten Instrumentarium sehen und was man nicht sehen kann.

II.

Wenn die moderne Gesellschaft durch rapiden evolutionären Wandel, durch sehr schnelle, unvorhersehbare, also auch unkontrollierbare strukturelle Veränderungen charakterisiert ist, dann wird es in allen Funktionssystemen vor allem darauf ankommen, die Erfüllung der wichtigsten gesellschaftlichen Funktionen darauf einzustellen. Die staatlich organisierte Politik, und nur darum

3 Auch Anthony Giddens sieht darin *die* Aufgabe *der* Soziologie, allerdings mit einer stärkeren Betonung des Nationalstaates, als ich es für richtig halten würde. Siehe: The Nation-State and Violence, Cambridge England 1985, insbes. S. 33 f.

geht es hier, bildet keine Ausnahme. An ihrem Beispiel läßt sich vielmehr besonders deutlich zeigen, wie die klassischen Vorstellungen der politischen Gesellschaft illusionär geworden sind und wie auch die liberale Unterscheidung von Staat und Gesellschaft, ob sie nun den Staat schwach oder stark, abgeleitet oder unabgeleitet präsentiert, der Wirklichkeit nicht gerecht wird. Die letzten (bisher letzten!) Ausläufer dieses Denkens finden wir in elitistischen, technokratischen oder neo-korporatistischen Steuerungstheorien. Zolo bemerkt mit Recht, daß meine bisherigen Äußerungen zu Fragen der Politik wohl kaum dieser Gattung zuzurechnen sind. Das Problem liegt denn auch m.E. schon längst nicht mehr in einer politischen Steuerung der gesellschaftlichen Entwicklung, ganz zu schweigen von jeder Anknüpfung an das Adelsethos der alteuropäischen Politik. Es liegt vielmehr darin, die politische Funktion der Garantie eines Potentials für kollektiv bindende Entscheidungen unter diesen gesellschaftlichen Bedingungen zu bewahren und auf einem entsprechend hohen Niveau der Komplexität des Systems und der für es sichtbaren Umwelt zu reproduzieren.

Anders formuliert: Die Politik kann nicht wissen, mit welcher Gesellschaft sie es zu tun hat. Das liegt an vielen einzelnen Gründen. Es liegt an der Eigendynamik anderer Funktionssysteme. Es liegt am Fehlen einer Oberschicht alten Stils, in der man „die Gesellschaft" auf Grund von Interaktionserfahrungen und einer Bekanntschaft mit etwa 1000 Personen (Männern, mit Einschluß ihrer jeweiligen Liebesverhältnisse) kennen konnte. Es liegt am Buchdruck und an der Massenkommunikation und daran, daß die Politik selbst die Umwelt jeden Tag verändert – und sei es nur dadurch, daß der Umwelt mitgeteilt wird, wie die Politik sie zu verändern gedenkt. Die Folge ist, unter anderem, ein extremes Schrumpfen des Zeithorizontes – verglichen etwa mit den Perspektiven eines frühmodernen Herrschers, der mittels Staatsräson sich selbst und sein Haus in der Herrschaftsposition zu halten versuchte. Die Gegenwart wird kürzer, die Differenz zwischen Vergangenheit und Zukunft nimmt zu, man hat für wichtigere Entscheidungen weniger Zeit, und alle Langfristperspektiven werden ausgefiltert, soweit sie nicht an technologischen Großprojekten (prototypisch heute: SDI) festgehalten werden können.

Nochmals: die Politik kann nicht wissen, mit welcher Gesellschaft sie es zu tun hat. Aber sie kann wissen, mit welcher Politik sie es zu tun hat. Für die Politik ist die Gesellschaft eine Konstruktion der Politik – angefangen von der „Zivilreligion" der Grundwerte und Verfassungsideale[4] bis hin zu den Annahmen der Wirtschaftspolitik (sei es nach Keynes, sei es nach Friedman) und zu den Annahmen über das, was die Menschen wirklich bewegt, motiviert, ängstigt. Die Politik kann, ebenso wie die Wissenschaft, nur im Kontext ihrer eigenen Konstruktionen agieren. Andernfalls würde es schon in der Politik an Anschlußfähigkeit fehlen, und externe Beobachter würden das, was als Politik

4 Speziell hierzu: Niklas Luhmann, Grundwerte als Zivilreligion, Archivio di Filosofia 1978, No. 2–3, S. 51–71.

gemeint ist, überhaupt nicht als solche erkennen[5]. Wenn es dazu eines Beweises bedarf, so haben die letzten Wahlkämpfe in der Bundesrepublik ihn geliefert. Schon in den dem Wähler zugewandten Darstellungen gelingt es nicht mehr, Slogans und Themen zu integrieren, geschweige denn wirkliche Meinungen anzusprechen. Nur den „Grünen" scheint dies noch möglich zu sein – und sie gelten deshalb weithin als politikunfähig.

Ob und wie weit sich dies ändern wird oder sogar ändern läßt, ist schwer abzusehen. Insofern bleibt auch die Zukunft der Demokratie ins Dunkel gehüllt. Was man aber sicher tun kann, ist: die Gegenwart besser zu beschreiben. Eine Reihe von intellektuellen Ressourcen liegen dafür bereit oder können im Anschluß an Forschungen in den neueren cognitive sciences, in der Kybernetik zweiter Ordnung (der Kybernetik rekursiver Beobachtungsverhältnisse), an Arbeiten im Bereich von selbstreferentiellen Verhältnissen und Paradoxien, in der neueren Evolutionstheorie und der Systemtheorie rasch entwickelt werden[6]. Thesenförmig kann man folgendes zusammenfassen:

1) Selbstreferentielle Systeme sind geschlossene, durch ihre eigene Struktur determinierte Systeme. Gerade auf ihrer Geschlossenheit beruht ihre Fähigkeit, eigene Komplexität aufzubauen, und darauf beruht ihre Fähigkeit, eine hochkomplexe Umwelt zu konstruieren. Das Paradigma dieser Forschungen ist das menschliche Gehirn.
2) Die Evolution leistet keine Selektion von immer besser angepaßten Systemen. (Wie wären sonst die ökologischen Probleme der modernen Gesellschaft zu erklären?) Evolution kommt durch Fortsetzung der Autopoiesis der Systeme mit immer höherer Eigenkomplexität zustande; und sie geht weiter, solange die Umwelt dies toleriert. Maturana nennt dies „conservation of adaptation"[7].
3) Ein Beobachter solcher Systeme (und der Beobachter kann das System selber sein) kann die Einheit des Systems nur paradox beschreiben. Dafür gibt es verschiedene Formulierungen (zum Beispiel: unitas multiplex). Die Be-

5 Dies gilt, auf geradezu exemplarische Weise, für „Politik", die man in Frankfurt, statt in Bonn, zu machen versucht. Siehe nur Jürgen Habermas, Kleine Politische Schriften I–IV, Frankfurt 1981.

6 Danilo Zolo beurteilt diese Entwicklungen sehr skeptisch. Siehe seine Stellungnahmen in: Autopoiesis: Critica di un paradigma conservatore, Micromega 1 (1986), S. 129–173 und in: L'ultimo Luhmann, La sociologia come teoria generale dei sistemi autoreferenziali, Rassegna Italiana di Sociologia 27 (1986), S. 533–550. Zur italienischen Diskussion vgl. ferner Alfonso M. Iacono, Autopoesi: Individualtà biologica e sistemi storico-sociali, Metamorfosi 1986, No. 3, S. 7–30. Da die gesamte klassische Epistemologie auf dem Ausschluß von Tautologien und Paradoxien beruht, ist das verständlich. Gerade hier liegt jedoch der Fortschritt, und vieles von diesen neuen Entwicklungen bleibt schlicht unverständlich, wenn man das nicht sieht. Vgl. für einen speziell darauf zielenden Überblick Klaus Krippendorff, Paradox and Information, in: Brenda Dervin/Melvin J. Voigt (Hrsg.), Progress in Communication Sciences 5 (1984), S. 45–71.

7 Humberto R. Maturana, Evolution: Phylogenetic Drift Through the Conservation of Adaptation, Ms. 1986.

obachtung blockiert sich damit selbst und kann nur fortgesetzt werden, wenn der Beobachter beobachtet, wie das System selber mit seiner Paradoxie umgeht, wie es sich selber entparadoxiert.

4) Alle Kenntnisse über Systeme werden durch Beobachter gewonnen. Das System selbst ist, wie es ist, tut, was es tut, setzt seine Autopoiesis fort oder nicht fort.

5) Jede Beobachtung legt eine Unterscheidung zu Grunde, mit deren Hilfe sie die eine und nicht die andere Seite bezeichnen kann (zum Beispiel: Staat und Gesellschaft, System und Umwelt, Paradoxie und Entparadoxierung). Es gibt keine andere Möglichkeit des Beobachtens. Intuition ist nach alter Lehre den Engeln vorbehalten.

6) Im Gegensatz zu Theorien, die heute über „post-moderne Diskurse" im Umlauf sind, bilden Beobachtungen keine abgeschlossenen, unvergleichbaren Welten. Es sind durchaus empirische Operationen, die deshalb ihrerseits beobachtet werden können; und zwar im modernen Verständnis (Marx, Nietzsche, Freud) auch und gerade mit Blick auf das, was der beobachtete Beobachter *nicht* beobachten kann. Für die moderne, polykontexturale Gesellschaft ergibt sich das, was sie als Realität konstruiert, aus einem laufenden Beobachten des Beobachtens. Nur die Begründungsdiskurse fürchten hier einen infiniten Regreß. In der Wirklichkeit kann diese Rekursivität, wenn Beobachtungen überhaupt Resultate haben, zur Selektion relativ stabiler Eigenzustände führen.

III.

Auf den ersten Blick wird es nicht einfach sein, zu sehen, daß und wie man diese sehr allgemeinen systemtheoretischen und kognitionstheoretischen Überlegungen für eine Theorie der Politik auswerten kann; und die Verständnisschwierigkeiten, die Danilo Zolo beobachtet (beobachtet!) hat, haben sicher auch hiermit zu tun. Andererseits sind manche Annahmen der klassischen Theorie, zum Beispiel die eines demokratischen Konsenses, so absurd, daß man sich fragen muß, ob diejenigen, die dies verstehen, verstehen, was sie verstehen; und ob sie vielleicht nur deshalb, weil sie nicht verstehen, was sie verstehen, nicht verstehen, was sie nicht verstehen. Die Vorstellung eines Konsensus ist, wenn man dabei an die wirklichen aktuellen Bewußtseinszustände wirklicher Einzelmenschen denkt, so abwegig und so wenig wünschenswert, daß man denjenigen, die dies als Ideal proklamieren und Institutionen daran zu messen versuchen, grobe Mißachtung der Individualität des Menschen vorwerfen muß.

Auch mit der Unterscheidung von System und Lebenswelt, die Achille Ardigò[8] vorschlägt, um dem Interesse Einzelner an Sinngebung, Beteiligung

8 Siehe Achille Ardigò, Crisi di governabilità e mondo vitali, Bologna 1980, sowie ders., Sistema sociale e soggetività di mondo vitale quotidiano: oltre la teoria luhmanniana dell'incongruenza Annali di Sociologia 1 (1985), S. 165–176.

und moralischer Relevanz Rechnung zu tragen, kann man dieses Problem nicht lösen. Die Unmöglichkeit eines Konvergierens von Mentalzuständen Einzelner gilt auch für den Alltag, auch für die Lebenswelt, wenn man einmal von kurzfristigen Interaktionen unter Anwesenden absieht. Die Lebenswelt ist ja kein dauerndes Riesen-Rock-Festival, das alle fasziniert und nur durch die Systeme, wie durch die Polizei, gestört wird. Konsens ist und bleibt eine Konstruktion eines Beobachters, und das gilt um so offensichtlicher, je mehr dieser Konsens im Namen der Vernunft und im Namen der Moral reklamiert wird.

Auf den zweiten Blick sieht man dann natürlich, daß das politische System selbst solche Vorstellungen erzeugt, um in der politischen Kommunikation das reale Individuum außer Acht lassen zu können und statt dessen im rekursiv-geschlossenen eigenen Operationszusammenhang Konsens zu fordern, unter Bedingungen zu stellen oder sein Fehlen beklagen zu können. Daß man sich dauernd mit etwas befaßt, das es weder gibt noch geben kann, ist ein Beweis mehr für meine These, daß die Politik nicht weiß, und nicht wissen kann, mit welcher Gesellschaft, mit welchen Menschen, mit welcher Außenwelt sie es zu tun hat.

Nehmen wir das also hin! Dann ist die nächste Frage, wie komplex das politische System und die in diesem System konstruierte Welt sein kann; denn, je größer und unwahrscheinlicher die Eigenkomplexität, desto größer auch die Fähigkeit, Reizungen und Störungen durch die Außenwelt einen Sinn zu geben und im System auf die eigene Interpretation zu reagieren. Meine Thesen über die Zukunft der Demokratie[9] sind ein Versuch, von dieser Problemstellung auszugehen und die konstitutionellen Errungenschaften des modernen Staates in diesem Lichte zu beurteilen.

Zu den auffälligsten Errungenschaften gehört das, was man als Rechtsstaat und, weniger geläufig[10], als Steuerstaat bezeichnet. Das besagt: das politische System ist bei aller Autonomie und Geschlossenheit seiner Operationen *strukturell gekoppelt* an Recht und Geld. Damit Politik in der uns vertrauten Form möglich ist (und das heißt: von direkter Gewaltanwendung weitgehend abgekoppelt funktioniert), muß das Rechtssystem Recht und das Wirtschaftssystem Geld reproduzieren. Keine politische Führung kann diese Kopplungen ignorieren (wie immer sie das Recht mit Änderungsimpulsen bewegen, wie immer sie sich verschulden kann). Üblicherweise werden diese Verhältnisse zum Recht und zum Geld instrumentalistisch gesehen. Damit ist aber nur die Art und Weise formuliert, wie die Politik selbst auf das Recht und auf die Wirtschaft blickt. Die undurchschaubaren Komplexitäten des Rechtssystems und des Wirtschaftssystems wirken auf die Politik wie Spiegel, in denen sie nichts weiter sieht als die Möglichkeiten und Schranken ihrer eigenen Opera-

9 Siehe Niklas Luhmann, Die Zukunft der Demokratie, in: Der Traum der Vernunft: Vom Elend der Aufklärung, Neuwied 1986, S. 207–217. In diesem Band S. 126–132.

10 Siehe aber Josef A. Schumpeter, Die Krise des Steuerstaates, in: Zeitfragen aus dem Gebiet der Soziologie Heft 4 (1918); neu gedruckt in ders., Aufsätze zur Soziologie, Tübingen 1953, S. 1–71.

tionen. Wenn man in der Art und Weise der Kybernetik zweiter Ordnung dies Beobachten beobachtet, also beobachtet, was die Politik beobachtet, wenn sie die Wirtschaft und das Recht beobachtet, dann sieht man, daß die Politik nur sieht, was sie sieht, und nicht sieht, daß sie nicht sieht, was sie nicht sieht. Ihre wirklichen Auswirkungen auf das Recht und auf die Wirtschaft entziehen sich ihrer Beobachtung. Man denke nur an die Destruktion der juristischen Begrifflichkeit durch rasche, flüchtige, ständig wieder geänderte Gesetzgebung oder an die zunehmenden Schwierigkeiten der Refinanzierung in der Wirtschaft angesichts eines sehr hohen Anteils an Abzügen für Staatsausgaben oder politisch oktroyierte Sozialausgaben.

Dies alles kann, so wichtig es für die politische Theorie im allgemeinen ist, hier nicht weiter ausgeführt werden. Es bildet an dieser Stelle nur den Hintergrund, vor dem ich den Begriff der Demokratie reformulieren möchte. Er korrespondiert nämlich mit der Entwicklung zum Rechtsstaat und zum Steuerstaat – wenngleich nicht in dem Sinne, daß „das Volk" nun über die Rechtssetzung oder über den Einzug und die Verwendung der Finanzmittel des Staates entscheiden könne.

Die auffälligste, die kühnste Errungenschaft des modernen politischen Systems liegt in dem Dual Regierung/Opposition und in der entsprechenden binären Codierung der Politik. Auffällig ist daran vor allem:

1) Die Einheit der Spitze, die die Einheit des Systems zu repräsentieren und zu verwirklichen hat, wird durch ein Dual, also Identität durch Differenz ersetzt.
2) Allen traditionellen und für stratifizierte Gesellschaften wichtigen Bestrebungen zur Stärkung der Spitze wird, nachdem sie im modernen Rechts- und Steuerstaat ihr Ziel erreicht haben, eine Gegentendenz übergeordnet.
3) Auf diese Weise wird, besser als durch Bindung an Recht, die Paradoxie der Souveränität gelöst, also eine Art Selbstbindung der obersten (und deshalb ungebundenen) politischen Gewalt erreicht.
4) Die Lösung liegt in einer Temporalisierung der politischen Gewalt, also gerade nicht in dem blockierenden Gleichgewicht, sondern in einem möglichen Nacheinander von derzeitiger Regierung und derzeitiger Opposition in der Wahrnehmung der obersten Verantwortung (im Zugang zum organisierten Mechanismus des kollektivierenden Entscheidens); und zwar so, daß dies Nacheinander in jedem Moment gleichzeitig präsent ist und von beiden Seiten bei allen Entscheidungen im Auge behalten wird.
5) Dies System erfordert und organisiert einen Entscheidungsmechanismus, die regelmäßige politische Wahl des Parlaments, der von den Beteiligten nicht als bloßer Zufallsmechanismus verstanden wird, sondern als Sanktion ihrer Politik, wie immer zufällig oder als Reaktion auf die gerade letzten Ereignisse das Wahlergebnis dann faktisch zustande kommt.

Diese politische Erfindung der Demokratie entspricht genau dem, was unsere Analyse des politischen Systems uns erwarten läßt. Sie realisiert ein geschlossenes, autopoietisches System, in dem mit Politik auf Politik reagiert wird in einer Gesellschaft, die als konkrete Komplexität für das System unbekannt bleibt. Das kann zwar auch auf andere Weise geschehen (denn ein Problem, das nicht mehrere Lösungen ermöglicht, wäre kein Problem). Bekanntlich gibt es die Alternative der faktischen (wenn nicht nominellen) Einparteiensysteme mit parteiinterner Führungsauslese ohne politische Wahl. Wenn man unter „Demokratie“ nur „Regierung im Namen des Volkes“ versteht, fallen beide Lösungen darunter. In keinem Falle handelt es sich um das, was das Wort verspricht, und deshalb ist das Wort auch nahezu beliebig verfügbar. Ich verwende es, zugegebenermaßen einschränkend und präzisierend, zur Bezeichnung der unwahrscheinlichsten politischen Errungenschaft der bisherigen Geschichte, des politischen Systems mit gespaltener Spitze, mit Codierung durch das Dual Regierung/Opposition.

Entscheidet man sich so, dann stellt sich die Frage nach der Zukunft der Demokratie als Frage nach der Zukunft einer solchen politischen Ordnung. Niemand kennt diese Zukunft; aber nur wer die Begriffe und ihre theoretischen Grundlagen präzisiert, kann die Gegenwart beobachten im Hinblick auf die Ausbaufähigkeit einer demokratischen Ordnung, die sich abzeichnenden strukturellen Veränderungen, die Bedingungen der gesellschaftlichen Kompatibilität (die Frage Schumpeters!) und die schon sichtbaren Gefährdungen. Selbstverständlich hat eine Gesellschaft wie die unsere, die sich viele derart unwahrscheinliche Errungenschaften leistet, allen Anlaß, mit Sorge in die Zukunft zu blicken. Umso mehr kommt es darauf an, sich genau zu überlegen: weshalb und in welchen Hinsichten.

Machtkreislauf und Recht in Demokratien*

I.

Mein Thema betrifft die Beziehungen von Politik und Recht unter modernen Bedingungen. Ich werde vom Standpunkt europäischer Erfahrungen aus sprechen. Damit soll nicht behauptet sein, daß diese Erfahrungen unter allen Bedingungen gültig sind; auch nicht, daß sie für alle Länder gelten, und erst recht nicht, daß sie auf lange Sicht den künftigen Entwicklungen standhalten werden. Sie sind jedoch bedeutsam genug, um sorgfältige theoretische Analyse zu verdienen. Sie sind bedeutsam, weil in historisch einmaliger Weise von Europa ausgehend die Lebensbedingungen der Menschheit geändert worden sind, und zwar durch Übergang von traditionalen Adelsgesellschaften zu einem neuartigen Typus der modernen Gesellschaft. Wir müssen die Struktur dieser Veränderung begreifen – was immer die Folgerungen sein werden, die wir für die Zukunft daraus ziehen werden. Wir brauchen uns nicht an die Formen und Erfahrungen zu klammern, die den Übergang zur Moderne ermöglicht und die in Europa sich bewährt haben. Aber ohne Verständnis für sie und ohne Fähigkeit zu einer angemessenen theoretischen Rekonstruktion werden wir kaum in der Lage sein, die Probleme der gegenwärtigen Weltlage zu begreifen.

Mein zweiter Ausgangspunkt liegt in der soziologischen Theorie. Diese Theorie ist ihrerseits ein unterentwickeltes Land, kaum in der Lage, auf die Fragen, die wir stellen möchten, eine angemessene Antwort zu geben. Ich sehe hier jedoch gute Chancen für eine weitere Entwicklung – teils auf der Grundlage der „einheimischen" Traditionen soziologischer Theorie, teils auf der Grundlage neuerer Entwicklungen in der allgemeinen Systemtheorie.

Die soziologische Tradition – man kann hier an Spencer oder Durkheim oder Parsons denken – hat vor allem das Konzept der *Differenzierung* der Gesellschaft anzubieten. Es wird heute im allgemeinen als *Systemdifferenzierung* verstanden. Das heißt: Die Gesellschaft läßt sich auffassen als ein System, das in eine Vielzahl von Subsystemen differenziert ist. Dementsprechend unterscheiden sich traditionale und moderne Gesellschaften durch das Prinzip ihrer Differenzierung. Traditionale Gesellschaften beruhen auf dem Prinzip der Stratifikation. Sie sind hierarchisch differenziert in verschiedene Schichten nach Maßgabe sozialen Ranges. Ihr Differenzierungsprinzip beruht auf einer Unterscheidung von oben und unten. Die moderne Gesellschaft ist dagegen

* Vortrag auf dem 1. Encontro Brasileiro de Filosofia do Direito vom 28.9.–3.10.1980 in João Pessoa, Paraíba. Bei der Übersetzung ins Deutsche und bei der redaktionellen Überarbeitung habe ich die Vortragsform beibehalten.

in erster Linie nach Funktionsbereichen gegliedert. Sie ordnet ihre wichtigsten Subsysteme bestimmten Funktionen zu – etwa Funktionen der Wirtschaft, der wissenschaftlichen Forschung, der Erziehung, der Politik, des Rechts. In dieser Ordnung gibt es durchaus noch Stratifikation, aber dies nur noch in der abgeschwächten Form der Klassenbildung, die sich durch die Autonomie der Funktionssysteme (vor allem Erziehung und Wirtschaft) reproduziert.

Diese hier nur rasch skizzierte Theorie der Differenzierung[1] läßt sich kombinieren mit einer ganz neuartigen *Theorie selbstreferentiell-geschlossener Systeme*, die derzeit im Rahmen logischer, kybernetischer und allgemein systemtheoretischer Forschungen entwickelt wird[2]. Selbstreferentielle Systeme sind Systeme, die in der Lage sind, die Elemente, aus denen sie bestehen, selbst zu reproduzieren – seien es nun Zellen oder Handlungen oder Entscheidungen oder Kommunikationen. Die Selbstreproduktion wird durch ein selektives Arrangement der Elemente selbst, also durch die Art ihrer Organisation, ermöglicht. Selbstreferentielle Systeme müssen in all ihren Operationen ihre eigene Reproduktion mitvollziehen. Sie sind insofern geschlossene Systeme, als sie alles, was sie tun, mit sich selbst abstimmen müssen, und dies gilt auch und gerade dann, wenn sie mit ihrer Umwelt interagieren.

Angewandt auf das System der Gesellschaft, ermöglicht diese Theorie eine Anreicherung des Begriffs der Systemdifferenzierung mit zusätzlichen Aussagemöglichkeiten. Differenzierung der Gesellschaft heißt dann: Dekomposition des Gesellschaftssystems in Subsysteme mit mehr oder weniger hoher selbstreferentieller Autonomie. Der Übergang von stratifikatorischer zu funktionaler Differenzierung kann dann begriffen werden als Veränderung der Bedingungen für die Genese selbstreferentieller Subsysteme in der Gesellschaft. In stratifizierten Gesellschaften findet man selbstreferentielle Ordnungen fast nur auf der Ebene der obersten Schicht, die dann ihre Selbstauffassung in moralische Kategorien kleidet und sie als repräsentativ darstellt für die Gesellschaft im ganzen. Sie ist die eigentliche Gesellschaft der maiores et saniores partes, sie ist die „gute" Gesellschaft. Diese Selbstdarstellung zerbricht am Übergang zu funktionaler Differenzierung. Seit dem 18. Jahrhundert entwickeln sich in Europa Reflexionstheorien für spezifische Funktionsbereiche (vor allem: Wissenschaft, Wirtschaft, Erziehung, Intimbereich, Politik, Recht), die sich von der Vorherrschaft des Schichtungsprinzips emanzipieren und die Eigengesetzlichkeit dieser Funktionsbereiche zum Ausdruck bringen, und diesen Theorien werden in weitem Umfang Institutionen und Methoden nachgebildet; sie werden als Moment des selbstreferentiellen Prozessierens in die Funktionssysteme selbst eingebaut und dienen dann der Beschreibung der Realität, die sie selbst mitproduziert haben.

Wir werden uns im folgenden nur mit zweien dieser Funktionssysteme befassen: mit dem System für Recht und dem System für Politik. Der theore-

1 Vgl. Niklas Luhmann, The Differentiation of Society, New York (Columbia UP) 1982.

2 Siehe z. B. Humberto R. Maturana/Francisco J. Varela, Autopoiesis and Cognition: The Realization of the Living, Dordrecht (Reidel) 1980.

tische Rahmen für deren Analyse ist jedoch breiter angelegt. Er zielt auf eine Charakterisierung der modernen Gesellschaft und benutzt Analysen einzelner Funktionssysteme immer auch, um eine gesellschaftstheoretische Konzeption zu verifizieren. Die Darstellung von Recht und Politik wird daraus abgeleitet.

II.

Innerhalb des Rechtssystems kann man seit dem Anfang des 18. Jahrhunderts eine zunehmende Beachtung von Problemen einer selbstreferentiellen Autonomie beobachten[3]. Allerdings vermeidet man bis zuletzt die Anerkennung des Prinzips. Denn Selbstreferenz im Recht würde heißen: Das Recht ist, was das Recht sagt, daß es ist. Wie könnte das Rechtssystem eine so einfache, tautologische, unsinnige Formel als Prinzip der Selbstdarstellung akzeptieren, selbst wenn die strukturelle Entwicklung des Gesellschaftssystems die Anerkennung der Autonomie des Rechts nahelegt?

Die Entwicklung der Rechtsdogmatik hat denn auch deutlich versucht, dies Prinzip der Selbstreferenz abzuwehren. Da jedoch alle Abwehrversuche ihrerseits der Kritik ausgesetzt waren, wurde so der gegenteilige Effekt produziert: Man hat sich schrittweise aller Absicht zuwider dem Prinzip genähert.

Ich referiere kurz die wichtigsten Schritte dieser Entwicklung der Rechtsdogmatik und beziehe mich dabei ausschließlich auf deutsche Literatur, an der der behauptete Sachverhalt einer kontraintuitiven Förderung der Anerkennung voller Kontingenz des Rechts gut abzulesen ist:

1. Am Beginn des 18. Jahrhunderts kommt es zunächst zu einer Auflösung des klassischen Naturrechts durch eine Trennung von moralischen (innerlich bindenden) und rechtlichen (äußerlich bindenden) Normen. Diese Unterscheidung, die auf Christian Thomasius zurückgeht, ermöglicht es seinen Nachfolgern, das Naturrecht als Zwangsrecht neu zu definieren und in die Legitimation des Rechts die Legitimation des Zwangs miteinzubauen, obwohl das die moralische Motivation ausschließen mußte[4].
2. Nachdem die Philosophie Kants in den 90er Jahren des 18. Jahrhunderts die deutschen Universitäten erobert hatte, begann in rechtstheoretisch interessierten Kreisen eine Gegenbewegung, die auf die Unergiebigkeit dieser philosophischen Fundierung für praktische Rechtsfragen hinwies, die den Wert der Deduktion des Rechts aus dem Sittengesetz bestritt und statt dessen eine „Philosophie des positiven Rechts“ (heute würde man sagen: Rechtstheorie) forderte. Gustav Hugo, Paul Johann Anselm Feuerbach und

3 Eine gute Darstellung, die aber erst mit dem 19. Jahrhundert ansetzt, ist Raffaele de Giorgi, Scienza del diritto e legittimazione: Critica dell'epistemologia giuridica tedesca da Kelsen a Luhmann, Bari (de Donato) 1979.

4 So namentlich Nicolaus Hieronymus Gundling, Ius naturae et gentium, Halle 1714. Zur weiteren Entwicklung auch Johann Gottlieb Buhle, Lehrbuch des Naturrechts, Göttingen 1798, S. 43 ff.

Anton Friedrich Justus Thibaut sind die prominenten Namen dieser Bewegung.

3. In unmittelbarem Zusammenhang damit begannen, angeregt vor allem durch Friedrich Carl von Savigny, Versuche, das positive Recht als *historisch* gegebenes *Faktum* in seiner *begrifflichen Struktur* zu analysieren. Die Rolle der Gesetzgebung wurde dabei bewußt abgewertet – teils weil sie die Kontingenz des Rechts zu deutlich bewußt gemacht hätte; teils weil sie in Deutschland auf zahlreiche Territorialstaaten aufgeteilt war.
4. Im Gegenzug dazu hat sich dann in der zweiten Hälfte des 19. Jahrhunderts der juristische Positivismus entwickelt, der alles Recht auf die Entscheidungen des Gesetzgebers zurückführt und keine weiteren Grundlagen anerkennt. Da Entscheidungen immer Wahlakte sind, war damit die volle Kontingenz des Rechts anerkannt. Man mußte konzedieren, daß das gesamte Recht durch Entscheidungen geändert werden konnte unter Einschluß des Rechts, das das Verfahren der Gesetzgebung bestimmt. Damit stand man aber vor der Frage, ob und wie nun die Schranken des rechtlich Möglichen zu begreifen seien.
5. Diese Frage wiederum führte zu einer wachsenden Anerkennung des Interessenprinzips. Das Recht betrifft Interessen, schützt bzw. benachteiligt Interessen und kann in seinen Auswirkungen auf bestimmte Interessenlagen beurteilt werden. Werte sind nun nicht mehr aus sich selbst heraus – qua Natur oder a priori – geltende Urteilsprinzipien; sie gelten nur noch insofern, als sie einen Vergleich von Interessen und eine Beurteilung von Folgen unterschiedlicher Rechtsregulierungen ermöglichen. Auf diese Position ist das gegenwärtig vorherrschende Rechtsgefühl in der deutschen Jurisprudenz eingespielt. Es begibt sich damit in eine bemerkenswerte Nähe zu einer soziologischen Rechtsauffassung – freilich auf sehr unsicheren theoretischen Grundlagen[5].

Dieser Überblick läßt eine Tendenz erscheinen, die der Rechtsdogmatik selbst nie bewußt geworden ist. Die Rechtsdogmatik hat die zunehmende Kontingenz und Änderbarkeit des Rechts, die gesellschaftlich gefordert war, mitproduziert, indem sie sich dagegen gewehrt hat. Sie hat das System in Richtung auf selbstreferentielle Fundierung gesteuert mit dem Versuch, die Gefahr der Zirkelschlüsse und der Tautologien zu meiden. Sie hat dabei wichtige Gesichtspunkte wie Abhängigkeit von Erzwingung, immanent-rechtstheoretische Fundierung, Geschichtsabhängigkeit, Entscheidungsmöglichkeiten, Interessenbezug und Folgenkontrolle gesammelt, die alle im Rechtssystem Beachtung verdienen, ohne jedoch gegen die Selbstfundierung des Rechts zu sprechen. Man kann, wenn man diese Entwicklung als ganzes betrachtet, einen evolutionären Prozeß erkennen, der sein Resultat nicht als Ziel vorwegweiß, der sich vielmehr mit sei-

5 Zur aktuellen Diskussion über Interessen- und Folgenorientierung im Recht vgl. etwa Niklas Luhmann, Rechtssystem und Rechtsdogmatik, Stuttgart 1974, S. 31 ff.; Gunther Teubner, Folgenkontrolle und responsive Dogmatik, Rechtstheorie 6 (1975), S. 179–204; Thomas W. Wälde, Juristische Folgenorientierung, Königstein 1979.

nen eigenen Absichten täuscht und im ganzen dazu dient, das Rechtssystem den Anforderungen einer komplexer werdenden sozialen Umwelt anzupassen. Die Evolution des Rechtssystems ist, so gesehen, ein Moment der gesamtgesellschaftlichen Evolution.

Das Ergebnis dieser Entwicklung läßt sich mit ihren eigenen Mitteln nicht zureichend erfassen, aber es entspricht genau den Vorstellungen einer Theorie selbstreferentieller Systeme. Die Qualifikation als „rechtlich" kann einer Entscheidung nur durch Bezugnahme auf andere als rechtlich qualifizierte Entscheidungen verliehen werden – also nicht durch Bezugnahme auf den schlichten politischen Willen, nicht durch Inaussichtstellen wirtschaftlichen Nutzens und auch nicht durch Anknüpfung an eine nur erkenntnistheoretische Hypothese im Sinne Kelsens[6]. Dies gilt gleichermaßen für Gesetze, die Rechtsqualität in Anspruch nehmen, wie für Ausführungsentscheidungen. Die Gesetze gründen sich auf ihre Ausführung, die Ausführung gründet sich auf die Gesetze, sofern eine jeweils ausreichende Menge von Rechtselementen hinzuassoziiert werden kann.

Die Entscheidungen im Rechtssystem sind kontingent, sie werden durch das System selbst produziert und könnten unter anderen Bedingungen auch anders ausfallen. (Es würde sich sonst nicht um Entscheidungen handeln.) Daraus folgt aber nicht, daß das Rechtssystem, das die Entscheidungen produziert und reproduziert, seinerseits kontingent ist. Es ist vielmehr, wenn man die Gesellschaft auf einem bestimmten Entwicklungsstande voraussetzt, zur Erfüllung einer näher beschreibbaren Funktion notwendig[7]. Obwohl das Rechtssystem nur aus Entscheidungen besteht und *alle* Entscheidungen im Rechtssystem durch andere Entscheidungen ersetzbar sind, ist die Ordnung des Reproduktionszusammenhanges selbst eine notwendige. Das Rechtssystem hat, anders formuliert, seine eigene Notwendigkeit darin, daß es notwendigerweise aus kontingenten Entscheidungen besteht[8].

III.

Gedanklich und institutionell wird eine Gesellschaft sich auf das Risiko der Ausdifferenzierung und selbstreferentiellen Ordnung eines Rechtssystems nur einlassen, wenn auch andere Teilsysteme der Gesellschaft darauf eingestellt sind und Mindestbedingungen der Kompatibilität erfüllt sind. Unter theore-

6 Zur Auseinandersetzung mit Kelsen speziell unter diesem Gesichtspunkt vgl. Torstein Eckhoff/Nils Kristian Sundby, The Notion of Basic Norm(s) in Jurisprudence, Scandinavian Studies in Law 1975, S. 123–151.

7 Hierzu Niklas Luhmann, Rechtssoziologie, Reinbek 1972 (3. Aufl. Opladen 1987), S. 27 ff.

8 Ich verkenne nicht, daß hier eine Argumentationsfigur gebraucht wird, die im Mittelalter der Theologie vorbehalten war: die Notwendigkeit der Nichtnotwendigkeit (Kontingenz). Vgl. Duns Scotus, Ordinatio I. dist. 39 q. 1–5, zit. nach Opera Omnia Bd. VI, Civitas Vaticana 1963, S. 401 ff.

tischen Gesichtspunkten würde man erwarten, daß die Selbstreferenz im Rechtssystem eine korrespondierende Selbstreferenz im politischen System erfordert und bekräftigt. Jedenfalls liegen die europäischen Erfahrungen mit der neuzeitlichen Entwicklung von Recht und Politik – trotz aller Betonung des „Rechtsstaates" im Sinne einer rechtsförmigen Verfaßtheit des politischen Systems – auf dieser Linie. Aber was besagt Selbstreferenz im politischen System?

Zunächst ist ganz einfach das Prinzip der Demokratie eine Formel für Selbstreferenz. Das Volk regiert das Volk, das Volk herrscht über sich selbst. Aber diese Formel bleibt erläuterungsbedürftig. Sie setzt sich in einen Widerspruch zum Begriff, den sie der Tradition entnimmt und zur Bezeichnung der „Referenz" in der Selbstreferenz benutzt: zum Begriff der Herrschaft. Und sie hat die Form einer Tautologie oder eines logischen Kurzschlusses, der als sinnleere Perfektion zu der Frage führt, wie denn die Herrschaft des Volkes über sich selbst institutionalisiert werden könnte. Man weicht dann auf zweitbeste oder drittbeste Lösungen aus: auf Repräsentativverfassungen oder gar auf bloße Absichtserklärungen einer herrschenden Elite.

Untersucht man genauer das, was an politischen Realitäten seit der französischen Revolution geschaffen worden ist, dann stößt man auf eine radikale Veränderung, die als bloßer Wechsel der Herrschaftsform (von Monarchie zu Demokratie) nicht zureichend begriffen ist. Es handelt sich um eine Veränderung des Typus der internen Differenzierung des politischen Systems, und zwar um den Übergang von einer zweifachen zu einer dreifachen Differenzierung[9].

Alle älteren Gesellschaften hatten sich im Ausbau ihrer politischen Institutionen parallel zur Schichtungsordnung der Gesellschaft der Form einer Hierarchie bedient[10]. Eine solche Ordnung kommt mit zwei Positionstypen aus: oben und unten. Sie kann in sich selbst kopiert werden und auf diese Weise Zwischenstufen bilden; aber es gibt keine Positionen und keine Teilsysteme, die nicht relativ zu anderen entweder oben oder unten sich befinden. Es gibt keine dritte, in dieser Hinsicht unbestimmbare Qualität[11]. Eine solche Ordnung hat eine notwendig-asymmetrische Struktur, die jedoch in zwei Richtungen gesehen werden kann: von oben nach unten und von unten nach oben. Sie endet in absoluten Positionen ganz oben und ganz unten, die jedoch semantisch transzendiert, also weitergedacht werden können in ein Reich der Engel und Gottes auf der einen, in das Reich der Tiere auf der anderen Seite.

9 Vgl. hierzu und zum Folgenden auch: Niklas Luhmann, Politische Theorie im Wohlfahrtsstaat, München 1981.

10 Mit tiefreichenden regionalen Unterschieden natürlich. Vgl. hierzu Louis Dumont, Homo Hierarchicus: The Caste System and its Implications, engl. Übers. London 1970.

11 Daß das Verhältnis von Religion und Politik bei einem solchen Ordnungsaufbau besondere Probleme aufwerfen mußte, liegt auf der Hand. Sie wurden zumeist im Sinne einer „nur semantischen" Überordnung von Religion gelöst und im übrigen durch Schichtengleichheit des Führungspersonal in beiden Bereichen entschärft. Eine funktionale Differenzierung von Religion und Politik konnte sich in einer solchen Ordnung nicht (oder allenfalls auf Rollenebene) durchsetzen.

Ein solches Ordnungsmodell hat mit dem Zurücktreten des Schichtungsaufbaus der Gesellschaft seine Plausibilität verloren; und es ist im Zuge der „Demokratisierung" des politischen Systems durch eine dreifache Differenzierung ersetzt worden, die den Übergang zu kreisförmigen Machtkonstellationen ermöglicht. Neben dem Teilsystem, das sich mit der Herstellung bindender Entscheidungen befaßt (Parlamente, Regierungen, Verwaltungsbürokratien) und das ich hier einfach *Verwaltung* (im weitesten Sinne) nennen möchte, finden wir ein Teilsystem für *Politik* (im engeren Sinne), nämlich für die Vorbereitung von Themen und die Auswahl von Personen, für das Testen von Konsenschancen und für den Aufbau von Macht. Dieses Teilsystem dankt seine Existenz vor allem der Organisation politischer Parteien, die so weit verselbständigt sind, daß sie auch dann existieren können, wenn sie nicht die Regierungspositionen besetzen. Schließlich und darüber hinaus ist jedermann mit bestimmten Rollen in das politische System eingebaut, sofern er bindende Entscheidungen zu akzeptieren hat, sofern er im politischen System kommunizieren kann und vor allem: sofern seine Stimme in der politischen Wahl zählt. Wir nennen diesen Bereich *Publikum*.

Je stärker und je deutlicher diese drei Formen der Mitwirkung im politischen System – Publikum, Politik und Verwaltung – auseinandergezogen und gegeneinander verselbständigt werden können, desto stärker entsteht ein kreisförmiger Machtprozeß: Das Publikum wählt Führungspersonen und politische Programme in der Politik, die Politiker verdichten Prämissen für bindendes Entscheiden, die Verwaltung entscheidet und bindet damit das Publikum, das seinerseits wiederum wählt. Dieser Kreislauf induziert seinerseits einen Gegenkreislauf, und zwar in dem Maße, als das Verhalten unter hochkomplexen Bedingungen gewählt werden muß und so auf vorherige Reduktionen angewiesen bleibt. So kann die Politik kaum ohne Entwürfe der Verwaltung arbeiten. Das Publikum ist auf Vorsortierung der Personen und Programme innerhalb der Politik angewiesen. Die Verwaltung bedarf in dem Maße, als sie in komplexe Wirkungsfelder expandiert, der freiwilligen Mitwirkung des Publikums, muß diesem also Einfluß konzendieren. Innerhalb eines solchen Doppelkreislaufes entfallen alle „absoluten" Anhaltspunkte, alle naturrechtlichen bzw. transzendentalen Sicherheiten. Das System konstituiert sich als geschlossen selbstreferentielles System. Ein intensiver Umweltkontakt ist damit keineswegs ausgeschlossen; aber Informationen finden nur Eingang, wenn und soweit sie sich dem selbstreferentiellen Prozessieren dieses Systems fügen und dessen Ordnung mit immer neuen Elementen reproduzieren.

IV.

Auch die Analyse des politischen Systems scheint zu bestätigen, daß eine fortgeschrittene funktionale Differenzierung des Gesellschaftssystems zu selbstreferentiellen Ordnungen auf der Ebene der Teilsysteme führt, zu Formen also, die bisher aus primär logischen Gründen abgelehnt bzw. als Eigenschaften des

Denkens, des Bewußtseins, der Vernunft angesehen worden sind. Gibt man diese traditionelle, logisch begründete Ablehnung selbstreferentieller Ordnungen auf – und auch Entwicklungen in der Logik selbst scheinen dahin zu führen[12] – gelangt man zu neuartigen Fragestellungen, die sowohl die in Europa übliche Kontrastierung von Materie und Geist als auch die Ideen und Begriffe unterlaufen, mit denen der Übergang in die Moderne ermöglicht und zunächst erfaßt worden war. Was Politik und Recht betrifft, so wird man lernen müssen zu begreifen, daß nur über eine stärkere *Differenzierung* des politischen und des juridischen Prozessierens von Informationen eine hohe wechselseitige *Abhängigkeit* beider Funktionsbereiche von den Leistungen des jeweils anderen erreicht werden kann. Höhere Unabhängigkeit ist, um es paradox zu formulieren, Voraussetzung höherer Abhängigkeit; denn nur so kann eine höhere funktionale Spezifikation der Systeme erreicht werden, und nur über den Ausbau einer Ordnung selbstreferentieller Produktion und Reproduktion von Elementen läßt sich die Sensibilität eines Systems gegenüber seiner Umwelt steigern.

Solche Verhältnisse wechselseitiger Abhängigkeit, die wechselseitige Unabhängigkeit voraussetzen, sind möglich auf der Grundlage selbstreferentieller Systembildung. Dadurch, daß die Reproduktion der Elemente, hier also rechtliche bzw. politische Entscheidungen, durch Bezug auf andere Elemente im gleichen System zirkulär geschlossen wird, werden die Systeme voneinander unabhängig; dadurch daß sie ihre Elemente als sinnhaft-auswählende Ereignisse reproduzieren, können sie sich auf das einstellen, was das jeweils andere System an Informationen liefert.

Die wechselseitige Abhängigkeit von Rechtssystem und politischem System ergibt sich zunächst aus der gemeinsamen Grundlage in der Kontrolle über physische Gewalt, auf die beide Systeme angewiesen bleiben. Unter modernen Bedingungen kommt hinzu, daß das Rechtssystem auf politisch kontrollierte (und dann wieder im Rechtssystem nochmals kontrollierte) Gesetzgebung angewiesen ist. Nur so kann es die eigene Ordnungsleistung auf die Komplexität und Veränderlichkeit heutiger Lebensbedingungen einstellen; nur so kann es seine Funktion der Absicherung von Verhaltenserwartungen bei notwendigerweise instabilen gesellschaftlichen Verhältnissen erfüllen. Und umgekehrt ist das politische System darauf angewiesen, daß es Entscheidungsprämissen und Entscheidungen der politischen Dauerproblematisierung entziehen und sie als rechtlich gegeben behandeln kann. Gerade Demokratien brauchen eine solche Entlastung, brauchen im Alltag die Möglichkeit, Entscheidungen aufs geltende Recht zu beziehen, sie also external zuzurechnen. Die laufende Legitimation am „Volkswillen" funktioniert nur, wenn nicht jederzeit alles in Frage gestellt werden kann, obwohl prinzipiell alles für Neuentscheidung offen gehalten wird.

12 Vgl. z.B. George Spencer Brown, Laws of Form, 2. Aufl. New York 1972; Francisco J. Varela, A Calculus for Selfreference, International Journal of General Systems 2 (1975), S. 5–24; ders., Principles of Biological Autonomy, New York 1979, S. 106 ff.; Ranulph Glanville, Consciousness: and so on, Journal of Cybernetics 10 (1980), S. 301–312.

Es scheint in hochentwickelten Gesellschaftssystemen mithin Strukturzusammenhänge zu geben zwischen (1) funktionaler Systemdifferenzierung, (2) hoher Autonomie der Teilsysteme, (3) selbstreferentieller Operationsweise und (4) Möglichkeiten der Steigerung wechselseitiger Unabhängigkeit und Abhängigkeit zugleich, so daß die Gesellschaft das, was sie an Einheitlichkeit durch Differenzierung einbüßt, durch Interdependenzen zwischen den Teilsystemen zurückgewinnen kann. Obwohl manche Beobachtungen für eine Entwicklung in dieser Richtung sprechen, wäre jedes Urteil über sie verfrüht. Wir können ähnliche Erscheinungen zu selbstreferentieller Autonomisierung auch in anderen Funktionsbereichen beobachten, vor allem natürlich in wissenschaftlicher Forschung und in der an Geld orientierten Wirtschaft. Ferner fällt auf, daß Verhaltensweisen und Mentalitäten sich diesem Gesellschaftstypus anzupassen beginnen, ohne daß man die Risiken dieses Prozesses abschätzen und die sich ausbildende Gesellschaftsordnung im Vergleich zu anderen Möglichkeiten wählen könnte. Zielsetzungen ebenso wie Abwehrreaktionen, Hoffnungen ebenso wie Befürchtungen sind durch im ganzen noch nicht begriffene Strukturen ausgelöst.

Man muß in solcher Lage eine Theorie der Gesellschaft erarbeiten und von da her Recht und Politik zu begreifen suchen – auch und gerade dann, wenn man nicht bereit ist, einer solchen Ordnung vorbehaltlos zu vertrauen. Eine zureichende Begrifflichkeit ist unentbehrlich, um die Wahrnehmung der sich abzeichnenden Probleme zu beschleunigen[13] und um Kritik zu dirigieren. Vor allem zwei Fragen drängen sich auf, deren Tragweite evident ist, deren Problemgehalt aber erst auf Grund einer Theorie selbstreferentieller Systeme herausgearbeitet werden kann. Die eine betrifft die Umwelt des Gesellschaftssystems, die andere betrifft die Verwendung der Theorie selbst.

Vordringlich wird man untersuchen müssen, wie selbstreferentiell-geschlossene Funktionssysteme für Probleme der gesellschaftlichen Umwelt – oder globaler gesprochen: für Probleme des Ökosystems menschlichen Lebens – aufnahmebereit sein können und wovon eine Steigerung ihrer Informationsverarbeitungskapazität abhängt. An den hier behandelten Beispielen, Rechtssystem und politisches System, sieht man schon, welche Probleme hier auftreten können, wenn alle Operationen des Systems im Selbstgespräch durchgeführt werden müssen, also juristische bzw. politische Anschlußfähigkeit erfordern als Bedingung ihrer Möglichkeit. Man müßte dann die Sprache des Systems, die historischen Selbstbindungen, die Transformationsregeln seiner Semantik untersuchen, um feststellen zu können, wie weit ein solches System auf Veränderungen in seiner Umwelt adäquat reagieren kann ohne Gefährdung seiner selbstreferentiellen Reproduktion.

Eine andere Frage betrifft die Funktion von Theorie in selbstreferentiellen Systemen und für selbstreferentielle Systeme. Seit dem 18. Jahrhundert hat Europa ein ganz ungewöhnliches Ausmaß an Theorieorientierung für je spezifi-

13 Zu Zeitproblemen dieser Art vgl. F. E. Emery/E. L. Trist, Towards a Social Ecology: Contextual Appreciation of the Future in the Present, London–New York 1973.

sche Funktionssysteme produziert und diese Theorien in die Systeme selbst eingegeben. Man denke an Locke, Montesquieu und Rousseau für das politische System, an Adam Smith oder Keynes für die Wirtschaft, an Hume und Kant für Erkenntnis und wissenschaftliche Forschung oder an die Kette der Transformationen der Rechtstheorie, über die oben berichtet wurde. Am Ende des Jahrhunderts findet man bereits Reflexionen über den Einbau von Theorie in das System, das die Theorie beschreibt. So enthält Friedrich Schlegels Roman Lucinde[14] eine Theorie des Romans als Teil des Romans. Das alles ist jedoch nicht adäquat weitergeführt worden. In dem Maße, als man in der sozialen Wirklichkeit jedoch mit sozialen Systemen konfrontiert ist, die eine Theorie über sich selbst als Bauelement in sich selbst enthalten – man denke nur an „marxistisch" orientierte Gesellschaften –, entsteht ein Bedarf für Theorien, die die Probleme eines solchen selbstreferentiellen Theoriegebrauchs behandeln können – etwa Fragen der Kritikfähigkeit, der Lernfähigkeit oder der Inflation bzw. Deflation des Vertrauens in Theorie.

Solche Probleme setzen die herkömmlichen Probleme der Verhinderung der Willkür politischen Machtgebrauchs oder der Begründung von Rechtsentscheidungen durch Verweis auf Unbezweifelbares nicht außer Kraft. Nach wie vor wird man es auch mit Problemen zu tun haben, auf die unser Denken und unsere institutionellen Vorkehrungen seit alters ausgerichtet waren. Wenn wir uns jedoch ausschließlich mit diesen Fragen befassen, werden wir diejenigen Probleme verfehlen, die in einem ganz neuartigen Typus von Gesellschaft vordringlich zu lösen sind.

14 Berlin 1799.

Partizipation und Legitimation: Die Ideen und die Erfahrungen*

I.

Politische Ideen und intellektuelle Moden unterliegen heute einem raschen Verschleiß. Nach einer nur zwanzigjährigen Diskussion blickt man heute auf die Forderung nach mehr und nach wirksamerer Partizipation wie auf eine abgeschlossene Phase der neueren Ideengeschichte zurück. Man spricht von der Generation der 68er, deren Zeit abgelaufen sei. Ihre intellektuellen und politischen Ambitionen haben Spuren hinterlassen. Die Organisationen haben sich an ein höheres Maß von Widerspenstigkeit der Individuen gewöhnt. Mitspracheregelungen sind in den institutionellen Alltag überführt und haben den Charakter von unvermeidlichen bürokratischen Umständlichkeiten gewonnen. Die Leitideen jedoch haben ihre Wirksamkeit verloren. Fast unverständlich ist es heute, wie hochgespannt die Hoffnungen waren, die man mit Partizipationsforderungen verbinden konnte, und wie naiv die Vorstellungen über das Erreichbare und über die Kosten. Die Protagonisten dieser Bewegung, heute in ihren besten Jahren, beklagen den Wandel und reden von „Postmoderne" so, als ob nun nichts Wichtiges mehr geschehen könne. Sie beschreiben damit ihre eigene Situation: den Verlust an Perspektive, an politischem Wollen, an zündender Rhetorik. Offenbar sind die Individuen nicht mehr an Emanzipation interessiert (wenn sie es je waren), sondern nur noch – an sich selbst. Offenbar sind die Individuen individueller, als man gedacht hatte, oder sie lenken ihre Aggressivität in andere Richtungen. Man spricht von „neuem Individualismus"[1].

Ganz ähnliche Beobachtungen lassen sich in bezug auf „Legitimität" anstellen. Auch dies Thema ist passé. Das heißt keineswegs, daß die Entscheidungen politischer Instanzen heute mehr Konsens finden als früher oder daß die Popularität der Regierungen besser gesichert sei. Für Deutschland zumindest trifft eher das Gegenteil zu. Aber das lautstarke Dramatisieren des Problems der Legitimität hatte nur Sinn, solange man Möglichkeiten sah, Legitimität zu schaffen – vor allem durch bessere Partizipation. Die Erwartung war, so seltsam das rückblickend gesehen erscheinen mag, daß mehr Partizipation

* Vortrag aus Anlaß der III. Jornadas Juridicas in Lerida 9.–10.5.1985.

1 Vgl. z.B. Ulrich Beck, Jenseits von Stand und Klasse? Soziale Ungleichheiten, gesellschaftliche Individualisierungsprozesse und die Entstehung neuer sozialer Formationen und Identitäten, in: Reinhard Kreckel (Hrsg.), Soziale Ungleichheiten, Sonderband 2 der Zeitschrift Soziale Welt, Göttingen 1983, S. 35–74.

zu mehr Zustimmung führen würde – und nicht etwa zu mehr Enttäuschungen. Insofern hingen die beiden Themen, Partizipation und Legitimation, eng zusammen und sind folglich miteinander verblaßt.

In dieser Situation abgekühlten Eifers haben wir die Chance eines nüchternen Rückblicks. Was waren die Ideen? Was waren die Folgen? Was hat nicht so funktioniert, wie erwartet, und warum nicht? Aber vor allem: welche Lehren ergeben sich daraus für die Eigenart und die spezifischen Probleme moderner Demokratien?

II.

Es erscheint mir zweckmäßig, ja notwendig, diese Fragen in einem weiten historischen Horizont zu erörtern, das heißt: im Vergleich mit strukturellen und semantischen Gegebenheiten der vorneuzeitlichen Gesellschaft. Die Begriffe Partizipation und Legitimation sind schließlich mittelalterlichen Ursprungs, und wenn ihre Umsetzung in moderne Verhältnisse nicht gelungen ist, so mag dies nicht zuletzt daran liegen, daß zu viel obsoletes Gedankengut in veränderte Verhältnisse übertragen wurde.

Partizipation im alten Sinne heißt nichts anderes als das, was das Wort sagt: *Teil eines Ganzen sein.* Wie können aber Individuen, mit Körper und Seele, mit Organismus und Bewußtsein, Teil der Gesellschaft sein oder werden? In der alten Gesellschaft wurde *Individualität* durch Inklusion, das heißt durch soziale Beziehungen verliehen. Man war Individuum nur unter Bekannten und Freunden, nur als Angehöriger eines Haushalts, einer Familie, einer Schicht – und nicht als Fremder oder als Vagabund, als Unbekannter mit geringen und dürftigen Lebenschancen. In dem Maße, als die moderne Gesellschaft ihre eigenen Strukturen entfaltet wird diese Vorstellung aufgegeben. Individualität wird spätestens seit der zweiten Hälfte des 18. Jahrhundert, durch *Exklusion* definiert – zum Beispiel in der berühmten und folgenreichen Formulierung, das Individuum sei ein Subjekt oder sogar das Subjekt schlechthin, das allem zugrundeliege.

Diese Neuordnung der Individualitätssemantik ist durch einen strukturellen Gesellschaftswandel erzwungen worden. Die moderne Gesellschaft ist in erster Linie in Funktionssysteme für Wirtschaft, Politik, Wissenschaft, Religion, Erziehung usw. gegliedert. Das schließt es aus, Individuen auf diese Teilsysteme derart zu verteilen, daß jeder einem und nur einem dieser Systeme angehört. Vielmehr muß jeder zu allen Funktionen Zugang erhalten. Die Prinzipien der Inklusion werden ihrerseits funktional differenziert. Natürlich gilt nach wie vor, daß Menschen nur aufgrund einer gesellschaftlichen Ordnung leben können. Aber *die* Gesellschaft kommt *in der Gesellschaft* nicht vor. Sie hat fast die Attribute des Gottesbegriffs, überall und nirgendwo in bestimmter Weise gegenwärtig zu sein.

Inklusion des Konkreten, leibhaftigen Individuums in die Gesellschaft im ganzen kann demnach nicht in der Gesellschaft stattfinden, in der es nur die einzelnen Funktionssysteme gibt. Inklusion in die Gesellschaft heißt Exklusion aus allen Funktionssystemen also Exklusion aus der Gesellschaft. Inklusion ins Ganze heißt Exklusion aus den Teilen. Aber was ist das Ganze, wenn es kein Teil des Ganzen sein kann? Wenn es im Ganzen durch keinen Teil repräsentiert werden kann?

Es berührt merkwürdig, daß diese Paradoxie im Deutschen Idealismus mit der These, das Individuum sei das Subjekt der Welt, übersprungen und in eine Feier verwandelt werden konnte, speziell im Konzept der „Bildung", während sich gleichzeitig in einer Begriffstradition, die von „ennui" über „Entfremdung" bis zum „homme-copie" (Stendhal) reicht, schon eine ganz andere Realität abzeichnet, – übrigens eine Realität, von der Oberschicht (ennui) und Unterschicht (Entfremdung) gleichermaßen betroffen sind. An diesen Spannungen zerbricht die alte Idee der Partizipation. Wenn man daraufhin neue Hoffnungen auf *Verfahren* setzt, sind diese Hoffnungen von vornherein viel zu kleinformatig entworfen – ohne Augenmaß und ohne Sinn für Realitäten. Das gilt für Mitspracheregulierungen innerhalb von Organisationen, ebenso aber auch für die hohe Idee eines möglicherweise effektiven „herrschaftsfreien Diskurses".

Entsprechendes gilt für die Idee der Legitimation. Sie hatte nur als Rechtsprinzip und nur unter naturrechtlichen Voraussetzungen Sinn[2]. Sie setzte eine Hierarchie der Rechtsquellen und auf struktureller Ebene eine stratifizierte Gesellschaft voraus. Auch diese Prämissen sind in der zweiten Hälfte des 18. Jahrhunderts zerbrochen und durch eine Theorie des positiven Rechts ersetzt worden. Legitimation wurde danach nur noch als eine faktisch-kompetente, durchsetzungsfähige Ausübung politischer Gewalt verstanden. Die Wiedereinführung eines inhaltlich anspruchsvollen Begriffs der Legitimität durch Georg Jellinek und Max Weber erreicht den Rang der alten Problemstellung in keiner Weise. Sie stellt nur noch auf faktisch verbreiteten Konsens ab. Die neuere Diskussion in den 60er und 70er Jahren zeigt denn auch deutlich, daß unter diesem Etikett der Legitimität eigentlich nur noch über die Popularität der Regierungen und über politische Rhetorik verhandelt wird. Ich will natürlich nicht bestreiten, daß dies sinnvolle Themen sind[3]. Man sollte sich aber durch die Wahl des Terminus Legitimation nicht zu illusionären Vorstellungen verführen lassen. Es geht nur um prognostische und praktisch-rhetorische Probleme der Wiederwahl oder Nichtwiederwahl von Regierungen – um nicht mehr und nicht weniger.

Vor dem Hintergrund einer solchen Analyse erweist sich das Desaster der Zwillingsideen Partizipation und Legitimation einerseits als voraussehbar, andererseits als gar nicht so schlimm. Weder kommt damit die Geschichte zum Stillstand noch müssen die Hoffnungen auf Demokratie, auf Sicherung und

2 Und wenn heute, dann nur so, meinte zum Beispiel Luis Legaz y Lacambra, Legalidad y Legitimidad, Revista de Estudios Politicos 101 (1958), S. 5–21.

3 Vgl. z.B. Gerhard Franz, Zeitreihenanalysen zu Wirtschaftsentwicklung, Zufriedenheit und Regierungsvertrauen in der Bundesrepublik Deutschland: Entwicklung eines dynamischen Theorieansatzes zur Konstitution der Legitimität der Regierung, Zeitschrift für Soziologie 14 (1985), S. 64–88.

Verbesserung demokratischer politischer Systeme aufgegeben werden. Man muß sich nur radikaler und konsequenter über die strukturelle Eigenart der modernen Gesellschaft informieren und muß sich vor allem über die historisch einmalige Differenz Gedanken machen, die die moderne Gesellschaft von allen historisch vorausgehenden Gesellschaftsformationen unterscheidet. Sofern man überhaupt an historisch übergreifenden Begriffen festhalten will, müssen diese viel abstrakter angesetzt werden – etwa auf der Ebene von Begriffen wie soziales System, Kommunikation, Handlung, Komplexität, Selektion, Evolution, Selbstreferenz usw. Historische Begriffe wie Partizipation oder Legitimation können nicht unkontrolliert übernommen werden; sonst placiert man mit Hilfe dieser Begriffe Erwartungen in Kontexte, in denen sie nicht erfüllt werden können, und provoziert damit Enttäuschungen. Wenn eine „kritische Theorie" dies will, mag sie dafür die politische Verantwortung übernehmen.

III.

Der Versuch ist unternommen worden, die Partizipationschancen in Organisationen zu verstärken und die Frage der Legitimation in die politische Kommunikation wiedereinzuführen. Was ist dabei herausgekommen? Und vor allem: wie ist zu beurteilen, was dabei herausgekommen ist?

Organisationen sind soziale Systeme, die mit Hilfe von Entscheidungen Entscheidungen produzieren[4]. Die Verstärkung von Partizipationsmöglichkeiten in Organisationen läuft deshalb auf eine Vermehrung von Entscheidungen hinaus. Es sind einfach mehr Entscheidungen nötig, wenn Entscheidungen auf Gremien verlagert werden, in denen die Betroffenen oder ihre Vertreter entscheiden müssen, ob sie einer Entscheidung zustimmen wollen oder nicht. Solche Sitzungen müssen vorbereitet werden, sowohl inhaltlich, als auch taktisch. Der Entscheidungsprozeß wird reflexiv. Jeder muß darüber entscheiden, wie er entscheiden will. Zumeist muß dieser reflexive Entscheidungsprozeß noch vorbesprochen werden. Die Reflexivität des Entscheidens wird damit auf eine dritte Ebene verlagert. Man braucht Entscheidungen darüber, wie ein Vertreter über Entscheidungen entscheiden soll.

Zunächst fallen frappierende Parallelen zum Normalverhalten in Bürokratien auf. Auch im normalen bürokratischen Prozeß wird ständig über Entscheidungen entschieden. Entscheidungen werden durch Entscheidungen ermöglicht oder verhindert oder, wenn man darüber nicht entscheiden kann, vertagt. Genau so verhält man sich in den partizipatorischen Verfahren. Auch legitimatorische Strategien gleichen sich auffallend – zum Beispiel die Strategie der Legitimation des eigenen Vorhabens durch eine unmögliche Alternative[5].

4 Vgl. dazu und zum Folgenden: Niklas Luhmann, Organisation und Entscheidung, in: ders., Soziologische Aufklärung, Bd. 3, Opladen 1981, S. 335–389.

5 Vgl. Nils Brunsson, The Irrationality of Action and Action Rationality: Decisions, Ideologies and Organizational Actions, Journal of Management Studies 19 (1982), S. 29–44.

Wie eine Puppe in der Puppe entwickelt sich die Partizipation zu einer Organisation in der Organisation, einer Bürokratie in der Bürokratie. Das Ergebnis läßt sich unter dem Namen Bürokratie tadeln und unter dem Namen Partizipation loben. Die Doppelbewertung hat dann einen immobilisierenden Effekt: Man bejaht aus prinzipiellen Gründen, was man in der Durchführung für schlecht hält. Der Einzelne resigniert und begnügt sich mit individuellen Strategien des Zurechtkommens, der Einflußmehrung oder auch der Abwehr und Selbstimmunisierung.

Soweit dies Resultat selbst ein Ziel struktureller Reformen gewesen ist, hat man das Ziel erreicht. Soweit damit strukturelle Reformen in Gang gesetzt werden sollten, hat sich das Verfahren nicht bewährt. Offenbar unterliegen auch Demobürokratien dem allgemeinen Gesetz der Bürokratie, Änderungen zu minimieren.

Überall dort, wo man innerhalb bestimmter Zeit zu Ergebnissen kommen muß, haben freilich erkennbare Ineffektivität, Überlastung und Unsinnigkeit die Vollrealisierung des Partizipationsprinzips verhindert. Vor allem in Industriebetrieben, die mit Partizipation experimentiert haben, hat sich die erhoffte Teilnahme an der Macht, die beabsichtigte Dezentralisation nicht eingestellt. Dies zeigen Untersuchungen aus Jugoslawien, aber auch aus Chile[6]. Nur in Hochschulen hat sich eine sehr weitgehende Realisierung als möglich erwiesen. Hier ergeben sich dann eigenartige Symbiosen von Partizipation und Individualität, die in der Semantik der Partizipation nicht vorgesehen waren. Einerseits ermöglicht die Selbstlähmung der Organisation durch Partizipation, daß Lehre und Forschung nach wie vor ganz individuell, fast wie außerhalb der Organisation, durchgeführt werden. Andererseits ermöglicht die aufgeblähte, am Widerstand der Partizipation immer noch wachsende Organistation auch denen, die in Lehre und Forschung versagen, eine individuelle Existenz als Partizipationsbürokraten und eine individuelle Reputation im Hinblick auf ihr Geschick, mit den Verhältnissen umzugehen. Was für Bürokratien immer schon galt, gilt auch für die Demobürokratien: Sie sind alles andere als „unpersönlich" operierende „Maschinen", sondern werden intern für sich selbst gerade durch Personenkenntnisse transparent und manipulierbar – zugleich der beste Schutz gegen eine Beobachtung und Manipulation von außen oder von oben.

Auch die Politisierung des Themas „Legitimation" hat eigentümliche, nichtintendierte Effekte gehabt, wenngleich es hier viel schwieriger ist, sie konkret zu beschreiben und auf ihre Ursache zurückzuführen. Mein Eindruck ist, daß

6 Vgl. A.S. Tannenbaum/J. Zupanov, The Distribution of Control in Some Yugoslav Industrial Organizations as Perceived by Members, in: A.S. Tannenbaum (Hrsg.), Control in Organizations, New York 1968, S. 91–109; Veljko Rus, Influence Structure in Yugoslav Enterprise, Industrial Relations 9 (1970), S. 148–160; Josip Obradović/William N. Dunn (Hrsg.), Worker's Selfmanagement and Organizational Power in Yugoslavia, Pittsburgh 1978; Darío Rodríguez Mansilla, Formación de oligarquías en procesos de autogestíon, Santiago, Chile 1982.

die Thematisierung von Legitimation legitimationspolitisch nicht neutral wirkt, sondern tendenziell delegitimierend wirkt. Mit anderen Worten: wenn man die Frage der Legitimation aufwirft und sie vor dem Hintergrund von allgemeinen Werten und Zielen artikuliert, ist die Wahrscheinlichkeit einer negativen Antwort größer als die einer positiven. Das liegt einfach daran, daß Wertperspektiven die Komplexität zu stark reduzieren; also daran, daß über Werte leichter zu kommunizieren ist als über Realitäten.

Die deutschen politischen Parteien haben – teils im Hinblick auf die deutlichen Grundwerte-Präferenzen des Grundgesetzes, teils im Hinblick auf die angeheizte Frage nach legitimierenden Konzepten – den Fehler begangen, in ihren Grundsatzprogrammen für Werte zu werben (was ebenso leicht wie überflüssig ist), und es versäumt, durch eine Realitätsdiagnose gegen unvermeidliche Enttäuschungen vorzubeugen. Sie haben sich mit ihrem guten Willen zur Wahl gestellt und nicht mit ihrer Einschätzung der gesellschaftlichen Realität und der Grenzen des politisch Möglichen. Sie haben damit auf eine Rhetorik gesetzt, die trivial ist und letztlich eine an Personen orientierte Wählerentscheidung herausfordert. Nur ist es ihnen, man verzeihe mir dies sehr pauschale Urteil, nicht gelungen, dafür geeignete Persönlichkeiten auch zu finden und anzubieten. Der Effekt ist deutlich: eine hochtrabende, selbstgerechte Moralistik der politischen Alltagsdiskurse und das Aufkeimen eines Widerwillens gegen das ganze „System".

Selbstverständlich kann und wird diese Beurteilung der Lage bestritten werden. Selbstverständlich ist auch eine andere politische Beurteilung möglich und vielleicht sogar wahrscheinlich. Die Rückführung konkreter Erscheinungen auf eine schlichte semantische Fehldisposition über Ideen entwirft ein stark vereinfachtes Bild der gesellschaftlichen Realität, das in eine sehr viel komplexere Gesellschaftstheorie eingearbeitet und dadurch relativiert werden muß. Das kann an dieser Stelle nicht einmal skizzenhaft geschehen. Vor allem werden diejenigen, die sich für ein Infragestellen der Legitimation von Herrschenden und für eine Forderung nach mehr Partizipation eingesetzt haben, ihre Ideen und damit ihre politisch-intellektuelle Identifikation nicht aufgeben. Sie werden nicht die Ideen, sondern die gesellschaftlichen Verhältnisse als die eigentliche Ursache der Enttäuschung ansehen. Das bleibt ihnen unbenommen. Nach umfangreichen Forschungen über Kausalattribution weiß man heute, daß Zurechnungen auf sehr verschiedene Weisen vorgenommen werden können.

Allerdings müßte man dann erwarten, daß eine Gesellschaftstheorie wirklich vorgelegt wird, die erklärt, wie eine Gesellschaft sich reproduziert, die auf der Ebene der Ideen ständig gegen sich selbst opponiert und die wichtigsten Werte und Ziele in eben diese Opposition auslagert. Der paläomarxistische Theorieapparat – von den Neomarxisten schweigt man besser – hatte eben dies versucht. Er hatte jedoch die Differenz von Struktur und Ideen als ein nur vorübergehendes historisches Phänomen angesehen, das in der zwangsläufig kommenden Revolution kollabiert. Die Schwäche der Theorie wurde als Annahme der Revolution in die Theorie selbst eingebaut. Die Theorie behandelte damit sich selbst als zukunftsblind, denn über die Zeit nach der Revolution, also über ihren eigenen Defekt, kann sie nichts aussagen. Das wird in dem Maße unerträglicher, als ihre Zukunft zu unserer Vergangenheit wird. Man muß deshalb neu anfangen, wenn man diese bisher *nur* im Marxismus behandelte Problemstellung des Zusammenhanges von Ideen und sozialen Strukturen festhalten will; und ich zweifele, ob sich bei einer solchen Rekonstruktion eine günstigere Beurteilung von Partizipationsenthusiasmus und Legitimationskritik ergeben könnte als die, die hier angedeutet ist.

IV.

Bei einer mehr vordergründigen Betrachtungsweise fällt jedenfalls auf, daß der Themenkomplex Partizipation/Legitimation an Schwung verloren hat und durch andere Themen, durch neue Themen ersetzt worden ist. Niemand wird sich bereitfinden, einen Totenschein auszustellen, weil das so aussähe, als ob er gegen Partizipation sei oder die gegenwärtige Herrschaftspraxis ohne Umschweife für legitim halte. Wer nur die Themenstellung für unergiebig hält, wird sie am besten einfach beiseitelassen und neue Themen aufgreifen. Auf diese Weise variieren intellektuelle Moden, auf diese Weise kommen „Tendenzwenden" zustande, auf diese Weise bilden sich immer neue „Avantgarden", ohne daß das Abgelegte widerlegt worden wäre und ohne daß ein kumulativer Prozeß des Erkenntnisgewinns zustandekäme.

Die neuen Themen konzentrieren sich auf die Probleme des Wohlfahrtsstaates und auf die ökologische Gefährdung der modernen Gesellschaft. Die Avantgardisten von gestern sehen darin nur eine Art neue Tarnungsstrategie des Kapitalismus und eine Verschleierung der wirklichen Probleme wie Ungerechtigkeit und Armut[7]. Tatsächlich sind die neuen Themen aber nicht harmloser, sondern brisanter als die alten. Sie führen auf Paradoxien, an denen alte Postulate wie Partizipation oder Orientierung an Werten, mit denen man sich Legitimität verdienen kann, zerschellen.

Paradox ist es, wenn man einsehen muß, daß die moderne Gesellschaft sich durch die Struktur ihrer Rationalität in Wirtschaft, Wissenschaft, Medizin, Erziehung und Politik selbst gefährdet, indem sie eine Umwelt erzeugt, in der sie sich selbst nicht mehr aufrechterhalten und fortsetzen kann. Denn das heißt: wenn man richtig handelt, handelt man falsch.

Paradox ist es auch, wenn man einsehen muß, daß die wohlfahrtsstaatliche Politik Probleme schafft dadurch, daß sie Probleme löst, und Probleme nur lösen kann, indem sie Probleme schafft. Lange Zeit konnte man meinen, daß die wichtigsten gesellschaftlichen Probleme durch politische Planung und Steuerung gelöst werden könnten und daß die Restprobleme oder die nichtbeabsichtigten Folgen im Rahmen der tragfähigen Kosten oder der tolerierbaren Unan-

7 Vgl. z.B. Norman J. Faramelli, Ecological Responsibility and Economic Justice, in: Ian G. Barbour (Hrsg.), Western Man and Environmental Justice, Attitudes Toward Nature and Technology, Reading, Mass. 1973, S. 188–203.

nehmlichkeiten liegen würden. Heute sieht es eher umgekehrt aus: daß die Arbeit an vielen kleinformatigen Tagesproblemen in nicht mehr lösbare Großprobleme einmündet.

Könnte es also sein, daß unsere Gesellschaft ein paradoxes System ist oder das zumindest ihre Selbstreflexion dazu zwingt, ihre Einheit als Paradox zu beschreiben? Wenn dies so wäre, läge es auf der Hand, daß einem solchen Strukturproblem nicht damit beizukommen ist, daß man mehr Partizipation fordert oder feststellt, daß die Gesellschaft die Werte ständig mißachtet, an die sie sich gebunden fühlt.

Ich versage es mir, dieses Problem an die Theologie zurückzuadressieren, bei der man eine traditionelle Kompetenz für paradoxe Kommunikation vermuten kann[8]. Auch geht es mir nicht um eine Therapie der Gegenparadoxierung nach Mailänder Art[9]. Aber man könnte überlegen, ob nicht gerade demokratische Politik die Möglichkeiten bietet, das Paradox zu entparadoxieren, indem sie es in eine Sequenz von entgegengesetzten, gleichzeitig nicht möglichen Optionen auflöst.

Man ist gewohnt, das Spektrum politischer Parteien als einen permanenten Gegensatz von rechten und linken politischen Orientierungen zu begreifen. Von Demokratie kann man sprechen, wenn der Gegensatz als solcher rechtlich und moralisch zugelassen ist, so daß nicht die eine Seite als gut und erlaubt, die andere dagegen als schlecht und verboten dargestellt wird. Nur unter dieser Bedingung kann die Wählerschaft wählen, das heißt durch ihre Entscheidung die regierende Gruppe bestimmen. Das setzt nicht nur eine rechtliche, sondern auch eine moralische Neutralisierung der Optionen voraus. Die Regierenden sind aufgefordert, die Opposition moralisch zu achten und umgekehrt[10]. Die demokratische Einstellung zeigt sich in der moralischen Anerkennung des Gegners. Sie ist Bedingung für das Funktionieren eines binären politischen Code, der die gesamte Politik an der Frage orientiert, wer an der Regierung und wer in der Opposition ist.

Dieser Code ist das Instrument der Entparadoxierung von Politik, denn er schließt es (nicht immer ganz wirksam!) aus, daß eine Partei zugleich an der Regierung und in der Opposition ist. Auf dieser Basis kann es dann wechselnde Optionen geben, die nacheinander an die Regierung bzw. in die Opposition gelangen. Wohlfahrtsstaatliche Politik kann dann restriktiv und expansiv betrieben – nicht gleichzeitig, aber nacheinander und unter Beobachtung und Beurteilung der Resultate. Ebenso können ökologische Probleme so dringlich werden, daß sie gegenüber wirtschaftlichen Rücksichten Vorrang gewinnen, um dann wieder der gegenteiligen Option Raum zu geben. Die asymme-

8 Vgl. Niklas Luhmann, Society, Meaning, Religion – Based on Self-Reference, Sociological Analysis 46 (1985), S. 5–20.

9 Vgl. M. Selvini Palazzoli/L. Boscolo/G. Cecchin/G. Prata, Paradosso e Controparadosso, Milano 1975.

10 Siehe speziell hierzu Talcott Parsons, „McCarthyism“ and American Social Tension: A Sociologist's View, Yale Review 1955, S. 226–245.

trische, gerichtete Struktur der Zeit ermöglicht es, nacheinander Entgegengesetztes zu tun und die Entscheidung darüber in der politischen Wahl zur Disposition zu stellen. Das kann freilich nur funktionieren, wenn ein ausreichendes Maß an Liquidität oder Liquidierbarkeit der Ressourcen und Engagements sichergestellt ist oder wenn laufend neuartige Probleme auftauchen, für die die Politik noch nicht festgelegt ist.

Wenn diese Analyse wesentliche Prämissen von Demokratie zutreffend erfaßt, liegt es auf der Hand, daß durch Mitspracheregelungen in Organisationen nichts ausgerichtet werden kann und daß Fragen der Legitimation allenfalls im Hinblick auf die Bedingungen der Erhaltung eines offen codierten Systems gestellt werden können. Regierung und Opposition hängen zusammen und bilden einen Code durch die Leichtigkeit, mit der die Plätze getauscht werden können – oder sie bleiben so allgemein, so ideal, so unbestimmt und so trivial, daß sie die politischen Optionen nicht unterscheiden und zur wirklichen Politik nichts beitragen[11].

Innerhalb dieses Konzeptes kann manches von dem bewahrt bleiben und ausgebaut werden, was man unter dem Stichwort Partizipation eingerichtet hat. Das gilt insbesondere für organisierte Vertretung von Interessen. Gerade wenn politische Wahl die Möglichkeit eines radikalen Kurswechsels mit schwer revidierbaren Folgen eröffnet, empfiehlt sich eine institutionalisierte Anhörung der Betroffenen. Auch muß es Verfahren geben, um den Konsens derer zu testen und zu gewinnen, deren Mitwirkung man bei der Durchführung von Maßnahmen braucht. Aber das sind alte Weisheiten, die mit dem Terminus Partizipation übertituliert sind. Sie gehören eher in den Bereich dessen, was man heute „new corporatism" nennt. Mit der ursprünglichen Intention des Bemühens um mehr Partizipation, mit einer Verbesserung der Chancen zu individueller Selbstverwirklichung, hat das nichts zu tun. Wenn aber die Problemstellung ausgewechselt wird, sollte man auch die Terminologie wechseln, um nicht ständig falsche Erwartungen zu reproduzieren.

Es wäre also wohl besser, wenn es gelänge, eine Theorie demokratischer Politik von Vorstellungen über Partizipation und über Legitimation durch Werte ganz abzukoppeln und statt dessen die Optionen inhaltlich besser herauszuarbeiten und zur Wahl zu stellen, mit denen das Volk den politischen Kurs für eine gewisse Zeit bestimmen und umbestimmen kann.

11 Hierfür geeignete Begriffsbildungen gibt es merkwürdigerweise nur in dem etwas entlegenen Bereich philosophischer Theorien über Persönlichkeit, Freiheit und Willensschwäche. Vgl. für viele: Harry G. Frankfurt, Freedom of the Will and the Concept of a Person, Journal of Philosophy 68 (1971), S. 5–20, oder Richard C. Jeffrey, Preferences Among Preferences, Journal of Philosophy 71 (1974), S. 377–391.

Widerstandsrecht und politische Gewalt

I.

Die neu auflebende Diskussion über ein Widerstandsrecht versetzt die politische Theorie in einen Zustand zurück, den man seit fast dreihundert Jahren überwunden glaubte. Anscheinend kehren genau die Probleme wieder, die die Staatslehre im 16. und 17. Jahrhundert beschäftigt hatten. Offensichtlich gibt es ein Staatsinteresse, das nicht schlechtweg negiert werden kann, und ebenso offensichtlich ist dadurch allein noch nicht garantiert, daß alles, was auf dieser Grundlage geschieht, dadurch schon gerechtfertigt ist. Die Auskunft des 17. Jahrhunderts lautete, es komme auf die Weisheit der Staatsleitung an, die von ihrer Macht nur mit Vorsicht und Maß und nur bei äußerster Not mit Verstoß gegen Moral und Recht Gebrauch machen würde. Die Staatsräson könne (als Element ihrer selbst) der Vernunft nicht entraten. Die Auskunft des 20. Jahrhunderts hat dieselbe Struktur, wenngleich unter den Bedingungen der Demokratie andere Adressaten. Der zivile Ungehorsam müsse mit Maß und mit dem notwendigen Respekt vor Demokratie und Rechtsstaat durchgeführt werden. Man solle das Notwendige nur in Kenntnis seiner Probleme, nur schlechten Gewissens und nur tun, wenn keine anderen Mittel zu Verfügung stehen.

Die Weisheit der Staatsleitung war natürlich eine problematische Verlegenheitsauskunft. Die Weisheit der Widerstandsteilnehmer ist es erst recht. Daß die Rezeptierung von Weisheit im einen wie im anderen Falle politisch nicht zuverlässig funktionieren kann, ist evident. Und wenn man es nicht so hart sagen will, bleibt die Frage, was geschieht und was die Folgen sein werden, wenn die Weisheit nicht hinreichend bremst. Bevor wir uns erneut auf eine Theorie einlassen, die in die Sackgasse der Weisheit führt, sollte man überlegen, welche Konstruktion der moderne Staat gewählt hatte, um ihr zu entgehen. Ob diese Konstruktion heute noch adäquat ist, ist damit freilich nicht entschieden. Ohne sie zu kennen, läuft man aber Gefahr, in alte Irrtümer zurückzufallen und Auswege zu empfehlen, deren Problematik man kennen könnte.

II.

Die spätmittelalterliche/frühneuzeitliche Staatslehre hatte sich in wesentlichen Hinsichten am Leitbegriff der „potestas" orientiert. Damit war etwa das gemeint, was wir heute rechtlich legitime Gewalt nennen würden. Der Begriff war breit angelegt. Er konnte auf die Kirche, auf politische Herrschaft oder auch auf den Haushalt einer Familie angewandt werden. Das gab ihm Halt in einem nicht nur auf Politik bezogenen Recht. Es war ein positiv bewerteter Begriff, und dies in einer heute schwer nachvollziehbaren Weise. Der Rechts- und Ordnungswert war Moment des Begriffs selbst, so daß er nicht entfallen konnte, ohne daß die potestas keine mehr war. Es ging also nicht um eine Wert*beziehung* und erst recht nicht um politische *Zustimmung* nach vernünftigerweise zu akzeptierenden Kriterien. Vielmehr war die potestas selbst werthafte Ordnung. Sie konnte sich aus diesem Grunde nicht aus dem Schema von Recht und Unrecht herauslösen. Sie konnte nicht Unrecht werden, weil genau das sie aufgehoben hätte. In diesem Sinne gab es kein Widerstandsrecht gegen sie. Aber wenn ein Machtverhalten außerhalb der potestas lag, gab es Freiheit zum Widerstand. Jenes die potestas überschreitende Verhalten war vielleicht nicht logisch notwendig Rechtsverletzung, aber so gut wie zwangsläufig Eingriff in Rechte. Dagegen konnte man sich wehren.

Schon im 16. Jahrhundert, jedenfalls seit Machiavelli, besteht Klarheit darüber, daß damit nicht alle Staatsnotwendigkeiten abgedeckt sind. Einerseits wird die Orientierung an potestas fortgesetzt und theologisch noch verstärkt. Andererseits findet die Notwendigkeit der Machtkonzentration zunehmende Aufmerksamkeit. Sie wird pointiert mit vis oder potentia beschrieben und sieht sich jenen Erhaltungsproblemen ausgesetzt, die zu rechtswidrigen oder doch unmoralischen Mitteln zwingen.

Aus diesem Problem kam man auf direktem Wege nicht heraus – trotz aller Bemühung. Man konnte sich nur mit jenen Maßhalteappellen behelfen und den Herrscher unter den Druck seiner Räte setzen. Auch die spanische Spätscholastik bringt keine Lösung und ebensowenig die politischen Theorien der protestantischen Bewegung, die ihr folgen. Hier wurde zwar auf ein direkt (immediate) von Gott verliehenes natürliches Recht auf direkte Herrschaft abgestellt, aber die Symbole „direkt" und „natürlich" haben im zeitgenössischen Kontext einen bestimmten Sinn. „Direkt" sollte heißen: unabhängig von der Zustimmung anderer im Einzelfall, und von „natürlich" war die Rede, weil man damit die Alleinzuständigkeit der Theologen für die Interpretation der normativen Bedingungen des Verhaltens bestreiten konnte. Weder mit der einen noch mit der anderen Zusatzformel konnte das Problem der Willkür im Grenzfalle gelöst werden. Es wurde damit eher zugespitzt, da man schließlich nicht unterstellen konnte, daß Gott die politische Herrschaft zu beliebiger Ausübung, also auch zu etwaiger Abschaffung der allein wahren Religion übertragen habe.

Einen anderen Ausweg hat Thomas Hobbes versucht mit Hilfe einer Vertragskonstruktion. Die politische Gewalt sollte gedacht werden als vertraglich dekonditioniert, nämlich als vertraglich eingesetzt, ohne von weiteren Bedingungen abhängig zu sein, an deren Verletzung Widerstand anknüpfen könnte. Eine scharfsinnige Reaktion auf genau dieses Problem – aber eben nur eine Theorie ohne Einfluß auf die Staatspraxis.

Der moderne Staat hat sich nicht im Anschluß an solche Versuche entwickelt. Er hat sich auf einem Umwege und gleichsam unbemerkt eingeschlichen. Wie typisch für gesellschaftliche Evolution ist die evolutionäre Errungenschaft nicht in der Blickbahn erreichbar, in der man denkt und plant. Diese bleibt, indem sie ein strukturabhängiges Problem stellt, konservativ. Das Problem, wie man Willkür ans Recht binden könne, ohne sie dem Widerstand auszusetzen und sie damit auf die Träger des Widerstandes zu verlagern, konnte mit allen Lösungsversuchen nur immer schärfer hervortreten. Ein Problem, das man zu lösen versucht, bleibt eben deshalb ein Problem. Problembewußtsein und Kommunikation sensibilisieren die Gesellschaft, und dann mag man eines Tages strukturelle Veränderungen wahrnehmen, die, weil sie schon eingetreten sind, für eine Problemlösung verwendet werden können.

III.

Daß Fragen des Widerstandsrechts erneut aufgeworfen werden, sollte Anlaß genug sein, sich die strukturellen Errungenschaften des modernen Staates und der mit ihm eingerichteten Ordnung des Verhältnisses von Macht und Recht mit heute möglichen theoretischen Mitteln vor Augen zu führen. Dabei sind wir nicht darauf angewiesen, der „Staatslehre" oder den im politischen System selbst eingebauten Theorieversionen zu folgen. Die Theorien, die das politische System über sich selbst aufstellt und zur eigenen Orientierung verwendet, sind motiviert durch die Strukturprobleme, die in der gesellschaftlichen Evolution auftauchen und zur Reflexion anreizen. Sie haben deshalb eine eigene Geschichtlichkeit. Sie sind Teil des Objekts, das wir betrachten; aber sie bieten aus eben diesem Grunde nicht die Vorteile, die man als externer Beobachter gewinnen kann. Nichts wäre einfacher als zu sagen, daß die Zulassung von rechtmäßigem Widerstand gegen rechtmäßigen Einsatz staatlicher Gewalt den Rechtsstaat gefährde. Aber das führt nur in die Paradoxie eines Richters, der dem Kläger Recht gibt und dem Beklagten Recht gibt und dem, der ihm dieses Verhalten zum Vorwurf macht, ebenfalls Recht gibt.

Statt dessen gehen wir davon aus, daß Paradoxien der skizzierten Art Problemformen sind, die Systembildungen ermöglichen und in Gang setzen. Dies gilt in sehr fundamentalem Sinne für die Paradoxie der „doppelten Kontingenz": daß A tun würde, was B wünscht, wenn B tun würde, was A wünscht. Wir nehmen ferner an, daß die Evolution sich nicht die Zeit genommen hat, die Welt logisch in Ordnung zu bringen, sondern andere, schnellere Möglichkeiten der Entparadoxierung bevorzugt hat. Der moderne Staat und die ihm zu Grunde liegende Codierung von Macht und Recht können deshalb als Ausdifferenzierung und Abkühlung von Spezialparadoxien der Selbstreferenz aufgefaßt werden.

Solange der Gebrauch politischer Macht allein auf die Differenz von überlegen/unterlegen angewiesen war, konnten Sicherheit und Stabilität (Frieden) nur in Richtung auf eindeutige Überlegenheit gesucht und gefunden werden. In Zweifelsfällen waren Herausforderung und Kampf als Modus der Austragung und Reasymmetrisierung der Macht unvermeidlich. Das Problem lag damit in den Möglichkeiten des willkürlichen Machtgebrauchs, mit denen der Frieden bezahlt werden mußte, und pax *et iustitia* war die Beschwörungsformel, mit der dieser Widerspruch entparadoxiert, nämlich in eine Liste von Werten transformiert wurde, die dann in der frühen Neuzeit noch um weitere Nennungen (z.B.

Gemeinnutz) ergänzt werden konnte. Dem entsprach, daß die politische Funktion, kollektiv bindende Entscheidungen herzustellen, nicht als Paradoxie erfahren wurde. Kollektiv bindende Entscheidungen – das sind Entscheidungen, die alle, auch den Entscheider selbst, binden. Das Gebundensein durch eigene Entscheidungen wurde als Ausfluß eines schon vorhandenen Rechts, etwa als Folge des „pacta sunt servanda", also als Schongebundensein interpretiert. Die Verwendung von Wertbegriffen wie potestas war nur eine der Ausdrucksformen, mit denen die Rückführung auf die Grundparadoxie der Selbstreferenz blockiert wurde, also nicht zur Kommunikation kommen konnte. Von da aus gesehen ist der Verfassungsstaat die Endform einer langen, spezifisch europäischen Entwicklung. Die Verfassung ist wie ein Paradox, nämlich wie ein selbstgeschaffenes Schongebundensein gedacht. Sie transformiert dieses Paradox in Änderungsverbote bzw. Änderungserschwerungen, die sich selbst unterstehen. Die Berufung auf „höheres Recht" ist jetzt nur noch Form und Façade; immerhin wirksam insofern, als sie jeden Angriff mit Problemen der kommunikativen Selbstrechtfertigung belastet und ihn damit unter heutigen Gegebenheiten als „parteiliche" Initiative ausweist.

Unterdessen hat sich aber das Verhältnis von politischer Macht und Recht, begriffen als Codierungen gesellschaftlicher Kommunikation, grundlegend gewandelt. Die Reformulierung des Prinzips der Souveränität durch Bodin, die die Kontrolle über das Recht als konkurrenzloses Herrschaftsinstrument auf einem begrenzten Territorium einschließt, ist der Ausgangspunkt (und in der Tat trennen die wenigen Jahre zwischen Machiavelli und Bodin und das Aufkommen der religionspolitischen Bürgerkriege in dieser Hinsicht zwei Welten). Das Recht wird zum Code einer immensen Ausweitung politischer Macht – und dies nicht mehr nur insofern, als ein Zentralwille mit Hilfe des Rechts sich selbst durchsetzt, sondern hauptsächlich dadurch, daß nun jedermann das Recht benutzen kann, um die politische Gewalt zu zwingen, ihm beizustehen. Nur deshalb konnte die bürgerliche Bewegung auf Privateigentum und Vertragsfreiheit setzen. Nur mit dieser Vermittlung in der Hinterhand konnte die neue Differenzierung propriété/force oder dann „Staat und Gesellschaft" vorgeschlagen und die Konstitutionalisierung des Staates vorangetrieben werden.

Was faktisch sich durchsetzt und was im Wohlfahrtsstaat nur noch ausgebaut wird, ist eine Zweitcodierung der Macht durch das Recht – ganz ähnlich wie (und doch sehr anders als) die gleichzeitig sich durchsetzende Zweitcodierung des Eigentums durch das Geld. Wirksame Macht muß jetzt rechtmäßige Macht sein, die Gewaltenteilung läßt nur rechtmäßige Selektionen durch und filtert unrechtmäßige Selektionen ab. Der Schematismus Recht/Unrecht dient tagtäglich zur Entscheidung über den Zugang zur Macht. Wie immer man über die logische Qualität der Operationen unter diesem Code urteilen mag: der immense Vorteil gegenüber dem reinen Machtcode mit seiner Leitdifferenz von Überlegenheit und Unterlegenheit liegt auf der Hand. Vor allem läßt das Recht sich sehr viel besser zirkulär operationalisieren. Alle sogenannten „demokratischen" Errungenschaften beruhen auf dieser Möglichkeit, insbesondere auf rechtlich geregelten Verfahren, die einander anknüpfen und sich wechselseitig mit Prämissen versorgen können. Die bloße Macht ließe sich nicht in diese Form bringen, da sie existentiell auf Asymmetrie angewiesen ist. Wir kommen darauf zurück.

Die Frage des rechtlichen Gebundenseins der „obersten Gewalt" verliert durch diesen gesellschaftsstrukturellen Umbau ihre alte Brisanz. Nur traditionelle Sehgewohnheiten suchen hier noch das ausschlaggebende Problem und reformulieren es als Problem der Legitimität. So kann es aber nicht gelöst und nicht einmal entschärft werden; denn Legitimität kann jeder haben, der Schaden anrichten will: er braucht sich nur auf unbestreitbare Werte zu berufen. Die auf diesem Wege erzeugten Sekundärparadoxien bestehen zum Beispiel darin, daß man immense Sozialapparate zur Erzeugung von Konsens und Dissens einrichtet, die ihrerseits durch Konsens legitimiert sein sollen. Man diskutiert dies heute an Hand von Legitimationsschranken des Mehrheitsprinzips (das seinerseits im Hinblick auf fehlenden Konsens eingeführt ist). Ebenso widerspruchsvoll ist es, Macht durch Konsens der Betroffenen, also durch ihre eigene Überflüssigkeit legitimieren zu wollen. In all diesen Fragen hatte schon die vorrevolutionäre bürgerliche Theorie bessere Einsichten zur Verfügung gestellt, vor allem die: daß die Bindung der „despotischen" politischen Gewalt in der Eigenlogik ihrer Instrumente, damals vor allem: in der Eigenlogik des Eigentums, liege und daß diese Bindung sehr viel schärfer einschränke als jede Orientierung an Wertprämissen oder moralischen Prinzipien oder an den Staatsvertragskonstruktionen der Naturrechtstheorie.

IV.

Im gleichen Entwicklungsgang und in komplex verwobenen Interdependenzen bilden sich mit Hilfe des Rechts neue Formen von Reflexivität der Machtcodierung heraus. Auch als bloße Differenz von überlegenen und unterlegenen Machthabern kann Macht schon reflexiv sein – allerdings nur mit kennzeichnenden Einschränkungen und mit problematischen Unsicherheiten. Reflexiv wird Macht, sobald überlegene Macht zur Dirigierung unterlegener Macht eingesetzt wird und erst auf diesem Umwege auf das beabsichtigte Verhalten einwirkt. Dabei ist nicht an Boten, Beauftragte oder Bürokratien gedacht, die die Macht bloß an den Mann bringen. Der machtpotenzierende Gewinn liegt vielmehr darin, daß der Untermachthaber über eigene Machtquellen verfügt, die er im Sinne des oberen Machthabers einsetzt. Solche Verhältnisse kennt man aus den Feudalordnungen des Mittelalters. Sie bleiben zwangsläufig prekär, weil die Macht bei erster Gelegenheit umgekehrt und von unten nach oben gerichtet werden kann. Eine Ethik der Loyalität und komplizierte Rechtsstrukturen haben die Funktion, dies zu verhindern oder auf den Fall des Rechtsbruchs zu beschränken. Das Recht dient nicht der Codierung des Machtgebrauchs, sondern der Artikulation und Kanalisierung der Störungen des Systems. Es war im Prinzip noch Fehderecht.

Auch in dieser Hinsicht hat das Widerstandsrecht seine strukturellen Voraussetzungen verloren. Durch Kombination von Machtcode und Rechtscode ist die technisch entwicklungsfähigere Reflexivität des Rechts in den Dienst der Macht getreten. Anders als im Falle der Macht ist die Reflexivität des Rechts nicht notwendig asymmetrisch. Sie kann zirkulär werden, indem ein Rechtsverhältnis die Voraussetzungen für ein anderes ordnet, etwa über die Regeln eines Verfahrens in einem anderen Verfahren entschieden wird. Garantien für Verfassungen können in den Geschäftsordnungen der Parlamente zu finden sein. Der Sinn der Gesetze kann durch richterliche Interpretation geändert werden, die selbst auf gesetzlichem Recht beruht; und die Entwicklung der Rechtspraxis kann Anlaß geben, die Gesetze im dafür vorgesehenen Verfahren zu ändern. Eine rechtsnormativ qualifizierte Praxis dirigiert die andere, und keine kann unabhängig von solcher Direktion einsetzen. Dabei ist nicht an eine Art „logischen Stufenbau des Rechts" und auch nicht an Metanormen gedacht, vielmehr an die Festlegung von Prämissen für faktisches Verhalten in Situationen, die es mit Recht zu tun haben.

Daß ein so geartetes Recht die Macht codiert, heißt zunächst, daß der Machtgebrauch an die Vorentscheidung über rechtmäßig/unrechtmäßig gebunden wird. Dies ist an sich noch keine Einschränkung der Macht, sondern nur eine Formbedingung. Das Recht kann dem Machthaber durchaus erlauben, seinen Willen durchzusetzen, und die Grenzen dafür mehr oder weniger weit ziehen. Der Gewinn liegt im Entbehrlichwerden einfacher Asymmetrien und das Endresultat im Rekursivwerden der politischen Macht. Damit kann die offizielle Macht des politischen Systems in die Form eines Kreislaufs gebracht werden, der die Übermächtigung auch der höchsten Machthaber ermöglicht. Der Effekt der Rechtscodierung von Macht reicht aber darüber weit hinaus. Er stellt den komplexen Zusammenhang von Macht und Recht insgesamt auf neue Grundlagen. Einerseits kann in jedem Rechtsfall auf Macht zurückgegriffen werden (womit natürlich nicht ausgeschlossen ist, daß auch der Rechtsbruch Macht organisieren und sich durchsetzen kann). Andererseits verliert der Widerstand gegen die Macht seine Zentralrichtung. Er kann nicht auf eine Machtprobe hinauslaufen. Er bleibt als Rechtsbruch Einzelfallaktivität – voraussetzend, daß die Pressefreiheit gewährleistet bleibt und die Medien gebührend darüber berichten; daß die Waffengebrauchsrichtlinien der Polizei angesichts des Rechtsbruchs nicht außer Kraft treten und daß weder das Abitur noch die Rentenaussichten der Widerstandsaktivisten in Frage gestellt werden. Das Unrecht ermutigt sich so am Recht und rechnet sich die Schonung der demokratisch-rechtsstaatlichen Gesamtordnung als Verdienst zu.

Die simple Schematik von Gewalt und Widerstand, von Herrschaft und vernünftigem Konsens, von formalem Zwangsapparat und Lebensinteressen täuscht über die wirklichen Verhältnisse hinweg. Sie täuscht eine mögliche Parteinahme vor, ist aber ihrerseits nur die Neuauflage eines moralischen Schematismus, der seine Wirkungen politisch nicht verantworten kann. Ob man die evolutionäre Errungenschaft der reflexiven Codierung von Macht durch Recht nun als Fortschritt ansieht und erhalten will oder nicht: sie formt ähnlich wie die Codierung des Eigentums durch das Geld die Realität der heutigen Gesellschaft, und alle Bemühungen um eine Änderung der Verhältnisse haben ihre Wirkungen dadurch, daß dies so ist.

V.

Sehr viele der Probleme, die heute alarmierende Bewegungen auslösen und zu Themen der politischen Diskussion gerinnen, haben mit dieser Zweitcodierung der Macht durch das Recht zu tun und müßten auf ihre Prämissen hin überprüft werden. Das gilt für manche Aspekte der Friedensthematik. Das gilt für die Unregierbarkeits- und Staatskrisendiskussion. Das gilt für den Themenkreis der Entverrechtlichung, für die Kritik des Mehrheitsprinzips und für die gesamte Diskussion des Widerstandsrechts, des zivilen Ungehorsams und des symbolischen Rechtsbruchs, von der wir ausgegangen waren. Es liegt auf der Hand, daß das Problem gerade nicht mehr darin liegt, daß die oberste Gewalt gegen das Naturrecht verstößt oder sonstwie ultra vires handelt. Wer „Naturrecht" in die Debatte wirft, meint nicht das, was er sagt. Außerdem haben sich die Themen geändert. Es geht nicht mehr um die Wahrung der eigenen iura ac libertates und auch nicht mehr um das eigene Seelenheil. Der Differenzpunkt liegt in unterschiedlichen Meinungen über die Behandlung von Kollektivgütern, wobei Frieden, aber auch „Umwelt", als eines dieser Kollektivgüter begriffen und das Gleichheitspostulat (Nichtdiskriminierung) zur Umstilisierung von Privatinteressen in Kollektivgüter benutzt werden kann. Auch haben wir nicht mehr zu befürchten, daß die Repräsentation der Gesamtgesellschaft durch die dazu Berufenen ihre natürliche Sinngebung und ihre Schranken überschreitet; das Problem liegt vielmehr darin, daß es eine solche Repräsentation der Gesellschaft in der Gesellschaft gar nicht mehr gibt – weder im Sinne eines als status gegebenen Vertretungsrechts, noch im spätmittelalterlichen Sinne der repraesentatio identitatis.

Schon diese Kontextveränderungen lassen eine neuartige Problematik erkennen. Sie beruht einerseits auf der praktisch unbegrenzten Erweiterungsfähigkeit des Konzepts der Kollektivgüter und andererseits darauf, daß eine Repräsentation der Gesellschaft in der Gesellschaft nicht mehr möglich ist, sondern alle Repräsentation auf Selbsternennung beruht. Nimmt man beides zusammen, dann wird klar, daß jeder, der Streit sucht, die Schirmherrschaft über ein Kollektivgut usurpieren und sich zu Widerstand motivieren kann. Der „Staat" kann dem keine „ihm zukommende" Repräsentation der Gesellschaft in der Gesellschaft entgegensetzen; denn dazu sind die politischen Mittel (und zwar gerade auch die Machtmittel) im Verhältnis zu anderen Funktionsbereichen der Gesellschaft und deren störanfälliger Eigenlogik viel zu beschränkt (und zwar: erkennbar beschränkt). Der Widerstand entzündet sich an politischen Entscheidungen, die auch anders hätten getroffen werden können. Er nimmt das „Recht" dazu jedoch aus Quellen, die gar nicht mehr existieren und die auch nicht dadurch wiederbelebt werden können, daß man sich gegen das rechtsförmige Staatshandeln auflehnt. Es geht dann nur um die sicher oft wichtige, im Grunde aber ganz banale Frage, wer sich letztlich durchsetzt.

Auch in anderer Hinsicht ist Widerstand, strukturell gesehen, eine Trivialität. Wenn politische Macht in der modernen Gesellschaft rechtlich codierte Macht sein muß und sich mit eben dieser Codierung selbst limitiert, kann eine solche Ordnung nicht punktuell, kann sie vor allem nicht durch Provokation der

Zentralmacht aus den Angeln gehoben werden. Andere Entscheidungen bedeuten nicht eine andere Ordnung, sie sind nichts weiter als andere Entscheidungen: Eine Straße wird gebaut oder nicht gebaut. Raketen werden stationiert oder nicht stationiert. Ein giftmüllbeladenes Schiff läuft aus dem Hafen aus oder es läuft nicht aus. Ein Gefangener wird ausgeliefert oder er wird nicht ausgeliefert. Man kann voraussetzen, daß ein strukturell auf Kontingenz eingestelltes System „dies oder das" verkraften kann. Heldentum ist schon seit langem der Lächerlichkeit ausgesetzt, und wer die Verhältnisse ernst nimmt, kann sich nur noch zur Kriegs- und Friedensdienstverweigerung bekennen.

Dennoch sind die zunehmenden Tendenzen zu symbolischem Rechtsboykott, zur friedlichen Provokation mit dem Ziel, das Recht (und besonders die Polizei) ins Unrecht zu versetzen, zu kleinen Sticheleien und großen Demonstrationen alles andere als unbedenklich. Eine Rechtsordnung, die an keinem Punkte eigentlich getroffen werden kann, kann auch an keinem Punkt eigentlich verteidigt werden. Damit ist auch die Beobachtung und Beurteilung schwieriger als zur Zeit der „revolutionären Umtriebe" und der aufsässigkeitsverdächtigen Schullehrer und Studenten des Vormärz. Das Problem ist, daß sich eine Vielzahl von Ereignissen zu Tendenzen aggregieren kann, die sich dann der Kontrolle entziehen. Keine der die letzten Jahrzehnte bewegenden politisch-sozialen Bewegungen hat prognostiziert werden können; alle kamen als Überraschungen zustande. Die Gesellschaftsstruktur enthält diese Möglichkeit, aber nur situative Konstellationen können sie kondensieren.

Eine rechtliche Codierung von Macht beruht sicherlich auf sehr prekären, evolutionär unwahrscheinlichen Voraussetzungen – ganz ähnlich wie die Codierung des wirtschaftlichen Eigentums durch das Medium Geld. Es ist nicht sehr hilfreich, hierbei an so etwas wie „Bestandsvoraussetzungen" der entsprechenden Funktionssysteme zu denken; denn diese Funktionssysteme wird es in der einen oder anderen Form und mehr oder weniger ausdifferenziert geben, solange es Gesellschaft gibt. Eher muß man fragen, welche Codierungen der Kommunikation es einer hochkomplex gewordenen Gesellschaft ermöglichen, Selektion und Motivation immer wieder zu kombinieren. Dies wird bei hoher Kontingenz der Strukturen zweifellos schwieriger. Die Unerkennbarkeit von problematischen Schwellen der Aggregation ist ein Aspekt dieser Schwierigkeit. Man mag es als ein Wunder ansehen, daß nicht schon längst alles auseinandergefallen ist. Wunder, die sich nicht der Planung, sondern der Evolution verdanken, halten möglicherweise aber länger, als man erwarten würde.

VI.

Es ist nur eine geringe Übertreibung, wenn man sagt, daß wir heute nicht mehr durch Personen regiert werden, sondern durch Codes. Noch weiterreichende Folgerungen ergeben sich aus der Feststellung, daß wir nicht durch Personen sozialisiert werden, sondern durch Codes. Mit „Codes" sind hier Differenzcodes gemeint, also etwa Macht/Ohnmacht oder Recht/Unrecht, aber auch wahr/unwahr, gläubig/ungläubig, gut/böse, Geld Haben/Nichthaben, gesund/krank, usw. Die allgemeine Form dafür ist „dies und nicht das".

In ihrer abstraktesten Form sind die Codes einfach Unterscheidungen (distinctions im Sinne der Logik von Spencer Brown). Jemand ist berufen oder hat faktisch die Möglichkeit, die Seite der Unterscheidung zu bezeichnen, die er meint oder für zutreffend hält (indication im Sinne der Logik von Spencer Brown). Wiederholt man diese Bezeichnung durch eine weitere Operation, wird dies langweilig. Geht man zum Gegenteil hinüber (crossing), impliziert das eine Negation (denn die Rückkehr würde eine andere Operation sein). Codes dieser Art formulieren mithin eine Meta-Kontingenz in der Form einer Notwendigkeit, zwischen Langeweile und Negation zu wählen. Kein Wunder deshalb, daß die Anthropologie der europäischen Oberschicht, die sich zunächst noch außerhalb der schon herrschenden Codierungen von Politik und Recht, Wirtschaft und Wissenschaft zu halten suchte, im 17. und 18. Jahrhundert sich auf Langeweile und Negation zuspitzen mußte. Kein Wunder auch, daß die zentralen Selbstverhältnisse der codierten Bereiche sich in die Form eines „re-entry" bringen mußten, das heißt in die Form eines Wiedereintritts der Unterscheidung in das durch sie Unterschiedene[1]. Nichts anderes realisiert der moderne Verfassungsstaat, indem er in der Unterscheidung von Staat und Gesellschaft sich selbst bezeichnet und die Differenz als Prinzip seiner Verfassung zur Selbstregulierung verwendet.

Man kann dies Kunstwerk der Selbstregulierung bewundern, man kann aber auch fragen, welche Folgen die darin installierte Identitätsparadoxie langfristig haben wird. Ist sie auf Dauer gestellte Revolution, also Staatskrise als Zustand? Oder läuft sie auf Unregierbarkeit hinaus? Oder ist gar die Unregierbarkeit die einzige Sicherheit des Regierens (so wie die Überschuldung des Dollars die einzige Sicherheit des Weltwährungssystems), weil alles andere auch nicht geht?

Im Zusammenhang mit dem Thema des zivilen Ungehorsams und des Rechts zum Widerstand interessiert vor allem eine Teilfrage, nämlich die: welche „kollektiven Mentalitäten" entstehen, wenn eine Bevölkerung über den Zeitraum von mehreren Generationen hinweg durch Codes der beschriebenen Art regiert und sozialisiert wird. Auf „dies und nicht das" kann man immer mit „das und nicht dies" reagieren. Die Gedanken zumindest sind frei. Als Synthese (wenn man es dialektisch will) bietet sich dann „dies oder das" an. Was man empirisch beobachten kann, sind Individualisierungsprozesse, die, zunächst unter Freiheitsprogrammen betrieben, heute in einen unprogrammatischen Individualismus übergehen, in dem jeder angesichts der öffentlichen Kontingenzen sich selbst die Entscheidung vorbehält und sich zurückzieht in Räume, wo dies noch möglich ist (nach dem Muster: meine Freizeit, mein Taschengeld, mein Bauch ist meine Angelegenheit). Wenn dies, zumindest tendenziell, zutrifft, muß die Gesellschaft mit so etwas wie frei flottierender Bindungsfähigkeit rechnen, die sich durch die Leitprogramme der Funktionssysteme (einschließlich: Erzie-

1 Siehe zu distinction, indication, crossing und re-entry George Spencer Brown, Laws of Form, 2. Aufl. New York 1972.

hung) nicht mehr ansprechen läßt, sondern sich nur durch eine Art von Überraschungscoup eine Zeit lang fesseln und aggregieren läßt. Solidarisierungen laufen insoweit dann über Moden, die kurzfristiger wirken als die Lebenszeit eines Individuums und dieses mit biographischen Problemen zurücklassen. (Solche Erscheinungen sind keineswegs völlig neu, sie ließen sich zum Beispiel schon in den konziliaristischen Bewegungen des 15. Jahrhunderts beobachten, blieben hier aber der Oberschicht bzw. einer Teilgruppe von Klerikern vorbehalten.) Im Prinzip wiederholen aber diese Bewegungen nur das, was ohnehin der Fall ist; sie geben sich selbst Differenzcodes (derzeit vor allem: Krieg/Frieden und Mann/Frau), ohne diese jedoch bis zum re-entry rationalisieren zu können. Der Stil ist derselbe, eben deshalb löst er sich durch Langeweile und Negation rasch wieder auf; aber er gewinnt keine Rationalitätsformen, die als Ersatz für etwas Geltendes ernst genommen werden könnten.

Das politisch-rechtliche Problem des Widerstandes, der sich Rechtsbruch als Ausdrucksmittel oder als Machtprobe aussucht, liegt nach allem nicht so sehr in den Rechtsbrüchen selbst, die man im üblichen Metakontingenzsystem „verfolgen oder nicht verfolgen" kann. Das Problem liegt in der Codierung des Widerstandes und in den dadurch bewirkten Aggregationen. Deren Verwendbarkeit in der heutigen Gesellschaft ist, vorsichtig gesagt, unklar. Und wenn schon bei Planungs- und Entscheidungsprozessen im Führungsbereich der Funktionssysteme die Wahrscheinlichkeit des Schadens oft größer ist als die Wahrscheinlichkeit des intendierten Nutzens, so gilt dies bei den Widerstandsbewegungen erst recht. Sie mögen „alternativ" sein und trotzdem Schaden verursachen.

III. Erziehung

Sozialisation und Erziehung

I.

Begriff und Theorie der Sozialisation sind fast gleichzeitig mit der Soziologie entstanden. Im Vergleich zu den politökonomischen Diskussionen des 19. Jahrhunderts boten sie der Soziologie die Chance, die ideologischen Streitigkeiten über Verteilungsfragen zurückzustellen und statt dessen dem Problem der Tradierung von Kultur, von Normen und Werten, von Rollenmustern nachzugehen. Die vorherrschende, die Begriffsbildung bestimmende Fragestellung war daher, wie soziale Strukturen im Durchlauf der Generationen relativ stabil gehalten und soziale Erfahrungen in Form gebracht und auf den Nachwuchs übertragen werden können.

Der Begriff der Sozialisation hat von da her eine asymmetrische Struktur mitbekommen. Er bezeichnet eine Übertragungsleistung. Dasselbe gilt für Erziehung. Es gab daher zunächst wenig Anlaß, sich über das Verhältnis von Sozialisation und Erziehung weitere Gedanken zu machen. Diejenigen, die Verhaltensmuster auf den Nachwuchs übertragen, wurden und werden als Sozialisationsagenten bezeichnet. Wenn dies absichtsvoll geschieht und, fast könnte man sagen, wenn dafür Planstellen bereitgestellt werden, heißen sie Erzieher. Daß nicht alles gelingt, was man unternimmt, versteht sich von selbst. Auch konnte man die Sozialisationstheorie benutzen, um einen der Anlässe für sozialen Wandel zu bezeichnen. Die Übertragung gelingt nicht vollständig; sie ist durch Zeitumstände mitbedingt und kann daher zu Unterschieden zwischen den Generationen führen.

An diesem Bild hat sich bis heute nichts Entscheidendes geändert. Man trägt mehr als früher den das Kulturgut aufnehmenden Sozialisanden Rechnung. Sie wirken nicht nur passiv, sondern aktiv an dem Prozeß der Sozialisation mit. Infolgedessen muß dieser Prozeß als eine Art Wechselwirkung begriffen werden. Sozialisation ist ein reziprokes Geschehen, das nicht nur auf die Sozialisanden, sondern auch auf die Sozialisationsagenten zurückwirkt. Damit ist aber lediglich eine Komplikation in die Theorie eingeführt. Statt einfacher Asymmetrie gibt es jetzt eine Art doppelte Asymmetrie, in der sich jedoch die Verschiedenheit der Positionen des Sozialisationsagenten und des Sozialisanden durchhält, typisch begriffen als eine Altersdifferenz. Die Theorie ist dadurch realitätsnäher geworden. Zugleich ist es aber auch schwieriger geworden, auf dieser Basis Hypothesen zu entwickeln.

Ein Nebeneffekt ist, daß jetzt beide Seiten des Sozialisationsprozesses explizit als Subjekte begriffen werden. Was das genau heißen soll, bleibt jedoch ungeklärt. Soziologen benutzen den Subjektbegriff oft als eine Art Leerformel oder als Platzhalter für psychische Sachverhalte, über die sie sich nicht äußern wollen, weil sie die Disziplingrenzen zu respektieren haben. Das heißt aber auch, daß Probleme der Lernschwäche soziologisch nicht behandelt werden können. Statt dessen gilt eine Art Normalitätsprämisse, die allenfalls für Typisierungen Raum läßt. Als Schema der Erzeugung von Unterschieden in den eigenen Daten verwendet die Soziologie dann gerne die Korrelation mit Schichtung und begreift so Sozialisation nicht zuletzt als Reproduktion des Schichtungssystems der Gesellschaft im Nachwuchs.

In diese Diskussionslage möchte ich mit einer neuartigen Theorie selbstreferentieller Systeme eingreifen, die dazu zwingt, zwischen psychischen Systemen und sozialen Systemen einen scharfen Unterschied zu machen. In beiden Fällen handelt es sich um selbstreferentielle Systeme, die ihre eigene Reproduktion aufgrund eines geschlossenen Netzwerkes rekursiver Operationen betreiben – was gelingen oder auch mißlingen kann. Im einen Fall ist der Operationsmodus Bewußtsein, im anderen Falle Kommunikation. Diese scharfe Trennung schließt natürlich kausale Interdependenzen nicht aus; aber man muß zunächst die Trennung und die Geschlossenheit der Organisation der Erzeugung eigener Operationen begreifen, wenn man sehen will, wie und wie komplex sich ein System durch seine Umwelt anregen lassen kann.

Wenn man diesen Umbau von Theoriegrundlagen akzeptiert, stellen sich für eine Theorie der Sozialisation ganz neue Aufgaben. Sie hat nunmehr zu erklären, weshalb es trotz der selbstreferentiellen Geschlossenheit psychischer Systeme zu einem so hohen Maß an Kooperationsfähigkeit in sozialen Kontexten kommen kann. Und man wird gleich hinzufügen müssen, daß wir von einer zureichenden Beantwortung dieser Frage weit entfernt sind; ja, daß wir noch nicht einmal über Ansätze zu einer empirischen Theorie des rekursiven, selbstreferentiellen Operierens von Bewußtseinssystemen verfügen.

Sicherlich reicht es nicht aus, die soziale Umwelt des psychischen Systems einfach als Rauschen, als Störung, als Irritation aufzufassen, aus der das psychische System nach und nach mit Bordmitteln einen für es selbst plausiblen Sinn herauszieht. Auf diese Weise könnte das Tempo der Sozialisation nicht erklärt werden – ebenso wenig wie das ausreichend hohe Maß an sozialer Übereinstimmung. Aussichtsreicher scheint es zu sein, davon auszugehen, daß psychische und soziale Systeme in einer wichtigen Hinsicht übereinstimmen: Sie bestehen beide aus Elementen, die den Charakter von Ereignissen haben, also mit ihrem Auftreten sogleich wieder verschwinden. Im einen Falle können wir von Gedanken, im anderen Falle von Kommunikationen sprechen. In jedem Falle wird das „Material", aus dem das System besteht, nicht gespeichert, sondern sofort wieder aufgelöst; und in jedem Falle erfordert die „autopoietische" Reproduktion des Systems nicht eine ungefähr gleiche Replikation der Elemente, sondern die Herstellung eines *andersartigen* Ereignisses, das ebenfalls sofort wieder verschwindet, um weiteren Gedanken bzw. Kommunikationen Platz zu machen. Die Strukturen beider Systeme sind deshalb spezialisiert auf dieses ständige Ersetzen von etwas durch etwas anderes, und sie stehen in beiden Fällen daher unter der Notwendigkeit, Anschlußfähigkeit zu sichern.

Diese Besonderheiten auf der Ebene der Elemente und der Strukturen unterscheiden psychische und soziale Systeme sehr wesentlich von Systemen der Reproduktion des Lebens. Sie könnten außerdem den Ausgangspunkt bilden für eine Lösung des Problems der Sozialisation. Psychische und soziale Ereignisse können, weil sie sofort wieder verschwinden, in hohem Maße zusammenfallen. Kommunikationen sind dann zugleich Bewußtseinsereignisse in den beteiligten psychischen Systemen. Das kann zwar nicht heißen, daß die Sozialität der Kommunikation im Vollsinne Bewußtseinsinhalt werden kann; und ebenso wenig, daß das, was sich im Bewußtsein während der Kommunikation abspielt, voll kommuniziert werden kann. Aber man kann doch davon ausgehen, daß sich, vor allem dank der formalen Prägnanz der Sprache, ein hohes Maß an laufender Übereinstimmung herstellt, so daß soziale Systeme davon ausgehen können, daß psychische Systeme erleben und wissen, was jeweils gesagt wird, und auf der anderen Seite psychische Systeme, wenn sie kommunizieren, dadurch in ihrer Gedankenarbeit mehr oder weniger stark gebunden sind.

Diese Simultanpräsenz psychischer und sozialer Elementarereignisse ist mit der These selbstreferentiell-geschlossener Systeme und sogar mit der Annahme von autopoietischen Systemen des Bewußtseins und der Kommunikation durchaus kompatibel. Denn auch wenn es auf der Ebene der Ereignisse zu einem hohen Maß an Kongruenz kommt, bleiben die Systeme ganz verschieden. Die Ereignishaftigkeit der Elemente verhindert, daß sie aneinander kleben bleiben. Die momentane Übereinstimmung löst sich immer sofort wieder auf, und im nächsten Moment kann das Bewußtsein abschweifen, etwas Nichtkommunizierbares denken, abbrechen oder pausieren, während die Kommunikationslast auf andere übergeht. Vor allem das viel untersuchte „turn taking", der sozial regulierte Wechsel in aktiver und passiver Beteiligung an Kommunikation und die entsprechenden Unterschiede der Beanspruchung von Aufmerksamkeit und des „cognitive tuning" sichern die Unvermeidlichkeit der laufenden Wiederherstellung der Systemdifferenz.

Auf Seiten der sozialen Systeme wird dieser Eigenständigkeit psychischer Systeme vor allem dadurch Rechnung getragen, daß Kommunikationen ihre Themen so zuspitzen, daß der angebotene Sinn angenommen oder abgelehnt werden kann. Für alles, was kommuniziert wird, hält die Sprache eine Ja-Fassung und eine Nein-Fassung bereit. In beiden Fassungen bleibt die Errungenschaft der Kommunikation, nämlich Verständlichkeit, soweit sie erreicht ist, erhalten; und gerade dadurch wird jene Bifurkation erzeugt, die alle weitere Kommunikation vor die Alternative stellt, vorausgehende Kommunikation entweder anzunehmen oder abzulehnen.

Die Konsequenzen für eine Theorie der Sozialisation liegen auf der Hand. Sie hat es nicht einfach mit einer Übertragung von Konformitätsmustern zu tun, sondern mit der durch Kommunikation ständig reproduzierten Alternative von Konformität oder Abweichung, Anpassung oder Widerstand; und dies gilt auch dann, wenn man die zum Konflikt führende Kommunikation der Ablehnung scheut und die Ablehnung bei sich behält. Es kommt hinzu, daß in der Abweichung typisch die größeren Individualitätschancen liegen als in der Konformität. Sobald in der gesellschaftlichen Kommunikation die Eigenständigkeit und Autonomie des Individuums gepflegt wird, ist es deshalb paradox, wenn man zugleich auf Konformität besteht. Es entstehen dann Muster positiver Abweichung – etwa im Überbieten von Normalerwartungen, in Leistungs- und Konkurrenzsemantiken, aber auch in der Legitimation von Subkulturen (etwa Jugendkulturen), oder in kurzfristigen, zeitabhängigen Stilen und Moden, die das Abweichen vom gerade Üblichen zum Ausgangspunkt für einen kommenden Konformitätsdruck werden lassen. Es mag dann mehr oder weniger gut gelingen, den Sozialisationseffekt des Abweichens auf diese Formen zu reduzieren und ihn so mit Konformität zu vermitteln. Die Frage ist jedoch, ob dies auch gelingt, wenn zusätzlich Erziehung ins Spiel kommt.

II.

Trotz dieser Bedeutung von Gleichzeitigkeit der Ereignisse für Umweltkontakte jeder Art kann eine Theorie der Sozialisation sich damit allein nicht begnügen. Das psychische System bildet Strukturen, die den Moment überschreiten und die Autopoiesis, also das Realisieren nächster Ereignisse, regulieren. Für diese Funktion ist die Bildung von Erwartungen erforderlich. Der Prozeß der (Selbst-)Sozialisation kann mithin als Prozeß der Bildung von *Erwartungen* begriffen werden, die ihrerseits dann regulieren, welche Ereignisse für das System möglich sind.

Erwartungen haben ihre wichtigste Eigenschaft darin, daß sie enttäuscht werden können. Sie markieren das Erwartete als kontingent; und wenn etwas in der Modalität des Notwendigen erwartet wird, so ist Notwendigkeit nichts anderes als Alternativenlosigkeit, als negierte Kontingenz. Es ist also nicht die Stabilität, sondern gerade die Labilität der Strukturen, die ihre Funktion im Persönlichkeitsaufbau und in der Genese von Ich-Bewußtsein erklärt.

Erwartungen ermöglichen nämlich einen Doppeltest: Wenn sie erfüllt werden, kann dies kein Zufall sein, sondern indiziert den Realitätswert der Erwartung. Wäre die Erwartung ein rein internes Konstrukt, wären Erfüllung und Enttäuschung gleichwahrscheinlich. Man kann an der Bestätigung von Erwartungen also ablesen, daß man richtig, daß heißt realitätsgerecht, erwartet hatte (ohne daß daraus folgen würde, daß die Erwartung ein „Bild" der Umwelt in das System transferiert). Aber auch die Enttäuschung von Erwartungen kann als Test benutzt werden. Wenn die Erwartung trotz Enttäuschung durchgehalten werden kann, beweist dies Ich-Stärke. Man bildet aus diesem Anlaß Sollwerte und Normen und bescheinigt sich selbst die Kraft, die projektierte Erwartung kontrafaktisch auch im Enttäuschungsfalle durchzuhalten.

Zum Teil erklärt dieses Konzept auch das hohe Tempo der Sozialisation. Denn man kann Erwartungen sowohl im Bestätigungsfalle als auch im Enttäuschungsfalle benutzen, um die Welt bzw. sich selbst zu testen. Das Instrument hat, mit anderen Worten, eine hohe Eignungswahrscheinlichkeit und zugleich eine hohe Offenheit für sehr verschiedene Resultate. Es muß jedoch, will man nicht in das zu langsame Konzept des „order from noise" zurückfallen, hinzukommen, daß die Erwartungsbildung selbst hinreichend eingeschränkt wird. Dies geschieht offenbar durch die Zeithorizonte des gleichzeitigen Erlebens. Bei der momenthaften Integration eigener und fremder Erlebnisse kann im Überschneidungsbereich miterlebt werden, welche Erwartungsprojektionen die Identifikation des Erlebens ermöglichen, vor allem: im Hinblick auf was gehandelt wird. Die Simultaneität der Ereignisse selbst schränkt sinnvolle Erwartungsbildung ein – zunächst im Nahhorizont der unmittelbaren Protention (Husserl), sodann aufgrund der so gebildeten Sicherheiten auch über größere, diskontinuierliche Zeitdistanzen.

Es ist nach all dem von erheblicher Bedeutung, über welche Erwartungen ein psychisches System sich sozialisiert. Dies besagt jedoch keineswegs, daß die Sozialisation dem psychischen System Konformität mit fremden Erwartungen (oder genauer: mit der eigenen Erwartung fremder Erwartungen) auferlegt. Erwartungen anderer gewinnen eine über das unmittelbare Miterleben hinausgehende psychische Realität nur, wenn man sie seinerseits erwarten, und das heißt, sich von ihnen distanzieren kann. Gerade das Sichaneignen von Erwartungserwartungen ermöglicht es deshalb, die erwarteten Erwartungen anderer zu enttäuschen; so wie man ja auch im sachbezogenen Erleben etwas kommen sieht – und es verhindert. Obwohl die Bildung von Erwartungen in sozialen Kontexten keineswegs zufällig und auch nicht ausschließlich selbstdeterminiert erfolgt, hat Sozialisation keineswegs die Funktion, soziale Konformität mit überwiegend akzeptierten Erwartungen zu sichern (mit der Folge, daß eine solche Theorie Devianz als Mißerfolg von Sozialisation oder, genau genommen, sogar als Nichtstattfinden von Sozialisation begreifen müßte). Vielmehr müssen Genese von Erwartungen und Genese von Konformität mit den Erwartungen anderer sorgfältig unterschieden werden, und das Konzept der Erwartungserwartungen bildet hierfür die Brücke. Wenn Sozialisation zu hoher Konformität des Verhaltens führt (was natürlich nicht ausgeschlossen ist), bedarf dies einer zusätzlichen Erklärung.

Es liegt daraufhin nahe, diese Erklärung mit dem Konzept der Erziehung zu geben. Aber auch diese Lösung zerfällt bei genauerer Betrachtung.

III.

Im Unterschied zu Sozialisation muß man Erziehung auffassen als eine Veranstaltung sozialer Systeme, spezialisiert auf Veränderung von Personen. Natürlich hat auch Erziehung Bewußtseinskorrelate in den aktiv und passiv beteiligten psychischen Systemen, aber sie ist und bleibt kommunikatives Geschehen und folgt damit auch den Strukturgesetzlichkeiten sozialer Systeme. Während Sozialisation immer Selbstsozialisation aus Anlaß von sozialer Kommunikation ist, ist Erziehung die kommunikative Veranstaltung selbst, denn nur so ist ihre Einheit zu begreifen.

Im Vergleich zu Sozialisation, die in jedem sozialen Kontext mitläuft, aber auf dessen Anregungen beschränkt bleibt, hat Erziehung den wichtigen Vorteil, Resultate zu suchen und auch erreichen zu können, die man in *anderen* Systemen brauchen kann. Trotz aller Reklame für lebenslanges Lernen hat die Erziehung nicht sich selbst zum Endzweck. Sie schafft Voraussetzungen für Mitwirkung in anderen Systemen, und seit dem 18. Jahrhundert denkt man dabei vornehmlich, ja fast ausschließlich an berufliche Karrieren. Abstrakter ausgedrückt, gibt es einen Zusammenhang zwischen der Absicht zur Erziehung, der Selektion ihrer Themen und der Übertragbarkeit ihrer Resultate. Wie weit das geht, mag umstritten sein und umstritten bleiben: der Unterschied zur Sozialisation bleibt davon unberührt. Sozialisation hat immer nur „lokale" Bedeutung, wirkt immer nur für den sozialisierenden Kontext und reicht daher nur bei ohnehin geringer sozialer Mobilität aus. Will man übertragbare Resultate erreichen, muß man von Sozialisation zu Erziehung übergehen; oder genauer: die ohnehin laufende und unvermeidliche Sozialisation durch Erziehung ergänzen. In diesem Sinne sind Erziehungseinrichtungen, was immer man von ihnen halten mag, heute unentbehrlich. Und je komplexer die Gesellschaft wird und je mobiler die Individuen in ihrer Teilnahme an einer Vielzahl sozialer Systeme, desto unausweichlicher wird auch die Ausdifferenzierung eines Erziehungssystems, das die Individuen auf ein Leben außerhalb des Erziehungssystems vorbereitet.

Es kommt für den Begriff der Erziehung nicht darauf an, wie weit die entsprechenden Kommunikationen ausdifferenziert sind. Selbstverständlich kennen auch die einfachsten Gesellschaften Kindererziehung, auch wenn sie nur gelegentlich aus Anlaß von Situationen mit korrekturbedürftigem Verhalten erfolgt. Von da bis zur Zuweisung einer Hauptverantwortung für Erziehung an Familien und bis zur Ausdifferenzierung hochspezialisierter Erziehungssysteme in der Form von Schulen ist es ein weiter Weg. Man kann aber vermuten, daß die erziehende Kommunikation bestimmte Besonderheiten aufweist, die nur verstärkt zum Zuge kommen, wenn ganze Funktionssysteme für Erziehung ausdifferenziert sind. Ich möchte diese Besonderheit anhand von zwei Gesichtspunkten verdeutlichen:

1) Erziehung tritt als absichtsvolle Kommunikation auf. Es mag Grenzfälle geben, in denen etwas als Erziehung aufgefaßt wird, was gar nicht so gemeint war (zum Beispiel in Ehen oder aus Anlaß der Einweisung in einen Arbeitsplatz). Typisch aber ist der pädagogische Sinn der erziehenden Kommunikation hinreichend evident, und diese Offensichtlichkeit stützt sich auf soziale Kontexte wie Familien oder Schulen, Heime oder Lehrverhältnisse, in denen Erziehung erwartet werden kann.

Absichtsvolle Kommunikation zum Zwecke der Erziehung heißt nun zunächst, daß die Ablehnungsmotive im Verhältnis zur Sozialisation verdoppelt werden. Der Adressat kann die Kommunikation nicht nur deshalb ablehnen, weil er die Information für unzutreffend oder die Anweisung für unakzeptabel hält; er kann sie auch deshalb ablehnen, weil sie seine Erziehung bezweckt und er sich nicht in die Rolle dessen begeben will, der dies nötig hat. Man kann, mit anderen Worten, auf die Information oder auf ihre Mitteilung reagieren, und in beiden Richtungen mag es Gründe (oder auch relativ zufällige, ad hoc sich einstellende Motive) geben, die Sache für nicht gut zu halten. Man kann daraus schließen, daß, und dies ist ein sehr typisches Phänomen, die funktionale Ausdifferenzierung bestimmter Operationsweisen die Unwahrscheinlichkeit des Erfolgs mit sich bringt und daher in der Evolution wenig Chancen hat. Man kann den Beweis dafür in der Form eines sozialen Experimentes erbringen: Versuchen Sie, jemanden, der darauf nicht vorbereitet ist, zu erziehen; es wird wahrscheinlich mißlingen, auch wenn die Höflichkeit es ihm verbieten mag, mit offener Zurückweisung zu reagieren. Erziehung ist also auf soziale Stützeinrichtungen angewiesen, die diese Wahrscheinlichkeit des Mißerfolgs neutralisieren. In Schulen zum Beispiel wird die Absicht auf die Institution, nicht auf die Augenblicksentscheidungen des Lehrers zugerechnet. Auch wird derjenige, der dafür bezahlt, zum Beispiel einen Therapeuten bezahlt, dem Erzogenwerden weniger Widerstand entgegensetzen. In Familien mit halberwachsenen Kindern oder auch in Heimen für Jugendliche mag die Situation sehr ambivalent sein, weil die Interaktion auch andere Zwecke haben kann als Erziehung.

In jedem Falle kann es angesichts dieser primären Unwahrscheinlichkeit des Erziehungserfolgs ein gutes Rezept sein, die Erziehung nicht über Kommunikation laufen zu lassen, sondern Situationen zu schaffen, die ein gewisses Sozialisationspotential aktualisieren – eine alte Pädagogenweisheit übrigens. Man eliminiert damit den Widerstand gegen Erziehung als Kommunikation und verläßt sich, ohne Erfolgssicherheit freilich, auf eine hinreichende Kongruenz psychischer und sozialer Ereignisse.

2) Eine zweite, gewagtere These lautet, daß der Erziehungsprozeß, der ein Resultat erzielen will, es kaum vermeiden kann, die Zöglinge wie Trivialmaschinen (im Sinne von Heinz von Foerster) zu behandeln. Die Kommunikation wird als Input, das richtige Verhalten als Output angesehen. Das psychische System soll daran eine Transformationsfunktion lernen, die es bei entsprechenden Situationen zu richtigem Verhalten befähigt. Das gilt für Verhaltenserziehung (Wische beim Essen den Mund mit der Serviette ab, bevor du aus dem Glas trinkst); es gilt erst recht aber für alle kognitive Erziehung, die den Zögling befähigen sollen, auf Fragen die richtige Antwort zu finden.

Man kann den Pädagogen, die hier rebellieren werden, zugestehen, daß es so einfach nicht ist. Es mag eine ganze Bandbreite von richtigen Antworten (aber eben auch: eindeutig falsche oder unpassende) geben, und man kann das psychische System auch anregen, eine eigene Transformationsfunktion zu erfinden, die dann nur nachträglich beurteilt wird. All diese Modifikationen zugestanden, kommt die Erziehung ohne die Grundvorstellung einer Trivialmaschine nicht aus, wenn sie nicht darauf verzichten will, die Ergebnisse unter Kontrolle zu halten; und sie kann darauf nicht verzichten, wenn sie sich als Kommunikation zum Zwecke der Erziehung zu erkennen gibt. Sie kann, auch wenn sie Erziehung zur Freiheit sein möchte, nicht die Wahl des Verhaltens von der Selbstreferenz des psychischen Systems abhängig machen; sie kann nicht zugestehen, daß die Verhaltensweisen verschieden ausfallen je nachdem, in welchem Zustand das System sich als Resultat eigener vorheriger Reaktionen gerade befindet. Sie kann nur eine möglichst komplexe Trivialmaschine anstreben, in die so viel Welt wie möglich (Humboldt) eingeht, nicht aber eine Selbstreferenzmaschine.

Psychische Systeme sind nun aber keine Trivialmaschinen, auch wenn sie im sozialen Verkehr in weitem Umfange so behandelt werden. Sie sind und bleiben selbstreferentielle Systeme, in deren Verhalten der eigene Zustand als Resultat vorherigen Verhaltens zwangsläufig eingeht.

Diese Überlegung führt auf die Frage, was wohl aus selbstreferentiellen Systemen wird, die laufend so behandelt werden, als ob sie Trivialmaschinen wären? Und vielleicht ist es eine sinnvolle Hypothese, auch hier anzunehmen, daß sie, wenn es um ihre Selbstauffassung geht, versuchen werden, sich auf ein Terrain möglicher Abweichung zu retten – sei es mit unerwartbar guter Leistung, sei es mit Leistungsverweigerung, sei es mit Ironie und Witz oder sei es mit der Einrichtung einer besonderen Schülerkultur, mit eigener Sprache, mit abweichenden Einschätzungen von Verdiensten und persönlichen Qualitäten.

IV.

Wir müssen nach all dem damit rechnen, daß in Systemen, die funktional auf Erziehung spezialisiert sind, strukturell bedingte und daher weitgehend unvermeidliche Sozialisationseffekte riesigen Ausmaßes eintreten. Es handelt sich hier um eine Art zweite Sozialisation – zweite Sozialisation nicht im Anschluß an eine erste, sondern als Folge sehr besonderer sozialer Bedingungen, mit denen versucht wird, Sozialisation als Erziehung zu planen. Gerade wenn diese Systeme alles tun, um den zunächst wahrscheinlichen Widerstand gegen Erziehung auszuschalten, ist umso mehr damit zu rechnen, daß sie besondere soziale Strukturen entwickeln, die ihre eigenen Sozialisationseffekte erzeugen. Das ist insbesondere im Hinblick auf Erziehung in Schulklassen heute weithin bewußt und zum Beispiel unter dem Titel „heimlicher Lehrplan" in seinen positiven wie in seinen negativen Auswirkungen Gegenstand umfangreicher Diskussion.

Dem läßt sich durch Auswahl der Lehrpläne, Stoffe und Erziehungsziele kaum entgegenwirken. Diese Auswahl mag noch so sehr auf spätere Brauchbarkeit, auf professionell verwertbares Wissen oder auch auf die Interessen der Lernenden abgestellt sein; sozialisiert wird man in der Schule für die Schule. Man lernt im Wege der Selbstsozialisation die für das Überleben hier notwendigen Verhaltensweisen, und es ist ganz offen, ob und wie weit sich Sozialisationsresultate dieser Art auf andere soziale Systeme übertragen lassen und mit welchen Folgen.

Diese recht skeptische Betrachtung schulischer Erziehung soll nicht in Richtung auf eine „Entschulung der Gesellschaft" verstanden werden. Eher geht es darum, die Selbstkritik der modernen Gesellschaft, die vor allem an der kapitalistischen Wirtschaft ausgebildet worden ist, auch auf andere Funktionssysteme zu übertragen und dadurch sowohl auszuweiten als auch zu normalisieren. In all ihren Funktionssystemen hat die moderne Gesellschaft derzeit noch einen erheblichen Nachholbedarf an theoriegesteuerten Beobachtungen und Beschreibungen; sie hat, wenn man so sagen darf, auf der semantischen Ebene noch kein zutreffendes Bild ihrer selbst gefunden. Wenn man aber die Unwahrscheinlichkeit der strukturellen Errungenschaften, von denen wir heute abhängen, beobachten und nach Möglichkeit über Kommunikation in der Gesellschaft kontrollieren will, sind theoretisch, das heißt vergleichend, orientierte Konzepte unerläßlich.

Das braucht natürlich nicht auf die im Vorstehenden skizzierten systemtheoretischen Analysen hinauszulaufen. Wenn man sie zugrundelegt, gewinnen jedoch die Trennung psychischer und sozialer Systeme auf der einen Seite und die Simultaneität von Erziehung und Sozialisation in den Erziehungssystemen auf der anderen besonderes Gewicht. Wenn aber die Sozialisation aus Anlaß von Erziehung nicht zu vermeiden ist: läßt sie sich dann anders und besser in Rechnung stellen? Und wenn Sozialisation in weitem Umfange auch und gerade Sozialisation zu abweichendem Verhalten ist: lassen sich dafür Auffangformen entwickeln? Und wenn schließlich Trivialisierung unvermeidlich ist: wie läßt sich erreichen, daß die psychischen Systeme auf die angesonnenen Transformationen wie auf Eigenzustände reagieren?

Kenner der Pädagogik werden rasch sehen, daß diese Fragen in vielen Hinsichten auf längst gepflegtes Gedankengut zurückgreifen. Man könnte daraus folgern, daß es mehr darauf ankommt, sich ergebende Situationen auszunutzen, als Pläne in starrer Sequenz durchzusetzen. Auch könnten Einrichtungen wie einst die berühmt-berüchtigten Industrieschulen wieder in den Blick kommen, in denen unter Abschwächung der aufdringlichen Kommunikation zum Zwecke der Erziehung aus Anlaß der Offensichtlichkeit anderer sozialer Operationen erzogen wird. Und natürlich versteckt sich hinter dem provozierenden Konzept der Trivialmaschine die alte Frage, wie man erreichen könne, daß das Notwendige frei getan wird.

Dennoch bleibt die härtere systemtheoretische Begrifflichkeit nicht ohne Folgen. Sie vermittelt besser als die geisteswissenschaftliche Theorie der Pädagogik interdisziplinäre Anschlußfähigkeit und damit Vergleichsmöglichkeiten bis hin zur Maschinentheorie, die bisher fern lagen oder mit Abscheu zurückgewiesen wurden. Auch wird es nicht ausbleiben, daß eine abstraktere Begrifflichkeit im Detail zu anderen Beobachtungen und zu anderen Anregungen führt. Das wird man ausprobieren und abwarten müssen. Vor allem lenkt die hier gewählte sozialisationstheoretische Begrifflichkeit die Aufmerksamkeit auf eine strukturelle Problematik, die nicht umgangen oder vermieden, sondern allenfalls abgeschwächt werden kann. Die Erziehung kann die Aufgabe der Sozialisation nicht einfach übernehmen. Sie ist nicht etwa die rationale Form der Sozialisation. Sie ist im Verhältnis zur Sozialisation kein Fortschritt, kein sicheres Rezept, es besser zu machen. Sie entwickelt sich als Korrelat der zunehmenden Komplexität der Gesellschaft vor allem mit der Funktion, Personänderungen mit Übertragbarkeit in andere als ihre Ursprungssysteme auszustatten. Das muß mit erheblichen Disbalancierungen und unabsehbaren sozialisatorischen Folgewirkungen bezahlt werden. Die Aufgabe der Pädagogik könnte es dann vor allem sein, dafür zu sorgen, daß der Preis nicht zu teuer und das Resultat nicht schlimmer wird als das Unterlassen der Bemühung.

Codierung und Programmierung

Bildung und Selektion im Erziehungssystem

I.

Im folgenden will ich versuchen, eine gesellschaftstheoretische Hypothese am Fall von Erziehung durchzuspielen. Die Hypothese geht davon aus, daß die moderne Gesellschaft als ein Sozialsystem mit primär funktionaler Differenzierung beschrieben werden kann. In einer solchen Ordnung sind die Teilsysteme in hohem Maße autonom geworden. Sie reproduzieren sich autopoietisch, das heißt: aus sich selbst heraus. Ihre Leitkonstante ist die Funktion, die sie für das Gesellschaftssystem zu erfüllen haben: im hier behandelten Fall also Erziehung.

Eine solche Ordnung hat zahlreiche Eigenarten und Konsequenzen. Wir greifen hier nur eine einzige Eigenart heraus, nämlich die Tendenz der wichtigsten Funktionssysteme, zwei Ebenen der Verhaltenssteuerung deutlich zu trennen: Codierung und Programmierung. Diese Differenzierung hat erhebliche strukturelle und semantische Konsequenzen. Wenn es auf der einen Seite einen binären Code gibt, und auf der anderen Seite Regeln für richtiges oder doch brauchbares Verhalten, zersetzt diese Unterscheidung die alte Architektur der kosmologischen und moralischen Perfektion, die dem Handeln Ziele und Ruhelage vorgab. Das Sein und das Streben kulminieren nicht mehr in Wesensformen, die Erziehung kann sich nicht mehr darauf richten, den Menschen in sein eigenes Wesen zu bringen, das heißt vollkommen zu machen. Es genügt auch nicht, die Perfektionsformeln zu modernisieren. Statt dessen gibt es im typischen Funktionssystem – ob auch im Erziehungssystem, das wollen wir prüfen – einen binären Code mit einem positiven und einem negativen Wert (und, wie immer in solchen Fällen, eine Paradoxie, die aus der Selbstanwendung des Code resultiert) und außerdem Programme, in der älteren Literatur auch criterion, kanon, regula genannt, die Anhaltspunkte für eine richtige Zuordnung der Code-Werte fixieren.

Diese Dualität von Codierung und Programmierung läßt sich nicht mehr hierarchisieren. Sie kulminiert nicht mehr in einem übergeordneten Guten. Sie wird nur dadurch integriert, daß die Programme die code-bezogene Funktion übernehmen, Werte zuzuordnen, und unter dem Gesichtspunkt dieser Funktion variiert werden können. Das bedingt einen Verzicht auf die Idee des allgemeinen und unveränderlichen Richtigen, und das entspricht der strukturellen Eigenart moderner Gesellschaft, sich selbst in sich selbst nicht repräsentieren zu können. Bei funktionaler Differenzierung gibt es keine privilegierten Plätze, keine Spitze, kein Zentrum; und deshalb muß auch die Idee einer (wie immer unvollkommenen, korrupten, gestörten) Diffusion des Richtigen aufgegeben werden. Es gibt nur noch den operativen Zusammenhang funktionsspezifischer Codes und code-spezifischer Programme sowie diejenigen Zusammenhänge, die sich aus der Ausdifferenzierung der entsprechenden Systeme für die Beziehungen zwischen System und Umwelt ergeben.

Anders gesagt: Die Ersetzung eines monotonen obersten Wertes durch einen binären Code und, darauf bezogen, die Zuordnung von Programmen als Entscheidungsregeln zu diesem Code leisten die Ausdifferenzierung eines besonderen Funktionssystems in der Gesellschaft. Sie ermöglichen auf der Ebene der Programme und der Rollen des Systems den Aufbau funktionsspezifischer Komplexität. Das wiederum hat die Folge, daß das System sich, in seinen Operationen ebenso wie in seinen Strukturänderungen, zunehmend mit seiner eigenen Komplexität beschäftigen muß. Es führt an dieser bitteren Notwendigkeit kein Weg vorbei direkt zu richtigem oder wertvollem Handeln, und wenn Vorstellungen dieser Art gepflegt werden, dann in ihrer Funktion als Illusionen. Umweltereignisse und Umweltveränderungen können dann nur noch als „Rauschen" wahrgenommen werden, und ob sie im System Resonanz finden können, hängt von den systemeigenen Strukturen ab. Genau dies bezeichnen wir als gesellschaftliche Ausdifferenzierung oder im Resultat auch als Autonomie des Systems.

Am frühesten und am deutlichsten scheint diese Auflösung der Perfektion in eine Differenz von Codierung und Programmierung im Wissenschaftssystem aufgetreten zu sein. Der Code lautet hier wahr/unwahr (oder in bezug auf Vorstellung und Rede: richtig/falsch). Die Programme sind dagegen auf das Gewinnen neuer Erkenntnisse ausgerichtet[1]. Hierfür werden Theorien (Forschungsprogramme) und Methoden (Entscheidungsverfahren) entwickelt, die die Zuordnung von Erkenntnissen zu den Werten wahr/unwahr ermöglichen sollen. Dabei wird auch die Feststellung von Unwahrheiten, die Widerlegung von Aussagen als falsch, als ein Gewinn betrachtet. Das hatte schon die berühmte Royal Society auf ihre Fahnen geschrieben: „To the Royal Society it will be at any time almost as acceptable, to be confuted, as to discover."[2] In dem „almost" deutet sich an, daß der Code gleichwohl ein Präferenzcode bleibt und, aufs Ganze und auf lange Sicht gesehen, Wahrheit besser ist als Unwahrheit. Forschungspragmatisch muß jedoch von dieser Präferenz abgesehen oder allenfalls zurückhaltend Gebrauch gemacht werden. Heute ist es in der Wissenschafts-

1 Vgl. näher Niklas Luhmann, Die Ausdifferenzierung von Erkenntnisgewinn: Zur Genese von Wissenschaft, in: Nico Stehr/Volker Meja (Hrsg.), Wissenssoziologie, Sonderheft 22 (1980) der Kölner Zeitschrift für Soziologie und Sozialpsychologie, Opladen 1981, S. 101–139.

2 Thomas Sprat, The History of the Royal-Society of London, For the Improving of Natural Knowledge, London 1667, Nachdruck St. Louis-London 1959, S. 100. Im damaligen Kontext hieß dies vor allem Verzögerung des Wahrheitsurteils, Vorsicht bei der Bejahung und Mäßigung in der Polemik und damit: Kritik sowohl des Okkultismus als auch der Rhetorik, die gerade zuvor nochmals eine Spätblüte erlebt hatten.

theorie deshalb allgemeine Meinung, daß die Wahrheit selbst kein Wahrheitskriterium ist.

Man kommt dann ohne feste, a priori geltende Prinzipien und erst recht ohne Wesenswissensbestände, aus. Das Apriori ist die Zukunft. Auf dem Wege dahin können Programme (Theorien und Methoden) ausgewechselt werden je nach dem, was ihre Anwendung einbringt, – vorausgesetzt nur, daß der Code beibehalten wird und es nach wie vor um wahr/unwahr geht und nicht etwa unversehens darum, wer Recht oder Unrecht hat oder wo der größere Nutzen bzw. Schaden liegt. Im Konstanthalten des Code reflektiert sich auch die Tatsache, daß die Zukunft, die als Apriori fungiert, unerreichbar ist. Sie kann nie beginnen[3]. Mit allem Voranschreiten der Zeit verschiebt sich der Horizont, der jeweils als Zukunft fungiert, und genau darin liegt die einzige Garantie dafür, daß Wahrheit bzw. Unwahrheit immer wieder möglich ist. Das Apriori symbolisiert, mit anderen Worten, das Konstanthalten des Code gegenüber den Programmen und findet in der Zeit dafür keinen anderen Platz als die Zukunft.

Die Vorteile und die Folgeprobleme einer solchen Umstellung von Prinzip auf Code werden noch kaum zureichend begriffen[4]. Prinzipien orientieren sich zwangsläufig punktuell und haben daher buchstäblich nicht viel Sinn. Codes sind dagegen Totalkonstruktionen, die unter der Prämisse des ausgeschlossenen Dritten weltuniversell angewandt werden können. Sie setzen, ohne daß dies der sachlichen Universalität widerspräche, die Beschränkung auf einen sozialen Funktionsbereich voraus. Erst infolge funktionaler Differenzierung des Gesellschaftssystems können daher Codes an die Stelle von Prinzipien treten.

Der Zusammenhang von Universalapplikation und Systembezug prägt den Abstraktionsstil der Operationen. Er wird durch ein vorgeschaltetes „sofern" bestimmt. Nur „sofern" es um wissenschaftlichen Wissensgewinn geht, spielt die Codierung wahr/unwahr eine Rolle. Glücklich wird man damit nicht. Mit solchen „sofern"-Abstraktionen lassen sich dann auch Codierung und Programmierung verknüpfen. „Sofern" die Operationen auf Feststellung von Wahrheit oder Unwahrheit gerichtet sind, ist Theoriebildung zu empfehlen, weil man auf diese Weise den Einzeloperationen eine über sie hinausweisende Bedeutung verleihen kann. Und wiederum: Theorie vermittelt nicht, oder nur

3 Vgl. Niklas Luhmann, The Future Cannot Begin: Temporal Structures in Modern Society, Social Research 32 (1976), S. 130–152, neu gedruckt in ders., The Differentiation of Society, New York 1982, S. 271–288.

4 Dies dürfte auch damit zusammenhängen, daß das Wort „Code" mit sehr verschiedenem Sinn gebraucht wird (z. B. auch zur Bezeichnung von Symbolzusammenhängen schlechthin, Semantiken, Programmen) und daß in der Tradition kein eingeführter, hinreichend allgemeiner Begriff dafür gebildet worden ist, der über den logischen Schematismus hinaus auch andere Funktionssysteme wie Wirtschaft, Politik, Erziehung einbeziehen könnte. Dies wiederum hängt offensichtlich mit den stark erkenntnistheoretisch ausgerichteten Vorlieben der neueren Philosophie zusammen, der die Zumutung befremdlich wäre, sie solle sich in gleicher Intensität auch um Wirtschaft usw. kümmern.

in zufälligen Konstellationen, Wohlgefühl, hohes Einkommen oder politischen Einfluß. Die Operationen eines Funktionssystems orientieren sich mithin zwar an der Differenz von Code und Programm, müssen aber gerade deshalb den Bezug von Code und Programm selbst herstellen und verhindern, daß die dafür ausgesuchten Programme für alle möglichen anderen Lebenssachverhalte in Anspruch genommen werden.

Dieser Vorgang der Differenzierung von Codierung und Programmierung, der Auflösung eines alten Rationalitätskontinuums von Sein und Erkennen und der Etablierung von Zukunftsoffenheit als Konstante ist nicht nur im Wissenschaftssystem zu beobachten. Auch andere Funktionssysteme weisen in dem Maße, als sie sich ausdifferenzieren, ähnliche Entwicklungen auf. Darauf kann hier nicht näher eingegangen werden[5]. Wir nehmen den Fall des Wissenschaftssystems als „Paradigma". Wenn es sich dabei um eine allgemeine Erscheinung handelt, die nicht nur Erfordernisse des wissenschaftlichen Fortschritts widerspiegelt, sondern mit der Ausdifferenzierung eines Funktionssystems korreliert, müßten entsprechende Veränderungen sich auch in anderen Funktionssystemen nachweisen lassen. Dabei bereitet der Fall des Erziehungssystems besondere Schwierigkeiten, denn, zumindest auf den ersten Blick, ist nicht gleich zu sehen, wo hier der Code liegen könnte. Etwa gebildet/ungebildet? Oder gar: artig/unartig? Das Fehlen einer klar geschnittenen Semantik für Codierung mag damit zusammenhängen, daß für das Erziehungssystem kein besonderes symbolisch generalisiertes Kommunikationsmedium (wie Wahrheit oder Geld oder Macht) entwickelt worden ist[6]. Aber wenn die Differenzierung von Codierung und Programmierung mit der funktionalen Differenzierung des Gesellschaftssystems zusammenhängt, müßte sie auch im Erziehungssystem nachweisbar sein (oder man müßte ihr Fehlen durch Zusatzhypothesen erklären können).

Die folgenden Überlegungen, die diese Frage prüfen, blicken in erster Linie auf ein Spezialproblem der Gesellschaftstheorie. Sie sind an einer theoretischen Abklärung der Konsequenzen funktionaler Differenzierung auf sozialstruktureller und auf semantischer Ebene interessiert. Da dies Problem aber nicht zuletzt am Erziehungssystem zu entscheiden ist, ist dafür eine Untersuchung dieses Systems erforderlich, die auch für das Verständnis von Erziehung unter den Strukturbedingungen der modernen Gesellschaft Früchte tragen mag.

5 Als Versuch einer knappen Zusammenstellung siehe Niklas Luhmann, Ökologische Kommunikation: Kann die moderne Gesellschaft sich auf ökologische Gefährdungen einstellen?, Opladen 1986.

6 Vgl. Niklas Luhmann/Karl Eberhard Schorr, Reflexionsprobleme im Erziehungssystem, Stuttgart 1979, S. 54 ff.

II.

Folgt man der pädagogischen Literatur, so findet man so gut wie ausschließlich Bemühungen um die Ziele und die Methoden richtiger Erziehung. In unsere Begrifflichkeit übersetzt, heißt dies, daß die Pädagogik sich mit den Programmen des Erziehungssystems beschäftigt. Dies Interesse übergreift, ebenso wie auch in der Wissenschaft, die Differenz von Zielen und Methoden. Es umfaßt die Zustände der zu erziehenden Personen, die man erreichen will, und die Mittel, die dafür eingesetzt werden. In beiden Hinsichten geht es um Kriterien für richtiges oder brauchbares Verhalten. Die Probleme liegen hier nicht zuletzt im Fehlen ausreichender Technologien, die es ermöglichen können, Fehler zu erkennen und abzustellen[7]. Sinn und Funktion des Systems werden in den Erziehungsprogrammen formuliert und erscheinen dann in der Perspektive dieser Programme. Angesichts eines Defizits an Technologie werden die Werte des Systems semantisch überhöht und gegen Enttäuschungen abgesichert, während sich zugleich praktische Präferenzen einleben, mit denen die Lehrer ebenso wie die Schüler den Alltag überstehen[8].

Entsprechend verlangt die Pädagogik von Pädagogen eine affirmative Einstellung zu den Werten des Systems. Es würde ihr ersichtlich schwer fallen, die Position der Royal Society einzunehmen und zu betonen, daß ihr ein mißratener Zögling fast ebenso akzeptierbar ist wie einer, der alle Anforderungen erfüllt. Das mittelalterliche Weltbild eines Kosmos der Perfektionen, die freilich nach dem Sündenfall unter Korruption leiden, scheint hier noch intakt zu sein. Die Pädagogik kann sich gleichwohl akademisch halten, indem sie sich als normative Wissenschaft oder als Geisteswissenschaft stilisiert und eine durch ihre Aufgaben bedingte Sonderstellung in Anspruch nimmt.

Mit dieser Art von Theorie, die den Sinn von Erziehung im Erziehungssystem reflektiert, wird eine semantische Disposition festgehalten, die nicht zwischen Codierung und Programmierung unterscheidet, sondern das System mit praktischen Bemühungen um Qualität zu identifizieren versucht. Damit wird „Praxisorientierung“ zur Formel, die es ermöglicht, den Vergleich mit der Strukturtypik anderer Funktionssysteme a limine abzuweisen. Was in dieser Weise als Selbstbeschreibung des Systems (oder: als Theorie des Systems im System) funktioniert, braucht aber nicht ohne weiteres als zureichende exter-

7 Zur Diskussion dieser Frage: Niklas Luhmann/Karl Eberhard Schorr (Hrsg.), Zwischen Technologie und Selbstreferenz: Fragen an die Pädagogik, Frankfurt 1982.

8 Diese zwei Ebenen der Richtigkeit erinnern an eine alte Diskussion über „Akrasie“, nämlich über die Unfähigkeit, das als richtig Erkannte zu verwirklichen. Zur Wiederaufnahme dieser Diskussion Amélie O. Rorty, Self-Deception, Akrasia and Irrationality, Social Science Information 19 (1980), S. 905–922. Eine ähnliche Problemstellung findet sich auch in philosophischen Theorien des freien Handelns und der Persönlichkeit. Vgl. Harry G. Frankfurt, Freedom of the Will and the Concept of a Person, Journal of Philosophy 68 (1971), S. 5–20; Richard C. Jeffrey, Preferences Among Preferences, Journal of Philosophy 71 (1974), S. 377–391; Gary Watson, Free Agency, Journal of Philosophy 72 (1975), S. 205–220.

ne Beobachtung und Beschreibung hingenommen zu werden. Gewiß: was Erziehung angeht, so weiß die Pädagogik es besser. Eben damit macht sie sich aber auch verdächtig.

Dennoch gibt es einen Code der Erziehung. Er findet sich aber, und das entspricht genau unserer Hypothese, nicht in den Programmen des Systems. Codiert wird nur die *soziale Selektion*, und dies auf eine technisch so zwingende Weise, daß die Pädagogik bei all ihrer Mitwirkung dafür nur Abneigung und Widerwillen aufbringen konnte.

Sehr zu Unrecht wird soziale Selektion als eine gesellschaftlich aufgezwungene, erziehungsfeindliche Aufgabe dargestellt. Es geht um die *Zuweisung von Positionen innerhalb und außerhalb des Systems.* Als ein System, das solche Selektionen nach eigenen Kriterien vollzieht und mit dem Ergebnis externe Selektionschancen beeinflussen kann, hat das Erziehungssystem die Chance, den eigenen Kriterien in seiner sozialen Umwelt Ansehen und Wirkung zu verschaffen. Soziale Selektion im Erziehungssystem ist ein Vorgang, mit dem das Erziehungssystem Einfluß auf die Umwelt ausübt, und nicht umgekehrt; und nur weil dies so ist, müssen die Programme, die die Selektion steuern, auf Erfordernisse der Umwelt eingestellt werden oder ihnen jedenfalls in gewissem Umfange Rechnung tragen.

Der Selektionscode, der es überhaupt erst ermöglicht, besseres und schlechteres Abschneiden auseinanderzuhalten und in bezug darauf Entscheidungen zu treffen, hat sich von Anbeginn außerhalb derjenigen Semantik entwickelt, die auf menschliche Vervollkommnung, Bildung oder lebenslanges Lernen abstellt, und diese Semantik ist ihrerseits ohne Rücksicht auf Selektionseffekte formuliert worden. Die Trennung von Codierung und Programmierung ist gerade hier so strikt durchgeführt worden, daß das Phänomen selbst unentdeckt geblieben ist. Während in anderen Fällen, in den Reflexionstheorien anderer Systeme, es erst infolge langwieriger Klärungsprozesse deutlich wurde, daß Codewerte wie Wahrheit und Schönheit, Wohlstand (Reichtum) oder Recht nicht zugleich die Funktion von Kriterien oder von Einheitsformeln für die Programmatik des Systems wahrnehmen können, ist im Erziehungssystem die Ausgangsposition genau umgekehrt gewesen. Hier liegt der Zusammenhang im Dunkeln, und Selektion wird überwiegend sogar als Störung des eigentlichen Geschäfts der Erziehung begriffen. Hier ist daher die gegenläufige Bemühung nötig, Verständnis für die Zusammenhänge zwischen Codierung und Programmierung zu gewinnen.

Erst wenn man sich an der These einer Differenzierung und Rekombination von Codierung und Programmierung orientiert, kann man das Erziehungssystem wiederum als Einheit begreifen. Denn die Einheit liegt nicht im schönen Ideal und auch nicht in der unvermeidlichen Selbstillusionierung des Systems. Sie liegt, soweit es um Strukturen geht[9], in der funktionsspezifischen

9 Die *operative* Ebene, den Lehr/Lern-Prozeß des Systems, lassen wir im Moment beiseite, obwohl alle strukturelle Einheit letztlich in der Verknüpfung der Operationen des Systems realisiert wird.

Codierung und Programmierung. Oder weniger genau und weniger umständlich ausgedrückt: Das Erziehungssystem unterscheidet sich von anderen Funktionssystemen durch die Art, wie es die eigenen Programme zur Verteilung besserer und schlechterer Positionen einsetzt.

Die Frage, wie gut jemand, der dies durchmacht, erzogen wird, kann wohl gestellt werden. Aber es würde auf eine Utopie hinauslaufen, wenn man sie unabhängig von den strukturellen Möglichkeiten des Erziehungssystems beantworten wollte.

III.

Die Zwangsläufigkeit von sozialer Selektion ergibt sich, historisch gesehen, aus der zunehmenden funktionalen Differenzierung des Gesellschaftssystems. Funktionale Differenzierung bedeutet „Liquidierung" der gesellschaftlichen Inklusion. Der Einzelne findet sich nicht mehr allein dadurch schon der Gesellschaft eingeordnet, daß er einer bestimmten Familie oder (als Abhängiger) einem Familienhaushalt angehört. Vielmehr richtet sich seine Mitwirkung an Funktionssystemen nach den Umständen, also danach, wie die Funktionssysteme selbst die Inklusion konditionieren. Individualität wird jetzt nicht mehr über „Standort" (status, condicio, condition), also nicht mehr über Inklusion definiert, sondern über Exklusion. Das Individuum wird als sich selbst bestimmendes Subjekt aufgefaßt.

Da die Funktionssysteme selbst konditionieren, was für sie zählt (was, psychologisch gesehen, ein hohes Maß an Dekonditionierung, also „Entfremdung" bedeuten muß), bilden sich systeminterne Beteiligungsgeschichten. Status und Chancen hängen von früheren Ereignissen im selben System ab: die Rechtslage zum Beispiel von Verträgen, die man abgeschlossen hat, oder von Fristen, die man gewahrt oder versäumt hat; oder die wirtschaftliche Lage von früheren oder in Aussicht stehenden Einkünften, oder die wissenschaftliche Reputation von Publikationen. Durch diese Liquidierung der Inklusion werden in einem nie zuvor gekannten Ausmaße Entscheidungen relevant, und in bezug darauf bilden sich neue „inviolate levels"[10] – etwa die neuhumanistische Anthropologie oder die Lehre von den „Grundwerten".

Für den Einzelnen verliert die soziale Inklusion dadurch den Charakter eines durch Geburt bestimmten *Status* und nimmt die Form einer *Karriere* an[11]. Der Karrierebegriff soll hier sehr allgemein gefaßt sein und nicht nur auf

10 Ein Begriff, der Entparadoxierungsnotwendigkeiten anzeigt. Siehe Douglas Hofstadter, Gödel, Escher, Bach: An Eternal Golden Braid, Hassocks, Sussex UK 1979, S. 686 ff.

11 Der gleiche Sachverhalt wird oft auch durch die Unterscheidung von ascribed/achieved status (Linton) oder von quality/performance (Parsons) wiedergegeben. In dieser Terminologie wird jedoch das Moment der „Leistung" und des verdienten Erfolgs oder Mißerfolgs zu stark herausgestellt. Der Karrierebegriff hat demgegenüber den Vorteil, neutral zu sein in der Frage, ob und wie weit Lebenslagen durch eigene Leistung oder

Stellen und Gehälter in Organisationen bezogen werden[12]. Karriere ist die zeitliche Struktur des Inklusionsprozesses. Sie besteht aus selbstgeschaffenen Elementen, die nur im Karrierezusammenhang und für den Karrierezusammenhang als Einheiten wirksam sind. Diese Elemente sind positionsverändernde Ereignisse, die in jedem Einzelfalle durch eine Kombination von Selbstselektion und Fremdselektion zustandekommen (denn genau dadurch wird Inklusion bewirkt). Karriere ist also nie nur Verdienst und nie nur Schicksal. Der relative Einfluß von Selbstselektion und von Fremdselektion kann schwanken und die einzelnen Phasen einer Karriere oder auch ganze Lebenskarrieren mehr oder weniger dominieren; die Kombination beider Momente bleibt aber immer erhalten, und das ermöglicht Überzurechnungen: Man kann erfolgreiche Karrieren sich selbst als Verdienst und erfolglose Karrieren den Umständen oder dem „Schicksal" zurechnen.

Der Begriff der Karriere ist – als Begriff! – indifferent nicht nur gegen Fremdselektion und Selbstselektion, sondern auch gegen die Phänomene des Aufstiegs, des Abstiegs, des Stillstandes und des Aussteigens. Er setzt nur bewertete Positionen voraus, an denen erkennbar wird, ob Ereignisse die Karriere ins Bessere oder ins Schlechtere bewegen oder sie in der Lage blockieren, in der sie sich befindet. Genau gefaßt, setzt der Karrierebegriff zwar die *Differenz* von Fremdselektion und Selbstselektion sowie die *Differenz* von positiver und negativer Bewertung voraus, kann aber eben deshalb nicht nur die eine Seite dieser Unterscheidungen, also nicht nur das selbstselektive Erreichen positiv bewerteter Positionen bezeichnen.

Karrieren beginnen fast mit der Geburt. Man entwickelt sich durch eine Kombination von Fremdselektion und Selbstselektion (die Eltern sind keineswegs allein schuldig!) zum geliebten oder ungeliebten, artigen oder unartigen Kind. Dies wiederum ist nicht ohne Bedeutung für Startpositionen in der Schule. Erfolge und Mißerfolge in der Schule haben Auswirkungen auf die Karriere im späteren Leben. Eheschließungen und Ehescheidungen sind Kombinationen von Fremdselektion und Selbstselektion, und soziale Kontakte im weitesten Sinne sind es auch. Nebenkarrieren, etwa von Krankheiten oder von Kriminalität, können Karrierebedingungen beisteuern oder sogar Hauptkarrieren werden; und selbst relativ nebensächliche Karrieren wie die im Flensburger Register können punktuell eine unerwartete Bedeutung gewinnen.

Das alles braucht hier nicht näher dargestellt zu werden. Die Phänomene sind offensichtlich genug. In unserem Zusammenhang interessiert, daß das Erziehungssystem, ob es will oder nicht, ein Stück Karriere in der Hand hält *und daß es dadurch codiert ist.*

Das Erziehungssystem bildet in dem Maße, als es über Schulen und Hoch-

Forts. Anmerkung 11

durch Fremdbeurteilung und Fremdselektion oder sogar durch gesellschaftliche Veränderungen großen Stils (Kriege, Technologieumstellungen, politische Krisen, wirtschaftliche Konjunkturen etc.) bestimmt sind.

12 Vgl. auch Luhmann/Schorr, a.a.O. (1979), S. 277 ff.

schulen mit Zubringerleistungen der Familien ausdifferenziert ist, eine eigene Karrierestrecke aus. Deren Selektionsentscheidungen sind Lob und Tadel (oder aufs Minimum reduziert: Kopfnicken/Kopfschütteln, Kommentierung einer Antwort im Unterricht), ferner Zensuren, Versetzungen/Nichtversetzungen, Zulassung oder Nichtzulassung zu Kursen oder Schulsystemen, schließlich Abschlüsse von Kursen oder Ausbildungsgängen oder der Schul/Hochschulkarriere im ganzen. Diese Schulkarriere ist, schon weil Selbstselektion eine Rolle spielt, nie ganz von externen Bedingungen ablösbar. Auch wird sie durch die Annahme bewegt, man lehre und lerne fürs spätere Leben. Sie ist gleichwohl in der Eigenlogik ihrer Sequenzen für alle Beteiligten klar erkennbar. Sie baut sich selbst auf. Ihr Fortgang hängt davon ab, was erreicht ist. Bewertungskriterien, die der Anschlußfähigkeit zugrundeliegen, werden im Erziehungssystem selbst in Geltung gesetzt, manipuliert und gegebenenfalls geändert. Das geschieht nicht ohne bezug auf Umwelt, auf anerkanntes Wissen, auf geschätzte Fähigkeiten, auf mögliche Anschlußkarrieren; aber es geschieht autonom und primär unter dem Gesichtspunkt der Strukturierung der systeminternen Karriere. Positive und negative Bewertungen werden zu Positionen verdichtet, weil sie die Voraussetzungen für die weitere Teilnahme am System formulieren. Die Karriere im Erziehungssystem regelt die Inklusion ins Erziehungssystem. Sie ist in dieser Hinsicht zwangsläufig autonom, auch wenn die erwarteten Ergebnisse mit Umweltanforderungen abgestimmt sind.

Die Koordination dieser Vielzahl von Karriereereignissen, die vom kaum wahrnehmbaren Beurteilen bis zum dramatischen, schicksalentscheidenden Prüfungsgeschehen reichen, erfordert eine *binäre Struktur*, nämlich eine deutliche Differenz von besser und schlechter im Hinblick auf die Förderung der Karriere. Deshalb bildet sich, ob geplant oder nicht, ein codiertes Selektionsmedium, das abstrakt genug ist, um Religion und Mathematik, Grundschule und Gymnasium, Arbeiterkinder und Akademikerkinder übergreifen und aufeinander beziehen zu können. Dieser Code fasziniert das Erziehungssystem – genau so wie das Wissenschaftssystem sich durch die Differenz von wahr/unwahr oder wie das Wirtschaftssystem sich durch die Differenz von Haben/Nichthaben oder von Zahlen/Nichtzahlen faszinieren läßt. Er fasziniert Lehrer und Schüler gleichermaßen. Er zwingt zur Dauerbewertung, und zwar gleichermaßen zur Fremdbewertung und zur Selbstbewertung, und er zwingt zur Verdichtung dieser Bewertungen zu auswertbaren, mitnehmbaren Positionen – eine Voraussetzung nicht nur für Akkumulation, sondern auch für jede Korrektur des erreichten Standes.

Zu den Eigentümlichkeiten einer Codierung gehört schließlich hier, wie auch sonst, daß positiver und negativer Codewert in einen engen Zusammenhang treten und daß jeder von ihnen nur im Code, das heißt: nur mit Blick auf den anderen Wert, seine Funktion erfüllt. Gute Zensuren haben mehr mit schlechten Zensuren zu tun als beispielsweise mit Bildung. Dies ist nur bei strikt binärer Codierung zu leisten; jede Hinzufügung weiterer Werte würde die code-internen Verhältnisse ambivalent werden lassen und daher von weiteren Interpretationen abhängig machen. Zensurenskalen sind keine Ausnahme, denn jede Zensur repräsentiert dann den Code im Hinblick auf eine durch sie bestimmte Differenz von besseren und schlechteren Zensuren.

IV.

Eine Besonderheit binärer Codierung verdient es, hervorgehoben zu werden. Binäre Codierungen führen bei Anwendung des Codes auf sich selbst zu Paradoxien. Eine solche Selbstanwendung kann in selbstreferentiellen Systemen nicht ausgeschlossen werden. Jedes codierte selbstreferentielle System muß daher mit Paradoxien rechnen und muß infolgedessen verhindern können, daß die eigenen Operationen dadurch blockiert werden, daß das Falsche richtig und das Richtige falsch ist.

Im Falle des Selektionscodes des Erziehungssystems treten solche Phänomene dadurch auf, daß die Selbstanwendung des Codes durch die Differenz von Fremdselektion und Selbstselektion so gut wie zwangsläufig passiert. Eine positive Fremdbeurteilung kann zu einer negativen Selbstbeurteilung führen und umgekehrt, sobald Kommunikation hergestellt ist. Ein Lob mag wie ein Tadel wirken, indem es zum Ausdruck bringt, daß die gelobte Leistung nicht erwartet, also nicht auf konstante Personmerkmale zugerechnet worden ist. Und umgekehrt kann der Selbstbeurteiler, wenn er getadelt wird, im Tadel noch den Trost finden, daß der Fremdbeurteiler eine Besserung für möglich hält[13]. Die Kommunikation der Selektion für bessere oder schlechtere Positionen mag daher kontra-intentionale Effekte haben. Wird ein solches Paradox in die Kalkulation einbezogen, blockiert es die Selektion, denn dann müßte man, wenn man loben will, tadeln, wenn man aber tadeln will, loben.

Faktisch ist allerdings das Verhältnis von Fremdbeurteilung und Selbstbeurteilung zumindest für den Fremdbeurteiler undurchsichtig. Er wird deshalb handeln, auch wenn er dadurch gegenläufige Effekte auslöst. Das System deblockiert sich, wenn man so sagen darf, durch Intransparenz. Es löst die Paradoxie auch durch die Asymmetrie von Fremdbeurteilung und Selbstbeurteilung auf. Der Fremdbeurteiler kann handeln. Der Selbstbeurteiler erfährt die Paradoxie dann als Ambivalenz, also als Unschärfe des Urteils. Er weiß nicht genau, wie Lob bzw. Tadel „eigentlich" gemeint sind und wie er Selbstbeurteilung und Selbstselektion daraufhin ansetzen soll. Das kann es ihm ermöglichen, den für ihn ohnehin typischen Weisen der Selbsteinschätzung freien Lauf zu lassen. Die Operationen erzeugen zwar nicht die intendierten Effekte, aber jedenfalls irgendwelche, und das System faßt die Resultate dann aus Anlaß der entscheidenden Selektionen, bei Versetzungen oder Abschlüssen, zu folgenreichen Entscheidungen zusammen.

13 Vgl. Wulf-Uwe Meyer et al., ‚Paradoxical' Effects of Praise and Blame on Perceived Ability and Affect, Ms. Bielefeld 1985.

V.

Keine Codierung kann ohne Programmierung existieren. Die Codewerte müssen abstrakt und durch ein Umkehrverhältnis definiert sein; anders können sie ihre technische Funktion nicht erfüllen und keine universell handhabbare Zweiwertigkeit mit Ausschluß dritter Werte gewährleisten. Das setzt aber Kriterien voraus, nach denen die Zuordnung zu den beiden Codewerten erfolgen kann. Der Code liefert die Struktur für die Kontingenz des Systems, die Programme erst begründen das, was im System unter der Bedingung seines Codes als richtiges Verhalten akzeptiert werden kann.

Bei einem solchen Grundriß stellt sich nicht mehr die Frage, welche Werte den Sinn des Systems zum Ausdruck bringen und wieviel Idealität realisiert werden kann. Vielmehr steht man vor der Frage, wie das System programmiert werden kann, wenn die Programme sich eignen müssen, Ereignisse, vor allem also Handlungen, auf Codewerte zu verteilen. Es wäre einfach, wenn man sagen könnte, die Programme müßten der Maximierung des Karriereerfolgs dienen. Das hieße jedoch, den positiven Wert des Codes selbst als Kriterium zu verwenden. Gerade das muß aber vermieden werden, wenn Codierung und Programmierung getrennt gehalten werden sollen. Dann versagt jede teleologische, auf ein gutes Ende ausgerichtete Strukturierung des Systems; denn das System muß in seiner Programmatik ja auch die Möglichkeit vorsehen, den *negativen* Codewert *richtig* zuzuteilen.

Die Lösung dieses Problems hat sich in einer eigentümlichen Distanz zu Reflexionsideen wie Perfektion oder Bildung entwickelt. Sie liegt darin, daß Lernende als Trivialmaschinen behandelt werden. Trivialmaschinen unterscheiden sich von nicht-trivialen Maschinen, zum Beispiel Turing-Maschinen, dadurch, daß sie auf einen bestimmten Input dank einer gespeicherten Regel einen bestimmten Output produzieren. Auf eine Frage geben sie, wenn richtig programmiert, die richtige Antwort. Es mag mehr als eine richtige Antwort geben – etwa bei Textinterpretationen; aber auch dann setzt die Struktur einer Trivialmaschine voraus, daß die Bandbreite des Richtigen begrenzt ist, und daß die Maschine stoppt oder Fehler macht, wenn die Grenzen überschritten werden.

Entscheidend ist, daß die Maschine auf ihren jeweiligen Zustand keine Rücksicht nimmt, sondern nur als regulierte Transformation von Input in Output fungiert. Nicht-triviale Maschinen befragen bei solchen Operationen dagegen sich selbst und reagieren daher bei aller Transformation von Input und Output immer auch auf ihre eigene momentane Befindlichkeit. Sie geben auf eine Frage einmal diese, das nächste Mal eine andere Antwort je nachdem, wohin ihr vorheriger Output sie geführt hat (Turing-Maschinen) oder wie sie sich fühlen und welche Eindrücke in der Situation sonst noch auf sie einwirken und ihre Befindlichkeit bestimmen. Sie sind weniger zuverlässig, dafür aber auch in einer nicht vorprogrammierten Weise anpassungsfähig. Der Unterschied sei in der beigefügten Skizze verdeutlicht.

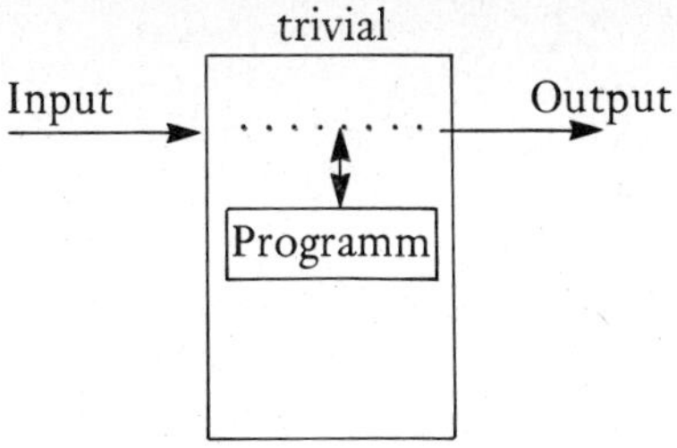

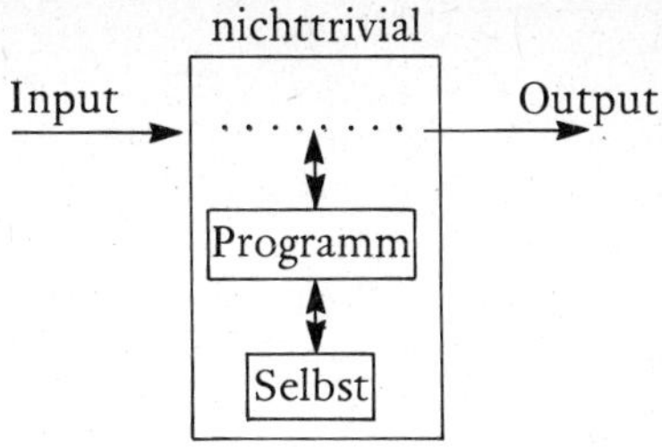

Natürlich sind alle psychischen Systeme, alle Kinder, alle Schüler, alle Lernenden nicht-triviale Maschinen. Daran besteht auch für Pädagogen kein Zweifel. Wenn die Pädagogik das, was sie im Menschen vorfindet, vervollkommnen will, bestünde also aller Anlaß, von der Eigenart einer nicht-trivialen Maschine auszugehen und die nicht-triviale Funktionsweise auszubauen. Das hieße vor allem: den Spielraum des „Selbst" in seiner Entwicklung auf die Beziehung von Selbst und Programm zu vergrößern und mehr Freiheit, das heißt mehr Unzuverlässigkeit zu erzeugen[14].

Dies geschieht nicht. Der Erzieher behält sich die eigene Bewertung der Äußerungen des Zöglings vor, auch wenn er bereit ist, sich im Prozeß des Beobachtens und Beurteilens zu korrigieren und sich auf neue Einsichten einzulassen. Sein Ziel ist gleichwohl: die Erziehung zur Trivialmaschine, und die pädagogische Vernunft rät nur, dem System nicht unbedingt fremde Programme aufzudrängen, sondern Eigenentwicklungen zu tolerieren, ja zu fördern, sofern sie akzeptable Resultate liefern. Selbst die Philosophie stützt diese Position, indem sie den Freiheitsbegriff, den sie anbietet, retrivialisiert. Freiheit ist danach Einsicht in Notwendigkeit, Bereitschaft, das Notwendige aus eigenem Entschluß zu tun, also Mitwirkung des Selbst unter Verzicht auf eine Störung des Programms.

Die Erklärung dafür, daß das Erziehungssystem nicht triviale Systeme als triviale Systeme erzieht, liegt natürlich nicht in der Anwendung einer solchen Philosophie. Sie findet sich in dem Problem der Rekombination von Codierung und Programmierung. Trivialmaschinen lassen sich leicht beobachten und beurteilen, man braucht nur festzustellen, ob die Transformation von Input in Output richtig funktioniert. Man kann außerdem, ohne die Typik der Maschine zu ändern, die Erwartung an das Programm steigern und den Unterricht mit diesem Ziel sequentiell unter höhere Ansprüche stellen. Das kann zu sehr hochwertiger Arbeit führen. Man kann hoffen und zum Ausdruck bringen, daß eine Person sich „bildet", wenn sie ihr „Selbst" auf die Fähigkeit abstellt, als hochkomplexe Trivialmaschine mit vielen anspruchsvollen Programmen zu operieren. Trotzdem bleibt eine eigentümliche Diskrepanz zwischen operativer Programmierung und idealisierender Reflexion erhalten. Bildung heißt

14 In die oben Anm. 8 genannte Literatur übersetzt, hieße das, die Differenz zwischen Werten und Präferenzen zu vergrößern und das System mit mehr Unfähigkeit auszustatten, nach den allgemeinen Prinzipien zu leben (Akrasie).

dann allenfalls: innere Form; nicht: innere Freiheit. Es wäre ja auch schwierig, einen Schüler im Unterricht zusammen mit anderen zu fördern, der sich von seinem Selbst soufflieren läßt, er würde jetzt lieber hinausgehen und eine Zigarette rauchen, er halte überhaupt nichts von Mathematik und denke die ganze Zeit an Fußball.

An einer Stelle, die für Pädagogen etwas abseits ihrer normalen Lektüre liegt, ist immerhin ein Ausweg skizziert. „It is clear that the majority of our established educational efforts is directed toward the trivialization of our children. I use the term, ‚trivialization' exactly as used in automata theory, where a trivial machine is characterized by its fixed input-output relation, while in a non-trivial machine (Turing machine) the output is determined by the input *and* its internal state. Since our educational system is geared to generate predictable citizens, its aim is to amputate the bothersome internal states which generate unpredictablity and novelty. This is most clearly demonstrated by our method of examination in which only questions are asked for which the answers are known (or defined), and are to be memorized by the student. I shall call these questions ‚illegitimate questions'. Would it not be fascinating to think of an educational system that detrivializes its students by teaching them to ask ‚legitimate questions', that ist, questions for which the answers are unknown?"[15]

Pädagogen könnten vielleicht meinen, das sei ihnen aus dem Herzen gesprochen, und wenn schon Maschinentheorie, dann diese. Als Soziologe wird man allerdings erwarten müssen, daß auch dieses Stellen von Fragen, deren Antworten man noch nicht kennt, nicht beliebig sondern nur unter einschränkenden Bedingungen praktiziert werden kann, die ihrerseits richtig oder falsch angewandt werden können. Man kommt auf diesem Wege also nur zu höherer Trivialität. Wenn man ganz von Trivialisierung absieht, müßte man sich für die auch dann noch erforderliche Kombination von Codierung und Programmierung des Erziehungssystems etwas Neues einfallen lassen.

Daß nicht-triviale Maschinen zu Trivialmaschinen erzogen werden, hat seinen Grund nur sehr entfernt in einem gesamtgesellschaftlichen Bedarf für Zuverlässigkeit und Erwartbarkeit des Verhaltens. Sollte dies das Ziel sein, dann müßten auch die Programme des Erziehungssystems auf den Bedarf der gesellschaftlichen Umwelt eingestellt werden, was nur sehr begrenzt der Fall ist. Der Grund für die Trivialisierung (oder besser: die Trivialisierungsversuche) liegt, für das Erziehungssystem viel näher, darin, daß auf diese Weise Codierung und Programmierung getrennt und rekombiniert werden können. Trivialmaschinen kann man auf Fehler hin beobachten und anhand von fehlerhaftem bzw. fehlerfreiem Operieren selektiv behandeln. Dazu sei nochmals ge-

15 So Heinz von Foerster, Observing Systems, Seaside, Cal. 1981, S. 209f. Hierzu ausführlicher Heinz von Foerster, Principles of Self-Organization – In a Socio-Managerial Context, in: Hans Ulrich/Gilbert J.B. Probst (Hrsg.), Self-Organization and Management of Social Systems: Insights, Promises, Doubts, and Questions, Berlin 1984, S. 2–24.

sagt, daß die Programme auch erst anhand der Operationen entdeckt und daraufhin als Eigenprogramme der Maschine gepflegt und gefördert werden können, *wenn* dafür *Metaprogramme* zur Verfügung stehen. Auf diese Weise werden Codierung und Programmierung laufend zusammengeschlossen.

Daß die Trivialisierung, psychologisch gesehen, nicht in dem Sinne gelingen kann, daß sie andere Möglichkeiten ausschließt, liegt auf der Hand. Aber sie kann so weit geführt werden, daß bewußte Systeme unter situationsspezifischen Bedingungen normalerweise wie Trivialmaschinen operieren und diese Notwendigkeit im Bewußtsein anderer Möglichkeiten freiwillig anerkennen. Man kann das auch Selbstdisziplin nennen. So gesehen, führt die im Erziehungssystem unvermeidliche (oder jedenfalls funktional kaum ersetzbare) Trivialisierung zur Erziehung der Selbstreferenz in Richtung auf eine Art psychische „Nichtintervention": in Richtung auf Beobachtung und Kontrolle der selbstvollzogenen Transformation von Input in Output. Wer damit nicht zufrieden sein will, mag seiner Karriere selbstselektiv eine andere Richtung geben und vom „opting-in" zum „opting-out"[16] übergehen.

Nach diesen Zwischenüberlegungen wird man deutlicher sehen können, daß und wie auch das Erziehungssystem dem allgemeinen Muster von Funktionssystemen folgt und die eigenen Programme, nämlich Lehr- und Lernprogramme, auf den eigenen Code bezieht. Der Zusammenhang wird über „sofern"-Abstraktionen vermittelt. So wie im Wirtschaftssystem Investitionen sich nur lohnen, sofern sie sich auf Geldeigentum und Zahlungsfähigkeit positiv auswirken, und zu vermeiden sind, wenn negative Konsequenzen zu erwarten sind, so sind auch Lehr- und Lernprogramme nur „lohnend", sofern sie so praktiziert werden können, daß man die Ergebnisse prüfen und bewerten kann. Nur unter dieser Voraussetzung kann das System seine Anstrengungen (zum Beispiel seine „Didaktik") daran ausrichten, daß die Ergebnisse positiv und nicht negativ ausfallen. Wie weit faktisch Programme unter diesem Gesichtspunkt ausgewählt werden, ist natürlich in allen Fällen eine empirische Frage. Die These ist: daß es keine anderen Bedingungen der Rationalität der Programmwahl gibt. Das heißt nichts anderes, als daß Funktionssysteme ihre Rationalität auf eine offene Zukunft einstellen; oder anders gesagt: daß nur die Unbestimmtheit der Zukunft als Apriori fungiert.

Die Pädagogik wird sich von Erziehung mehr erhoffen als nur dies, und für eine Selbstbeschreibung des Systems durch eine eigene Reflexionstheorie mag dies ebenso verständlich wie unvermeidbar sein. Dies „Mehr" ist jedoch ein rein psychisches oder körperliches Faktum, ein „Können" außerhalb des Sozialsystems Erziehung. Innerhalb des für Erziehung ausdifferenzierten Funktionssystems kann eine solche Ambition nur als Zielvorstellung, als Hoffnung, als professionelle Ideologie oder eben als über Prüfungen in das System zurückgekoppelte Information (feedback) behandelt werden.

16 Eine Formulierung von Aleida Assmann, „Opting in" and „Opting out": Konformität und Individualität in den poetologischen Debatten der englischen Aufklärung, in: Hans Ulrich Gumbrecht/K. Ludwig Pfeiffer (Hrsg.), Stil: Geschichten und Funktionen eines kulturwissenschaftlichen Diskurselements, Frankfurt 1986, S. 127–143.

VI.

Wir fassen die Ergebnisse dieser Überlegungen in einer Skizze zusammen, die zugleich den nicht-hierarchischen Charakter eines Systems zum Ausdruck bringt. Die Skizze unterscheidet Codierung und Programmierung sowie die Strukturierung der Operationen und die Reflexion der Einheit des Systems. Sie verdeutlicht, daß die Trennung von Codierung und Programmierung sich auf der Reflexionsebene ins Unvereinbare zuspitzt. Genau dadurch wird die Hierarchisierung des Systems, die Kulmination in einem nur noch guten Endziel oder zumindest in einer guten Intention blockiert. Wir haben eine Komplexität vor Augen, die derjenigen anderer Funktionssysteme entspricht. Man kann sehen, wie einseitig die Selbstreflexion des Systems ausgerichtet ist, wenn sie sich darauf beschränkt, den operativen Programmen einen gemeinsamen Namen zu geben, der die Problematik der Trivialisierung in sich aufhebt. Und man kann Ausgangspunkte für eine, sei es externe (soziologische), sei es interne (pädagogische) Beschreibung des Systems erkennen, die der wirklichen Problematik eines ausdifferenzierten Funktionssystems für Erziehung vielleicht besser gerecht zu werden vermag. Sie hätte die zwangsläufig evoluierte Autonomie des Systems zu reflektieren, statt Autonomie für heroische Anstrengungen zur Realisierung der eigenen Ideale zu fordern.

	Codierung	Programmierung
Reflexion der Einheit	Karriere	Bildung
Strukturierung der Operationen	positiv/negativ	Lehr- und Lernpläne

In den beiden letzten Jahrhunderten hat die Pädagogik an einer Reflexionstheorie gearbeitet, die sich zur Selbstbeschreibung des Erziehungssystems eignen sollte und dabei der professionellen Praxis ein besonderes Gewicht gab. Die Umsetzung von Theorie in Praxis lief über Kontingenzformeln, die Gesichtspunkte der Einheit richtigen Verhaltens, zum Beispiel „Ziele", vorstellen konnten[17]. Dadurch wurde die Programmierung des Systems – natürlich nicht mit diesem auf Systemvergleiche abzielenden Begriff – ins Zentrum der Systemreflexion gezogen, und soziale Selektion erschien als mehr oder weniger unerwünschte Nebenfolge, eventuell als Disziplinierungsmittel. Das Ringen um akademische Anerkennung der Pädagogik und um Abwehr politischer Übergriffe führte zur Forderung nach Autonomie, die als Unabhängigkeit der Betreuung eines eigenen kulturellen Bereichs verstanden wurde. Aus diesen Festlegungen hat die Pädagogik bis heute nicht herausgefunden. Die Unzulänglichkeiten einer solchen Realitätssicht, wenn sie denn dies sein soll, drängen sich

17 Dazu ausführlicher Niklas Luhmann/Karl Eberhard Schorr, a.a.O. (1979), S. 58 ff.

zwar auf, können aber nicht tiefgreifend korrigiert werden, wenn man daran festhält, daß das Erziehungssystem sich für sich selbst und für andere als richtige Praxis präsentieren soll.

Die gesellschaftliche Ausdifferenzierung der Funktionssysteme wird aber nicht über die Programmierung, sondern zunächst über die binäre Codierung erreicht. Nur ein Zweierparadigma trennt scharf genug, indem es die zwei Werte aufeinander bezieht und dritte ausschließt. Gerade die Ausarbeitung eines karriereförmigen Zusammenhanges zwischen schulischen Abschlüssen und Berufslaufbahnen im 19. Jahrhundert hat ausdifferenzierend und systematisierend auf das Erziehungswesen zurückgewirkt[18]. Das heißt: der Selektionscode bewirkt die Ausdifferenzierung, und die Programme des Systems müssen dann von gesamtgesellschaftlichen Selbstverständlichkeiten abgekoppelt und an der Funktion, Codewerte zuzuordnen, ausgerichtet werden.

Akzeptiert man diese Einsicht, dann erkennt man auch, daß die Autonomie eines Funktionssystems in der selbstreferentiellen Geschlossenheit des reproduktiven Zusammenhanges der codierten Operationen liegt – und nicht etwa in der Unabhängigkeit von der Umwelt[19]. Weniger umständlich formuliert: Die Autonomie des Erziehungssystems braucht nicht gefordert und verteidigt zu werden; sie ergibt sich zwangsläufig daraus, daß eine Selektion andere voraussetzt und andere ermöglicht und daß dieser Selektionszusammenhang als Karriere ausdifferenziert wird (ob man das will oder nicht), wenn dafür ein spezifischer Code entwickelt wird, etwa mit Hilfe von Zensuren. Ein „voll befriedigend" ist dann weder wahr noch lieb noch schön noch nützlich noch rechtmäßig oder unrechtmäßig (aber all dies auch, wenn die Operation unter dem Code eines anderen Systems beobachtet wird), sondern besser als „ausreichend" und schlechter als „gut".

Autonomie, als Geschlossenheit eines selbstreferentiellen Operationszusammenhanges begriffen, bedeutet vor allem, daß im Sinne dieser Operationen kein Input und kein Output möglich ist. Die Selektionsentscheidungen können nicht von außen in das Erziehungssystem eingegeben werden. Wenn Gerichte, Wirtschaftsbetriebe oder politische Parteien Zensuren erteilen würden, wäre das entweder ein Akt pädagogisch belangloser Meinungsäußerung oder, wenn im Erziehungssystem anschlußfähig, eine Operation dieses System selbst. Zugleich garantiert die Formalität dieser Geschlossenheit aber auch die Umweltoffenheit des Systems. Das System kann sich auf der Ebene seiner Programme, mit denen es die Code-Werte richtig (oder auch versehentlich falsch)

18 Vgl. Detlef K. Müller, Sozialstruktur und Schulsystem: Aspekte zum Strukturwandel des Schulwesens im 19. Jahrhundert, Göttingen 1977; ders., Der Prozeß der Systembildung im Schulwesen Preußens während der zweiten Hälfte des 19. Jahrhunderts, Zeitschrift für Pädagogik 27 (1981), S. 245–269.

19 Für eine Darstellung dieses Autonomiebegriffs für den Bereich lebender Systeme vgl. Francisco Varela, Principles of Biological Autonomy, New York 1979; ders., On Being Autonomous: The Lessons of Natural History for Systems Theory, in: George J. Klir (Hrsg.), Applied General Systems Research: Recent Developments and Trends, New York 1978, S. 77–84.

zuteilt, nach Umweltanforderungen richten, ohne damit seine Autonomie aufzugeben. Die Differenz von Codierung und Programmierung ermöglicht mithin, und das ist ihre eigentliche Funktion, Geschlossenheit und Offenheit zugleich. Auf der Ebene der Operationen des Systems heißt dies, daß genau diese Operationen nur im System und nicht außerhalb und nicht als Input oder Output ablaufen können. Wenn sie vorkommen, sind sie Operationen des Systems. Zugleich können sie sich aber nach Lehrplänen als den Programmen richten, über die Umwelteinflüsse auf das System einwirken. Die Programme transformieren das bloße „Rauschen" der Umwelt in einen für das System praktizierbaren Sinn, freilich nur auf der Ebene der Strukturen und nur in einer Weise, die einen Beobachter an das Wortspiel traduttore/traditore erinnern mag.

Eine Reflexionstheorie des Erziehungssystems, die solchen Verhältnissen gerecht werden wollte, müßte mit wesentlichen Prämissen der „heimischen" Tradition brechen. Sie müßte vor allem von einer normativen, wertgeladenen oder gar teleologischen Reflexion der Einheit des Systems (mit anschließender Feststellung von Abweichungen oder Unzulänglichkeiten) auf Reflexion der Differenz umgestellt werden[20]. So beschrieben, hätte das System seine Einheit *als Differenz*, und zwar nach den hier entwickelten Vorstellungen als Differenz von *System und Umwelt*, von *Geschlossenheit und Offenheit*, von *Codierung und Programmierung*. Die Sequenz dieser Differenzformeln zeigt zugleich an, wie die Differenz von System und Umwelt in das System selbst wiedereingeführt und dort Operationsstruktur werden kann.

Ob eine derart abstrakte, von den Nöten der Praxis und den Emphasebedürfnissen der Profession zunächst absehende Konzeption sich je als Theorie des Systems im System eignen wird, muß man der Prüfung durch dieses System selbst überlassen. Als soziologische Beschreibung, als Fremdbeschreibung also, kann sie vor allem deshalb angeboten werden, weil sie einen Vergleich des Erziehungssystems mit anderen Systemen unter dem Gesichtspunkt der Strukturtypik moderner Gesellschaft ermöglicht.

VII.

Jede Ordnung, die sich in der Gesellschaft realisiert, indem sie Kommunikation einteilt und strukturiert, kann in der Gesellschaft selbst beobachtet werden. Jeder Code, der dritte Positionen ausschließt, ermöglicht es, eben diese Positionen einzunehmen. Man kann wählen, was Gotthard Günther einen „Rejektionswert" genannt hatte[21]. Man kann die Wahlmöglichkeit, die der Code

20 Vgl. Helmut Willke, Zum Problem der Intervention in selbstreferentielle Systeme, Zeitschrift für systematische Therapie 2 (1984), S. 191–200.

21 Vgl. Cybernetic Ontology and Transjunctional Operations, in: Gotthard Günther, Beiträge zur Grundlegung einer operationsfähigen Dialektik, Bd. I, Hamburg 1976, S. 249–328 (286 ff.).

zur Verfügung stellt, als Wahlmöglichkeit ablehnen. Es kann einem gleichgültig werden, ob man positiv oder negativ beurteilt, versetzt oder nicht versetzt wird, und diese Möglichkeit ist nicht nur für schlechte, sondern auch für solche Schüler aktuell, die mit etwas Mühe gute Schüler sein könnten und dies wissen. Man kann „aussteigen".

Dies ist zunächst eine logische Möglichkeit. Sie hat aber auch eine psychologische Chance. Die Selbstwerteinschätzungen scheinen gegenüber schulischen Bewertungen relativ unabhängig zu sein[22], so daß ein Aussteiger seine Selbstachtung mitnehmen, ja geradezu um ihretwillen disponiert sein kann, sich dem Selektionscode der Schule nicht zu fügen. Besonders in der Pubertätsphase sind Schüler oft so stark durch andere Bedingungen von Erfolg und Mißerfolg fasziniert, daß der Selektionscode der Schule demgegenüber pauschal abgewertet wird. Auch soziologisch muß ein Aussteiger nicht auf soziale Beziehungen und auf Kommunikation verzichten. Er verläßt nicht die Gesellschaft, sondern nur die Schule; und manches deutet darauf hin, daß es ihm relativ leichtfallen wird, unter Altersgenossen Verständnis zu finden. Wahrscheinlich begeben sich viele in eine Art innere Emigration, auch wenn sie den Schritt nach außen nicht wagen.

Wenn das so ist: wo liegt das Problem?

Das Problem dürfte sich daraus ergeben, daß das Erziehungssystem selbst auf eine solche Ablehnung nur zweiwertig reagieren kann. Es verfügt nur über einen zweiwertigen, nicht über einen dreiwertigen Code. Entweder hat man einen Schulabschluß oder man hat keinen; es gibt keine dritte Möglichkeit. Die Ablehnungsposition wird deshalb unvermeidlich mit der negativen Position gleichgesetzt[23]. Die Anschlüsse in einer schulabhängigen Karriere müssen klar geregelt sein – ein Erfordernis des Handhabens von so hoher Kontingenz und Unsicherheit. Dem Aussteiger stehen daher nur Karrieren offen, die von seiner Ablehnung nicht betroffen sind – etwa Einheirat, self-made Karrieren, Berufstätigkeiten auf unterem Niveau oder die eines Sozialfalles.

Daß auch die Ablehnung des Code durch den Code zweiwertig bearbeitet wird, und zwar unabhängig von der Überzeugungskraft der Motive, von der psychologischen Selbsteinschätzung und von Möglichkeiten des sozialen Konsens, ist nichts anderes als ein Effekt der funktionalen Ausdifferenzierung des Erziehungssystems. Einmal mehr zeigt sich auch hier, daß die Ausdifferenzierung von Funktionssystemen an einen zweiwertigen Code gebunden ist, und daß dies nicht zu ändern ist, selbst wenn man sich kritisch dazu einstellt und

22 Vgl. Helmut Fend, Selbstbezogene Kognitionen und institutionelle Bewertungsprozesse im Bildungswesen: Verschonen schulische Bewertungsprozesse den „Kern der Persönlichkeit?", Zeitschrift für Sozialisationsforschung und Erziehungssoziologie 4 (1984), S. 251–270.

23 Bei genauerer Analyse zeigt sich immerhin eine gewisse Sensibilität gegenüber dem Problem. Sie führt aber nicht sehr weit. Eine abgebrochene Ausbildung wird oft anders behandelt als ein nichtbestandenes Examen, wenn der verlorene Sohn ins System zurückkehrt. Man kann das Studium wieder aufnehmen, nicht aber die Prüfung beliebig oft wiederholen.

Aussteigen als Lebensweg mit Verständnis, ja mit Sympathie beobachtet. Die Gesellschaft kann, und sie wird quasi automatisch, die Position des ausgeschlossenen Dritten mit Kommunikationsmöglichkeiten versorgen. Sie kann nicht anders, denn sie reproduziert sich selbst als autopoietisches System selbstreferentiell-geschlossener Kommunikation. Würde sie es jedoch ermöglichen, unter Ablehnung des Code im System selbst zu operieren, müßte sie die Position des eingeschlossenen ausgeschlossenen Dritten vorsehen können[24]. Das aber ist die Position, die Michel Serres als die Position des Parasiten bezeichnen würde[25].

VIII.

Die Differenzierung von Codierung und Programmierung ermöglicht eine spezifische Behandlung dieses Problems des eingeschlossenen Dritten. Was auf der Ebene des Code ausgeschlossen ist, kann auf der Ebene des Programms in den dadurch gegebenen Beschränkungen wiedereingeführt werden. Dies ist eine ganz allgemeine Möglichkeit, die von vielen Funktionssystemen benutzt wird. Keine Wissenschaft kann menschliches Leid als dritten Wert neben Wahrheit und Unwahrheit einsetzen; aber man kann Forschungsprogramme entwerfen, die sich mit den Formen und Ursachen menschlichen Leidens befassen. Kein Rechtssystem kann unter einem Dreiercode von Recht/Unrecht/politischer Opportunität operieren, alles muß in eindeutig feststellbarer Weise entweder Recht oder Unrecht sein. Aber man kann unter dieser Prämisse ein ius eminens, Regierungsprärogative oder sonstige verfassungspolitische Regulierungen vorsehen, die einen politischen Einfluß auf das Rechtsgeschehen in Rechtsform bringen und damit zulassen, soweit dies innerhalb des Rechtssystems zu noch lösbaren Problemen führt. Kein monetär integriertes Wirtschaftssystem kann die Codierung seiner Operationen als Zahlen/Nichtzahlen von Geldsummen durch einen dritten Wert, etwa den „eigentlichen" Wert der Waren ergänzen; aber die Wertschätzungen können in Zahlungsprogrammen, in fluktuierenden Preisen zum Ausdruck kommen.

Ebenso kann das Erziehungssystem verfahren. Sein Selektionscode kann keinen dritten Wert aufnehmen. Leistungen sind entweder vergleichsweise gut oder vergleichsweise schlecht, aber nicht zusätzlich noch einer dritten Wertung, etwa unter dem Gesichtspunkt sozialen Mitleids oder individuellen Verständnisses, ausgesetzt. Wenn Lehrer hier zu Mogeleien neigen, verhalten sie sich inadäquat und geben den Schülern ein Beispiel für Willkür und Ungerechtigkeit. Es kann und muß, eben deshalb, Förderungsprogramme geben, die

24 Für die Systemtheorie wäre dies eine „dritte Kybernetik", die über das Beobachten von Beobachtungen noch hinausginge. Hierzu (und interessanterweise gerade aufgrund von Forschungen im Erziehungssystem) Stein Bråten, The Third Position – Beyond Artificial and Autopoietic Reduction, Kybernetes 13 (1984), S. 157–163.

25 Le Parasite, Paris 1980; dt. Übers., Der Parasit, Frankfurt 1981.

auf der Ebene der Regulierung richtigen Verhaltens die Folgen des Selektionscodes ausgleichen – etwa Sonderprogramme für besonders leistungsstarke und leistungswillige Schüler, die im normalen Schulunterricht zu stark einnivelliert werden, oder Sonderprogramme für kompensatorische Erziehung, die sich um einen Ausgleich von sozialen, familialen, eventuell auch schulisch verursachten Benachteiligungen bemühen.

Bei einer hierarchischen Systemregulierung stehen für solche Umwege zum Ziel instrumentelle Rechtfertigungen zur Verfügung. Sie dienen letztlich auch der Bildung, unterliegen also den gleichen allgemeinen Erfolgskriterien. Geht man dagegen von einer strukturellen Differenzierung von Codierung und Programmierung aus, verlagert sich der Akzent. Man kann dann Ausgleichsprogramme (oder sagen wir ruhig: parasitäre Programme) dieses Typs stärker ausdifferenzieren. Man kann sie als Anforderung der Gesellschaft an das System, als Kompensation für die Nachteile der technischen Vorteile der Zweiwertigkeit begreifen.

Ob und wie weit dies zu anderen praktischen Konsequenzen führt, muß weiteren Überlegungen vorbehalten bleiben. Jedenfalls wird die Reflexion des Systems angeregt, Einheit im Hinblick auf Differenzierung zu bestimmen und damit den zentralen Differenzen des Systems größere Transparenz zu geben. Die eindeutige Trennung von Codierung und Programmierung gibt der Selektionsfunktion eine vorrangige Stellung im System, denn nur sie (und nicht schon die „Bildung") eröffnet überhaupt einen Spielraum für Kontingenz. Das unterscheidet Erziehung von Wissenschaft. Jene Trennung verselbständigt gerade damit aber auch die Funktion des Programmierens, revidierbare Kriterien richtigen Verhaltens festzulegen. Dabei wirkt sich der Zusammenhang von Codierung und Programmierung (und in diesem Sinne: die Einheit des Systems) in doppeltem Sinne aus: Die Programme können nur über die Codewerte des Systems, letztlich also nur über Karrieren verfügen. Sie können gerade deshalb geändert werden, weil diese Bedingung nicht geändert werden kann. Und sie können in geringem Umfange auch diese Beschränkung noch kompensieren, indem sie alles, was dabei zu kurz kommt, in der Form von besonderen Programmen in das System wiedereinführen.

Ein Beobachter wird rasch erkennen, daß diese Gesamtstruktur die Operationen des Systems scharf limitiert und keineswegs geeignet ist, eine allseitige Bildung des Menschen im Sinne einer größtmöglichen Realisierung der Menschheit im Einzelnen hervorzubringen. Dies ist jedoch eine mutatis mutandis für alle Funktionssysteme zu erwartende Enttäuschung, die unausweichlich ist, wenn immer Funktionssysteme über einen eigenen Code ausdifferenziert werden, der systemeigene Kontingenz und Komplexität erzeugt. Und wenn diese Enttäuschung denn gesellschaftstypischen Charakter hat, wird man wohl fragen dürfen, woher man sich das Recht nimmt, etwas anderes zu erwarten.

Zwischen Gesellschaft und Organisation

Zur Situation der Universitäten

Seit Humboldts Zeiten besteht die Tendenz, Universitätsfragen, zumindest politisch, als Organisationsfragen zu behandeln. Der Rest, der nichtorganisierbare Rest, kann dann, wiederum politisch, als Freiheit positiv herausgestellt werden. Organisation und Freiheit – damit sind diejenigen Merkmale benannt, mit denen das 19. Jahrhundert die moderne Gesellschaft zu realisieren sucht. Die Begriffe definieren in ihrer Spannung das politische Spektrum, innerhalb dessen Schwerpunkte gesetzt und Oppositionen entfaltet werden können. Man konnte in Frankreich mehr auf Organisation setzen, weil das politische System schon durch eine Verfassung geordnet war, und aus dem entgegengesetzten Grunde in Deutschland mehr auf Freiheit. Das färbt unterschiedliche Universitätsstrukturen bis zum heutigen Tage. Aber *Organisation* und *Freiheit* gehören zusammen. Beide Begriffe fordern einander auch und gerade, wenn sie politisch gegeneinander ausgespielt werden. Sie gehören auch insofern zusammen, als sie gemeinsam gegen die ständische Ordnung und gegen die sie reproduzierende Erziehung gerichtet waren.

Meine *These* soll sein, daß diese *Unterscheidung obsolet* geworden ist. Noch heute orientiert sich zwar die praktische Universitätspolitik an diesem Dual. Aber das will ich ihr zum Vorwurf machen. Sowohl durch neue und immer neue organisatorische Regulierungen als auch durch Freiheitskonzessionen lassen sich politische Erfolge erzielen. Aber diese Erfolge sind dann auch nur politische Erfolge und haben mit den Realitäten wenig zu tun. Man kann sich natürlich gegen zu viel Organisation wenden; dann nennt man die Organisation Bürokratie. Oder gegen zu viel Freiheit; dann spricht man von Mißbrauch oder von privaten Interessen. Solche Kanonaden scheinen zum politischen Betrieb zu gehören. Aber mit welcher Wirklichkeit haben wir es zu tun?

Um eine Antwort auf diese Frage zu finden, muß zunächst die emphatische Unterscheidung von Organisation und Freiheit in sozialwissenschaftliche Begriffe übersetzt werden. Dazu eignet sich die Unterscheidung von Medium und Form. Sie stammt von Fritz Heider[1], also aus der Psychologie der Kognition und ist von Karl Weick[2] in die Organisationstheorie übertragen worden.

Ein Medium besteht aus einer großen Menge sehr locker verknüpfter Elemente. Beispiele: Licht und Luft oder auch politische Macht und Geld. Formen

1 Fritz Heider, Ding und Medium, Symposion 1 (1926), S. 109–157.
2 Karl E. Weick, Der Prozeß des Organisierens, dt. Übers., Frankfurt am Main 1985, insb. S. 271 ff.

dagegen bestehen aus mehr oder weniger rigide gekoppelten Elementen, zum Beispiel ökonomischen Investitionen, politischen Programmen, wissenschaftlichen Theorien. Der Witz dieser Unterscheidung liegt in der These, daß sich im Zusammentreffen von Medium und Form die größere Rigidität durchsetzt. Die Form legt das Medium fest – und nicht umgekehrt. Daraus kann nicht gefolgert werden, daß das Ergebnis gut sei, daß es unter welchen Kriterien auch immer als positiv, als Fortschritt bewertet werden könnte. Wir sagen nur: Es ist einfach so. Und wenn man sich diesem Gesetz ein wenig entziehen will, muß man die Form wiederum als Medium anlegen – so wie die Musik von John Cage schließlich nur noch auf die Geräusche aufmerksam machen will, die sich einstellen, wenn die Musik nicht stattfindet.

Angewandt auf unser Thema heißt das: die Freiheit ist das Medium, die Organisation ist die Form. Die Freiheit wird als noch nicht festgelegtes Bewußtsein, als Kontingenz, als spezifizierbare Motivation vorausgesetzt und durch ein ebenfalls sehr generelles Medium, nämlich Geld, bereitgestellt. Für Spezifikation durch was? Die Erwartung war gewesen: für Spezifikation durch Wahrheit, durch Wissenschaft. Aber dieser Hinweis führt nur auf ein ebenfalls sehr hoch generalisiertes Medium, jedenfalls im Kontext der neuzeitlichen Wissenschaftsauffassung, die weder dogmatische noch naturale Invarianten anerkennt. Es bedarf also weiterer Formbestimmungen. Hier kommen nun sicher in Betracht: rigide Persönlichkeiten, Theoriemoden, Wissenschaftstechnologien wie Methoden und Praktiken der Fabrikation von Wissen, wie Karin Knorr sagen würde. Aber in Konkurrenz zu all dem eben auch: Organisation.

Man mag sich über die Gewichtung dieser Faktoren streiten. Das läuft auf eine empirische Frage hinaus. Meine Vermutung ist jedoch, daß die Organisation die dominierende Rigidität geworden ist, weil sie über Geld und damit über die Zeit verfügt. Tatsächlich kann man beobachten, daß die Organisation, und jetzt können wir sagen: die Bürokratie, die Freiheitsspielräume zunehmend selbst besetzt. Sie bindet das Medium, ordnet das Bewußtsein, spezifiziert die Motive und schränkt das Mögliche auf das Machbare ein. Sie bemüht sich laufend darum, die Dinge so einzurichten, daß es so aussieht, als ob sie von Anfang an so gewollt gewesen seien. Gerade dort, wo den Universitäten Selbstverwaltung, also angeblich Autonomie konzediert ist, treibt die Bürokratie heute ihre Blüten. So gibt es inzwischen auf vielen Gebieten, etwa bei der Ausgabe von Zimmerschlüsseln, strenge Fakultätsverwaltungsregeln, die darauf achten, daß nichts getan wird, was nicht getan werden könnte, wenn alle es täten. Das Regelwerk, mit dem alle Aktivitäten überzogen werden, nutzt die Bindungsfähigkeit der Freiheit bis zum letzten aus. Und wenn ein Individuum borniert genug ist, um gegenanzurigidisieren (denn nur mit Rigidität kann man Rigidität behandeln), kann es bestenfalls Störung und Stillstand erzeugen. Und davon profitieren dann die, die den Stillstand als Medium für ihre Zwecke benutzen können.

Das große hochschulpolitische Experiment, das unter Titeln wie Emanzipation und Partizipation und mit dem Ziele einer Gruppenuniversität durchgeführt worden ist, bestätigt diese Analyse. Das einzig greifbare Resultat war: mehr Organisation. Die Entscheidungsketten wurden verlängert, die Ansätze für Konditionierungen multipliziert. Die Gruppen müssen entscheiden, wie sie entscheiden wollen, die einzelnen Mitglieder müssen über ihre Stimmabgabe entscheiden – zunächst wieder ein Medium, aber wieder eines, das anfällig ist für Festlegung durch rigidere Strukturen. Studenten, die ihre Familien verlassen haben und in den Universitäten Lebenswärme suchen, werden die hier nicht finden.

Die riesigen Demobürokratien, die auf diese Weise entstanden sind und von deren lokaler Realität die entfernten Ministerien kaum eine angemessene Vorstellung haben, dominieren den Alltag. Die Zentralinstanzen können nur versuchen, die Mißstände, die durch Organisation entstanden sind, durch Organisation zu verbessern. Es gibt folglich immer mehr Regeln und immer weniger Ausnahmen. Medium und Form fallen zusammen. Das System kulminiert in der zentralen Paradoxie, daß niemand weiß, ob die Regel „Keine Regel ohne Ausnahme" nun mit Ausnahme (also ohne Ausnahme) oder ohne Ausnahme, (also mit Ausnahme) gilt. Aber ohnehin käme es darauf ja nicht an, da man denjenigen, der über diese Frage entscheiden und damit das System entparadoxieren könnte ohnehin nicht finden kann. Das System ist ein Schloß wie das von Kafka: ohne Souverän.

Die gleiche Art Analyse kann schließlich auch auf das Verhältnis von Lehre und Forschung angewandt werden. Lehre ist besser organisierbar als Forschung, zumindest was ihre zeitlich/räumlich/thematische Fixierung angeht. Auch die Fernüberwachung der Lehre mittels statistischer Kontrollen und Vergleichszahlen läßt sich leichter bewerkstelligen. Entsprechend fällt derjenige, der nicht lehrt, sofort auf, während das Nichtforschen sich im Verborgenen vollziehen läßt. Auch insofern bewährt sich unsere Gesetzmäßigkeit, daß die größere Rigidität der Form sich durchsetzt – was immer im Effekt dabei herauskommen mag. Praktisch hat dies zum Beispiel die Konsequenz, daß das Verhältnis von Lehre und Forschung sich schlecht organisieren läßt. Wenn bei zurückgehenden Studentenzahlen Lehrkapazität frei wird, wird sie gestrichen – oder man ignoriert wohlwollend den Tatbestand. Sie wird jedenfalls nicht in Richtung auf Forschungsaufgaben umdirigiert. Ich will nicht so weit gehen zu behaupten, hier ließe sich nichts ändern. Aber das Gesetz des Durchsetzungseffekts der größeren Rigidität spricht zunächst dagegen; und die Rede von der Einheit von Lehre und Forschung legitimiert dann noch die bestehenden Zustände.

Als erstes Resultat können wir festhalten, daß die Unterscheidung von Organisation und Freiheit sich selbst verfälscht. Sie kippt in Richtung Organisation, und nur das, was dort nicht ordentlich befestigt werden kann, heißt schließlich, zur Entschuldigung gleichsam, Freiheit.

Die Bedeutung verfassungsrechtlicher Freiheitsgarantien soll hiermit in keiner Weise bestritten werden. Jeder Vergleich mit den Universitäten des Ostblocks kann das vor Augen führen. Noch gibt es wirksame Barrieren gegen das Vorschreiben von Lehr- und Forschungsinhalten. Insofern können wir froh und dankbar sein: wir werden nicht observiert. Zugleich ist aber nicht zu verkennen, daß auf der Ebene der organisierbaren Vollzüge die traditionellen Freiheitsspielräume, nicht des Einzelnen, wohl aber der Universitäten, wirksam unterminiert werden. Eine der letzten Bastionen ist die Freiheit, über Berufungen in den Universitäten zu entscheiden. Sie ist bereits durch die Zusammenlegung der Universitäten mit den Pädagogischen Hochschulen radikal verletzt worden, und gegenwärtig steht ihr mit der Frauenpolitik eine erneute, vielleicht tödliche Bewährungsprobe bevor. Wenn aber institutionelle Autonomien in dieser Weise tangiert sind: liegt dann der Sinn der Freiheit nur noch darin, daß der einzelne sich bockig stellen kann, ohne Rechtsfolgen befürchten zu müssen?

All dies scheint mir dafür zu sprechen, daß die gesamtgesellschaftliche und auch die gesellschaftspolitische Dimension der Universitäten nicht mehr im Schema von Organisation und Freiheit beschrieben werden kann. Wenn aber nicht so – wie dann?

Es wird schwer fallen, auf diese Frage eine globale Antwort zu finden. Aber man kann eine Reihe von Trends erkennen, die das traditionelle Selbstverständnis der Universitäten in Frage stellen und dahinterliegende, latente Funktionen und Voraussetzungen berühren. Ich beschränke mich auf drei Gesichtspunkte, in Stichworten: auf die Funktion der *Prestigemultiplikation*, auf die *De-institutionalisierung der Lebensläufe* und auf die *abnehmende Verwendungsfähigkeit von Bildung in Interaktionen.*

Als erstes haben wir es mit einem im Organisationsvergleich auffälligen Tatbestand zu tun. Normalerweise sind Organisationen der modernen Gesellschaft auf jeweils eines der gesellschaftlichen Funktionssysteme spezialisiert: Industrieunternehmen und Banken auf die Wirtschaft, Kirchen auf das Religionssystem, Schulen auf das Erziehungssystem, politische Parteien und Interessenvertretungen auf das politische System. Für Universitäten gilt eine Ausnahme. Wie der Grundsatz der Einheit von Forschung und Lehre verkündet, dienen sie der Wissenschaft und der Erziehung zugleich. Das kann nicht gut, auch wenn es offiziell so heißt, mit dem Erziehungswert wissenschaftlicher Wahrheit begründet werden. Die Sprache, in der sich Wissenserwerb vollzieht, ist seit langem entpädagogisiert worden; und daß wir eine besondere Hochschuldidaktik brauchen und nicht zustandebringen, zeigt einmal mehr, daß dies so ist. Mit dem soziologischen Blick für latente Funktionen wird man jedoch leicht den Hintergedanken entdecken, der diese unmögliche Einheit trägt, oder zumindest eine Zeitlang getragen hat. Es ist ein Vorgang, den wir als Prestigemultiplikation bezeichnen können. Die Erziehung partizipiert am Prestige der wissenschaftlichen Forschung, während diese Forschung ihr gesellschaftliches Prestige nicht zuletzt der Tatsache verdankt, daß sie von Akademikern betrieben wird. Besonders wenn man in Länder blickt, die nicht an der vorderen Front wissenschaftlicher Forschung engagiert sind, sondern ihre Akademiker mit dem Nacherzählen bereits publizierter Kenntnisse beschäftigen, wird dieser Sachverhalt deutlich. Aber auch innerhalb von forschungsintensiven Universitäten ist diese Teilnahme an Reputation weit verbreitet, und zugleich dient dieses auswählende Nacherzählen dem neuen Wissen als Resonanzboden für Reputation.

Prestige ist mithin das eigentliche Medium, das Forschung und Lehre verbindet und in einen Steigerungszusammenhang bringt. Es fragt sich: wie lange noch. Friedrich Tenbruck[3] und andere haben auf einen Trivialisierungsprozeß hingewiesen, der in der neueren Zeit das gesellschaftliche Ansehen (nicht natürlich: die technische und ökonomische Bedeutung) des wissenschaftlichen Wissens erfaßt. Dazu kommt ein rasch zunehmendes Bewußtsein der gesellschaftlichen Risiken wissenschaftlicher Forschung und damit zusammenhängend, eine Politisierung des Expertentums. Während noch vor etwa 20 Jahren das öffentliche Mißtrauen sich auf Technologien, nicht aber auf die Wissenschaft selbst bezog, scheint sich dies heute drastisch zu ändern – jedenfalls in Deutschland und wahrscheinlich sogar in den USA. Wenn dies zutrifft und wenn schließlich der Prozeß der Trivialisierung in Mißtrauen und öffentliche Überwachung und Reglementierung umschlägt, wird sich der Akademiker sein Prestige nicht mehr bei der Wissenschaft und die Wissenschaft ihr Prestige nicht mehr beim Akademiker ausleihen können. Dann aber zerfällt auch das, was Forschung und Lehre heimlich zusammenhielt; und was übrig bleibt, ist dann allenfalls noch eine Vernunftehe, wie sie in Einzelfällen vorkommen und funktionieren soll.

Meinen zweiten Punkt hatte ich Deinstitutionalisierung der Lebensläufe genannt. Damit ist gemeint, daß die Zukunftsperspektiven des Einzelnen sich nicht mehr auf vorgezeichnete Normalitätsbedingungen stützen, ja nicht einmal mehr von ihnen abweichen können. Die relativ rigide Ordnung richtiger Zeit[4] in bezug auf Ausbildung, Kontakt zum anderen Geschlecht, Heirat, Kinderkriegen, Berufswahl, Berufskarriere und Alter hat sich deutlich gelockert. Das gilt für den Bereich der Intimbeziehungen ebenso wie für berufliche Karrieren und vollends für den inneren Zusammenhang dieser beiden wichtigsten Lebensperspektiven des Einzelnen. Lesen Sie nur die Heirats- und Bekanntschaftsanzeigen in der Zeitung. Alte und Junge, Frauen und Männer suchen Ehepartner und Bekanntschaften. Hier ist heute offenbar alles möglich. Entsprechend variiert, auf welche beruflichen Positionen in welchem Alter man sich als Mann oder als Frau dabei stützen kann. Biographisch kann das Universitätsstudium immer noch im Hinblick auf eine berufliche Karriere betrieben werden. Für viele ist es ein temporärer Status mit einer billigen Versicherung und mit Gelegenheit zur Gelegenheitsbeschäftigung. Hier werden, wie man in Italien sagt, Arbeitslose geparkt[5], also Statistiken entlastet. Anstrengung lohnt sich nach wie vor, aber mit dem hohen Risiko, daß nichts daraus wird. Jeden-

3 Friedrich H. Tenbruck, Wissenschaft als Trivialisierungsprozeß, in: Nico Stehr/René König (Hrsg.), Wissenschaftssoziologie: Studien und Materialien, Sonderheft 18/1975 der Kölner Zeitschrift für Soziologie und Sozialpsychologie, Opladen 1975, S. 19–47. Zur Mitwirkung der Soziologie an dieser Entdeckung von Trivialität vgl. auch Helga Nowotny, Leben im Labor und Draußen: Wissenschaft ohne Wissen? Soziale Welt 33 (1982), S. 208–220; Karin Knorr-Cetina, Die Fabrikation von Erkenntnis: Zur Anthropologie der Naturwissenschaft, Frankfurt am Main 1984.

4 Hierzu Eviatar Zerubavel, Hidden Rythms: Schedules and Calendars in Social Life, Chicago 1981.

5 Vgl. M. Barbagli, Disoccupazione intellettuale e sistema scolastico in Italia, Bologna 1974.

falls kann man nicht mehr von der linearen Struktur einer Normalkarriere ausgehen, auf der man es je nach Verdienst und Glück mehr oder weniger weit bringt. Dies bedeutet nicht, daß die offiziellen Ziele der Hochschulpolitik aufgegeben werden müßten. Nach wie vor besteht ein unbestreitbarer Bedarf für qualifizierten Nachwuchs; und nach wie vor haben wir das alte Problem einer Koordination von wissenschaftlich sinnvollen Thematiken, auf Lebenszeit berechneter Ausbildung und sehr viel spezielleren und fluktuierenden Verwendungsmöglichkeiten. Nur der Orientierungswert dieses Musters und seiner traditionellen Unsicherheiten nimmt ab. Manche ziehen daraus den Schluß: jetzt erst recht. Das ganze Studium wird dann unter den Aspekt der Berufsaussichten gestellt. Aber für andere, und niemand weiß für wie viele, ist dies keine verläßliche, vielleicht auch keine attraktive Zukunftsperspektive mehr – und sie studieren trotzdem. Mehr als je zuvor müßte diese Situation eigentlich dazu Anlaß geben, die Gegenwart sinnvoll zu machen und das „Wofür" hintanzustellen. Gerade in dieser Situation kann die Universität ein Ort sein, an dem die intellektuelle (um nicht zu sagen: geistige) Präsenz zählt, ohne jede Bemühung um pädagogische Transformation der Menschen, ohne Verbesserungsabsichten, ohne Synchronisation mit einer fernen, unsicheren, zufallsbestimmten Zukunft. Aber schon ein so schwacher Gedanke gerät sofort in Diskrepanz zur Organisation: Wie soll man daraus einen Erfolgsausweis machen, den listenführende Stellen eintragen und bearbeiten können.

Als letzten Punkt sei auf gesellschaftliche Entwicklungen hingewiesen, die die Verwendungsfähigkeit von Bildung einschränken. Etwas handfest formuliert geht es bei Bildung darum, Lesefrüchte in der Interaktion unter Anwesenden zum besten zu geben. Für Pädagogen scheint Bildung nach wie vor offiziell unentbehrlich zu sein[6]. Wie immer man aber Bildung als Hochideal des Deutschen Idealismus formuliert und dann, sehr viel später übrigens, der Bearbeitung durch Pädagogen überlassen hat: Man konnte damals von einem bestimmten Verhältnis von Schriftlichkeit und Mündlichkeit ausgehen. Gerade wenn es dank des Buchdrucks so viel zu lesen gibt, daß nicht mehr alle alles lesen können, ist Bildung gefragt. Man kann im Kontakt mit anderen zeigen, was man weiß und wie man formulieren kann; und dies nicht pedantisch, sondern so, daß man das Interesse der anderen wecken und mitziehen kann. Der direkte Bezug zu den schriftlichen Quellen wird gebrochen, vielleicht auch taktisch verschleiert. Das Subjekt tritt dazwischen. Es präsentiert sich selbst – als gebildet. Und es ist kein Zufall, daß die Ästhetik und der Roman, ungefähr gleichzeitig – von Edward Young über Stendhal bis Flaubert – das Problem des Copierens entdecken.

Heute muß man sich dagegen fragen: wann kommt das schon vor, und wo? Wo sind die Gelegenheiten, bei denen man Bildung zeigen, das heißt sich als gebildet zeigen kann? Wer hört überhaupt zu? Wer bewundert? Gewiß: in den

6 Siehe an repräsentativer Stelle Wolfgang Klafki, Die Bedeutung der klassischen Bildungstheorien für ein zeitgemäßes Konzept allgemeiner Bildung, Zeitschrift für Pädagogik 32 (1986), S. 455–476.

Universitäten ist bildungsprotziges Verhalten durchaus üblich und ein sinnvolles Mittel der Selbstdarstellung und Positionsmarkierung. Aber die Universitäten können immer weniger voraussetzen, daß dies auch anderswo so ist. Sie bilden mit ihrer Bildung eine gesellschaftliche Insel, von der aus im übrigen auch ihre politische Bedeutung immer wieder überschätzt wird.

Was hat sich geändert? Die übliche Erklärung scheint zu sein, daß die praktische Relevanz der Allgemeinbildung zu gering sei. Aber mit diesem Schema ‚Allgemeinbildung versus brauchbares Wissen' hatte bereits die Philanthropie gearbeitet. Es ist so alt wie die Idee der Bildung selbst. Die Spezialisierung der Berufe, der Organisationen, der Funktionssysteme ist kein Phänomen der neuesten Zeit. Was neu ist und eigentlich erst in diesem Jahrhundert voll zum Tragen kommt, ist das hohe Maß an Fernsynchronisation des Verhaltens.

Dabei ist an zwei Neuerscheinungen zu denken: die *Telekommunikation* und die *organisatorisch gesteuerte Interaktion*. Die gesellschaftlich wichtige, folgenreiche Kommunikation scheint sich auf diese beiden Mechanismen zu verteilen. Unter ihnen wird nach Zweckmäßigkeitsgesichtspunkten gewählt. Bei Telekommunikation ist vor allem an das Telephon, an Funk, Television, Fernschreiben, etc. zu denken und nicht zuletzt an Geldüberweisungen. Die organisatorisch gesteuerte Interaktion setzt Disziplinierung durch ein Vorher und ein Nachher der Geschäftsvorfälle und durch eine Tagesordnung voraus. Man beeindruckt durch Kenntnis der Zusammenhänge, der Fernwirkungen, der Zahlen, der Akten – aber doch nicht durch Bildung. Wohlgemerkt: das muß keineswegs heißen, daß persönliche Qualitäten keine Rolle mehr spielen; aber es werden jetzt andere Qualitäten sein, etwa solche primär temporaler Art: Gedächtnis, Fähigkeit zum Erkennen und Ausnutzen von Gelegenheiten oder zum Ausnutzen von Zufällen für den Aufbau von Strukturen.

Wenn dies einige gesellschaftsstrukturelle Veränderungen sind, die die Lage der Universitäten berühren und verändern, so sind sie ganz ohne Zutun der Universitäten eingetreten. Man sollte deshalb auch nicht von einem Versagen der Universitäten vor den Problemen der Zeit sprechen. Es geht nicht um eine Fehlentwicklung der Institution und auch nicht um eine verfehlte Hochschulpolitik. All das gibt es, wenn ich an unsere Gruppenuniversität denke, natürlich auch. Aber die Diagnose kann sich nicht damit begnügen, Organisationsfehler zu entdecken und zu korrigieren. Das Problem ist vielmehr, ob und wie auf die skizzierten Probleme überhaupt durch Organisation reagiert werden kann. Organisation und Gesellschaft sind völlig verschiedene Ebenen der Systembildung, und das macht es geradezu unwahrscheinlich, daß Probleme, die sich aus der Evolution von Gesellschaft ergeben, auf die Ebene der Organisation heruntertransformiert und dort durch richtige Entscheidungen gelöst werden können. Natürlich ist nicht zu bestreiten, daß die Organisation Wirkungen hat; aber die typischen Wirkungen, die ich als Prägung eines labileren Mediums durch rigidere Strukturen beschrieben habe, können beim besten Willen nicht eo ipso als angemessene Reaktion auf Folgeprobleme gesellschaftlicher Evolution verstanden werden. Eher sind sie selbst ein solches Problem.

Heißt das konkret: mehr Geld? Davon ist dringend abzuraten. Das Medium ist so labil, daß es sich sofort auf organisierte Verwendungen festlegen läßt und dann nicht mehr zur Disposition steht. Mehr Frauen? Vielleicht – unter der wohl realistischen Voraussetzung, daß Frauen die rigideren Persönlichkeitsstrukturen aufweisen und sich zum Heil oder Unheil für das Ganze durchsetzen können. Im großen und ganzen ist jedoch von Pauschalpolitiken dieser Art eher abzuraten. Sie werden der Differenz von Gesellschaft und Organisation und den sehr unterschiedlichen Strukturen innerhalb dieser Formationen nicht gerecht. Eher dürfte es sich empfehlen, die Universitäten unter den gegenwärtigen Umständen nach vielen Wellen politischer und rechtlicher Eingriffe zunächst einmal in Ruhe zu lassen und mit einem überlegten gesellschaftstheoretischen Raster zu beobachten – und ich meine: empirisch zu beobachten –, was geschieht. Etwaige Erscheinungen der Selbstdesorganisation, die sehr unwahrscheinlich sind, könnten ermutigt werden. Mehr Beweglichkeit, vor allem in Richtung auf eine stärkere Differenzierung und Personalfluktuation zwischen Forschung und Lehre, wäre zu erwägen; aber selbst da müßte man die Realitäten sehr genau kennen, bevor man sich zu Änderungen entschließt.

Auf alle Fälle ist die traditionelle Differenz von Organisation und Freiheit keine adäquate Repräsentation der gesellschaftlichen Lage unserer Universitäten. Reorganisation ist im allgemeinen leicht zu bewerkstelligen, denn die Organisation verkraftet alles, was sich an Organisation anschließen läßt. Aber nur ein einziger Effekt läßt sich mit hoher Sicherheit erwarten: daß mehr Organisation dabei herauskommt. Und es genügt sicher nicht, zur Ausbalancierung die Bedeutung der Freiheit zu betonen oder freiheitsaffine Schlagworte wie Selbstverantwortung oder Konkurrenz einzusetzen.

Das Orientierungsdefizit liegt gegenwärtig in der mangelnden Einsicht in die gesamtgesellschaftliche Einbettung der Universitäten und in das Wegdriften traditioneller Prämissen ihrer Form und ihrer Existenz. Daraus ergeben sich Veränderungen, die alle organisatorischen Bemühungen in ihren Strudel ziehen und um so mehr dazu führen, daß Organisation sich an Organisation klammert. Wenn man die Tendenzen gesellschaftsstruktureller Veränderungen erkennt, wird man nicht erwarten können, daß sie sich durch Organisation steuern lassen. Meine Beispiele sind so gewählt, daß dies deutlich geworden sein sollte. Aber dies schließt nicht aus, daß man darin auch Chancen entdecken kann, wenn man *mit* der gesellschaftlichen Entwicklung und nicht *gegen* sie organisiert.

Im Anschluß an eine Mode-Terminologie der letzten Jahre hat man die Frage gestellt, ob die Universität in der „postmodernen" Gesellschaft eine Zukunft habe[7]. Wenn aber die postmoderne Gesellschaft eine Gesellschaft ohne Zukunft ist, dann ist diese Frage rasch – und allzu rasch beantwortet. Um was es dabei geht, kann man nur sehen, wenn man diese irreführende Bezeichnung aufgibt.

7 So in einer Diskussionsveranstaltung der Österreichischen Hochschülerschaft in Wien am 23. Oktober 1986.

Die Erzählung von der Postmoderne wird oft so verstanden, als ob es heute und in Zukunft keine einheitliche Welt mehr gäbe, sondern nur noch eine Vielzahl unterschiedlicher Diskurse oder Berichte (récits)[8]. Die Vorstellung der Einheit der Welt kann aber nicht aufgegeben werden, ohne daß auch die Vorstellung einer Mehrzahl von Diskursen verschwände. Die Vielzahl ist als Vielzahl nur sichtbar, wenn sie in *einer* Welt (eben der „postmodernen" Welt) eine Vielzahl ist. Man muß daher um eine etwas genauere Vorstellung bitten.

Gemeint ist anscheinend, daß die Vorstellung einer logisch einwertigen Welt aufgegeben werden muß. Diese überlieferte Vorstellung einer Welt der Dinge, einer Welt des Seienden hatte besagt, daß alles, was ist, nur ist und nicht nicht ist. Es ist nur einfach da – und allenfalls ein Beobachter kann sich täuschen. Nur ein Beobachter braucht daher zwei logische Werte, um Erkenntnis und Irrtum, Wahrheit und Unwahrheit bezeichnen zu können. In einer solchen Welt kann sich nur das Problem des Zugangs zum Sein stellen. Wer diesen Zugang gefunden hat, das heißt: wer weiß, was der Fall ist, hat dann in sozialer Hinsicht Autorität. Er kann den anderen berichten, kann sie belehren. Entsprechend kann derjenige, der Autorität in Anspruch nimmt, sich vom Wissen nicht distanzieren. Er muß selbst wissen – oder heute eher: sich unter hochspezialisierten Bedingungen Wissen beschaffen können. Expolitiker können sich dann über ihren Machtverlust dadurch hinwegtrösten, daß sie nunmehr als Wissende auftreten und dadurch zu erkennen geben, daß die Macht eigentlich ihnen zufallen müßte. Unter diesen Bedingungen können auch die Universitäten zur Prestigemultiplikation beitragen. Unter diesen Bedingungen kann aber auch eine Differenzierung der Funktionen, die Autorität bzw. Wissen in Anspruch nehmen müssen, nicht sehr weit getrieben werden.

Wenn wir die heutige Situation betrachten, finden wir zunächst, daß wissenschaftliches Wissen und politische Autorität schärfer getrennt sind und daß wir es als unangenehm empfinden, wenn der Anspruch erhoben wird, beides zu repräsentieren oder das eine mit dem anderen zu erledigen. Andererseits folgt daraus nicht eine Auflösung in beliebig viele Diskurse. Eher kann man feststellen, daß sich neue wissenschaftliche Betrachtungsweisen auf der Ebene des Beobachtens von Beobachtungen konsolidieren. Das gilt nicht nur für Soziologie und für Psychologie, sondern auch für die Biologie[9].

Das heißt nicht, daß dies *auch* geschieht, daß also einfach ein weiterer Gegenstand hinzukommt, eine Theorie der Wahrnehmung etwa oder Ideologieforschung. Vielmehr wird die gesamte Realitätssicht, der gesamte Zugang zum Sein durch ein Beobachten des Beobachtens gefiltert. Zugang zur Realität gewinnen wir nur, wenn wir sehen, was die anderen sehen, *und wenn wir sehen, was sie nicht sehen*. Wer dies zum Ausgangspunkt seines Erkenntnisstrebens macht, muß diese Maxime, soll sie universell gehandhabt werden, auch auf

8 Siehe als Ausgangspunkt Jean-François Lyotard, La condition postmoderne: Rapport sur le savoir, Paris 1979.

9 Siehe vor allem Humberto Maturana, Erkennen: Die Organisation und Verkörperung von Wirklichkeit. Ausgewählte Arbeiten zur biologischen Epistemologie, Braunschweig 1982; ders., Consciousness and Reality, Ms. 1986.

sich selbst anwenden. Er muß sich selbst beobachten und dabei seine Erkenntnisse über Kognition rekursiv auch auf sich selbst anwenden können. Der Beobachter des Beobachtens operiert mit denen, die er beobachtet, in einer gemeinsamen Welt; sonst könnte er sie nicht beobachten. Aber er setzt gleichzeitig voraus, daß jedes Beobachten, auch das eigene, einen spezifischen Erkenntnisapparat, vor allem besondere Unterscheidungen erfordert, also auch einen blinden Fleck erfordert; und daß kein Beobachter beobachten kann, was er nicht beobachten kann.

Vielleicht sollte man diesen Erkenntnisstil mitsamt seinen komplizierten logischen und systemtheoretischen Prämissen nicht als postmodern bezeichnen sondern als neomodern. Aber das mag eine Geschmacksfrage und eine Frage der Zukunftseinschätzung bleiben. Wichtiger ist, daß man genau beobachten und beschreiben lernt, um was es sich handelt. Dann wird sich rasch zeigen, daß ein Beobachten des Beobachtens zwar im Alltag wie von selbst läuft, daß man aber unter schwierige und schwer zu durchschauende Anforderungen gerät, wenn man diesen Erkenntnisstil auf die Welt anwendet.

Man wird von dieser Einstellung eine Abkühlung der direkten moralischen, religiösen, politischen Engagements erwarten können – bei ausgeprägtem Verständnis dafür, daß solche Engagements vorkommen und gesellschaftlich benötigt werden[10]. Man wird aus der Ferne beobachten und vielleicht auch bewundern können, daß Leute sich protestierend auf die Straßen setzen, die zu den Orten führen, an denen die Amerikaner ihre Schießvorräte aufbewahren. Man wird, wie in der phänomenologischen Reduktion, die Frage, ob die Welt existiert oder nicht, ausklammern und alles als Konstruktion real existierender Beobachter behandeln können – bei ausgeprägtem Verständnis dafür, daß Philosophen, soweit es sie noch gibt, an der Seinsfrage als Frage interessiert bleiben. Man wird mehr Verständnis als zur Zeit der ideologischen Kämpfe dafür aufbringen, daß andere als Realität ansehen und behandeln, was man selbst deren Beobachtungsweise zurechnen würde.

Wenn wir aber einen Ort suchen, an dem diese indirekte Beobachtungsweise ausgebildet und fortgesetzt werden kann, dann fällt der Blick wie von selbst auf die Universitäten. Man möchte ihnen deshalb wünschen, daß sie ihre eigene Organisation und die Dauerregulierung durch die Ministerien, die Schwankungen der öffentlichen Meinung und nicht zuletzt das Wohlwollen der Politiker noch eine Weile aushalten können.

10 Hierzu immer wieder lesenswert: William James, On a Certain Blindness in Human Beings, in: ders., Talks to Teachers on Psychology and to Students on Some of Life's Ideals (1912), Neudruck Cambridge Mass. 1983 (The Works of William James), S. 132–149.

Zwei Quellen der Bürokratisierung in Hochschulen

In den hochschulpolitischen Auseinandersetzungen der vergangenen Jahre hat sich der Widerstand der Hochschulen gegen gesetzliche „Reglementierung" im wesentlichen eines Vorwurfs bedient: Die Hochschulen würden durch Erfordernisse der Bürokratie zu stark gebunden. Dies Thema hatte beim Erlaß des nordrhein-westfälischen Gesetzes über die wissenschaftlichen Hochschulen die Diskussion beherrscht – und irregeführt. Es taucht auch bei Anlässen von geringerer Bedeutung mit erwarteter Regelmäßigkeit wieder auf. Ein gut fundiertes Argument, so scheint es; denn die immense Zunahme von Regulierungen und formal erforderlichen Entscheidungsprozessen ist eine unbestreitbare Tatsache. Jede Reform, wie anders könnte sie sich durchsetzen, fügt dem Bestande eine neue Schicht hinzu. So bildet sich um einen, wie man hofft, gesunden Kern Schicht um Schicht. Die Schichten hängen fest miteinander zusammen, denn jede weitere ist durch die Mängel der vorangehenden motiviert. Ob der Kern noch gesund ist, ob er überhaupt noch vorhanden ist, kann dann nach einer Weile niemand mehr feststellen. Die Struktur trägt sich selbst, und man kann überzeugend nachweisen, daß genug Mängel vorhanden sind, die das ständige Suchen nach Korrekturen, Verbesserungen, Abhilfen antreiben. Die Bürokratie beschäftigt sich in bürokratischen Formen mit sich selbst.

Es ist wenig wahrscheinlich, daß all dies auf schlichte Dispositionsfehler in den politischen Zentralen zurückzuführen ist. Gewiß, man weiß: Organisationen verkehren am liebsten mit Organisationen. Individuen, und Professoren zumal, sind ihnen zu unhandlich und zu unberechenbar. Jede Organisation legt Wert darauf, daß es auf der anderen Seite des Telefons funktioniert und daß die andere Seite nicht die Wahl hat, sich aus dem Kontakt zurückzuziehen, sondern ihren Entscheidungsbeitrag erbringen muß. So könnte man vermuten, die Ministerialbürokratie schaffe sich ein ebenfalls bürokratisches Gegenüber, um für eigene Entscheidungsleistungen Resonanz, Abnahme, Gegenwirkung und Neuantrieb zu finden. Das allein erklärt indes nicht den Umfang des Phänomens und schon gar nicht die neuere Entwicklung, die anscheinend jeden Sinn für Proportionen verliert.

Fragt man nach weiteren Quellen der Bürokratisierung, so stößt man auf Faktoren, denen man diese Rolle auf den ersten Blick nicht ansieht. Es handelt sich um Faktoren, die sich allgemeiner Wertschätzung erfreuen und die deshalb zunächst außer Verdacht sind, nämlich um die *Demokratisierung* der Entscheidungsprozesse und um die *Autonomie der Lehre und Forschung.* Die Situation ist, wenn diese Annahme zutrifft, komplexer, als es zunächst scheint. Bürokratie ist nicht einfach extern auferlegte Fessel, sie ist zum guten Teil auch intern produzierte Pathologie; sie ist genau das, was man produziert, wenn man Organisation in Anspruch nimmt, um die Werte und Prinzipien zu realisieren, zu denen man sich bekennt.

Demokratisierung bedeutet schon in sich selbst: *Multiplikation der Entscheidungslast.* Aus einer Entscheidung werden viele Entscheidungen. Wer an Gremien, Kommissionen, Ausschüssen, Konferenzen, Senaten, Konzilen teilnimmt, muß entscheiden, wie er seine Stimme abgibt. Oft muß er an weiteren Sitzungen teilnehmen, die ein abgestimmtes Abstimmen sicherstellen sollen, da andernfalls die Aggregierbarkeit und die Anschlußfähigkeit des Entscheidens gefährdet wäre und Zufallsmehrheiten regieren würden. Das Abstimmen der Abstimmungen erfordert seinerseits Vorbereitungen, teils bei zufälligen, teils bei arrangierten Treffen; und es erfordert in jedem Fall eigens gewählte Organisatoren. Demokratie heißt: Auflösung und Rekombination der Sachentscheidung, und die dafür erforderliche Organisation nimmt unweigerlich bürokratische, vorwegregulierte, formalisierte Strukturen an.

Es kommt hinzu, daß die damit verbundene Kollegialverwaltung zeitaufwendig arbeitet, daß sie Regulative erfordert, die ein Einzelentscheider entbehren könnte, daß sie in höherem Maße auf organisiertes Gedächtnis angewiesen ist und, da ein solches zumeist fehlt, Fehler produziert, die anderen Gremien auffallen und zu Rückverweisungen führen. Weder die Köpfe noch die Registraturen fangen derzeit dies Problem auf. Trotz dieser seltsam hochgetriebenen Komplexität kann das System existieren, weil es an Verantwortlichkeit für Nichtentscheiden fehlt und weil Hochschulangehörige bei allen Klagen über die Lasten der Selbstverwaltung kein Urteil darüber haben, wie effiziente Verwaltung aussehen würde.

Daß der Unterschied zwischen Entscheiden und Nichtentscheiden in dieser Art Selbstverwaltungsbürokratie gering wird, bringt uns auf die zweite Quelle der Bürokratisierung: die *Autonomie der Lehre und der Forschung.*

Diese Autonomie ist zunächst kein juristischer, sondern ein faktischer Tatbestand. Weder Lehre noch Forschung verfügen über eine rationale Technologie – verglichen etwa mit der industriellen Produktion. Das hat weitreichende Folgen. Man kann denen, die in diesem Funktionsbereich tätig sind, weder Fehler nachweisen noch Ressourcen in dem Maße zuteilen, wie dies für das Erreichen von Erfolgen oder das Vermeiden von Mißerfolgen notwendig ist. Gewiß: Erfolge und Mißerfolge treten ein und lassen sich auch unterscheiden. Nur lassen sich die Bedingungen dafür angesichts der Komplexität der Faktoren nicht vorweg festlegen. Die Forschung soll es ja gerade mit noch unbekannten Sachverhalten zu tun haben, die Lehre mit frei über sich selbst verfügenden Köpfen. Beides schließt erfolgssichere Rezepturen aus. Mangels hinreichender Technologie sind die Funktionsprozesse in diesem Bereich deshalb nicht über Vorgabe von Prämissen zu steuern. Das heißt: über die Leistung selbst kann in den Zentralen nicht, ja nicht einmal annäherungsweise disponiert werden. Die Leitung präsidiert, um die Formulierung eines amerikanischen Universitätspräsidenten aufzugreifen, über einer organisierten Anarchie.

Man könnte meinen, dies schließe Bürokratisierung aus. Die Erfahrung lehrt das Gegenteil. Gerade weil man im organisierten Entscheidungsprozeß nicht an das tatsächliche Verhalten in Forschung und Lehre herankommt, entsteht eine Bürokratie, die ihre eigenen Formen pflegt, diversifiziert, kontrolliert und in immer neuen Weisen auf ihr Unvermögen reagiert, den Funktionsprozeß selbst zu steuern. Dies Unvermögen, das konkrete Verhalten wirklich nach erfolgreich/erfolglos zu sortieren, wirkt wie eine Barriere, vor der sich immer neue gutgemeinte Impulse aufstauen. Generation für Generation – und eine Generation von Ausschußmitgliedern hat eine Lebenserwartung von ein bis zwei Jahren – lädt hier ihre Hoffnungen ab. So türmen sich an dieser Stelle Regelungen auf Regelungen, Verbesserungen auf Verbesserungen, und all das wirkt wie ein massiver, undurchdringlicher Panzer, der Lehre und Forschung um so mehr der individuellen Praxis überläßt. Es ist dann gar nicht mehr nötig, sich aufs Grundgesetz zu berufen; das Unvermögen der regulativen Bürokratie bietet ausreichenden Schutz.

Die Hochschulen machen es sich zu leicht, wenn sie in dieser Lage ihre eigene Bürokratie als Folge der Flut ministerieller Vorschriften ansehen. Die Ministerien sind mitbeteiligt, zum Teil aus den gleichen Gründen, die in den Hochschulen bürokratiefördernd wirken. Wenn aber in meiner Fakultät bei der Bewilligung der Mittel für eine studentische Hilfskraft für ein paar Monate drei verschiedene Kommissionen über den Antrag beraten müssen und ein entsprechend dreistufiger Dienstweg einzuhalten ist, Termine verpaßt werden können, Mitteilungen zu spät eintreffen, rechtzeitiges Einreichen der Anträge angemahnt werden muß, also Zuständigkeiten für dieses Anmahnen des rechtzeitigen Einreichens der Anträge bereitgehalten werden müssen, also auch Mitglieder der Fakultät, die gar keine Anträge stellen wollen, verständigt werden müssen, daß solche Anträge bis zu einem bestimmten Zeitpunkt einzureichen sind, und in ihren Sekretariaten diese Mitteilungen abheften lassen, dann hat niemand, auch kein Ministerium, dies gewollt. Man will nur die Ursachen dieser Effekte: demokratische Beratung aller Entscheidungen und Autonomie von Lehre und Forschung.

Wenn massive Erfahrungen dieser Art vorliegen, muß man damit rechnen, daß die Konsequenzen die Prinzipien diskreditieren. Vielleicht genügt aber auch eine vorsichtige Korrektur, die auf Augenmaß und gesunden Menschenverstand zurückgreift. Ein Schritt in diese Richtung wäre schon getan, wenn die Hochschulen Bürokratie nicht als staatlich verordnetes, sondern als selbsterzeugtes Schicksal begreifen würden.

Dies erfordert eine Präzisierung des Begriffs der Bürokratie. Üblicherweise faßt dieser Begriff aus der Perspektive eines Beobachters ein ihm undurchsichtiges Amtsgeschehen zusammen. Bürokratie – das heißt „black box", nämlich eine Art Regelmäßigkeit, die so komplex ist, daß sie sich der Einsicht entzieht. Man kann jedoch die Gründe für diese Komplexität genauer angeben, und damit kommt man über eine nur negative, nur die jeweils fremde Organisation treffende Begriffsfassung hinaus. Bürokratie bildet sich in allen Organisationen, sobald die Koordination der Entscheidungsprozesse sich nicht mehr aus der Sache selbst ergibt, sondern besondere Vorsorge erfordert. Dann werden die Entscheidungsspielräume nicht mehr nur durch ihren Gegenstand eingeschränkt, sondern außerdem auch dadurch, daß Entscheidungen wechselseitig füreinander Prämissen und Anschlußverhalten bereitstellen. Dafür mag dann eine zentrale Aggregation von Entscheidungen in der Form von Entscheidungsprämissen, Entscheidungsregeln, Entscheidungsmustern eine ebenso sachferne wie komplexitätsrationale Lösung anbieten. Aber man sollte nicht verkennen: Gerade wenn eine Organisation diese Form der Zentralisierung ablehnt und auf Demokratisierung und auf Autonomie ihrer Basisprozesse besteht, lastet dieses Netz reziproker Bedingtheiten um so stärker auf ihr, weil dann die Transparenz sehr viel geringer und die Zahl der Koordinationsentscheidungen sehr viel größer ist. Mit dem Verzicht auf komplexitätsadäquate Rationalität gewinnt man nichts weiter als komplexitätsadäquate Irrationalität.

Erfahrungen mit Bürokratie und ihren Ursachen, die in Hochschulen gewonnen sind, brauchen nicht nur hier zu gelten. Auch in anderen Organisationen wird über Bürokratie geklagt. Und auch anderswo mag man sich fragen, weshalb das Verfolgen von allgemein anerkannten Zielen diese mißlichen Konsequenzen hat. Liegt dieser Entwicklung, die das Erwünschte ins Unerwünschte deformiert, ein allgemein formulierbares Prinzip zugrunde?

Will man den vorstehend skizzierten Befund verallgemeinern und von allen Besonderheiten reinigen, die nur für Hochschulen gelten, dann stößt man auf ein zugrunde liegendes Paradox: Man will die Operationen demokratisieren und ihre Autonomie erhalten, will also Mitbestimmung und Selbstbestimmung zugleich realisieren. Das hat eine doppelte Konsequenz: Einerseits wird der einzelne, was Demokratie und was Autonomie betrifft, mit *Illusionen* abgefunden. Träger dieser Illusion ist die Gruppe oder, wie man gern sagt: das Team. Das Team kann beides zugleich sein: Mitbestimmung und Selbstbestimmung. Es wird zur Erhaltung dieser Illusion geschaffen, gelobt, verteidigt. Das bedingt aber einen Verzicht auf Rückleitung von Erfahrungen mit eigenen Entscheidungen in die Organisation. Das Team ist unverantwortlich.

Andererseits wird der Widerspruch von Mitbestimmung und Selbstbestimmung *produktiv*. Jeder Zug zugunsten des einen Prinzips erzwingt Kompensationen fürs andere. Da Entscheidungen beliebig dekomponiert, auseinandergezogen und aufeinander bezogen werden können, setzt das „Material", aus dem die Organisation besteht, dem keinen Widerstand entgegen. Es ist nicht unmöglich, widerlegt also auch die Prinzipien nicht. Nur Zeit und Geld werden fühlbar knapper.

Wie weit produktive Illusionen dieses Typs auch außerhalb von Hochschulen Bürokratisierungsprozesse gefördert haben, müßte man von Fall zu Fall prüfen. Unabhängig davon könnte man damit beginnen, einer Paradoxie, die sich in dieser Weise auswirkt, mit etwas mehr Zurückhaltung zu begegnen.

Perspektiven für Hochschulpolitik

I. Zur Lage

Um die Hochschulpolitik der letzten beiden Jahrzehnte in Distanz zu rücken, genügt es, sich eine Zahl vor Augen zu führen. 1970 waren knapp 90 % aller Hochschulabsolventen im öffentlichen Dienst beschäftigt. Wollte man die Zugangsmöglichkeiten zur Hochschule, die Ausbildungskapazität und damit auch die Zahl der Absolventen erweitern und vermehren, hätte man die Aufnahmekapazität des öffentlichen Dienstes entsprechend vergrößern müssen. Die Kommission für die Reform des öffentlichen Dienstrechts, die 1970 ihre Arbeit aufnahm, hat jedoch keine entsprechende Instruktion erhalten. Sie hat von sich aus, aber ohne jeden Erfolg, versucht, sich mit der Bildungsplanung abzustimmen. Es war ihr jedoch nicht möglich, durch das Gestrüpp ministerialer Zuständigkeiten hindurchzugreifen; und erst recht war es nicht möglich, die Bildungsplaner davon zu überzeugen, daß das Problem der Expansion von hochwertigen Ausbildungsmöglichkeiten ein Problem des Zugangs zum öffentlichen Dienst werden würde. Was heute jedermann sieht!

Statt dessen hat man auf die Aufnahmekapazität der Wirtschaft spekuliert – oder nicht einmal spekuliert, sondern schlicht wertrational gehandelt, nämlich Bildung für gut befunden. Wertrationales Handeln ist jedoch ein Handeln ohne Zeitperspektive, ein euphorisches Handeln, ein von sich selbst überzeugtes Handeln. Es darf nicht verwundern, daß man nach Impulsen dieser Art heute wissen möchte, wie es um die Zukunft steht. Dies aber hängt von politischen Entscheidungen oder politischen Nichtentscheidungen ab, kann also nicht allein durch die Bildungsökonomie berechnet werden.

Angesichts der starken Zunahme der Studentenzahlen liegt ein erstes Problem in der Frage, ob nicht ein zu großer Anteil der Bevölkerung studiert – zu groß gemessen an Verwendungsmöglichkeiten. Hier darf man sich nicht durch den ersten Anschein überfüllter Hochschulen täuschen lassen. Es kommt auf die Zahl der Abschlüsse an. Nach einer für die Universität Hamburg durchgeführten Untersuchung ist dort die Zahl der Abschlüsse in der Zeit von 1966 bis 1980, im Jahresdurchschnitt genommen und für alle Fächer gerechnet, konstant geblieben, obwohl die Personalkosten der Universität verdreifacht worden sind. Das politisch verfügbare Einsatzmittel Geld hat, was immer Nützliches damit geschehen sein mag, jedenfalls nicht zu einer Erhöhung der Absolventenzahlen geführt.

Schon angesichts der großen Zahl von neu gegründeten Hochschulen wird man nicht davon ausgehen dürfen, daß dieser Einzelfall für die Gesamtlage repräsentativ ist. Er gibt gleichwohl zu denken. Es gibt heute viel mehr Studenten als früher, und wenn die Zahl der Studienabschlüsse nicht entsprechend angestiegen ist, dann folgt daraus, daß ein Selektionsprozeß stattfindet – sei es, daß viel mehr Studenten als früher abbrechen, sei es, daß viele Studenten gar nicht mit dem Ziel des Abschlusses studieren. Solche Selektion wäre Selbstselektion, wäre ein biographisch selbstverantworteter Vorgang im Unterschied zu einer Fremdselektion, die in der Form von Zensuren und Prüfungen entscheidet, ob Studenten erfolgreich studieren oder nicht. Gerade Selbstselektion macht im übrigen wahrscheinlich, daß sich Zusammenhänge mit Schichtung oder zumindest mit dem Erziehungserfolg des Elternhauses einstellen werden, während Prüfungen immer schon als Instrument der relativen Neutralisierung von Herkunft empfohlen worden sind.

Es ist wichtig, diese Vermutungen überprüfen zu lassen. Träfen sie zu, dann müßte man das gegenwärtige System als System mit staatlich finanzierter Selbstselektion auffassen. Dies System läßt zu, daß man sich als Student immatrikuliert, um die dafür vorgesehene Unterstützung zu erhalten. Auch auf diese Erkenntnis sollte man jedoch nicht vorschnell und vor allem nicht mit dem schlichten und perspektivenlosen Mittel der Kürzung der Subventionen reagieren. Natürlich liegt es nahe, zu argumentieren: das Mindeste, was man für eine Zuwendung erwarten könnte, sei, daß der Empfänger sich der Fremdselektion unterwerfe. Trotzdem ist auch dieser Schluß keine ausreichende Politikgrundlage; denn er übersieht, welche problematischen Begleiteffekte mit Fremdselektion verbunden sind.

II. Differenzierung als Ausweg

Es wird nicht einfach sein, eine derart komplexe Sachlage politisch weiterzuentwickeln. Das Kürzen der Haushaltszuweisungen mag notwendig sein, ist aber als solches noch keine sinnvolle Politik. Auch die Bemühungen um eine Reform der Reform auf organisatorischer Ebene und um einen Abbau der riesigen Demo-Bürokratien, die als Folge der „Gruppenuniversität" entstanden sind, reichen nicht aus, so dringend sie zu wünschen wären. Die „Gruppenuniversität" fasziniert sich selbst. Durch ihre Organisationsform wird erreicht, daß die einzelnen Gruppen gegeneinander exerzieren. Die dafür geltenden Reglements können verfeinert werden. Außerdem muß sichergestellt werden, daß der Geschäftsgang trotzdem im Fluß bleibt. Auf dieser Ebene reformiert heute eine Bürokratie die andere mit dem Effekt, daß beide wachsen. Alle Mißstände werden in weitere Regulierungen umgesetzt. Das Augenmaß geht verloren, und schließlich sperrt man ganze Provinzen, um einzelne Hasen zu jagen. Benötigt wird aber ein Konzept für die gesellschaftliche Funktion der Hochschulen, für ihren Bildungs-/Ausbildungsauftrag.

Die Humboldt'sche Universitätsidee war von einem Bildungsgedanken ausgegangen, der heute nicht mehr reaktualisiert werden kann. Die Forschung selbst sollte pädagogisch wirken. Helmut Schelsky hat genau dies noch einmal versucht und ist damit gescheitert (wie im übrigen auch schon Humboldt selbst). Politisches System, Wissenschaftssystem und Erziehungssystem sind für eine inhaltliche Amalgamierung zu verschieden, und dies gilt auch dann, wenn man weiterhin damit zu rechnen hat, daß die Hochschulen überwiegend für den öffentlichen Dienst erziehen. Statt dessen sollte die Politik sich im Verhältnis zum Hochschulwesen auf Formenvorgaben beschränken, und es bietet sich an, hierbei an das ohnehin aktuelle Problem der Selektion anzuknüpfen.

Einerseits bietet die Studentenflut und der Überschuß im Verhältnis zum Bedarf den Hochschulen die Möglichkeit schärferer Selektion. Sie können auf diese Weise eigene Vorstellungen über Bildung in Kriterien umsetzen und durch Selektion realisieren. Andererseits weiß man, welch' verzerrende Nebeneffekte von jedem vorgegebenen System der Auslese und Kontrolle ausgehen: Das Studium wird auf ein möglichst gutes Bestehen des Examens angelegt. Auf dieses Dilemma kann man weder mit der Option für noch mit der Option gegen selektives Zensieren und Prüfen angemessen reagieren. Erst recht ist von lauen Mischformen abzuraten. Sie werden in der heutigen Situation eines tief verunsicherten, ohnehin nichts Gutes erwartenden Nachwuchses eher die Nachteile als die Vorteile beider Optionen kombinieren. Die einzig sinnvolle Möglichkeit ist, das Studium im Hinblick auf genau dieses Problem zu differenzieren. Man könnte dies tun, indem man „harte" und „weiche" Studiengänge unterscheidet. Die „harten" Studiengänge würden schärfere Fremdselektion mit höherer Sicherheit des Berufszugangs kombinieren. Dies läßt sich durchaus, und zwar gerade wenn hart geprüft wird, mit hoher Freiheit in der Ausgestaltung des Studiums kombinieren. Die „weichen" Studiengänge würden sich durch allgemeinere Bildungsziele, vielseitigere, aber unbestimmtere Chancen, mehr Selbstselektion als Fremdselektion und mehr Zukunftsunsicherheit auszeichnen.

Der Vorzug dieses Modells ist: daß es ein Dilemma in eine Wahlmöglichkeit transformiert. Es offeriert dem Studenten eine Art package deal. Die Studienform, die mehr Sicherheit des Zugangs zu Berufen und besonders zu Berufen im öffentlichen Dienst in Aussicht stellt, wird mit schärferer Selektion belastet. Die Studienform, die im Studium selbst weniger zu fürchten Anlaß gibt, wird mit höherer Unsicherheit im Hinblick auf das weitere Fortkommen belastet. Im einen Fall liegt der Schwerpunkt der Selektion und der Anpassung an begrenzte Aussichten im Studium selbst; im anderen Falle wird er hinausgeschoben und später im wirtschaftlichen System der Arbeit bzw. Arbeitslosigkeit realisiert. Im ersten Falle können auch fachwissenschaftlich und pädagogisch gesteuerte Selektionskriterien mitwirken. Im zweiten Falle entscheidet der Arbeitgeber (aber wiederum vor allem: der öffentliche Dienst) nach eigenen Kriterien.

Eine Politik, die diese beiden Möglichkeiten zur Wahl stellt, eröffnet in Bezug auf sie Freiheit der Entscheidung. Sie geht davon aus, daß jeder Einzelne sich selbst der einen oder der anderen Möglichkeit zuordnen kann. Sie beschränkt sich nicht auf das Verteilen, Umverteilen und Zurücknehmen von Wohltaten; sie reagiert durch Formenvorgabe auf einen Orientierungsbedarf.

III. Offenhalten der Wahl

Jede Festlegung von Formen sollte sich selbst reflektieren und ihre Folgeprobleme nach Möglichkeit vorab entschärfen. Im Falle jeder Differenzierung wird der Zusammenhang zum Problem. Die erreichbare Typenschärfe wird mit Einheitsverlust bezahlt, und es bedarf zwar nicht einer dialektischen Synthese (denn es handelt sich nicht um „Widersprüche"), aber den Beziehungen zwischen den auseinandergezogenen Formen muß besondere Aufmerksamkeit gewidmet werden.

Eine expansiv konzipierte Politik würde wahrscheinlich versuchen, dies Problem auf der Ebene der Lehrpläne anzugehen. Sie würde sich damit aber in das pädagogische Geschäft einmischen und würde Kausalprozesse auslösen, deren Wirkungen sie weder voraussehen noch kontrollieren kann. Eine eher restriktiv gehandhabte Politik würde genau dies zu vermeiden suchen, wäre aber ihrerseits genötigt, politisch verfügbare Mittel, nämlich Recht und Geld, einzusetzen, um die Folgeprobleme einer solchen Regelung in die Lösung mit einzubeziehen.

Unter dem Gesichtspunkt des Offenhaltens der Wahl stellen sich vor allem zwei Probleme. Das eine ist eher auf eine rechtliche Regelung angewiesen, das andere betrifft die Finanzierung. Wie oft bei offengehaltenen Wahlmöglichkeiten kommt es auch hier darauf an, den Zeitraum, in dem die Entscheidung getroffen werden kann, auszuweiten. Konkret gesprochen heißt dies, daß ein Übergang aus der einen in die andere Studienrichtung ermöglicht werden muß. Das setzt eine „Entschulung", nämlich einen weitgehenden Verzicht auf Regulierung des Studienganges voraus. In der einen Studienrichtung kann dann in weitestmöglichem Umfange anerkannt werden, was in der anderen an Studienleistungen schon erbracht ist. Studenten hätten dadurch die Möglichkeit, ihre Entscheidungen noch zu korrigieren, wenn sie sehen, daß sie für sie nicht gut war. Sie hätten nicht gleich am Anfang und ohne Studienerfahrungen bereits eine irreversible Entscheidung zu treffen.

Das zweite Problem betrifft die finanzielle Ausstattung der Studiengänge und die finanzielle Förderung der Studenten. Hier muß auf Gleichwertigkeit der Studienformen geachtet werden – gerade weil die Politik die Neigung haben wird, die selektiven, mit praktischem Berufseintritt gekoppelten Studiengänge für förderungswürdiger zu halten als die offenen und unsicheren Studiengänge. Dieser Tendenz ist entgegenzuwirken. Ausbildung ist nicht wichtiger als Bildung, und Berufsrisikobereitschaft bei der Aneignung von Wissen verdient eher mehr als weniger Förderung. Jedenfalls hängt die Absicht, ein strukturiertes Freiheitsangebot zu machen, von einer Politik der Gleichwertigkeit ab. Man kann die Wahl nicht freigeben, wenn man zugleich nur die eine Option protegiert. Das ist nicht zuletzt eine Frage des politischen Stils, eine Frage der Ehrlichkeit und auch eine Bedingung des Wiedergewinns des weithin verlorenen politischen Vertrauens.

IV. Disziplinen und Berufe

Der Vorschlag, eine Hochschulreform an dieser Grunddifferenz zu orientieren, kann sich durchaus auf vorhandene Traditionen stützen. Er könnte zum Beispiel an die Unterscheidung von Diplomstudiengängen und Magisterstudiengängen anknüpfen. Auch haben sich seit den Reformversuchen Leistungs- und Prüfungsanforderungen derart unterschiedlich entwickelt, daß man mit Recht die Frage aufgeworfen hat, ob man überhaupt noch von einer einheitlichen Institution „Universität" sprechen kann. In gewissem Sinne wird also das, was sich ergeben hat, nur kodifiziert und daraufhin konsequent unterschiedlich behandelt.

Dennoch ist es ein neuer Gedanke, die Grundstruktur der Hochschule nicht mehr in einer übergreifenden Wissenschaftsidee, sondern in der Behandlung des Problems der Selektion zu suchen, sie hier anzuschließen und sie damit auf einer Ebene anzusiedeln, die auf die Vielheit der Berufe und der wissenschaftlichen Disziplinen keine Rücksicht nimmt. Das wird zu Verständigungsproblemen, zu Realisierungsschwierigkeiten, auch zu Widerständen etablierter Establishments führen. Das ist jedoch kein Argument gegen den Vorschlag, sondern ein Argument für seine Tragweite.

Die Berufsorientierung der Universitäten hat eine alte Tradition, die auch an den heutigen Hochschulen fortlebt. Die Differenzierung der Wissenschaft in Disziplinen ist dagegen erst im 19. Jahrhundert entstanden. Sie hat sich mit den Professionswissenschaften auf eine Symbiose und ein Verhältnis wechselseitiger Anerkennung eingelassen, das durchaus in Frage gestellt werden kann. Recht, Medizin, Pädagogik sind nicht zufällig „Wissenschaften" geblieben, die auf dem Wissensbestand anderer Disziplinen aufruhen und dies durch Kunstlehren und professionsbezogenes Reflexionswissen überhöhen. Es wird wenig Sinn haben, auch diese Fächer mit der Doppelmöglichkeit von „harter" und „weicher" Studienform auszustatten. Um so deutlicher wird damit, daß Komponenten dieser Fächer auf Disziplinen beruhen, die innerhalb der entsprechenden Fachstudien nicht, oder nicht gründlich genug, studiert werden können. Man denke an Chemie, Biologie, Psychologie, Soziologie als empirische Wissenschaften oder an Logik und Hermeneutik als Textwissenschaften. Was man den professionsbezogenen Studiengängen an die Seite zu stellen hätte, wären mithin interdisziplinäre Komposita, die die in Frage kommenden Grunddisziplinen zusammenführen.

Die vorhandene Fakultätsstruktur ist selbst ein Produkt der Geschichte. Sie ist nur zum Teil identisch mit der Disziplinendifferenzierung, die sich im interdisziplinären Kontext bewährt, und auch deren Struktur hat heute viel von ihrer Überzeugungskraft verloren. In den Naturwissenschaften ebenso wie in den Sozialwissenschaften lassen wichtige Fortschritte der Forschung die Grenzen verschwimmen. Eine Studienreform in dem skizzierten Sinne hätte einen Vorteil auch darin, daß sie nicht mehr gewohnheitsmäßig von einer eins-zu-eins Zuordnung von Fach und Studium ausgeht. Dieser Denkzwang wird gesprengt, und das kann dann auch ein freieres Verhältnis der Disziplinen in Gang bringen, wie es von der Forschung ohnehin nahegelegt wird.

V. Identifizierbarkeit von Talent und Arbeitswilligkeit

Eine der schlimmsten Folgen der deutschen Hochschulkatastrophe ist, daß es in der neuen Organisation – dies Wort paßt! – an Möglichkeiten fehlt, Talent und Arbeitswilligkeit zu identifizieren. Das hat Folgen, deren Ausmaß nicht abzuschätzen, sondern nur zu ahnen ist. Die Folgen sind nicht abzuschätzen, weil das Nichtidentifizierte eben nicht identifiziert worden ist.

Als „Bildungskatastrophe“ hatte man angeprangert, daß bei weitem nicht alle Talente entdeckt und gefördert wurden, und man konnte sehr mit Recht auf die Benachteiligung von Angehörigen unterer Schichten hinweisen. Die darauf angesetzte Bildungsreform ist organisatorisch mißlungen. Sie hat mehr Gleichheit realisiert – aber eben Gleichheit in der Nichtidentifizierbarkeit von Talent und Arbeitswilligkeit.

Mit „Identifizierbarkeit“ meine ich nicht nur Erkennen durch andere. Dies freilich auch und in erster Linie. Es muß Möglichkeiten der Auszeichnung, der Bevorzugung und der bevorzugten Förderung geben. Es muß, wenn Hochschulen überhaupt einen Erziehungsauftrag behalten sollten, Möglichkeiten geben, Qualität im fachlich-intellektuellen Bereich zu bezeichnen und auf die einzelne Person zuzurechnen. Man hat die subjektive Natur solcher Urteile betont und ihre Konsensfähigkeit bezweifelt. Mit mehr oder weniger guten Gründen. Gerade in einer erkennbaren Subjektivität liegen aber auch Freiheiten und Distanzierungsmöglichkeiten für den Studenten. Er weiß oder glaubt zu wissen, wie er ein Lächeln auf das Gesicht seines Professors zaubern kann. Aber was gewinnt man, und was gewinnt der Student, wenn man Qualitätsurteile oder Sonderförderungen unterbindet oder nachdrücklich entmutigt?

Die Nichtidentifizierbarkeit ist das größere Übel. Denn Fremdidentifikation ist eine Mitbedingung von Selbstidentifikation. Sie ist nicht, oder nur bei extrem apathischen Individuen, eine bloße Etikettierung. Sie wird vielmehr als Prämisse eigenen weiteren Verhaltens übernommen – sei es, daß sie anspornt; sei es, daß sie den Mut und das Anspruchsniveau in der Themenwahl erhöht; sei es, daß sie die Gruppenbildung erleichtert; sei es, daß sie Trotzreaktionen auslöst oder in ein Sichabfinden mit der eigenen Mittelmäßigkeit übergeht. In jedem Falle ist sie eine Vorbedingung für jede Kombination von Fremdselektion und Selbstselektion. Wenn sie unterbleibt, bleibt der Einzelne mit sich oder mit seiner Gruppe allein. Die Hochschule verzichtet auf soziale Integration.

Dieses wichtige Problem der Identifizierbarkeit von Talent und Arbeitswilligkeit wird nicht optimal gelöst, wenn man Studienformen, wie hier vorgeschlagen, nach ihrer Selektionsschärfe differenziert. Gerade deshalb bedarf das Problem einer besonderen Aufmerksamkeit.

In Studienbereichen mit Engführung des Berufsnachwuchses und scharfer Selektivität sind, wie immer sie zustande gekommen sein mögen, Erfolgsbescheinigungen gewährleistet, die der Student als Bestätigung von Talent und ausreichender Arbeitsleistung lesen kann. Zumindest ist das das offizielle Sprachspiel. Es leistet positive und negative Auslese, Ermutigung und Entmutigung zugleich. Jedenfalls wird das Identifizieren von Talent und Arbeitswilligkeit wieder mit Hoffnungen verknüpft. In Studienbereichen ohne scharfe Selektivität ist dies strukturell nicht gewährleistet, und es würde dem Stil der hier angebotenen Studienmöglichkeiten widersprechen, wollte man Selektion unter anderen Vorzeichen dann doch wieder einführen.

Es ist kein Ausweg, hier verstärkt Aussichten auf akademische Karrieren zu eröffnen; denn in der augenblicklichen Situation spricht nicht viel für die Realisierbarkeit eines solchen Vorschlags, und er würde außerdem die Nachwuchskanalisierung in Richtung auf nur diesen Bereich verzerren. Es gibt nur die Möglichkeit, mit positiver Selektion ohne negative Selektion zu arbeiten: mit Auszeichnungen symbolischer Art, Zugang zu Hilfskraftstellen, Ermöglichung öffentlicher Vorträge für Studenten oder eventuell auf Stipendien für ungewöhnlich lange Studien oder für bestimmte Forschungsarbeiten neben oder nach dem Studium – alles in Form der Auszeichnung von sehr wenigen, so daß diejenigen, die daran nicht partizipieren, keine Gründe finden, negative Rückschlüsse auf sich selbst zu ziehen.

VI. Zusammenfassung

Dem Vorschlag, Studienmöglichkeiten in Bereiche mit und in Bereiche ohne scharfe Selektion einzuteilen, liegt eine überlegte theoretische Struktur zu Grunde, die auch jeden Kritiker zur Präzisierung seiner Kritik zwingen müßte.

Der Vorschlag geht davon aus, daß das Problem der karrieremäßigen Selektion ein Problem ist, das sich in der modernen Gesellschaft zwangsläufig stellt. Es nützt nichts, die Augen davor zu verschließen, das Problem wegzuwünschen oder die Jugend um Vorschußvertrauen in unbestimmte gute Absichten der Politiker zu bitten. Man darf von der Politik eine realitätsbezogene Antwort, zumindest einen realitätsbezogenen Umgang mit diesem Problem erwarten.

Der Kern des Vorschlags ist: das Problem in eine Differenz zu transformieren. Das ist keine Lösung und keine Abschwächung, sondern eine Strukturierung des Problems. Struktur ist Bedingung für Freiheit. Ohne Einschränkung der Möglichkeiten kann man nicht wählen. Härten mögen als unerwünscht und politisch als unzumutbar erscheinen; aber sie sind auch Bedingung dafür, daß man auf etwas aufbauen, sich auf etwas stützen kann. Ohne Vorgabe von einschränkenden Bedingungen ist es nicht möglich, Vergangenheit in Zukunft umzumünzen und Leistungen sich auszahlen zu lassen.

Jeder Versuch, dies allein der intellektuellen Schwierigkeit der Studieninhalte zu überlassen, ist heute zum Scheitern verurteilt. Die Idee und der Anspruchsgehalt von Wissenschaft zwingen sich nicht von selbst auf. Sie haben ihre eigene Autonomie realisiert; aber das entlastet die Politik nicht von der Verantwortung, Strukturen vorzugeben, die nur durch Organisationsentscheidungen eingeführt werden können. Solche Entscheidungen werden heute allzu sehr unter dem Gesichtspunkt der Korrektur oder der Nachbehandlung früherer Entscheidung getroffen. Dabei gehen die politischen Perspektiven verloren, und die Entwicklung wird durch das bestimmt, was sich trotz der

Meinungsverschiedenheiten zwischen Ministerialbürokratie und hochschuleigener Bürokratie noch aushandeln läßt. Die Politik sieht zu und lobt – sich selbst.

Dabei muß es nicht bleiben. Man kann das Erziehungssystem und auch das Hochschulsystem einer Gesellschaft nicht planen, wenn planen heißen soll, daß man heute schon bestimmen kann, welche Zustände künftig eintreten werden. Auch Wissenschaft kann in dieser Hinsicht nicht helfen. Aber man kann Sachlagen sehr wohl im Blick auf allgemeine Strukturprobleme beobachten und beschreiben. Man kann ihre Transparenz erhöhen. Dann ergeben sich auch begrenzte Möglichkeiten, Strukturen neu anzubieten. Und da dies in Ungewißheit über die Folgen und in kontrovers bleibenden Situationen geschehen muß, ist es Sache der Politik, die Verantwortung dafür zu übernehmen.

IV. Religion

Läßt unsere Gesellschaft Kommunikation mit Gott zu?

I.

Die Soziologie kann als Wissenschaft nur ohne religiöses Engagement betrieben werden. Sie ist eine säkulare Veranstaltung des Wissenschaftssystems und nicht dazu bestimmt, zu missionieren oder auch nur Glaubenssicherheit zum Ausdruck zu bringen. Jede andere Auffassung würde die fachliche Einheit der Soziologie, so schwach es um sie ohnehin steht, zersetzen und in verschiedene Glaubensrichtungen spalten. Auch innerhalb der Theologie sind Bemühungen um eine intellektuelle Aufbereitung der Glaubensinhalte oft skeptisch aufgenommen worden. Bei einem vielleicht nicht gerade typischen Theologen, bei John Donne (1572–1631), lese ich:

„When we are moved to seem religious
Only to vent wit, Lord deliver us."[1]

Dies Zitat kann auch den folgenden Ausführungen als Motto dienen.

Trotz dieses Bekenntnisses zum Nichtbekenntnis kann man sich aber die Frage stellen, ob und wie die Soziologie sich adäquat auf den Sinn ihres Gegenstandes einstellen kann, und hier beginnen ihre Sünden. Ich meine dabei „adaequatio" nicht im traditionellen Sinne einer größtmöglichen Übereinstimmung von Erkenntnis und Gegenstand. Dies ist schon durch die gewollte Distanz zu Glaubensaussagen ausgeschlossen. Die Frage ist nur, ob die Soziologie wirklich das in den Blick bekommt, was sie beobachten und beschreiben will – zum Beispiel Religion.

Seit ihren Anfängen am Ende des vorigen Jahrhunderts arbeitet die Soziologie mit einem Prinzip des Verdachts. Sie geht zwar vom gemeinten Sinn des Handelns aus, glaubt aber nicht, daß die Menschen wirklich wissen, was sie tun und warum sie es tun. Man kann dies als Ideologiekritik stilisieren oder als Suche nach latenten Strukturen, als Handlungsanalytik oder als Netzwerkanalyse. Die Soziologie muß, will sie überhaupt etwas bieten, besseres Wissen bieten als das, was im Alltag ohne weiteres und selbstgenügsam zur Verfügung steht. So kommt sie sehr leicht zu der Vorstellung, Religion sei etwas Irrationales; oder sie sei ein Bestandteil von Kultur, die ihrerseits nötig sei, um Sinnfindung für Handlungen zu ermöglichen. Daraus kann sehr leicht eine Geste der Überlegenheit entstehen – einer fast hilflosen Überlegenheit, denn was soll man sonst tun, wenn man Soziologe ist.

1 A Litany XXI, zit. nach: John Donne, The Complete English Poems (ed. A. J. Smith), Harmondsworth 1982, 317–325 (323).

Erst neuere Theorieentwicklungen scheinen aus diesem Dilemma herauszuführen, und dies auf dem Umwege über eine sehr abstrakt angelegte, auch erkenntnistheoretische Fragen übergreifende Theorie selbstrefentieller Systeme. Dies sind Systeme, die sich selbst reproduzieren, sich selbst beobachten, sich selbst beschreiben; und diese Kennzeichnung trifft sowohl auf die Gegenstände der Soziologie, soziale Systeme, als auch auf die Soziologie selbst zu, denn auch sie selbst ist ein selbstreferentielles soziales System.

Ich möchte aus diesem sehr breit angelegten theoretischen Komplex[2] nur einen Faden herausziehen in der Hoffnung, daß es mir gelingt, zu verdeutlichen, wie sich das Verhältnis der Soziologie zur Religion und zur theologischen Reflexion der Religion durch einen solchen Ausgangspunkt verschiebt.

II.

Eine Theorie selbstreferentieller sozialer Systeme ist nur möglich, wenn man verschiedene Ebenen der Systembildung, nämlich Leben, Bewußtsein und Kommunikation, deutlich unterscheidet. Man kommt auf diesem Wege zu einem Begriff der Gesellschaft, der alles Leben, auch alle organischen Systembildungen und sogar alle mentalen Prozesse, alles Bewußtsein, als Umwelt der Gesellschaft behandelt. Die Gesellschaft selbst besteht nur aus sinnhaften Kommunikationen. Sie setzt selbstverständlich voraus, daß es in ihrer Umwelt Bewußtsein, menschliche Organismen, irdisch gemäßigte Temperaturen etc. gibt. Die Gesellschaft garantiert also nicht als System die Gesamtheit der Bedingungen der Möglichkeit von Kommunikation; sie garantiert nur Möglichkeiten der Reproduktion von Kommunikation aus sich selbst heraus bei hinreichend unspezifischen Umweltressourcen.

Wo immer Kommunikation versucht wird, bildet sich daher Gesellschaft im Sinne einer Ordnung von Nichtbeliebigkeiten der Kommunikation. Alle Kommunikation ist ein gesellschafts*interner* Vorgang, jede Kommunikation vollzieht Gesellschaft, und wo Kommunikation aufhört, hört auch Gesellschaft auf. Es gibt in der Umwelt der Gesellschaft keine Kommunikation, gäbe es irgendwo anders Kommunikation, würde deren Wahrnehmung zugleich Wahrnehmung der Ausdehnung des Gesellschaftssystems sein. Aus dem gleichen Grunde gibt es auch keine Kommunikation zwischen dem Gesellschaftssystem und seiner Umwelt (so wenig wie man die Sehleistung des Auges begreifen kann als einen Prozeß, der zwischen dem neurophysiologisch geschlossenen Nervensystem und dessen physisch-chemischer Umwelt abläuft). Die Gesellschaft kann nicht *mit* ihrer Umwelt, sie kann nur *über* ihre Umwelt kommunizieren. Denn wenn immer Elemente oder Operationen der Umwelt begriffen werden würden als Absenden von Kommunikation oder als Empfang von Kommunikation, würden sie damit begriffen werden als Momente des gesell-

2 Vgl. näher N. Luhmann, Soziale Systeme: Grundriß einer allgemeinen Theorie, Frankfurt 1984.

schaftlichen Kommunikationsprozesses; sie würden, ob man will oder nicht, gesellschaftlich eingemeindet werden.

Und um nun gleich mit der schlimmen Botschaft, dem Dysangelium, zu kommen: Es gibt also keine Kommunikation mit Gott. Weder kann man sich Gott vorstellen als jemanden, der zu Noah, Abraham, Jakob oder anderen spricht; noch kann man ihn denken als jemanden, der angerufen werden kann (wenn man nur seinen Namen weiß). Und in letzter Konsequenz heißt dies schließlich, daß weder Offenbarung noch Gebet als Kommunikation zu denken sind. Alle diese Vorstellungen führen letztlich zu einer Eingemeindung Gottes in die Gesellschaft. Sie mögen Trost und Erbauung bieten und ideenpolitisch schwer zu entbehren sein. Sie sind jedoch eine Dauerquelle der Reproduktion anthropomorpher Religionsvorstellungen, die dann theologisch wieder diskreditiert oder mit hinreichender Ambivalenz versehen werden müssen. Und nicht zuletzt blockieren sie ein auf Theorie und begriffliche Klarheit gegründetes Gespräch zwischen Theologie und Soziologie. Ein Soziologe wird natürlich verstehen und sich erklären können, wenn im Namen der Religion etwas für möglich gehalten wird, was allen gesellschaftlich praktizierten Vorstellungen widerspricht. Aber er wird bei solchen Ansprüchen auf die Einstellung zurückgeworfen, die Freud empfiehlt für den Fall, daß jemand komme und behaupte, der Mittelpunkt der Erde sei aus Marmelade: Man wird dann nicht weiter über die Sache diskutieren, sondern sich den genauer ansehen, der solche Ansichten vertritt. Und eben dadurch findet sich der Soziologe dann bestärkt in seiner Vorstellung, daß die Gesellschaft letztlich auf einem irrationalen Fundament aufruhe, das in religiösen Überzeugungen Ausdruck finde.

So mag die Soziologie dann dazu tendieren, die Irrationalitäten der Religion als eine erforschungswürdige Eigenschaft ihres Gegenstandes zu pflegen und die Religion darin bestärken, ein Gleiches zu tun, während es doch darauf ankäme, gemeinsam herauszufinden, ob es nicht Formen der Religion gibt, die den typischen Strukturen der modernen Gesellschaft mehr entsprechen als andere.

III.

Bisher habe ich nur theoretisch kondensierte Behauptungen aufgestellt. Ich möchte jetzt ein historisches Argument anfügen. Meine Ausgangsthese läßt erwarten, daß im Laufe der gesellschaftlichen Evolution die Vorstellung einer Kommunikation mit Gott immer schwieriger wird. Je mehr sinnhafte Kommunikation als Humantechnologie ausgearbeitet wird und je deutlicher die Gesellschaft sich darin von allen anderen Systemen unterscheidet, desto schwieriger wird es, sich vorzustellen, daß religiöse Mächte sich irgendwo und irgendwie an diesem Kommunikationsnetz beteiligen. Die wichtigsten Stationen dieser Entwicklung sind: die Erfindung der Schrift und im Anschluß daran die Erfindung des Alphabets als einer universell brauchbaren, leicht lernbaren Schrift und im Anschluß daran der Übergang zu großbetrieblicher Massenanfertigung von schriftlichen Texten, schließlich die Erfindung des Buchdruckes. Es gibt seit gut zwanzig Jahren viel Aufmerksamkeit für die Frage der kulturellen Konsequenzen dieser neuen Sprachtechnologien, und mehr und mehr scheint sich herauszustellen, daß diese Erfindungen einen tiefgreifenden kulturellen und sozialstrukturellen Wandel ausgelöst haben (wobei es jeweils Jahrhunderte dauern kann, bis die Denkweise der Gesellschaft sich den neuen Möglichkeiten voll angepaßt hat). Religion ist bei weitem nicht der einzige Auswirkungsbereich, aber ein wichtiger[3], und im Falle der Religion ist besonders deutlich, daß infolge von Schrift nicht nur Neues geschaffen werden mußte (zum Beispiel Logik und argumentierende Philosophie), sondern auch Altes transformiert werden mußte.

Ich muß mich darauf beschränken, einige wenige Punkte in Erinnerung zu rufen.

1. Der altbiblische Gott sprach noch direkt zum Menschen mit voller, raumfüllender Stimme und mit Worten, die erinnert werden konnten (auch wenn schon frühe Formen der Schrift zur Verfügung standen, um sie festzuhalten und vom Wiedererzähltwerden unabhängig zu machen).

2. Im Neuen Testament finden wir eine völlig veränderte Situation vor, und man kann sie interpretieren als einen Versuch der Religion, die Erfindung des Alphabets zu überleben. Die neue, leichtflüssige, leicht erlernbare, jeden sprachlichen Ausdruck transkribierende Schrift macht alle mnemotechnische Formen, monumentale und feierliche Ausdrucksweisen überflüssig, und das Erkennen religiöser Relevanz muß sich jetzt gegen andere Textsorten durchsetzen; es muß sich aus der Form mehr in den Inhalt verlagern. Es überrascht nicht, daß man die Stimme Gottes jetzt nicht mehr hört, die Aufnahme der Botschaft wird zur Lektüre, und die mündliche Überlieferung dient nur noch der Authentifikation.

Dem entspricht, daß das Wort, das sich vermitteln will, jetzt nur noch in der Gesellschaft wirken kann. Es muß als Mensch auftreten, muß Fleisch werden. Damit entstehen zugleich die bekannten Probleme der Pluralität der Einheit Gottes (so als ob er in sich kommunizieren würde, bevor er mit den Menschen kommuniziert), die dann ihre trinitarische Lösung finden. Nur im Volksglauben trifft man jetzt noch die Vorstellung, daß Gott mit direkter Kommunikation sich an Menschen wendet – sei es in Form jener Wurfzettel oder Himmelsbriefe, die man im Mittelalter gelegentlich fand; sei es in der sehr altertümlichen Form eines Blitzes, der, wie kürzlich in York, eine Kathedrale anzündet, wenn darin etwas gesagt wird, was Gott mißfällt.

Ein anderer Aspekt dieser postalphabetischen Lösung ist, daß Gott für seine Offenbarung einen bestimmten historischen Zeitpunkt gewählt habe, der für ihn zwar allzeitig ist, für den Menschen aber zur Vergangenheit wird.

3 Vgl. W. J. Ong SJ, The Presence of the Word: Some Prolegomena for Cultural and Religious History, New Heaven 1967; Interfaces of the Word: Studies in the Evolution of Consciousness and Culture, Ithaca N. Y. 1977.

Damit wird auch das Problem bereinigt, daß Menschen kommen könnten mit der Behauptung, sie hätten Gottes Stimme gehört, und er habe dieses oder jenes mitgeteilt, habe sich zu Fragen der Atomenergie bzw. zur Politik des amerikanischen Präsidenten geäußert. Unter den sehr komplexen modernen Verhältnissen würde so jede Äußerung ins Bestreitbare geraten, und so ist es gut, wenn die Kirche sagen kann, das kommt nicht mehr vor, wir haben die Unsicherheit der Interpretation der Offenbarung selbst zu tragen.

3. In soziologischer Sicht ist zu beachten, daß die Kommunikation mit Gott weder in segmentären noch in stratifizierten Gesellschaften gleichmäßig verteilt sein konnte. Abraham war nicht irgendwer. Die Patriarchen, Haushaltsvorstände, Sippenältesten, die hohen Priester oder generell die Führungsschicht der Gesellschaft hatten auch in dieser Hinsicht besondere Möglichkeiten; und wenn Propheten zeitweilig auch in sehr großer Zahl auftraten, so hatten doch nur wenige Erfolg. Wenn sich die Auffassung durchsetzt, daß Gott nicht mehr gewissermaßen routinemäßig mit den Menschen spreche, so ist das in erster Linie eine Enteignung der Führungsschicht der Gesellschaft. Es heißt dann nichts weiter als: auch zu ihnen nicht. Zugleich stellt sich mit dieser Deprivilegierung aber auch die Frage: wer denn überzeugend sagen könne, die Stimme gehört zu haben. Und offensichtlich ist es dann die bessere Lösung zu sagen: niemand, statt: jeder.

4. Während das Problem der Kommunikation Gottes theologisch sauber gelöst werden konnte, bereitet ein anderes sehr viel größere Schwierigkeiten, nämlich das Problem der Kommunikation des Menschen mit Gott und insbesondere die Frage, ob man das Gebet als Kommunikation mit einem unerreichbaren Adressaten verstehen soll. Bis ins 17. Jahrhundert fand diese Vorstellung eine Stütze in der Doktrin der providentia specialis, der Vorsorge Gottes für Alltagsereignisse. Unter dieser Voraussetzung war es sinnvoll, ihn zu bitten, er möge Kriege verhindern, Krankheiten heilen, sichere Seefahrt ermöglichen oder die Mäuse davon abhalten, die Möhren anzuknabbern. Derart konkrete Engagements haben jedoch mit der Verwissenschaftlichung des Weltbildes an Glaubwürdigkeit verloren, das Problem wurde in die intensive Theodizee-Diskussion des 17. und 18. Jahrhunderts verschoben, und insgesamt ging es nun mehr darum, Gott zu verstehen, als ihm mit bestimmten Anliegen zu kommen. Ich verkenne nicht, daß es für viele von uns, besonders in Notlagen, das Bedürfnis geben kann, mit Gott zu kommunizieren. Aber wozu? – wenn man ihn weder über etwas informieren kann, was er noch nicht weiß, noch erwarten kann, daß die Kommunikation ihn zu etwas motivieren könnte, was er anderenfalls nicht tun würde.

Ich wähle für diese Fragen bewußt eine Form, die unterhalb der Ebene bleibt, auf der Theologen diese Frage behandeln würden. Es kommt mir aber darauf an, die Theologie zu einer Stellungnahme zu bewegen. Es genügt mir nicht, wenn ich die Antwort erhalte, Kommunikation mit Gott sei etwas ganz anderes als Kommunikation unter Menschen. Wenn so, dann sollte man einen anderen Ausdruck dafür wählen. Denn wenn man Kommunikation sagt und zugleich sagt, daß man nicht meint, was man sagt, handelt man im strengen

Sinne paradox; denn dann kann man wissen, das der andere nicht wissen kann, was man meint, wenn man sagt, daß man nicht meint, was man sagt.

IV.

Weshalb aber wird trotz aller Bedenken, trotz jener innerer Unwahrscheinlichkeit an der Vorstellung einer Kommunikation mit Gott festgehalten? Weshalb erscheint diese Annahme, das ist jedenfalls mein Eindruck, für die christliche Religion unverzichtbar? Weshalb nimmt man mit diesem Glauben eine Position ein, die man unter heutigen Gegebenheiten als gesellschaftlich unangepaßt bezeichnen muß.

Es genügt mir nicht, diese Frage durch Hinweis auf menschliche Bedürfnisse zu beantworten, so als ob die Erfahrungen des Pfarrers und die praktische Theologie hier das letzte Wort hätten. Die folgende Überlegung soll deutlich machen, daß es tieferliegende Gründe gibt.

Würde die Gesellschaft sich auf Kommunikation *über* Gott beschränken, würde sie Negationsmöglichkeiten und Alternativformulierungen Tür und Tor öffnen. In der Rede über Gott kann man leugnen, daß er existiert; oder man kann über seine Namen und seine Attribute streiten; man kann seine Leistungen, was die Schöpfung betrifft, kritisch beurteilen und über Indikatoren seiner Existenz, über Gottesbeweise endlos diskutieren. Man kann mit Aussagen über Gott, wie mit allen Aussagen, andere täuschen – sei es, um sie zu bekehren, sei es, um sie zu betrügen. In der Kommunikation *mit* Gott ist dagegen all diese Kontingenz ausgeschlossen: Man könnte und würde ja nicht mit ihm kommunizieren, wenn es ihn nicht gäbe. In der Kommunikation kann man den Kommunikationspartner nicht leugnen, ohne das eigene Verhalten für unsinnig zu erklären; und zumindest dies ist dann vorausgesetzt: daß er hören und sich als Teilnehmer an der Kommunikation selbst bestimmen kann.

In älteren Religionen hatte das Ritual diese Funktion, Täuschung, Unwahrhaftigkeit, Zweifel und Lüge auszuschließen durch eine extrem restringierte Form der Kommunikation, die jede Abweichung als fehlerhaft ausschloß und eine Sinnfrage, eine Exegese nicht zuließ[4]. Wenn aber Rituale mehr und mehr nur noch dank Überlieferung existieren und wenn ihre Formen zu Formeln entarten, kann stille oder auch öffentliche Anrufung und Kommunikation an ihre Stelle treten. Die Kommunikation mit Gott bescheinigt sich selbst die Existenz des anderen, fast könnte man im Sinne neuerer Kommunikationstheorien von performative utterances, von speech acts oder von indexical expressions sprechen. Die Kommunikation mit Gott kompensiert in diesem Sinne das Überholtsein der Rituale. Sie vollzieht, wenn man so sagen darf, ihre Gewißheit, und wenn es Zweifel gibt, trägt die Handlung darüber hinweg. Kein Thema, keine Aussage über Gott könnte je diese Art von Gewißheit erreichen.

4 Vgl. hierzu R. A. Rappaport, Ecology, Meaning and Religion, Richmond, Cal. 1979, insb. 173 ff., 223 ff.

V.

Aber die Soziologie, die dies beobachtet und beschreibt und in seiner Funktion analysiert, wird auch hier die Frage nicht los, ob und wie unter heutigen gesellschaftlichen Bedingungen diese Position durchgehalten werden kann. Wenn Normalerfahrungen mit Kommunikation auch hier zum Tragen kommen, und was sonst sollte die Kommunikation als Kommunikation charakterisieren: wird man nicht einerseits eine anthropomorphe, personale, partnerschaftliche Vorstellung von Gott zugrunde legen müssen (wie immer man sich rein intellektuell dagegen wehren mag); und wird man nicht andererseits auf Resonanz hoffen und dann vergeblich ins Leere lauschen, nur mit den eigenen Wünschen und Nöten, Hoffnungen und Befürchtungen konfrontiert?

Auch die Soziologie hat intra limites disciplinae zu bleiben. Sie kann die Theologie weder ersetzen noch kann sie ihr Ratschläge erteilen. Sie kann auf Probleme hinweisen, auf die es für Religion in der modernen Gesellschaft vermutlich ankommt. In diesem Sinne wird die Ausdifferenzierung der Gesellschaft als umfassendes System aller Kommunikationen für die Religion zum Problem. Wird die Religion gegen alle Plausibilität an der Möglichkeit einer die Gesellschaftsgrenzen transzendierenden Kommunikation festhalten (was durchaus möglich ist, aber Lasten mit sich bringt) oder nicht?

Wenn man diese Frage ernst nimmt, wird es um so wichtiger, genau zu sagen, was man unter Kommunikation verstehen will, und auch in dieser Hinsicht könnte die Soziologie der Theologie zu denken geben.

Die übliche Kommunikationsvorstellung hält sich zu sehr an den Augenschein. Sie stellt sich zwei Personen vor, von denen die eine der anderen etwas mitteilt. Man nennt das, was dabei übertragen wird, Information oder Sinn oder auch – technischer und neutraler – Nachricht. Diese Darstellung ist nicht geradezu falsch, aber sie läßt sich angesichts neuerer Entwicklungen in der Theorie selbstreferentiell-geschlossener Systeme kaum noch halten. Sie versteckt im übrigen die ganze Problematik von Kommunikation in der Metapher „Übertragung", die allein deshalb schon unzutreffend ist, weil der Abgebende ja behält, was er weggibt.

Ich möchte deshalb vorschlagen, den Begriff der Kommunikation abstrakter zu fassen und dabei von einem „Zwei-Personen"-Modell zu einem „Drei-Selektionen"-Modell überzugehen. Von Kommunikation kann immer dann gesprochen werden, wenn drei Selektionen, nämlich eine Information, eine Mitteilung und das Verstehen zusammentreffen und sich wechselseitig bestätigen. Kommunikation ist demnach eine Synthese aus drei Selektionen, ist eine zunächst recht unwahrscheinliche, emergente Einheit, die aus hochkontingenten Einzelereignissen gebildet wird. Die Information brauchte nicht zu sein, was sie ist (sonst wäre sie überhaupt keine Information). Die Mitteilung könnte unterbleiben, sie bedarf ihrerseits besonderer Motive, die mit anderen Motiven konkurrieren können. Das Verstehen könnte mangels Aufmerksamkeit unterbleiben oder auch an Mißverständnissen scheitern. Bedenkt man die Selektivität dieser Einzelereignisse, erscheint es geradezu als ein Wunder, daß ihre Synthese doch und mit erwartbarer Regelmäßigkeit funktioniert. Die Erklärung dieses Wunders heißt für die Soziologie: Gesellschaft.

Jede Einzelkommunikation bleibt als isoliertes Ereignis extrem unwahrscheinlich. Nur der Zusammenhang vieler Kommunikationen und die dabei entstehenden Erwartungsstrukturen transformieren diese Unwahrscheinlichkeit in Wahrscheinlichkeit[5]. Jede Kommunikation dient dann zugleich als Bedingung der Möglichkeit anderer Kommunikationen. So entsteht ein rekursiver, selbstreferentieller Zusammenhang, und eben das *ist Gesellschaft*.

Es ist mithin dieser Kommunikationsbegriff, der zu einer Theorie der Gesellschaft als eines rekursiv operierenden, selbstreferentiell geschlossenen Kommunikationssystems führt; und ebenso legen umgekehrt Entwicklungen in der allgemeinen Systemtheorie es nahe, den Kommunikationsbegriff entsprechend neu zu fassen, so daß er anschließen kann an Probleme der evolutionären Unwahrscheinlichkeit des Wahrscheinlichen, an Probleme der Morphogenese und Emergenz und an die Einsicht, daß alle Umweltoffenheit von Systemen auf zirkulärer Geschlossenheit ihrer eigenen Operationen beruht.

VI.

Ich habe keinerlei Vorstellungen darüber, was diese Theorieentwicklungen für die Reflexionstheorie der Religion, für die Theologie bedeuten mögen. Aber ich hatte nicht ohne Absicht von einem „Wunder" der Emergenz gesprochen. Die erkenntnistheoretischen Konsequenzen der Paradigmas der Selbstreferenz liegen auf der Hand und werden viel diskutiert[6]. Eine andere Beobachtung ist: daß man auf einen scharfen Bruch mit alltagsweltlichen Vorstellungen gefaßt sein muß, nämlich wie ihn die Naturwissenschaften im 17. Jahrhundert auslösen mußten. Das ist mit der Formulierung eines Übergangs vom „Zwei-Personen"-Modell zu einem „Drei-Selektionen"-Modell schon angezeigt, greift aber weit darüber hinaus. Generell wird es schwierig werden, die Einheit des Menschen einfach vorauszusetzen oder gar als Grundlage normativer Ansprüche an eben diesen Menschen zu verwenden, wenn man sieht, aus wie verschiedenen, jeweils geschlossenen, selbstreferentiell operierenden Systemen der Mensch gebildet ist. Vielleicht entspricht aber gerade dies auch einer Zeitstimmung, in der es leichtfällt, Ansprüche anderer zurückzuweisen, und in der es schwerfällt, Ansprüche an andere überzeugend zu begründen.

Gesehen vor diesem Hintergrund fällt auf, daß die christliche Religion sehr komplexe Verhältnisse zu einem „Zwei-Personen"-Modell kondensiert hat.

5 Vgl. N. Luhmann, Die Unwahrscheinlichkeit der Kommunikation. In: N. Luhmann, Soziologische Aufklärung 3, Opladen 1981, 25–34.

6 Vgl. etwa H. von Foerster, Observing Systems, Seaside, Cal. 1981, dt. Übersetzung in: ders., Sicht und Einsicht: Versuche zu einer operativen Erkenntnistheorie, Braunschweig 1985, oder H. R. Maturana, Erkennen. Die Organisation und Verkörperung von Wirklichkeit, Braunschweig 1982.

Alle Religion ist für sie bezogen auf das Verhältnis des Menschen zu Gott. Eben deshalb kann man auf Kommunikation in diesem Verhältnis kaum verzichten, man geriete anderenfalls in jene staunende Traurigkeit, die seit dem 18. Jahrhundert mit der Vorstellung eines unsichtbaren, unerkennbaren, unbegreiflichen, unansprechbaren Gottes sich verbindet. Wenn man aber so weit gehen mußte, wird es zur Frage, ob man dabei nun stehenbleiben kann, ob es also sinnvoll ist, die Distanz zwischen Mensch und Gott immer weiter zu vergrößern, oder ob nicht eine Religion möglich wäre, die die Vorstellung einer kommunikativ erreichbaren Transzendenz ganz aufgeben kann.

Die Unterscheidung Gottes

I.

Wenn man als Soziologe über einen religiös und theologisch hoch besetzten Begriff spricht, empfehlen sich Vorbehalte. Für die folgenden Überlegungen können wir es jedoch bei zwei Vorbemerkungen belassen:

1) Dieser Beitrag handelt nicht von der Existenz und vom Wesen Gottes. Er beschränkt sich auf eine Analyse der Kommunikation über Gott. Mit Kenneth Burke könnte man das eine „logologische" Analyse nennen[1]. Für eine Soziologie, die alles Soziale vom Standpunkt sozialer Systeme aus thematisiert und Systeme durch die Operation der Kommunikation charakterisiert[2], ist diese Einschränkung durch ihre eigene Theorie erzwungen; sie ist dann weniger ein Vorbehalt als vielmehr eine Konsequenz von Theorieentscheidungen, die anderswo gefallen sind.
2) Die Untersuchung geht differenztheoretisch vor. Sie geht mit vielen modernen Theorien, zum Beispiel mit der Logik von George Spencer Brown oder mit der Sprachtheorie von Saussure, mit der Allgemeinen Semantik von Korzybski, mit dem Schleifentheorem der Kybernetik oder mit dem Informationsbegriff von Gregory Bateson[3] davon aus, daß Informationen nur mit Hilfe von Unterscheidungen gewonnen werden können. Jede Aussage, jede Kommunikation setzt danach voraus, daß eine Unterscheidung verwendet wird, innerhalb derer die eine (und nicht: die andere) Seite bezeichnet wird. Ohne Information (oder genauer: ohne die Unterscheidung von Information und Mitteilung) kann keine Kommunikation zustandekommen. Wenn man über Gott kommunizieren will, müßte man also angeben können, im Rahmen welcher Unterscheidung dieser Begriff die eine

1 Vgl. The Rhetoric of Religion: Studies in Logology, Boston 1961. Der Terminus ist – im Sinne von „transzendentaler Poesie" – Novalis zu danken. Siehe die unter diesem Titel laufende Fragmentsammlung Nr. 1903 ff. nach der Zählung der Edition Wasmuth (Heidelberg 1957, Bd. II, S. 45 ff.) und vorher Fragment 1902.

2 Vgl. Niklas Luhmann, Soziale Systeme: Grundriß einer allgemeinen Theorie, Frankfurt 1984.

3 Vgl. nur: George Spencer Brown, Laws of Form, 2. Aufl., London 1971; Ferdinand de Saussure, Cours de linguistique générale, zit. nach der Aufl. Paris 1973; Alfred Korzybski, Science and Sanity: An Introduction to non-Aristotelian Systems of General Semantics (1933), zit. nach der 4. Aufl. Lakeville, Conn. 1958; Gregory Bateson, Steps to an Ecology of Mind, New York 1971, dt. Übers., Ökologie des Geistes, Frankfurt 1981; Ranulph Glanville, Distinguished and Exact Lies, in: Robert Trappl (Hrsg.), Cybernetics and Systems Research 2, Amsterdam 1984, S. 655–662.

(und nicht: die andere) Seite bezeichnet. Wenn man aber dieses Erfordernis für unabdingbar hält, könnte es sehr wohl sein, daß im Laufe einer langen Geschichte oder auch im Rahmen von sehr unterschiedlichen Religionen ein „god-term" (Kenneth Burke) zwar konstant gehalten wird, aber im Rahmen sehr verschiedener Unterscheidungen einen sehr verschiedenen Sinn annimmt.

Damit ist bereits die Fragestellung für die folgenden Überlegungen angegeben. Sie fragen nach der Aktualität der Kommunikation über Gott in der modernen Gesellschaft. Um die Antwort auf diese Frage nicht vorab schon durch einen Gottesbegriff (zum Beispiel: den personalen) zu präjudizieren, gehen wir den Umweg über die Frage nach der Unterscheidung Gottes – in der Formulierung des Titels bewußt unbestimmt lassend, ob Gott sich selbst oder ob die Gesellschaft ihn unterscheidet; denn das ist möglicherweise weniger erheblich als die Frage: von was.

II.

Eine im ganzen unbefriedigend verlaufene Diskussion über die „Funktion der Religion"[4] hat gezeigt, daß es nicht genügt, diese Frage durch Hinweis auf die Funktion der Religion zu beantworten. Zunächst im 18. Jahrhundert zur Rechtfertigung der Standesprivilegien der Geistlichkeit benutzt[5], dann der Aufklärung anheimgefallen und dann der Soziologie, ist die Frage nach der Funktion der Religion zwar weder falsch gestellt noch obsolet. Sie hat ihrerseits die Funktion der Erzeugung von Unterscheidungen, führt aber nur bis zur Unterscheidung verschiedener funktional äquivalenter Möglichkeiten der Lösung des Bezugsproblems der Religion. Man könnte die Unterscheidung von Religion und Gesellschaft hinzunehmen[6], also über Ausdifferenzierung des Religionssystems, Säkularisation usw. sprechen; aber das würde nur zurückführen auf die Frage, welche Unterscheidung denn die Ausdifferenzierung des Religionssystems in der Gesellschaft bewirkt. Genügt hierfür (wie ich selbst lange Zeit angenommen hatte) die Orientierung an einer spezifischen Funktion, wenn die Orientierung zugleich dazu dient, jede konkrete Festlegung dem Vergleich mit Alternativen auszusetzen?

Diesen Schwierigkeiten kann man ausweichen mit der Annahme, daß die Ausdifferenzierung eines gesellschaftlichen Funktionssystems nur möglich ist, wenn die Funktion durch eine Unterscheidung, durch einen für sie spezifischen

4 Vgl. Niklas Luhmann, Die Funktion der Religion, Frankfurt 1977, und zur Kritik etwa die Beiträge zu diesem Thema in: Peter Koslowski (Hrsg.), Die religiöse Dimension der Gesellschaft: Religion und ihre Theorie, Tübingen 1985.

5 Vgl. z.B. Victor de Riqueti, Marquis de Mirabeau, L'ami des hommes (1756), zit. nach der Ausg. Paris 1883, S. 149 („le premier et plus utile frein de l'humanité").

6 Diesen Weg beschreitet für den Parallelfall einer differenztheoretischen Analyse der Theorie des Wirtschaftssystems Dirk Baecker, Information und Risiko in der Marktwirtschaft, Diss. Bielefeld 1986.

binären Code interpretiert werden kann[7]. Solche Codes enthalten einen Positivwert und einen Negativwert, zu interpretieren nicht im Sinne von alltäglichen Präferenzen, sondern als Bezeichnung von Anschlußfähigkeit (positiv) und als deren Reflexion (negativ)[8]. Somit müssen wir zunächst fragen: hat die Religion einen eigenen Code, und wenn ja: was wissen wir über die historische Semantik dieser Codierung und über die Rolle, die der Gottesbegriff in diesem Zusammenhang spielt?

Die Frage nach dem Code der Religion führt zunächst in den Bereich der von Theologen oft kritisierten „Dualismen", wie zum Beispiel natürlich/übernatürlich. Um voreilige Festlegungen zu vermeiden und um der religiösen Semantik mit ihrem Variationsreichtum gerecht zu werden, müssen wir den Code in einer Abstraktionslage vermuten, die das Religionssystem identifiziert, ohne es an bestimmte historische Plausibilitätsbedingungen zu binden. Wenn man die Möglichkeiten weiträumig überblickt, scheint nur eine einzige diese Voraussetzung zu erfüllen: *die Unterscheidung von Immanenz und Transzendenz.* Und es läßt sich allein schon dadurch sehr viel an Einsicht gewinnen, wenn man klarstellt, daß damit eine *Unterscheidung* für relevant gehalten wird *und nicht etwa die Transzendenz als solche*[9].

Die Unterscheidung Immanenz/Transzendenz codiert die Horizonthaftigkeit allen Sinnes. Aktualer Sinn entfaltet sich in Horizonten, die in einem paradoxen Sinne als Grenze fungieren: als unerreichbar und unüberschreitbar. Während der aktual erlebte Sinn ständig wechselt, ist der durch Horizonte gehaltene Möglichkeitsspielraum stabil, aber nicht aktualisierbar. Das Aktuale und damit Evidente und Sichere ist also instabil, das Stabile dagegen weder aktualisierbar noch sicher. Diesen Unterschied von Aktualität und Möglichkeit hebt die religiöse Codierung auf, indem sie ihn der Immanenz zuweist (und üblicherweise an der Endlichkeit des Menschen festmacht) und für die Transzendenz das Gegenteil postuliert: daß sie sicher und stabil, evident und von

7 Siehe hierzu Niklas Luhmann, Ökologische Kommunikation: Kann die moderne Gesellschaft sich auf ökologische Gefährdungen einstellen? Opladen 1986. Für Parallelfälle ferner: Niklas Luhmann, Codierung und Programmierung: Bildung und Selektion im Erziehungssystem, in: Heinz-Elmar Tenorth (Hrsg.), Allgemeine Bildung: Analysen zu ihrer Wirklichkeit, Versuche über ihre Zukunft, München 1986, S. 154–182 (in diesem Band S. 182–201); ders., Die Codierung des Rechtssystems, Rechtstheorie 17 (1986), S. 171–203.

8 Vgl. die Unterscheidung von Designation und Reflexion bei Gotthard Günther, Strukturelle und Minimalbedingungen einer Theorie des objektiven Geistes als Einheit der Geschichte, in: ders., Beiträge zur Grundlegung einer operationsfähigen Dialektik, Bd. III, Hamburg 1980, S. 136–182 (140 ff.). In den Morallehren der Schulen findet sich der gleiche Gedanke, aber natürlich in kosmologischer Form: Nach der Ordnung der Schöpfung, die die natürliche Vernunft erkennen könne, seien die Tugenden untereinander verbündet, während die Laster sich wechselseitig bekämpfen.

9 So die wohl vorherrschende Auffassung des Themas. Vgl. z.B. Edwin Dowdy (Hrsg.), Ways of Transcendence: Insights from Major Religions and Modern Thought, Bedford Park, South Australia 1982.

alles durchdringender Dauer sei. Während die Unterscheidung von Thema und Horizont, von Aktualität und Möglichkeit Sinn konstituiert und Sinn ohne diese Unterscheidung gar nicht möglich wäre, sieht die Behauptung der Transzendenz außerdem einen emphatischen Sinn in der Aufhebung eben dieser sinnkonstituierenden Differenz – in der aktualen Unendlichkeit, die zugleich letzte Gewißheit erreicht, in der blendenden Überflutung mit Licht, das dann gerade nichts mehr sehen läßt.

In dieser Codierung fungiert Immanenz als der positive und Transzendenz als der negative Wert. Das darf, wie schon gesagt, nicht im Sinne alltäglicher Präferenzen verstanden werden und auch nicht so, als ob die Immanenz der Transzendenz vorzuziehen sei (aber erst recht nicht umgekehrt!). Jede voreilige Asymmetrisierung der Einheit des Code ist zu vermeiden. Immanenz garantiert als Positivwert dem Code die Anschlußfähigkeit an die Erfahrungen des täglichen Lebens. Transzendenz setzt diese Erfahrung in ein anderes Licht, erlaubt die Reflexion, und die semantische Ausstattung des Code hat dann die Frage zu beantworten: wie? Es gibt demnach keine Transzendenz ohne Immanenz, aber auch keine Immanenz ohne Transzendenz. Die Ausdrücke verlieren ohne ihren Gegenbegriff ihren Sinn, denn die Unterscheidung ist notwendig, wenn mit Hilfe der Codewerte Informationen erzeugt werden sollen.

Dieser elementare Sachverhalt wird oft verkannt, auch und gerade wenn Soziologen sich für das „Jenseits", für Transzendenz interessieren und glauben, darin die Eigenart des Religiösen fassen zu können[10]. Auch das „Diesseits", auch der Bereich der Immanenz hat eine eigene religiöse Qualität. Ohne Bezug auf ein Jenseits würde man kein Diesseits erfahren können. Zugespitzt formuliert, muß man mithin von der Gleichwertigkeit der Werte ausgehen und darf nur einen Verwendungsunterschied des positiven bzw. negativen Wertes unterstellen.

Dies freilich ist eine semantisch recht schwierige Konstruktion und führt sofort auf die Frage, welche Vorkehrungen denn getroffen werden, um eine Kommunikation, die sich danach richtet, zu ermöglichen.

III.

Die wohl naheliegendste, jedenfalls verbreitetste Möglichkeit ist: die Unterscheidung immanent/transzendent mit der von profan und sakral zu parallelisieren und die Transzendenz als Gott zu begreifen. Gott ist nicht von dieser Welt. Man kann auch sagen: er habe die Welt (aber nicht sich selbst) geschaf-

10 Siehe z.B. Thomas Luckmann, Über die Funktion der Religion, in: Koslowski, a.a.O. (1985), S. 26–41. Siehe aber auch, explizit auf die Vermittlung von „transcendental level" und „human drama" abstellend, Talcott Parsons, Religion in Postindustrial America: The Problems of Secularization, Social Research 41 (1974), S. 193–225, neu gedruckt in ders., Action Theory and the Human Condition, New York 1978, S. 300–322.

fen und sich dadurch zur Welt in Differenz gebracht. Damit geht eine Werteumkehrung einher: das Transzendente ist der Bereich des eigentlich Positiven, während die Welt aus der Sicht der Religion abgelehnt oder allenfalls toleriert werden muß. Bekanntlich hat Max Weber in dieser Umkehrung, für ihn: in den Religionen der Weltablehnung, den entscheidenden Schritt zur Differenzierung von Wertsphären, Lebensordnungen, Rationalitäten gesehen. Dann muß jedoch die Transzendenz als anschlußfähig gedacht werden, als folgenreich, als Bereich des eigentlichen Menschenschicksals, während das irdische Leben im Diesseits nur der Prüfung, nur der Vorbereitung, nur der Widerspiegelung und Reflexion der Heilsgeschichte dient – für die Gesellschaft ebenso wie für den Einzelnen.

Diese Lösung besticht, weil sie die Möglichkeiten bietet, Gott zu placieren. Er ist eine Komponente der Unterscheidung, die die Religion konstituiert. Zugleich wirkt er aus der Transzendenz auf die immanenten Geschehnisse ein, man kann ihn sich als allmächtig, als allwissend vorstellen, ohne diese Begriffe in die Beschreibung von Weltsachverhalten einführen zu müssen. Andererseits belastet diese Figur die Transzendenz mit der Funktion, Anschlußfähigkeit zu garantieren. Das erfordert konkrete Ausmalungen – vom Wunderglauben bis zur Textexegese –, damit man sich vorstellen kann, was von was abhängt.

Anscheinend hat dieser Anschlußbedarf dazu geführt, daß für die Transzendenz ein Zweitcode entwickelt wurde, der das Schicksal im Jenseits strukturiert: der Code von Heil und Verdammnis. Es geht hier um Himmel und Hölle – wieder mit der Merkwürdigkeit einer Werteumkehrung; denn der Negativwert ist viel anschlußfähiger als der Positivwert. Über die Hölle läßt sich (allein schon wegen der Notwendigkeit leiblicher Anwesenheit) sehr viel mehr sagen als über den Himmel, und auch das Tarifsystem der Hölle läßt sich viel besser beschreiben als das des Himmels. Dieser Zweitcode hat jedoch eine wichtige Voraussetzung, an der er schließlich scheitern wird. Er setzt voraus, daß man im gegenwärtigen Leben, also in der Immanenz, schon erkennen kann, wovon die Zuordnung zu Himmel und Hölle abhängen wird. Das erfordert einen engen Anschluß an die weltgängige Moral. Obwohl das Jüngste Gericht für Sünder wie für Gerechte als Überraschung kommen soll, wie eine theologisch wohlbedachte Textstelle (Matthäus 25, 37 ff.) sagt, kann dies gerade nicht mehr der Fall sein, wenn der Text die Überraschung verrät. Wenn es überhaupt zu dieser Zweitcodierung der Transzendenz kommt, läßt sich eine enge Bindung der Religion an Moral nicht mehr verhindern. Will man sich trotzdem darauf nicht einlassen, müssen so extravagante Figuren wie die einer unerkennbaren Determination zu Heil und Verdammnis herhalten, die das ganze Schema an den Punkt führen, an dem es aufgegeben werden muß[11].

Die Vorbedingungen des Codes Heil und Verdammnis liegt in der Erkenn-

11 Dasselbe gilt für die entgegengesetzte Extravaganz der Jesuiten: zu sagen, es sei doch ganz einfach; man müsse sich nur an die bekannten Regeln der Kirche halten und eventuell geistlichen Rat einholen. Siehe etwa Pierre de Villiers, Pensées et reflexions sur les égaremens des hommes dans la voye du salut, 3. Aufl., 3 Bde, Paris 1700–1702.

barkeit, ja mehr noch: in der Institutionalisierbarkeit von Kriterien der Selektion. Man muß, mit anderen Worten, unterstellen können, daß auch andere sich in ihren Heilserwartungen an dieselben Kriterien halten – allein schon, um sicher zu sein, daß man im Himmel nicht mit überraschend unangenehmen Bekanntschaften konfrontiert sein wird. Es ist diese Voraussetzung, die in den Wahrheitskriegen des 16. und 17. Jahrhunderts[12] und als Folge des Buchdrucks sich auflöst. Sie wird durch eine komplexe Utilitätsmischung im Blick auf die irdische Zukunft, durch Sicherheits- und Risikokalküle und im Zusammenhang damit durch Moralparadoxien im Stile Mandevilles abgelöst. Dann wird auch die Hölle selbst unglaubwürdig. Man findet in den Raumverhältnissen der modernen Welt dafür keinen Platz, entlarvt sie als Priestertrug oder zieht sich, wenn der Kirche wohlgesonnen, auf eine rein biblische Exegese zurück, für die es in der natürlichen Welt keine Beweise gebe[13].

Die christliche Dogmatik hat, soweit ich weiß, nie förmlich auf den Teufel und die Hölle verzichtet. Wer darüber predigt, wohl wissend, wie unentbehrlich diese Figuren sind, mag sich als guter Theologe erweisen, vermutlich aber auch als schlechter Prediger. Es empfiehlt sich jedenfalls nicht, vor dem Teufel zu warnen oder mit Höllenstrafen zu drohen – auch wenn es in der Kirche immer noch etwas nach Schwefel riecht. Wir können, wohl auch ohne nähere empirische Untersuchung, davon ausgehen, daß zumindest auf dieser Seite der Religion eine kaum reversible Erosion des Glaubens stattgefunden hat. Der arme Teufel wird nur noch verspottet[14], und dies obwohl (oder vielleicht gerade weil) die Seelen im Preis so sehr gesunken sind. Aber warum fällt es so schwer, in der Reflexionstheorie des Systems darauf angemessen zu reagieren?

Die Gründe ergeben sich aus dem Gedankengang, der im Vorstehenden skizziert ist und der nun rückwärts abgespult werden kann. Mit dem Verzicht auf Teufel und Hölle hakt die ganze Konstruktion aus, mit der man die Transzendenz respezifiziert hatte. Die Transzendenz verliert ihre Anschlußfähigkeit, damit ihre Eignung als Positivwert des Codes und damit ihre Fähigkeit, Gott zu charakterisieren. Man sieht jetzt auch den Sinn der deistischen Bewegung, dem zuvorzukommen. Der Gottesbegriff wird zur Duplikation des Weltbegriffs und damit nach Meinung vieler überflüssig. Gott ist nur noch zu lieben, nicht mehr zu fürchten; und man kann auch nicht mehr annehmen, daß Gott seinerseits, wie noch im 17. Jahrhundert, die Sünder haßt. Jede greifbare Unterscheidung in der Transzendenz wird aufgegeben, und hier könnte der Grund

12 So Herschel Baker, The Wars of Truth: Studies in the Decay of Christian Humanism in the Earlier Seventeenth Century, Cambridge, Mass. 1952.

13 So die sehr sorgfältig ausgearbeitete Untersuchung von Johannes Godofredus Mayer, Historia diaboli, seu commentatio de diaboli malorumque spirituum existentia, statibus, judiciis, conciliis, potestate, 2. Aufl., Tübingen 1780.

14 Siehe Paul Valéry, „Mon Faust“. Recht hat aber auch Hermann Lübbe, Religion nach der Aufklärung, Graz 1986, S. 202, der solchen Spott für nicht angemessen hält, da er keine Alternative anbietet für die Anerkennung von Lebenslagen, in denen Bosheit und Leid faktisch vorkommen.

liegen, aus dem der transzendente Gott, der Gott, der die Transzendenz repräsentieren soll, nicht mehr recht überzeugen kann. Auch wenn man gern zugibt, daß er alles kann, was er will: durch diese semantische Positionierung ist er als Quelle von Sinn überfordert.

IV.

Mit dem Scheitern aller Versuche einer „Theodizee" sollte deutlich geworden sein, daß Religion und Moral strikt zu trennen sind. „Die Bedingung der Nötigkeit von Religion ist ... gerade die Nichterweislichkeit der moralischen Ordnung der Welt[15]." Selbst wenn man aber diesen moralischen Apparat, der den transzendenten Gott mit Anschlußfähigkeit in dieser Welt versorgt, beiseite läßt und darauf besteht, daß Gott die Sonne aufgehen läßt über die Bösen und über die Guten und es regnen läßt über Gerechte und Ungerechte, bleibt ein Problem: Man kann einen transzendenten Gott nicht denken, ohne mitzudenken, daß er die Welt, also auch die Menschen beobachtet; denn welchen Sinn hätte es sonst, die Transzendenz Gott zu nennen? Wenn der Mensch sich beobachtet weiß, möchte er aber auch seinerseits den beobachten können, der ihn beobachtet. Also möchte man Gott beobachten können, also Transzendenz mit einer zwangsläufig immanenten Operation erfassen können. Aber wie?

Beobachten setzt, so jedenfalls fassen wir diesen Begriff (unter Abstreifen aller spezifisch psychologischen Konnotationen), Anwendung einer Unterscheidung voraus, innerhalb derer die eine (und nicht: die andere) Seite durch die Beobachtung bezeichnet wird. Nur so vermittelt die Beobachtung Information; oder genauer: nur so konstruiert die Beobachtung Information als etwas, das etwas als etwas bezeichnet, was so und nicht anders ist. Will man Gott als Beobachter beobachten, muß man deshalb unterscheiden können, welche Unterscheidung er (im Unterschied zu anderen) verwendet. Ist es, wie der zitierte Text (Matthäus 5,45) anzudeuten scheint, nun doch die moralische Unterscheidung von gut und böse oder die von (in Seinen Augen) gerechtfertigt oder nicht gerechtfertigt? Und auch wenn der Mensch nicht wüßte, was in Gottes Beobachtung jeweils als gut und als böse erscheint, und selbst wenn er akzeptieren müßte, daß Gott die eigene Selbstreferenz benutzt als „the difference that makes a difference" (Bateson), selbst wenn er also nicht wüßte, was Gott mit seiner Beobachtung bezeichnet und was folglich für Gott Information ist, so wüßte er wenigstens, welche Unterscheidung dafür relevant ist. Aber das führt nur erneut auf die Frage: wie kann man in der Immanenz die Unterscheidung Gottes von anderen Unterscheidungen unterscheiden? Wie kann man die Unterscheidung Gottes beobachten? Und ist dies überhaupt eine sinnvolle Zumutung, wenn man offen lassen muß, was jeweils im Kontext der Unterscheidung als die eine und nicht die andere Seite bezeichnet wird[16].

15 Lübbe, a.a.O., S. 203.

16 Problematisch jedenfalls im Kontext des logischen Kalküls von George Spencer Brown, Laws of Form, 2. Aufl, London 1971, für den Unterscheidung (distinction) und Be-

Man muß natürlich mitbedenken, ob es überhaupt angebracht ist, das Unterscheiden als die Grundoperation anzusetzen, ohne die nicht einmal das Nichts nichts sein könnte. Sicher ist das Unterscheiden, so angesetzt, wie eine Operation, die in sich selbst zurückkehrt. Die Ausgangsanweisung von Spencer Brown[17] „draw a distinction" gibt nur Sinn, wenn man unterscheiden kann, wer die Unterscheidung trifft. Der Unterscheider (aber wer ist der Unterscheider und wie kann man ihn unterscheiden?) ist eine notwendige Komponente der Operation. Jede „erste" und jede „letzte" Unterscheidung muß, um eben dies sein zu können, sich von anderen Unterscheidungen unterscheiden. Im Kalkül von Spencer Brown wird dies Problem durch einen Wiedereintritt der Unterscheidung in das durch sie Unterschiedene gelöst[18]. Ebensogut könnte man aber auf eine logisch unausweichliche Personalisierung des letzten Unterscheiders tippen, der die Entparadoxierbarkeit der Paradoxie garantiert, indem er sich, in der Form der Schöpfung, von sich selbst unterscheidet und, in der daraus folgenden Form der Trinität, sich in sich selbst unterscheidet, während die andere (davon unterscheidbare) Lösung wäre, zu sagen, die physische Welt schaffe in der Welt einen physischen Physiker, um sich selbst beobachten zu können[19].

Auf eine faszinierende Weise führen diese abstrakten, differenztheoretischen Überlegungen uns zum Teufel zurück, denn der Teufel ergibt sich aus dem Versuch, Gott zu beobachten. Ich paraphrasiere einen (nichttheologischen) Text[20]. Gott ist die sich in der Selbstbeobachtung bestätigende Einheit

Forts. Anmerkung 16
zeichnung (indication) zwei Komponenten einer Operation sind, die sich wechselseitig voraussetzen.

17 A.a.O. (1971).

18 A.a.O. (1971), S. 69 ff. Vgl. auch Glanville, a.a.O. (1984), S. 657.

19 Spencer Brown, a.a.O., S. 105 im Anschluß an Wittgenstein. Auf die gleiche Art und Weise löst die biologische Theorie der Kognition das Problem. Siehe Humberto R. Maturana, Erkennen: Die Organisation und Verkörperung von Wirklichkeit: Ausgewählte Arbeiten zur biologischen Epistemologie, Braunschweig 1982.

20 Nämlich Virgilio Malvezzi, Ritratto del Privato politico, zit. nach Opere del Marchese Malvezzi, Mediolanum 1635, S. 123 f. „Non ebbe intenzione, a mio parere, Lucifero di farsi grande e rilevato per salire sopra Dio, perché in quel modo avrebbe avuto intenzione non di sciogliere l'unita ma di migliorarla, il que poteva cognoscere impossibile col solo dono naturale della scienza. Ebbe egli, dumque pensiero d'inalzarsi col tirarsi da un lato e partirsi dall'uno formando il due, supra del quale poscia, come sopra di centro, disegnò la sua circonferenza diversa quella di Dio; né si poteva partire dall'uno se non diventeva cattivo, perché tutto quella che é buono, é uno. Iddio, tirando la linea dalla sua circonferenza, per formare il tre, creò l'uomo; il diavolo spinse anch'egli una linea dalla sua circonferenza per fare il quattro, e lo sedusse."

Einige Zeit später wird man sagen dürfen, daß das Unterscheiden fortschrittsnotwendig sei, und das schafft dem Teufel neue Sympathien. „Without Contraries is no progression. Attraction and Repulsion, Reason and Energy, Love and Hate, are necessary to Human existence", heißt es in William Blakes, The Marriage of Heaven and Hell, zit. nach Complete Writings (ed. Geoffrey Keynes), London 1969, S. 148–158 (149).

des Einen, Wahren und Guten. Wie will man da auf eine Möglichkeit des Andersseins hin beobachten? Man kann nur versuchen, sich selbst dagegen abzugrenzen innerhalb von Grenzen, die man selber zieht. Wer dies tut, folgt dem ersten Versucher dieser Art, dem Teufel. Und sei er ein Physiker. Man hat nur die Wahl, eine Grenze zu ziehen, über die hinweg man beobachten kann; aber solange Gott als das moralisch Gute gedacht wird, ist diese Grenze die Ausgrenzung des Guten: das Böse.

Vielleicht kann man das Problem lösen oder jedenfalls entschärfen, wenn man Gott nicht mehr als das Gute begreift. Jedenfalls kann man ohne Unterscheidungen nicht beobachten. Die Mystik, die sich diesem Problem der Beobachtung des Unbeobachtbaren gegenübergesehen hatte, hat es freilich nicht differenztheoretisch, sondern einheitstheoretisch aufgefaßt: als eine Entsprechung von Unendlichkeit in der Transzendenz und im Seelengrund des eigenen Erlebens, die in der Beobachtung der Nichtbeobachtbarkeit zustande kam, aber eben deshalb nur als Paradoxie in die Kommunikation gegeben werden konnte. Dem Konzept lag jedoch, wie der gesamten Kognitionstheorie jener Zeit, ein „Repräsentationskonzept" der Erkenntnis zugrunde, das nicht vermieden, sondern nur in seinem Scheitern erfahren und am Falle seiner Anomalie als paradox erlebt werden konnte. Heute überlegt man, diese Konzepte der Repräsentation durch ein Konzept der autopoietischen Geschlossenheit zu ersetzen[21]. Das sind zwar durchaus weltliche, aus der Biologie und der Neurophysiologie stammende Theorieüberlegungen. Aber auch das Konzept der Repräsentation von etwas „Äußerem" im „Inneren" war nicht besser fundiert, sondern (aus heutiger Sicht) einfach falsch. Man kann sich daher fragen, ob man in der Problemstellung, die die Mystik irritiert hatte, nicht weiter kommt, wenn man von Repräsentation auf Geschlossenheit umdenkt. Dann jedenfalls könnte man die mystische Erfahrung begreifen als die Erfahrung der Einheit der Unterscheidung von Selbstreferenz und Fremdreferenz, gespiegelt sowohl in dem, was als Selbstreferenz (Seelengrund), als auch in dem, was als Fremdreferenz (Gott) erfahren wird. In der Terminologie von Spencer Brown wäre das ein Fall des re-entry einer Unterscheidung in das durch sie Unterschiedene, und zwar auf seiten der Selbstreferenz ebenso wie auf seiten der Fremdreferenz. Aber „re-entry" ist nichts anderes als eine entfaltete Paradoxie, die sich daran hindert, sich einzugestehen, daß sie die Unterscheidung, von der sie ausgeht, vergißt, wenn sie sie im durch sie Unterschiedenen praktiziert.

Man braucht jetzt nur die Unterscheidung von Immanenz und Transzendenz hinzuzunehmen, dann sieht man, wodurch diese Paradoxie ihre religiöse Qualität gewinnt, so problematisch ihre Entfaltung bleibt. Die Selbstreferenz der Seele, die Gott zu beobachten verlangt, weil sie sich durch ihn beobachtet weiß, versteht sich als Immanenz. Das, was die Seele zu beobachten sucht, weil es sie beobachtet, ist für sie Transzendenz. So kann man die mystische

21 Vgl. dazu Francisco J. Varela, Living Ways of Sense-Making: A Middle Path for Neuroscience, in: Paisley Livingston (Hrsg.), Disorder and Order: Proceedings of the Stanford International Symposium (Sep. 14–16, 1981), Saratoga, Cal. 1984, S. 208–224.

Erfahrung rekonstruieren, ohne auf ihre eigene Terminologie, Unendlichkeit und Zeit betreffend, zu rekurrieren. Aber damit ist immer noch nicht die Frage nach der Unterscheidung Gottes beantwortet. In der Logik des Ansatzes liegt es, auch hier dann ein „re-entry" anzunehmen. Gott wäre dann die Differenz von Immanenz und Transzendenz in der Transzendenz, und seine Selbstreferenz wäre die Bezeichnung dieser in sich eingetretenen Unterscheidung.

Die Sprache der Mystik hat diese Lösung, weil ihr keine differenztheoretische Analyse zur Verfügung stand, in der Form von Metaphern zum Ausdruck gebracht. Auch die Paradoxien, die sie herausseufzt, klingen manchmal wie Metaphern für tieferliegende Paradoxien. Metaphorik ist aber nichts weiter als eine Form von Entparadoxierung, die durch ihre Form sich jede Rückführung auf die zugrundeliegende Paradoxie verbittet. Metaphorik eignet sich jedoch nur für Kommunikationen, in denen ein nur rhetorischer Behelf genügt. Und hier mag denn auch einer der Gründe liegen, aus denen die Theologie der Mystik zutiefst mißtraut hat.

Ein anderer wäre: daß die Mystik, im Unterschied zu den Prätentionen der Theologie, sich nicht unter den Code wahr/unwahr bringen läßt. Ein Beobachter mag zwar meinen, der Mystiker irre sich. Aber der Triumph des Mystikers ist dann immer noch: daß man nicht feststellen kann, ob er sich über sich selbst irrt oder über Gott. Nirgendwo sonst (außer in der Wissenschaft selbst) wird so scharf zwischen Religionscode und Wissenschaftscode unterschieden.

All das läßt noch weithin offen, welche Konsequenzen der Unterscheidungsverlust im Gottesbegriff hat und noch haben wird. Tatsache bleibt, daß traditionelle Unterscheidungen, mit denen über Gott kommuniziert wurde und die dazu dienten, die Einheit des Unterschiedenen als Gott zu bezeichnen, an Überzeugungskraft verloren haben. Das gilt nicht nur für moralnahe Unterscheidungen wie die von Heil und Verdammnis oder von Liebe und Furcht Gottes, sondern auch für die, wenn man so sagen darf, „kosmologische" Unterscheidung des offenbaren und des verborgenen Gottes. Muß man daraus entnehmen, daß alle Versuche, das Gegenüber der Immanenz, die Transzendenz, durch eine für sie spezifische Unterscheidung zu charakterisieren, zum Scheitern verurteilt sind? Muß, mit anderen Worten, der Gottesbegriff zu einem differenzlosen Begriff gesteigert werden, der nur noch die Paradoxie der transzendenten Einheit der Differenz von Immanenz und Transzendenz zum Ausdruck bringt?

Wir wollen nicht versuchen, diese Frage zu beantworten. Es fällt aber auf, daß sie mit einem anderen Aspekt moderner Religiosität zusammenhängt. Religion läßt sich nicht mehr durch bestimmte Antworten auf bestimmte Fragen begreifen, sondern nur noch durch das Fragen selbst. Jede Antwort ist als Kommunikation bestimmter Instanzen, als Reaktualisierung bestimmter Traditionen der sofortigen Beobachtung ausgesetzt. Jede Antwort ist schon bekannt, ist immer schon dutzende Male abgelehnt worden, hat immer schon ihre Sondermerkmale als christlich, biblisch, kirchlich, römisch-katholisch. Das Antworten hat unter diesen Umständen religiösen Gehalt nur noch im Wachhalten der Frage. Sieht man von Religion ab, kann man diese Frage noch sehr blaß und „säkularisiert" als Frage nach dem Sinn allen Sinnes charakterisieren. Ihr entspricht ein differenzloser Gottesbegriff. Man sieht sogleich, daß kein anderes Funktionssystem diese Frage auch nur stellt – auch wenn es für manchen, ja für viele befriedigend ist, den Sinn ihres Lebens in der Gesamtheit ihrer Einnahmen und Ausgaben, im Erreichen bestimmter politischer Ziele, im sozial anerkannten Lebenserfolg, in erfüllter Liebe zu finden. Darüber hinausgehende Ansprüche können nur von der Religion befriedigt werden. Ihre Antworten haben zwar den Defekt aller beobachtbaren Kommunikationen; der Beobachter sieht sofort den „blinden Fleck" jeder spezifisch-religiösen Bindung[22]. Aber damit wird zumindest ein Effekt religiöser Kommunikation nicht annulliert: den (gar nicht selbstverständlichen) Sinn für die Frage wachzuhalten.

V.

Sowohl die Theologie als auch die Mystik geraten in Schwierigkeiten, wenn es darum geht, im Kontext der Codierung Immanenz/Transzendenz die Transzendenz als Gott zu bestimmen und daraus die Konsequenzen zu ziehen. Kann die Soziologie, kann die Theorie der binären Codierung der Kommunikation an dieser Stelle einspringen? Kann sie der Theologie, wenn nicht raten, so doch mit Plausibilitätszufuhr von außen aushelfen?

Sie hilft mit einem ganz einfachen Vorschlag: Der Code Immanenz/Transzendenz besagt, *daß jeder positiven und jeder negativen Erfahrung ein positiver Sinn gegenübergestellt werden kann.* Was ist damit gewonnen?

Zunächst ist für den zweiten Blick noch erkennbar, daß eine Paradoxie vorliegt. Auch das Negative soll positiv sein! Der Code bringt die Kommunikation ins Oszillieren und blockiert alle Anschlüsse. Man kann dann einen Gottesbegriff draufsetzen, der aber tautologisch gebildet werden muß: Gott ist, was er ist. Aber eine Tautologie ist selbst eine Paradoxie, denn sie behauptet eine Unterscheidung, die keine Unterscheidung ist. Muß man sich schon an dieser Stelle in die Resignation zurückziehen, daß ein Beobachter von Religion nur eine Paradoxie beobachten kann, also nur beobachten kann, daß er nichts beobachten kann, also nur die Paradoxie seines Beobachtenwollens beobachten kann?

Lassen wir diese schwierige Frage zunächst beiseite, denn sie führt (wie wir noch sehen werden) geradewegs zum Teufel. Schon die Formulierung des Code hat bemerkenswerte Konsequenzen. Zunächst: Während alle anderen Codes das Festhalten des einen Wertes mit dem Ausschluß des anderen verbinden (Recht darf nicht Unrecht, Wahrheit nicht Unwahrheit sein), amüsiert sich die Religion gerade über solche Rechthaberei, Wahrheitshaberei oder auch über die Reichen, die nicht merken, wie arm sie sind. Denn im Code der

22 Vgl. William James, On a Certain Blindness in Human Beings, in: ders., Talks to Teachers on Psychology and to Students on Some of Life's Ideals (1912), Neudruck Cambridge 1983, (The Works of William James) S. 132–149.

Religion ist es umgekehrt: der eine Wert ist an die Präsenz des anderen gebunden. Eben das führt dann freilich in die Schwierigkeit, zu wissen, wie die Zweiheit eine Einheit sein kann. Die wechselseitige Exklusivität hat die größere Prägnanz und operative Leitfähigkeit (unter Zusatzvoraussetzungen, die wir hier nicht erörtern können). Dagegen kann es von Moment zu Moment immer wieder zweifelhaft werden, ob das Leben in der Immanenz im Zugleich der Transzendenz einen Halt hat. Vielleicht liegt hier ein Grund dafür, daß die Glaubenserfahrung sich gern als ein nicht festhaltbares, nicht verwendbares Ereignis beschreibt und aus der Erinnerung daran lebt[23].

Sieht man genauer zu, gibt die Formulierung des Code aber außerdem an, in welcher Richtung Auswege zu suchen sind. Zum einen benötigt die Religion einen emphatischen Sinnbegriff, einen Sinnbegriff, der nicht für unnegierbar gehalten, sondern gegen Sinnlosigkeit gesetzt (oder wenn man so will: ihr ausgesetzt) ist. Damit kommt an dieser Stelle eine andere Unterscheidung ins Spiel, die im übrigen hochmodern ist: sinnvoll/sinnlos. In soziologischer Sicht geht es bei diesem emphatischen Sinnbegriff um eine Selbstbeschreibung des Religionssystems: um eine Festlegung im System, worauf es im System ankommt, und diese Selbstbeschreibung kann und muß Anhaltspunkte an der Differenz von Religionssystem und Gesellschaftssystem finden[24]. Die Theologie und erst recht das unreflektierte religiöse Kommunizieren werden diese selbstreferentielle Figur der Selbstbeschreibung ausblenden können, vielleicht ausblenden müssen als eine Funktion, die latent zu bleiben hat. Im System selbst kontrolliert man die Selbstbeschreibung dann nur noch an ihrer Redundanz und an ihrer Konsistenz, das heißt an ihrer Fähigkeit, Informationslasten gering zu halten.

Wenn es nur auf diesen emphatischen Sinnbegriff ankäme, bliebe jede Emphase als Reduktion[25] arbiträr[26], und der Weg ins Fanatische und in eine sektenhafte Existenz wäre prognostizierbar. Die Formulierung des Code enthält (auf der anderen Seite) aber noch einen zweiten Hinweis. Der Code muß im Bereich der Immanenz auf positive und auf negative Erfahrungen ansprechen. Er darf sich also nicht auf eine Trostfunktion spezialisieren, darf nicht nur Negatives auszugleichen versuchen, weil dadurch, zumindest in der modernen Gesellschaft, die kompensatorische Funktion allzu offensichtlich her-

23 Offensichtlich liegen hier ferner Probleme der Kompatibilität mit den Temporalstrukturen, die in der Gesellschaft keineswegs beliebig gewählt werden können.

24 Damit soll eine andere Möglichkeit nicht ausgeschlossen sein, auf die Alois Hahn Wert legen würde: die Anwendung der Unterscheidung sinnvoll/sinnlos auf die Selbstbeschreibung psychischer Systeme, ihre Reaktion auf die Frage nach dem Sinn ihres Lebens, auf Biographieforschung etc. Vgl. Alois Hahn, Sinn und Sinnlosigkeit, in: Hans Haferkamp/Michael Schmid (Hrsg.), Sinn, Kommunikation und soziale Differenzierung: Beiträge zu Luhmanns Theorie sozialer Systeme, Frankfurt 1987, S. 155–184.

25 Siehe hierzu das Kapitel „Scope and Reduction" bei Kenneth Burke, A Grammar of Motives (1945), zit. nach der Ausgabe Cleveland, Ohio 1962, S. 59 ff.

26 „Arbiträr" heißt: daß man sie nur beobachten kann, wenn man mitbeobachtet, wer sie vertritt.

vortreten, beobachtbar und damit unglaubwürdig werden würde. Faktisch hat denn auch die Religion sich nie allein als Trostspender begriffen, sondern immer auch Momente des Rühmens und Dankens, des Staunens und Bewunderns der schönen Welt mitgeführt. Positive *und* negative Erfahrungen – das heißt *alle* Erfahrungen. Der Code beansprucht universelle Geltung, wie im übrigen jeder Code eines Funktionssystems. Er etabliert sich mit bezug auf die Welt und bezieht von daher den Sinn seiner Geltung.

Anders als man auf den ersten Blick vermuten könnte, liegt gerade hierin ein Moment von hoher selektiver Kraft. Man könnte annehmen, daß mit dieser Einbeziehung von allem und jedem jede Unterscheidungsfähigkeit verloren geht und der Code zur Indifferenz tendiert. Tatsächlich zeigt jedoch die historische Erfahrung, daß Universalismen im Bereich semantischer Materialien selektiv wirken und daß keineswegs jedes Sinnangebot mithalten kann. So wird der Stammesgott zum Weltgott, und alle ihm zugeschriebenen Merkmale müssen an Kompatibilität mit guten *und* schlechten Erfahrungen, mit Glück *und* Leid, mit Recht *und* Unrecht gemessen werden. Oder: der Baum des Lebens wird (nach dem Sündenfall) zum Baum des Lebens vom Leben, zum Baum des Verzehrens und Verzehrtwerdens[27]. Wenn es auf diese Codierung ankommt, ist mithin eine evolutionäre Selektion von Weltreligionen zu erwarten (was nach den Vorstellungen der heutigen Evolutionstheorie die Überlebens- und Reproduktionsfähigkeit anderer Arten von Religion keineswegs ausschließt). Die Sinnemphase bei Transzendenz muß sich mithin semantisch bewähren, wenn sie ihre Position im Code ausfüllen und damit den Code erst ermöglichen will.

Zur Entwicklungslogik des Universalcodes gehört auch, daß schließlich *alles* Immanente der Transzendenz *gleich nah und gleich fern* sein muß. Es gibt keine heiligen Plätze, Orte, Bilder mit privilegierter Gottesnähe. Die Differenz von sakral und profan wird zumindest theologisch überwunden und dem Volksglauben überlassen[28]. Damit ist aber bereits vorbereitet, daß es zu

27 Ich erinnere an das berühmte Fußbodenmosaik in der Kathedrale von Otranto mit der Darstellung dieses Lebens vom Leben als Harmonie (Zur Interpretation: Don Grazio Gianfreda, Otranto: Civiltà senza frontiere, Galatina 1983, mit weiteren Literaturhinweisen). Oder als moderne, systemtheoretische Variation des Themas: Humberto Maturana/Francisco Varela, El árbol del conocimiento, Santiago, Chile 1984; dt. Übers. Der Baum der Erkenntnis, München 1987.

28 Dies könnte im übrigen auch damit zusammenhängen, daß der Umgang mit sakralen Dingen überhaupt nicht als Kommunikation angelegt war. Beobachtung in der Kirche von Ferrandina (Basilicata) am Samstag vor Ostern 1986: Zahlreiche Frauen gehen zügig von Altar zu Altar, berühren den Altrar und dann sich selbst viermal in der Form des Kreuzes. Die Leitdifferenz ist das Heilige und sie selbst. Praktiziert wird Wahrnehmung und Verhalten, keine Kommunikation. Es wird keinerlei Differenz von Information und Mitteilung aktualisiert, und wenn die Frauen beobachten, dann wohl nur den Beobachter, der sie beobachtet. Das heißt, daß das Verhalten auch nicht, wie eine Kommunikation, dem Sinnzweifel und der Ablehnung ausgesetzt sein kann – was unvermeidlich passiert, wenn die Priesterschaft und Kirche sich selbst in der Kommunikation als sakral behaupten.

der Frage nach dem Ort der Transzendenz kommen kann, die dann recht künstlich mit der Antwort „überall und nirgends" als Frage negiert werden muß.

Schließlich erlaubt es die angegebene Formulierung des Codes der Religion als Duplikation von negativem und positivem Sinn durch positiven Sinn, zu rekonstruieren, wie der Code auf sich selbst bezogen, wie also die Selbstreferenz des Codes mit den Mitteln des Codes zum Ausdruck gebracht wird. Das geschieht üblicherweise, indem die Rejektion des Codes selbst im Bereich des immanenten weltlichen Geschehens untergebracht und hier negativ, nämlich als Sünde registriert wird. Die Nichtbeachtung oder gar Leugnung der Transzendenz (aber genauer müßte es heißen: des Unterschiedes von Immanenz und Transzendenz) ist für den, der dies beobachtet, eine negative Erfahrung und vielleicht sogar eine (teuflische) Versuchung, es selbst zu tun. Das ist Sünde, also Widerspruch des Verhaltens zu dem Anspruch Gottes an Leben und Verhalten des Menschen, und dies zunächst als „habitus", dann aber, wenn die Kirche zur Belehrung bereitsteht, auch als Schuld[29]. Der Code reguliert also auch noch seine eigene Annahme. Er leistet auch in diesem Sinne eine vollständige, eine universale Beschreibung, aber natürlich auf Kosten einer eingebauten Paradoxie.

Denn ein mit Logik ausgerüsteter Beobachter kann leicht sehen, daß die Unterscheidung von Rejektion und Akzeptanz einer Unterscheidung eine andere Unterscheidung erfordern würde[30]. In der Tat verbaut sich die Codierung mit jener Verwendung ein volles Verständnis ihrer Situierung in einer polykontexturalen, funktional differenzierten Gesellschaft und damit auch ein Verständnis der als „Säkularisation" bezeichneten Phänomene. Wenn nämlich viele Funktionssysteme unter sehr verschiedenen Codes ausdifferenziert sind, muß jeder Code zugleich die Funktion eines Rejektionswertes für andere Codes übernehmen, darf aber gerade nicht die Selbstrejektion regulieren, denn das steht nur den Codes der anderen Funktionssysteme zu. Nur die Wissenschaft könnte mit Hilfe ihres Codes wahr/unwahr die Kommunikationsweisen des Codes der Religion als unwahr rejizieren, nur das Recht als Unrecht, nur die Politik als nützlich für Regierung bzw. für Opposition, nur die Wirtschaft als unrentabel. Rejektion setzt, mit anderen Worten, Rückgriff auf einen *anderen* gesellschaftlich etablierten Code voraus, und kann, wenn dies zugelassen werden muß, im Code des Religionssystems (und mutatis mutandis im jeweiligen Code jedes anderen Funktionssystems) nur abstrakt, nur als eine Art self-indication der Unterscheidung in der Unterscheidung praktiziert wer-

29 Hierzu materialreich: Jean Delumeau, Le péché et la peur: La culpabilisation en Occident (XIIIe–XVIIIe siècles), Paris 1983.

30 Diese Überlegung dient im übrigen Gotthard Günther als Ausgangspunkt für eine Reformulierung des klassischen Problems einer mehrwertigen Logik. Siehe insb. die Abhandlungen: Das metaphysische Problem einer Formalisierung der transzendental-dialektischen Logik, und: Cybernetic Ontology and Transjunctional Operations, in: Beiträge, a.a.O., Bd. 1, Hamburg 1976, S. 189–247 und 249–328.

den[31]. Einem solchen Vorgehen wird der Soziologe, der beobachten muß, daß alle Codes der modernen Gesellschaft zur Rejektion der jeweils anderen Codes und damit zur Durchsetzung eines funktionalen Primats des jeweils eigenen Systems eingesetzt werden, zunächst geringe Überzeugungschancen attestieren müssen. Die Religion kann, mit anderen Worten, nur behaupten, daß es für alles, was Religion zu sein beansprucht, auf die Differenz von immanent und transzendent ankommt, und sie kann überall dort, wo diese Unterscheidung verwendet wird, eine eigene Operation mit Anschlußfähigkeit an eigene Operationen erkennen. Aber damit muß sie sich auch begnügen. Und in gewisser Weise hat man dieser Strukturbedingung, wenngleich auf eine gänzlich unzulängliche Weise, dadurch Rechnung getragen, daß man die Religion auf eine historische und textuelle Faktizität gegründet hat.

Nur innerhalb einer etablierten Semantik kann es zu einem laufenden Umschalten von einer Unterscheidung auf andere kommen, indem die bezeichnete Seite festgehalten und die andere ausgetauscht wird. So kann man von Welt und Gott zu Gott und Teufel, zu Teufel und Seele, zu Seele und Leib usw. kommen, ohne zu bemerken, geschweige denn zu kontrollieren, wie man den Sinn des jeweiligen Angelpunktes eines solchen Umtausches variiert. Solche Umtauschaktionen setzen eine hinreichend verdichtete Semantik, also hinreichende Redundanz (Überraschungslosigkeiten der Argumentation) voraus und erzeugen zugleich systemintern eine Überschätzung der Redundanz und der Konsistenz der Argumentation im Verhältnis zur Varietät. Man kann das, wenn sanktifiziert, Dogmatik nennen. Und nur für einen befremdeten externen Beobachter und für das System selbst im historischen Rückblick fällt auf, wie stark die Figuren sich trotzdem wandeln und sich zeitbedingten Plausibilitäten anpassen können.

Die Redundanzen der Dogmatik können wie eine Art Glaubensbeweis fungieren. Sie ermöglichen Informationsgewinn auf jeweils recht konkreten, „lebensnahen" Ebenen. Sie vernetzen die Differenz von Immanenz und Transzendenz. Sie überziehen sie mit einem Gewebe von Figuren, die beide Seiten involvieren und mit immer neuen Unterscheidungen respezifizieren, obwohl die Code-Funktion es erfordert, daß die Grenze scharf und eindeutig gezogen ist. Auch das Thema Inkarnation ist eine genau hierauf bezogene Vermittlung. Ein solches Gefüge kann aber wohl nur durch Evolution, also nur historisch aufgebaut werden, und es mag beeinträchtigt, ja ruiniert werden, wenn Zentralfiguren mit Scharnierfunktion, etwa die des Teufels, herausgebrochen werden.

VI.

Was ist mit einer solchen Darstellung der Codierung des Religionssystems gewonnen?

31 Siehe zu diesem Ausweg Francisco Varela, A Calculus for Self-Reference, International Journal of General Systems 2 (1975), S. 5–24.

In erster Linie wird man sich fragen können, ob und wie weit die kosmologische und die moralische Inanspruchnahme der Religion durch die Gesellschaft von Dauer sein muß. Gerade in der jüdisch-christlichen Tradition hat es seit deren Anfängen starke Tendenzen zur Distanzierung gegeben[32] bis hin zu der ganz modernen These, christlicher Glaube sei gar keine Religion. Abgesehen davon korrelieren der gesellschaftliche Druck zum Kosmologisieren und Moralisieren mit gesellschaftlichen Ordnungen, die primär auf Stratifikation und auf Zentrum/Peripherie-Differenzierungen beruhen und entsprechend einen Sinndeutungs- und Legitimationsbedarf für Teilsysteme mitführen, die das Ganze im Ganzen zu repräsentieren haben. Es könnte sein, daß die Problemlage für Religion sich heute völlig verändert hat – heute, das heißt für eine Gesellschaft, die ein solches Zentrum oder eine solche Spitze nicht mehr bilden kann und statt dessen die Unausweichlichkeit eines rekursiven Beobachtens von Beobachtungen einrichtet. In einer solchen Gesellschaft gehen unbezweifelbare Sinnannahmen verloren, und statt dessen kann von jeder Position aus beobachtet werden, was von anderen Positionen aus beobachtet und nicht beobachtet werden kann. Was als Realität generiert wird, entsteht so als „Eigenzustand"[33] der Gesellschaft, als Resultat des rekursiven, sich durch die Eigenproduktion einschränkenden Beobachtens von Beobachtungen. Da auch alle Glaubenskommunikationen in diesem Sinne beobachtbar geworden sind mit Einschluß der Möglichkeit, die Grundlagen des Glaubens für ein Geheimnis zu erklären und sich eben dadurch verdächtig zu machen, ergibt sich auch glaubensfähige Religion, wenn überhaupt, nur als beobachtungsfeste Kommunikation – als Glaube, der sich sehen lassen kann. Wenn es unter diesen Umständen noch eine Kontinuität mit traditionalen Glaubensinhalten geben kann, dann muß diese auf dieselbe Weise – durch Beobachtung ihres Beobachtens und durch Unterscheidung ihres Unterscheidens – herausgefunden werden.

Dem entsprechen, in soziologischer Perspektive, abstrakte Beschreibungen der Funktion und der besonderen Codierung des Religionssystems. Die Soziologie gewinnt damit einen Theorierahmen, der es ihr ermöglicht, die Beschreibung der Religion in eine Beschreibung der modernen Gesellschaft einzuordnen und sie mit anderen Funktionssystemen zu vergleichen (wobei Vergleich nicht Analogie heißt, sondern nur ein Schema der Eruierung von Ähnlichkeiten und Unterschieden anbietet). Ferner ermöglicht dieser Theorierahmen die Untersuchung der Evolution der Ausdifferenzierung des Religionssystems und seiner historischen Semantik. Vielleicht auch, und das wäre viel, eine Erklärung hierfür, weshalb in der Frühzeit der gesellschaftlichen Evolution und bis in die Neuzeit hinein Religion eine so bedeutende Rolle spielt und uns da-

32 Darauf hat mich Michael Welker in einer brieflichen Stellungnahme zur Erstfassung dieses Beitrages besonders hingewiesen.

33 Im Sinne von Heinz von Foerster, Observing Systems, Seaside, Cal. 1981, dt. Übersetzungen in: ders., Sicht und Einsicht: Versuche zu einer operativen Erkenntnistheorie, Braunschweig 1985.

her mit Erwartungen konfrontiert, die sich heute schwer einlösen lassen. Nicht zuletzt beschreibt die Soziologie damit auch die Funktion der Selbstbeschreibung des Religionssystems, seiner Reflexionstheorie und, wenn es denn um Gott geht, seiner Theologie.

Hiermit ist jedoch keineswegs gesichert, vielmehr eher als unwahrscheinlich postuliert, daß das Religionssystem diese Beschreibung übernehmen und sie *als Theologie* praktizieren kann. Dadurch, daß die Soziologie ihre eigene Theoriesprache autopoietisch-geschlossen und im Stil ausgesprochen rücksichtslos vorführt, soll denn auch einer voreiligen Soziologisierung der Theologie entgegengewirkt werden. Der Dialog muß erschwert, nicht erleichtert werden[34]. Das verlangt der Respekt vor den ,,Eigenwerten" des anderen Systems. Aber Erschweren heißt nicht Ausschließen. Und Kommunikation heißt nicht notwendigerweise Konsensfindung. Ja, vielleicht ist sogar Dissensfindung das vorherrschende Interesse, damit jede Seite umso mehr darüber nachdenken kann, weshalb sie der anderen unaufgebbare, mit der Autopoiesis ihres eigenen Systems verknüpfte Positionen entgegenzusetzen hat.

Dies vorausgeschickt, könnte man ernsthaft überlegen, ein Gespräch über den Begriff des Codes, über die Unterscheidung von Immanenz und Transzendenz und über die Interpretation dieser Unterscheidung als Gegenüberstellung eines unbedingt positiven Sinnes zu beginnen. Eine Darstellung der Lebensgeschichte des Jesus von Nazareth im Hinblick auf die fraglose Sicherheit des Begleitetseins durch einen zweiten, einen höheren Sinn, Gott oder Vater genannt, könnte dann soziologisch gelesen werden als exemplarisches Leben nach der Maßgabe dieses Codes, ungeachtet aller superinduzierten theologischen Bestimmungen, die aus den Artikulationsmöglichkeiten dieses Lebens entwickelt worden sind: von der Vater/Sohn-Metapher bis zur Jungfrauengeburt und zur Dreieinigkeit, von der Idee der Inkarnation bis zur Auferstehung. Selbst wenn man all dies ausklammert, bleibt immer noch das Vorführen eines exemplarischen Lebens nach dem Code von Immanenz und Transzendenz[35] (im Unterschied etwa zu einer Religion wie der Ägyptens, die davon ausging, daß Götterbilder zugleich immanente und transzendente Sachverhalte seien). Daran kann man sich halten in der Sicherheit, daß es möglich ist, allem, was man erlebt, einen zweiten Sinn, einen emphatisch-positiven Sinn abzugewinnen; und daß es möglich sein müßte, darüber im Kontext dessen, was Luckmann „große Transzendenz" genannt hat[36], zu kommunizieren. Und das wäre dann schon Religion. Die Schwierigkeiten beginnen bei der Bezeichnung Gottes im Kontext der Unterscheidung immanent/transzendent.

34 Ich bestätige hiermit eine Beobachtung von Michael Welker, in: ders. (Hrsg.), Theologie und funktionale Systemtheorie: Luhmanns Religionssoziologie in theologischer Diskussion, Frankfurt 1985, S. 10.

35 Angeregt wurde ich zu dieser Überlegung durch Gottfried Bachl, Das Vertrauen Jesu zum Vater, in: Hugo Bogensberger/Reinhard Kögerler (Hrsg.), Grammatik des Glaubens, St. Pölten-Wien 1985, S. 77–89.

36 A.a.O. (1985).

Wir hatten schon erwähnt, wie nahe es liegt, Gott in die Transzendenz zu verweisen. Je stärker dann die Differenz von Immanenz und Transzendenz betont wird und als Code der Religion fungiert, desto ferner rückt Gott. Das wäre zu ertragen. Problematischer ist, daß man dann die Frage nach der Einheit der Differenz von Immanenz und Transzendenz nicht länger abweisen kann. Braucht man dafür einen Supergott, einen weiteren god-term im Sinne von Kenneth Burke: als Einheit, in der alle Unterscheidungen kollabieren?

Solange man mit sekundären Unterscheidungen wie Gott und Teufel oder Schöpfer und Geschöpf auskam, mochte diese Frage ein rein spekulatives Problem gewesen sein, ohne Bedeutung für die religiöse Praxis der Informationsgewinnung. Wenn solche Unterscheidungen aber erodieren und wenn zugleich deutlich gemacht werden kann, daß Einheiten paradox bleiben, wenn sie nicht als Komponenten einer Unterscheidung ausgewiesen werden, wird die Frage nach der Unterscheidung Gottes zur Zentralfrage der Beobachtung von Religion. Ob existierend oder nichtexistierend, ob lebendig oder tot, ob mit oder ohne benennbare Merkmale – das sind vielleicht vordergründig gestellte Fragen, bei denen jede Antwort religiöse Qualität annehmen kann oder auch nicht. Anders verhält es sich mit der Frage, welche Unterscheidung Er benutzt, um Informationen auf sich zu beziehen. Oder dürfte man als Soziologe fragen: welche Unterscheidung Er ist?

Wie immer man aber die Frage stellt: die Antwort kann eigentlich nur lauten, daß es sich um die Selbstbezeichnung der Unterscheidung von Immanenz und Transzendenz handeln muß. Und diese Antwort unterscheidet sich von allen Antworten, die Gott als transzendent zu fassen und ihr Scheitern daran zu reflektieren versuchen.

Brauchen wir einen neuen Mythos?

I.

Die Frage, ob wir einen neuen Mythos brauchen, kann mit ja oder mit nein beantwortet werden je nachdem, wie man sie stellt. Es ist nicht einfach, die Frage genau zu formulieren. Wir stellen sie sicher nicht mehr im Sinne Schellings auf der Suche nach einer historischen Ganzheit und in der Absicht auf eine lebensnähere Alternative zu dialektischen Geschichtskonstruktionen[1]. Umso schwieriger ist es, Begriff und Fragestellung zu präzisieren, und es läßt sich schon vorweg ahnen, daß jeder Versuch zu einer genauen, auf empirisches Material beziehbaren Begrifflichkeit dem Anspruch zuwiderläuft, einen Mythos bilden und glauben zu können. Aber trotzdem: Meinen wir z. B. *einen* Mythos, nur einen einzigen für alle? Oder meinen wir irgendwelche Mythen, viele Mythen, beliebige Mythen, für jeden einen passenden? Und wo liegt dann die Grenze dessen, was man noch als Mythos bezeichnen kann. Die Tradition überliefert zahlreiche Mythen: Geschichten über die Entstehung der Welt und des Menschengeschlechts, Kämpfe und Siege, physische und moralische Katastrophen. Brauchen wir so etwas wie dies? Oder welche Veränderungen am Material läßt der Begriff zu? Die Polynesier hatten Mana, wir haben Vitamine, – unfaßbar und unsichtbar, glubschig, aber notwendig. Mana und Vitamine: ist das dasselbe? Ungefähr dasselbe?

Nach mehr als vierzigjähriger Forschungspraxis im Bereich von mythenreichen Gesellschaften meinte der britische Sozialanthropologe Edmund Leach am Ende, er habe es aufgegeben, nach einer Definition dieses Begriffes zu suchen; er sei zwar unentbehrlich, habe aber keinen angebbaren Sinn[2]. Wenn das richtig wäre, hätten wir es beim Mythos offenbar mit einem Mythos zu tun, mit einem Mythos vom Mythos; mit einem Mythos, den Sozialanthropologen erfunden haben, um ihre Daten besser ordnen zu können, dem aber keine angebbare Realität entspricht. Und dann wären wir unsererseits frei, den Mythos vom neuen Mythos zu verkünden, ohne damit etwas Bestimmtes zu meinen.

Einen solchen Umschlag von theoretischer Resignation in Beliebigkeit möchte ich vermeiden. Es gibt sehr wohl Möglichkeiten, das, was in älteren Ge-

1 Dies ist denn auch heute seinerseits nur noch von historischem Interesse und allenfalls dieses Interesse läßt sich noch auf einen vermeintlich-aktuellen Bedarf beziehen. Vgl. etwa Manfred Frank, Der kommende Gott: Vorlesungen über die Neue Mythologie, Frankfurt 1982; Peter Lothar Oesterreich, Philosophie, Mythos und Lebenswelt: Schellings universalhistorischer Weltalter-Idealismus und die Idee eines neuen Mythos, Frankfurt 1984.

2 Edmund Leach, Social Anthropology, Glasgow 1982, S. 132.

sellschaften als Mythos erzählt wurde, genauer zu bestimmen und dann zu prüfen, ob und in welchen Zusammenhängen wir diese Form noch verwenden können.

Wir gehen von dem wohl unbestrittenen Befund aus, daß Mythen es immer mit der Abgrenzung einer vertrauten Welt zu tun haben[3]. Dabei suggeriert jede Abgrenzung der Anschauung ein „Dahinter"[4]. Es handelt sich also um die Einführung einer Unterscheidung. Wir wollen versuchen, diesen Vorgang mit Hilfe der operativen Logik von George Spencer Brown[5] in seine Komponenten aufzulösen, um auf diese Weise Mythenbildung zu beobachten (was nicht heißen soll: sie aus der Sicht der den Mythos Erlebenden zu verstehen). Die Rekonstruktion soll zugleich den elementaren Charakter der Mythenbildung verdeutlichen und uns auf die Frage vorbereiten, ob dies eine Art logische Konstante der gesellschaftlichen Kommunikation ist und bleiben muß.

Die Operation beginnt in einem „unmarked space" damit, daß sie eine Trennlinie zieht, die etwas unterscheidet. Das hat nur Sinn, wenn zugleich etwas dadurch Unterschiedenes bezeichnet wird. „Distinction" und „indication", die Ausdrücke Spencer Browns, bezeichnen eine einzige Operation, weil sie sich wechselseitig voraussetzen. Wenn etwas bezeichnet ist, kann man die Bezeichnung (natürlich nur im Rahmen derselben Unterscheidung) wiederholen. Damit wird das Bezeichnete „kondensiert". Logisch läuft das auf eine operative Fixierung von Identität hinaus. Wir können jedoch annehmen, daß darüber hinaus ein Mehrwert anfällt, den wir Vertrautheit nennen wollen. Die zunehmende Vertrautheit bestimmt dann zirkulär das, was noch als Wiederholung der Operation gelten kann. Damit gewinnt auch die Unterscheidung, wie immer sie ursprünglich gemeint gewesen sein mag, die Zusatzqualität, zwischen vertraut und unvertraut zu unterscheiden.

Da auch dies immer eine Unterscheidung mit zwei Seiten und anders gar nicht möglich ist, bleibt ein Übergang zur anderen Seite möglich: ein „crossing". Das Unvertraute bleibt als die „andere Seite" des Vertrauten unabweisbar und zugänglich; zugänglich jedenfalls in der Weise, daß man von da zum Vertrauten zurückkehren kann. Während das Vertraute bei nur wiederholter Bezeichnung dasselbe bleibt, läßt es sich durch crossing variieren. Der Rückkehrer gewinnt dem Vertrauten neue Qualitäten ab, oder er bringt auch neu

3 Es ist zuviel gesagt, wenn man darüber hinausgehend meint, Mythen dienen der „Rechtfertigung" dieser vertrauten Lebenszusammenhänge; denn der Bedarf nach Rechtfertigung setzt schon spezifizierte, sozusagen nach innen gerichtete Zweifel voraus, die man in Mythen produzierenden Gesellschaften nicht voraussetzen kann.

4 Erst die neuzeitliche Mathematik wird beginnen, mit „unanschaulichen" Grenzbegriffen zu arbeiten, und im Anschluß daran auch die Physik mit Vorstellungen wie der kleinsten Wirkung (Plancksche Konstante) oder der größten Geschwindigkeit (Lichtgeschwindigkeit), bei denen die von der Anschauung verlangten Möglichkeiten, darüber hinauszudenken, mit einer rein theoretischen Anstrengung explizit negiert werden mit der Folge, daß auf Anschaulichkeit der Raum- und Zeitbegriffe verzichtet werden muß.

5 Aufgrund von: Laws of Form, 2. Aufl., London 1971.

vertraut Gewordenes mit, wenn es ihm gelingt sich im Unvertrauten an Unterscheidungen zu orientieren.

Man kann in diesem oszillierenden Verfahren der Kondensierung und Anreicherung von vertrautem Sinn einen sehr elementaren Vorgang sehen, den sowohl psychische Systeme als auch soziale Systeme benutzen, um eine phänomenale Welt aufzubauen – eine ganz einfache Sequenz von Operationen, die im Ergebnis zu hochkomplexen Sinnwelten führen kann. Die sogenannte „Phänomenologie" beschreibt dann nur noch das Resultat; sie versucht, an der entstandenen Komplexität Ordnung zu sehen und diese mit Generalisierungen einer höheren Ordnungsstufe zu beschreiben[6] – so wie man auch ohne Kenntnis der Genetik einen Organismus beschreiben kann. Der Mythos wird jedoch nur verständlich, wenn man die operative Bedeutung der Unterscheidung von vertraut/nicht vertraut erkennt.

Der Mythos macht nämlich diese Unterscheidung selbst vertraut. Er bewirkt, wiederum formuliert mit den Begriffen von Spencer Brown, den Wiedereintritt (re-entry) der Unterscheidung in das Unterschiedene, in den „marked space". In der vertrauten Welt kommt die Unterscheidung vertraut/unvertraut nochmals vor. Das mag das crossing erleichtern oder auch den Kontakt mit der Grenze, jenseits derer das Unvertraute beginnt. Er bezeichnet nicht nur das Hier und Jetzt des vertrauten Lebens, sondern gerade die Differenz zum anderen, vor der es vertraut sein kann. Der Mythos kontrolliert also gewissermaßen die Gefahr des Sichverlierens ins Unheimliche. Er inkorporiert damit die Paradoxie, die darin besteht, daß das Unvertraute im Rahmen einer vertrauten Unterscheidung als vertraut behandelt werden kann, auch wenn man zögern wird, ihm einen Namen zu geben.

Der Sinn, der hierfür bereitgestellt wird, darf allerdings nicht schon gleich als ein ausdifferenzierter Text mit speziell dieser paradoxielösenden Funktion aufgefaßt werden. Für einen Beobachter ist es fast unvermeidlich, so zu denken. Für uns sind Mythen eine Textsorte bestimmter Art, etwa Erzählungen mit supranaturalen Akteuren. Diese Vorstellung darf jedoch nicht in die Mythen produzierenden, am Mythos lebenden Gesellschaften zurückprojiziert werden. Für diese Gesellschaften gibt es zunächst weder die Differenz von Text und Realität (die erst durch Schrift möglich wird) noch die Differenz von natürlich und übernatürlich, sondern nur Wesen verschiedener Art[7]. Die Ordnung ist interaktionell und konstellativ gedacht und nicht nach Art einer Mehrheit logischer Ebenen. Es fehlt eine uns geläufige Unterscheidungs- und Distanzierungssemantik, ohne die wir den Sachverhalt kaum erfassen können. Es besteht

6 Eine nochmals abstrahierende Generalisierung führt dann zum Abschlußbegriff der Phänomenologie, zum Begriff der Lebenswelt als der Gesamtheit des Konkret-Vertrauten, bei dem dann unser Problem der Unterscheidung verschoben wird in die Frage, ob Idealisierungen, Abstraktionen, Systeme, wie immer vertraut (zum Beispiel Geld), zur Lebenswelt gehören oder nicht; und wenn nicht, warum nicht.

7 Vgl. dazu A. Irving Hallowell, Ojibwa Ontology, Behavior, and World View, in: Stanley Diamond (Hrsg.), Culture in History: Essays in Honor of Paul Radin, New York 1960, S. 19–52.

daher zunächst auch kein Anlaß, die Fragen, die der Mythos durch Vertrautmachen der Differenz beantwortet, theologisch zu hinterfragen. Statt dessen werden die mythischen Wesen und Ereignisse als solche bezeichnet, konstellativ geordnet, eventuell klassifiziert, und man kann dann allenfalls noch die Gelegenheiten aussondern, bei denen es angebracht ist, von ihnen, mit ihnen oder auch als sie zu reden. Es gibt keine Möglichkeit, gerade weil es ja darum geht, die Unterscheidung vertraut/unvertraut vertraut zu machen, mythische Wesen und Ereignisse von der alltäglich-empirischen Welt zu unterscheiden; ja es hat nicht einmal Sinn, zu sagen, sie würden für reale Wesen gehalten, da man damit schon die Möglichkeit mitdenkt, sie könnten etwas anderes, etwa Produkte der Phantasie sein. Natürlich unterscheiden sie sich von anderen Wesen so wie Ziegen von Schafen oder Steine von Pflanzen; aber es gibt keine Möglichkeit, sie mit einem ontologischen Index auszuzeichnen oder genau dies zu disputieren. Das bliebe unverständlich – so wie für uns die Frage, wenn jemand uns das Funktionieren eines Motors erklärt, ob dies denn wirklich ein Motor sei. Es genügt, daß die Räume und Zeiten der mythischen Ereignisse hinreichend unbestimmt bleiben. Schon deshalb kann man zweifeln, ob Mythen, oder gar „neue" Mythen überhaupt *als Mythen* geschaffen bzw. geglaubt werden können, oder ob das nicht immer sogleich zu der Frage führen würde, was „eigentlich" damit gemeint sei.

Gerade weil die folgenden Darstellungen eine andersartige Textsorte herstellen, muß diese unüberbrückbare Distanz zum Sachverhalt immer im Auge behalten werden. Wir nehmen einen Beobachterstandpunkt ein, der den Gesellschaften, die Mythen produzieren, nicht zugänglich ist. Und nur Romantiker konnten eine zeitlang die Idee einer neuen Mythologie pflegen, die in einer Art verzweifeltem Coup gerade aus der Unglaubwürdigkeit der Inszenierung Glaubwürdigkeit zu gewinnen suchte[8].

II.

Die wohl auffälligste Eigenart von Mythen ist demnach: daß sie *eine Differenz formulieren* – z.B. die Differenz von Chaos und Kosmos, von Unsterblichen und Sterblichen, von Geburt und Tod, von Überfluß und Knappheit, von Sünde und Strafe, von zweigeschlechtlichen (androgynen) und geschlechtlich-differenzierten Lebewesen, von Rohem und Gekochtem, von alter Zeit und jetziger Zeit, von Titanen und Göttern[9]. Solche und andere Differenzschemata dienen dazu, den Ort und die Zeit und die Verhältnisse zu bestimmen, in denen man lebt – sozusagen auf der einen Seite der Differenz. Vor allem Entstehungsmythen findet man bereits in den primitivsten Gesellschaften[10];

8 Vgl. Manfred Frank, Der kommende Gott, a.a.O.

9 Edmund Leach, Genesis as Myth and Other Essays, London 1971, spricht von binären Oppositionen als Thema des Mythos – eine Auffassung, die er später, a.a.O. (1982), in Frage zu stellen scheint.

10 Vgl. A.R. Radcliffe-Brown, The Andaman Islanders, Glencoe, Ill. 1948, S. 192.

das Unheimliche, Unvertraute wird auf die andere Seite versetzt und damit evakuiert. Aber es bleibt noch da, bleibt ein Aspekt des Ganzen; es ist nur nicht das, was uns jetzt Lebenden bestimmt und zugedacht ist. Wir leben auf der anderen Seite der Differenz; aber die Differenz erklärt zugleich, daß dies möglich ist. Sie ist eine Formel für die Unwahrscheinlichkeit der Wahrscheinlichkeit des Lebens. Die Realität des geglaubten, in das Leben einbezogenen Mythos wird von der sozialanthropologischen und ebenso von der religionshistorischen Forschung immer wieder betont, von Bronsilaw Malinowski z.B. und von Mircea Eliade. Es handelt sich nicht um Gruselgeschichten, die man sich abends am Feuer erzählt, sondern um Hintergrundsinn, der erklärt, wieso die Dinge so sind, wie sie sind. Dies gilt in besonders eindrucksvoller Weise für sehr primitive Gesellschaften[11]. In einer für uns kaum nachvollziehbaren Weise ist daher auch die andere Seite der mythischen Welt lebensnah formuliert. „The other world is close at hand"[12], heißt es bei Edmund Leach. In den Kosmologien späterer Hochkulturen findet man mehr Distanz und mehr irdisch Unwahrscheinliches eingebaut, aber immer noch Problembezüge und Unterscheidungen, die auf Alltagssituationen übertragen werden können.

Der Mythos ist realistisch auch insofern, als er kein Glücksversprechen enthält. Er klammert nur das Unvertraute und Unheimliche aus. Aber unser Dasein ist ein Dasein der Sünde und der Knappheit und ein Dasein der Trennung der Geschlechter. Erst zu Beginn der Neuzeit kam man auf die Idee, den Sündenfall und die Vertreibung aus dem Paradies als eine heimliche Erfolgsgeschichte zu stilisieren und sie damit an sehr vorübergehende gesellschaftliche Erfahrungen zu koppeln: an die Erfolgskarriere der modernen Gesellschaft[13]. Man muß außerdem sehen, daß für alle Völker, die Mythen produzierten, ein Restteil der Welt unzugänglich und unbekannt war. Hinter den Horizonten konnten daher immer noch unbekannte Wesen, Monstren, Riesen oder Zwerge oder eben auch diejenigen Realitäten existieren, die auf der anderen Seite des Mythos lokalisiert waren. Seitdem die Erde rund ist und vollständig entdeckt, ist dafür kein Platz mehr, und alles, was unserer Realität nicht entspricht, hat nur noch eine imaginäre Existenz. Wer sie für real hält, ist reif für eine psychotherapeutische Behandlung.

Jede Differenz hat nun ein Problem, das sie zugleich sichtbar macht und verbirgt: den Umschlagspunkt, oder den Punkt, in dem die Gegensätze sich treffen, sich verbinden, sich aufheben. Die Unterscheidung gewinnt ihre Ein-

11 Siehe z.B. Fredrick Barth, Ritual and Knowledge Among the Baktaman of New Guinea, Oslo 1975.

12 A.a.O., S. 213.

13 Vgl. aus einer umfangreichen, an Milton sich inspirierenden Literatur etwa Arthur O. Lovejoy, Milton and the Paradox of the Fortunate Fall, in: ders., Essays in the History of Ideas, Baltimore 1948, S. 277–295. Es gibt im Kontext eines typischen Interesses an Theodizee aber auch ältere Äußerungen, die lobpreisen, daß man dem Sündenfall den Erlöser verdankt. Zur vorderasiatisch-hebräischen Problemtradition vgl. Herbert Weisinger, Tragedy and the Paradox of the Fortunate Fall, London 1953.

deutigkeit dadurch, daß sie etwas Drittes ausschließt. Victor Turner hat deshalb den Mythos geradezu durch Bezug auf das Phänomen der Schwelle, des Übergangs des weder/noch, des „betwixt and between" bestimmt[14]. Wer Mythen logisch analysiert, kommt in der Tat auf das Problem, worin denn die Einheit der Differenz besteht. Was macht, mit anderen Worten, die Einheit von Chaos *und* Kosmos, von Ungeschlechtlichem *und* Geschlechtlichem, von Überfluß *und* Knappheit aus? Nur wenn man das versteht, und ich füge hinzu: genau versteht, sieht man, was der Mythos geleistet hat. Die Frage nach der Einheit einer Differenz führt in ein Paradox: Ist diese Einheit deshalb eine Einheit, weil sie sich in einen Gegensatz auflöst? Und ist der Gegensatz deshalb ein Gegensatz, der Unterschied ein Unterschied, weil er im Grunde keiner ist?

Man wird vielleicht einwenden, daß hier mit dem Mythos ein logisches Spiel getrieben wird, das dem Sachverhalt nicht angemessen sei. Das Dunkle, Geheimnisvolle, Unerklärliche lasse sich nicht logisch auflösen. Schon der Versuch verfehle den Tatbestand. Das ist bei vordergründiger Betrachtung richtig, aber gerade in der Form einer Paradoxie scheinen sich beide Arten der Weltbeschreibung, die logische und die mythische zu treffen. Jedes Logiksystem, das selbstreferentielle Sachverhalte berücksichtigt, führt, wie wir seit Gödel wissen, in eine Paradoxie, und die Paradoxie scheint nun auch derjenige Tatbestand zu sein, aus dem der Mythos letztlich Sinn und Funktion gewinnt. So wird auch der Ruf nach einer neuen Mythologie verständlich. Der Mythos wird wiederentdeckt im Zuge einer Selbstkritik des kritischen Denkens, im Zuge des Paradoxwerdens der Aufklärung. Will man es bei einer Gegenüberstellung von Logik und Mythik belassen und einen Vergleich[15] durchführen, dann könnte man sagen, daß Logik und Mythik unterschiedliche, funktional äquivalente Formen der Auflösung von Paradoxien anbieten, unterschiedliche Formen der Entparadoxierung der Welt, unterschiedliche Formen des Diskurses im Hinblick auf das, worüber man nicht reden kann.

Dürfen wir sagen: Logik und Mythik sind unterschiedliche Formen der Artikulation von Transzendenz? Vielleicht der Artikulation durch Nichtartikulation? Dürfen wir fragen: Brauchen wir einen neuen Mythos oder brauchen wir eine neue Weltlogik? Oder wird Ulrich, der Mann ohne Eigenschaften, recht behalten mit der Voraussage, daß es zu einer weiteren Trennung von Mathematik und Mythik kommen wird[16]? Und heißt das dann, daß der Tod Gottes an der Mathematik spurlos vorübergeht?

Eine so formale Parallelstellung von Logik und Mythik bleibt jedoch unergiebig, wenn man nicht genauer angeben kann, wie denn der Mythos seine

14 Myth and Ritual, International Encyclopedia of the Social Sciences, Bd. 10, New York 1968, S. 576–582; ders., The Ritual Process: Structure and Anti-Structure, London 1969, insb. S. 95 ff.

15 Siehe neuestens etwa Edgar Morin, La Méthode, Bd. 3.1, Paris 1986, S. 155 ff.; Henri Atlan, A tort et à saison: Intercritique de la science et du mythe, Paris 1986.

16 Robert Musil, Der Mann ohne Eigenschaften, Hamburg 1952, S. 770.

Funktion erfüllt und welche semantischen und sozialen Kontexte, welche Ideenwelt und welche Art von Gesellschaft dabei vorausgesetzt sind. Man kann im Blick auf das Problem der Paradoxie von funktionaler Äquivalenz logischer und mythischer Ordnungsverfahren sprechen. Das wird aber erst fruchtbar, wenn man nicht nur die *Gleichheit* der Funktion, sondern auch die *Verschiedenheit* der funktional äquivalenten Sachverhalte verdeutlichen kann. Und erst dann kann man anfangen, historisch zuzuordnen und zu fragen, ob eine über Mythos laufende Problemlösung heute noch, oder vielleicht gerade heute wieder, Chancen hat zu überzeugen.

Um Zugang zu einer konkreteren Vorstellung des Mythos zu gewinnen, kann man neben der Differenzformulierung auf ein zweites Merkmal abstellen: Der Mythos ist *metaphorisch* gemeint. Sein Zusammenhang gehört nicht in die Alltagswelt und deren Ereignisfolgen. In der Alltagswelt passiert nicht zwischendurch etwas Mythisches. Die Ordnung des Mythos liegt gleichsam auf einer anderen Ebene, kann aber eben deshalb unter Vermeidung jeglicher Konfusion dicht an die Realität herangeführt werden, *so daß die Ordnungen sich entsprechen, ohne daß die Elemente und Ereignisse verwechselt werden könnten*[17].

Eben diese Begleitmetaphorik macht ein drittes Merkmal verständlich: Der Mythos interferiert nicht in das Verhalten der Menschen von Situation zu Situation, in Reaktion aufeinander oder auf Umstände. Der Mythos gibt Unterscheidungen vor, aber keine Regeln für das Verhalten. Er paßt auf eine Weltorientierung, die noch nicht über die formale Differenz von Regel und Regelanwendung verfügt, sondern sich Ordnung nur in konkreten Situationen am Einzelfall verdeutlichen kann und erst am Fall sieht, ob eine Angelegenheit normal und korrekt abläuft oder nicht.

Der Mythos ist also weder ein Gesetz noch ein Rezept. Das heißt vor allem, daß der Mythos *kein abweichendes Verhalten, keine Fehler und damit auch kein Lernen vorsieht*. Diese Ordnungsfunktion des Sichtbarmachens von Fehlern und Abweichungen übernimmt das Ritual, wenn es um Handeln, das Tabu, wenn es um Unterlassen geht. Man kann also von einer Art *Arbeitsteilung zwischen Mythos und Ritual bzw. Tabu* sprechen[18]. Auch das Ritual hat es mit Diskontinuitäten und mit Übergängen zu tun; und es spitzt den Kontrast auf natürliche Weise so zu, daß er mit dem anwesenden Leib buchstäblich überlebt werden kann.

Außerdem hat das rituelle Handeln den Vorzug, daß es unzweideutig darstellt, was es ist, und deshalb unabhängig von der faktischen Motivationslage

17 Die daraus sich ergebenden Ordnungsansprüche und Eigenlogiken der Mythen sind namentlich von Lévi-Strauss herausgearbeitet worden. Vgl. Claude Lévi-Strauss, Das wilde Denken, Frankfurt 1968, ders., Mythologica I. Das Rohe und das Gekochte, Frankfurt 1971.

18 Man braucht wohl nicht lange darüber zu streiten, ob das Ritual den Mythos oder der Mythos das Ritual erzeugt hat. Der Zusammenhang ist ein wechselseitiger, und auch die Entwicklung wird zirkulär verlaufen sein. Dafür ist es gleichgültig, „womit es angefangen hat".

als eindeutig beobachtet werden kann. In diesem Sinne „reinigt" das Ritual auch sozialpsychologisch: es ergänzt nichtvorhandene Motive und läßt Zweideutigkeiten oder Hintergedanken verschwinden.

Im Vollzug des Rituals kann somit sachlich wie sozial die Einheit der Differenz repräsentiert werden. So wird der Sinnzusammenhang von Mythos und Ritual an bestimmten Plätzen und zu bestimmten Zeiten symbolisch erneuert[19]. Der Zusammenhang selbst wird oft durch Geheimhaltung geschützt; er ist jedenfalls nicht exegesefähig – ebenso wenig wie der Mythos selbst oder das Ritual. Diese Ordnung ist auf ein Leben ohne Regelorientierung zugeschnitten, das es in unserer heutigen Welt mit ihren kognitiven und normativen Programmen, ihren Theorien und Gesetzen nicht mehr gibt.

In der Welt der Mythen und Rituale und Tabus sind also – darf man sagen: auf glückliche Weise? – Ordnungsgarantie und Abweichungsregulierung getrennt. Will man die Welt so beschreiben, daß man ihrer Ordnung trauen und Bedrohlichkeit ausgrenzen kann, bedient man sich des Mythos. Kommt es darauf an, Problemsituationen mit Verhalten ohne Abweichungsmöglichkeit auszustatten und etwaiges Abweichen sichtbar zu machen, ritualisiert und tabuisiert man. Tägliches Verhalten kann sich pragmatisch in beiden Richtungen orientieren. Es wird weder vom Mythos noch vom Ritual oder Tabu her unter Konsistenzdruck gesetzt. Der Zusammenhang bleibt flexibel. Es gibt nicht das Problem, das die spätere, theologisch systematisierte Glaubensreligion erzeugen wird: daß das gesamte normale menschliche Verhalten vor den Anforderungen der Religion versagt.

Ein viertes, für Begriff und Bedeutung des Mythos wichtiges Merkmal ist schließlich, daß *der Mythos erzählt werden kann*. Die narrative Struktur muß nicht die ursprüngliche Form des Mythos gewesen sein. Man kann sich Anfänge durchaus als einfache Parallelisierung von Situationen (etwa der Geburt oder des Todes oder der Heilung) vorstellen[20]. Wenn aber die Zusammenfassung konstellativer Mythenbilder zu einer Ablaufsgeschichte erreicht werden kann und der Mythos damit erzählt werden kann, bietet das erhebliche Vorteile. Das Paradox des vertrauten Unvertrauten maskiert sich dann als Geschichte, damit es nicht erkannt wird. Anders ist es zunächst auch gar nicht

19 Ein sehr enger Begriff des Mythos in der sog. „Myth and Ritual School" stellt genau darauf ab und versteht unter Mythos den verbalen Bestandteil des Rituals, das im Ritual vorgesehene magische Aussprechen des mythischen Sinnbezugs. „In the ritual the myth was the spoken part which related the story of what was being done in the acted part, but the story was not told to amuse an audience, it was a word of power; the repetition of the magic words had power to bring about or re-create the situation which they described" – so Samuel Henry Hooke, In the Beginning, Oxford 1947, S. 18. Konzediert wird durchaus, daß es auch andere Anlässe für „explanatory stories" geben kann; aber das sind nach dieser Auffassung dann keine Mythen im strengen Sinne. Siehe dazu auch die Unterscheidung von impliziter und expliziter Theologie bei Jan Assmann, Ägypten: Theologie und Frömmigkeit einer frühen Hochkultur, Stuttgart 1984.

20 Hierzu feinsinnige Analysen ägyptischer Mythologie, vor allem des Osiris-Mythos bei Assmann, a.a.O., S. 135 ff.

möglich, denn die Mythenbildung beginnt in Gesellschaften ohne Schrift. Es gibt nur eine mündliche Tradition. Das, was der Mythos mitteilen will, muß daher in einer Abfolge als eine Abfolge präsentiert werden. Es muß außerdem ins Überraschende und Eindrucksvolle, Außergewöhnliche und Monumentale getrieben werden, damit es erinnert werden kann. Später wird die Rhetorik hierfür den Begriff des „Sublimen" erfinden, und das 18. Jahrhundert wird den sublimen, den erhabenen, den herrlich-schrecklichen Stil des Alten Testaments bewundern.

Dem 18. Jahrhundert ist klar, daß diese Notwendigkeit längst nicht mehr besteht. Eben deshalb entdeckt man sie als „Stil". Aber sie hatte eine *Einheit von Form und Funktion* erzeugt. Der Mythos hatte die Einheit der Differenz in ein Nacheinander entfaltet. Er hatte das *Zusammen* des Unterschiedenen in ein *Vorher und Nachher* ausgelegt und es dadurch glaubhaft gemacht. Daß Chaos und Kosmos eine *Einheit* bilden, ist schwer einzusehen. Daß sie eine *Abfolge* bilden, daß aus dem Chaos der Kosmos entsteht, ist leichter verständlich und läßt nur die Frage nach dem „wie" offen, die der Mythos dann beantwortet, indem er erzählt, wie es geschehen ist. So kann man sagen, „that ‚myth' is characteristically a terminology of quasi-narrative terms for expressing of relationships that are not intrinsically narrative, but ‚circular' or ‚tautological'"[21]. In der Regel wird die Transformation als Handlung dargestellt, oft aber auch als Geburt oder als sonstiges Naturereignis. Damit sieht man zugleich, daß der Kosmos nicht mehr Chaos ist. Gott sei Dank! Die Sprache zieht die Erinnerung an das Chaos in den Kosmos herüber, so wie jeder einmal die Rettung aus der Not erfahren hat. Das Nachher bleibt das Nachher des Vorher. Die Sprache bindet die Zeit. Die Zeit ordnet Asymmetrie. Sie gibt der Differenz eine Richtung und damit einen Sinn. Mit Paul Valéry könnte man sagen: das Implexe wird ins Komplexe transformiert und damit sinnfähig[22].

Sieht man sich unter diesem Blickwinkel den Schöpfungsmythos der Bibel an, so erkennt man am Anfang die Ausnahmekonstellation einer Dreierdifferenz, die dann eine Kaskade weiterer Differenzen aus sich entläßt. Vor dem Anfang, wenn man so sagen darf, gibt es nur reine Selbstreferenz mit Einschluß alles ausgeschlossenen Dritten. Durch den Anfang erzeugt Gott die Differenz von Himmel und Erde und setzt sich selbst zu dieser Differenz different. Gott ist jetzt, und erst jetzt, weder Himmel noch Erde. Er hat mit dem Unheimlichen hinter der Ecke nichts mehr zu tun. Er schließt sich selbst als Drittes aus – als Drittes, dessen Eintritt in die Differenz eine Paradoxie erzeugen würde. Am Anfang wurde die Welt entparadoxiert – und dann konnten schließlich Menschen in der Welt leben: auf der Erde und nicht im Himmel, auf dem Land und nicht im Wasser, jeweils als Mann oder als Frau.

21 Kenneth Burke, The Rhetoric of Religion: Studies in Logology (1961), Berkeley 1970, S. 258.

22 L'idée fixe ou deux hommes à la mer, zit. nach Œuvres Bd. 2, éd. de la Pléiade, Paris 1960, S. 195–275 (234 ff.).

Die meisten anderen Schöpfungsmythen haben nicht diesen Grad an logischem Raffinement erreicht. Sie beginnen z. B. mit der Differenz von männlich und weiblich und copieren nur die Copulation. Die biblische Geschichte läuft dagegen, einmal in Gang gebracht, wie von selbst, weil das, was sie ermöglicht und was sie entparadoxiert, sich selbst ausgeschlossen hat und so ab extra Sinn und Widerspruchsfreiheit garantiert. An Gott, den ausgeschlossenen Dritten, kann man dann, gefangen in den Differenzen dieser Welt, nur noch glauben. Eben deshalb sieht der Mythos den Wiedereintritt des ausgeschlossenen Dritten in diese Welt vor: die Inkarnation. Die Paradoxie wird nach Maßgabe dieser Welt in dieser Welt vollzogen, nach Maßgabe der Differenz von Leben und Tod.

Man kann sich kaum vorstellen, daß diese Einheit von Mythik und Logik, diese genaue Entsprechung von mythischer Erzählung und logischer Problematik, je überboten werden könnte. Die griechische Tradition hatte einen anderen Weg genommen. Hier war der Mythos durch historische Zufälle, die mit der Erfindung des Alphabets zusammenhängen könnten, lächerlich geworden – trotz aller Bemühungen der frühen Poeten und Philosophen. Die Aufführung des Mythos, die Tragödie selbst, wurde Gegenstand der Komödie, und parallel dazu entwickelte sich die logische Reflexion, die zur Entdeckung der Paradoxien in selbstreferentiellen Aussagen führte. Dafür konnte nun keine mythische, keine irgendwie religiöse Lösung mehr angeboten werden. Man setzt statt dessen den Kanon der klassischen zweiwertigen Logik an, um das Problem zu vermeiden und gleichwohl Wege für geordnetes Denken zu weisen. Hier ist die Lösung nicht Einheit von mythischer und logischer Antwort, sondern Differenz.

III.

Wir haben uns mit der Vergangenheit beschäftigt. Die Frage, ob wir einen neuen Mythos brauchen, zielt jedoch auf die Zukunft. Was nützt dabei, wird man einwenden, ein so komplizierter, als Theorie stilisierter Rückblick, wo wir doch wissen, daß wir in einer historisch völlig neuartigen Situation leben?

In der Tat erlaubt unsere Gesellschaft in vielen Bereichen einen laxen, fast beliebigen Umgang mit Worten und Begriffen, und zwar gerade mit Überhöhungsbegriffen, mit Werbebegriffen und mit Begriffen, die implizit abwerten und denunzieren. „Mythos" bietet hier den Vorteil von Überhöhung und Abwertung zugleich. So kann man es für einen Mythos erklären, daß die Begrenzung der Fahrgeschwindigkeit von Automobilen zur Rettung des Waldes beitragen könnte oder daß den Studenten eine wirkliche Mitsprache in Hochschulangelegenheiten eingeräumt worden sei. Das Wort verweist dann nur auf die Irrationalität der Meinungsgrundlagen und nimmt, je nach Art der Meinungen, an Auf- und Abwertungen teil. In dem Maße, wie Irrationalität der Grundannahmen für unerläßlich gehalten wird, kann jeder sich ermutigt und befugt fühlen, einen neuen Mythos vorzuschlagen. Der Rest ist eine Frage des Geschicks, des Zeitgespürs, der Werbung und der Durchsetzung. Wie bei

Moden muß man die Nase in den Wind halten, der Zeitstimmung ein bißchen vorweg sein, Glück haben und über hochrationale Strategien der Diffusion verfügen, vor allem natürlich über die Medien. Vom Erfolg her kann man dann begründen, daß etwas dieser Art offenbar gebraucht wird.

Damit ist letztlich aber nur ein Spiegelbild der Unschärfe des Begriffs gewonnen. Ich ziehe es statt dessen vor, in der Geschichte zu bleiben, die immer schon Sachverhalte und Begriffe geprägt hat. Die Vorteile an Bestimmtheit und an funktionalen Einsichten, die wir als Beobachter unserer Geschichte gewinnen können, sollten wir nicht vorschnell aufs Spiel setzen. Wir können dann sehr präzise fragen: Wenn das, was wir Mythos nennen, der Entparadoxierung gedient hat: was wird aus dieser Funktion in der modernen Gesellschaft? Ist Mythos hierfür nach wie vor unerläßlich? Und ist er hierfür mit seinen Merkmalen Differenz, Verzicht auf Regulierung, Erzählung nach wie vor geeignet? Oder finden wir uns etwa in der fatalen Situation, daß ein neuer Mythos sowohl notwendig als auch unmöglich ist?

Anhand dieser funktionalistischen Fragestellung kann man zunächst erkennen, daß der Mythos nicht mehr allein ist in der Bedienung dieser Funktion. Schon innerhalb der Religion hat sich eine Alternative entwickelt: die Zentralidee des Gottes, der alles auf sich nimmt und der sich dem Mythos nicht mehr unterordnet – weder als eingeschlossener noch als ausgeschlossener Dritter. Er selbst befreit die Welt von Paradoxien – und zieht das Risiko auf sich, nicht geglaubt zu werden.

Außerdem gibt es noch eine weitere, funktional äquivalente Möglichkeit, die sich ins Säkulare auslagern läßt und Religion anscheinend nicht mehr nötig hat. Das sind die großen binären Codes der Funktionssysteme, vor allem wahr/unwahr, Recht/Unrecht, Eigentum/Nichteigentum, schön/häßlich. Sie fungieren nicht als Einheit wie Gott, sondern als Differenz. Sie werden aber auch nicht erzählt wie der Mythos und benutzen daher auch nicht die Zeit zur Entparadoxierung. Sie stehen für jederzeitige Anwendung als Struktur bereit und werden mit hochkomplexen Programmen, mit Theorien, Gesetzen, Unternehmerinvestitionen, Stilen in die Zeit hineingegeben. Sie bestimmen mehr als jede andere Semantik das Gesicht der modernen Gesellschaft.

Es lohnt sich daher, ihre Entparadoxierungstechnik etwas genauer zu betrachten. Nehmen wir als Beispiel den Code der Wahrheit. Das für ihn typische Paradox lautet hier, wie wir seit Epimenides wissen: *wenn wahr, dann unwahr*. Vielleicht sogar: *weil wahr, deshalb unwahr.* Oder auch: *je wahrer, desto unwahrer*. Der logische Code der Wahrheit eliminiert diese Paradoxie, die alles Denken stoppen würde. Er transformiert sie in einen Widerspruch: *wahr ist unwahr*. Oder allgemeiner: *A ist nicht-A*. Dann können wir anfangen, etwa auftauchende Widersprüche zu kontrollieren und zu eliminieren: *A ist nicht nicht-A*. Die *Form* des Widerspruchs wird als *Verbot* des Widerspruchs interpretiert. Die Forschung beginnt zu arbeiten, und sie konkretisiert das Widerspruchsverbot durch Theorien. An die Stelle von *A ist nicht nicht-A* tritt: *A ist (nicht) B*. Eine Katze ist kein Hund (weil der Hund eine nicht-Katze ist). Eine Katze ist ein Säugetier. Aber was ist ein Säugetier? Und welches Sein würde dem Säugetier widersprechen? Der Fremde in Platons Dialog Sophistes, der Beobachter des zweiwertigen Verfahrens, erteilt diese Lehre: Es führt zu immer weiteren Unterscheidungen, zu einer immer weiteren Dekomposition der Realität[23].

Entfernt fühlt man sich erinnert an die mythische Kaskade der Schöpfung: an die Erzeugung der Differenzen aus Differenzen. Auch die logische Genese der logisch geordneten Wissenschaft erzeugt Differenzen aus Differenzen in einer seriellen Transformation. Sie macht aus *wahr weil unwahr* die Erkenntnis *A ist (nicht) B*, die man kontrollieren, akzeptieren, widerlegen oder ersetzen kann. Die Paradoxie ist verschwunden. Die Katze ist ein Säugetier. Die Fliege ist kein Säugetier. Hier kann man weiterforschen, ohne an Gott zu denken und ohne sich auf die Urkatze, die Weltkatze oder irgendeinen sonstigen Mythos zu beziehen. Wissenschaft ist, so scheint es uns jedenfalls, ohne Religion möglich. Schließlich müssen Forscher ja kooperieren können, auch wenn sie an verschiedene Religionen glauben oder an gar keine.

Wir sind gewohnt, den Effekt der Ausdifferenzierung solcher Funktionssysteme und ihrer binären Codes als Säkularisierung der modernen Welt zu beschreiben. Ohne Zweifel bieten sie eine Alternative, und zwar die dominierende Alternative, zu den semantischen Formen, mit denen Mythologie und Theologie unser Problem bearbeiten. Der Vergleich zeigt die Unterschiede der Techniken, er zeigt auch in allen Fällen eine gewisse Unsauberkeit des Verfahrens, Dunkelstellen, Unschärfen in den Übergängen; fast könnte man sagen: eine Art Wiedererscheinen des Problems im Detail. Alles ist mit Verdrängung gearbeitet. Alle drei Diskurse – der mythische, der theologische und der Diskurs der säkularen Codierung – sind Diskurse über etwas, worüber sie nichts aussagen: verschwiegene Diskurse. Sie alle rekonstruieren das Bekannte mit bezug auf das, was für sie, und gerade für sie, unbekannt bleiben muß[24].

Man sollte sich hüten, dies insgesamt nun wiederum Mythos zu nennen. Damit würde man nur den Fehler wiederholen, den wir zu vermeiden suchen: die Unschärfe des Problems durch die Unschärfe des Begriffs zu copieren. Das Problem selbst ist, wenn man so sagen darf, metamythologisch. Es liegt begründet in der Notwendigkeit, mit Unterscheidungsoperationen zu beginnen, die in selbstreferentiellen Systemen in Paradoxien führen. Es gibt heute mehr als nur eine Möglichkeit, sich diesem Problem zu stellen. Nicht Arbeit am Mythos ist notwendig, um einen Buchtitel von Hans Blumenberg zu zitieren, sondern Arbeit an Paradoxien.

Weitere Untersuchungen müssen daher zunächst die Vorteile bzw. Nachteile dieser verschiedenen Formen im Vergleich zueinander herausarbeiten. Mythen hängen nur lose zusammen, gewinnen ihren Zusammenhang untereinander in der Sequenz einer Erzählung und ihren Zusammenhang mit Riten durch analoge Sinnübertragungen. Sie werden überhaupt nur situativ in Anspruch genommen, und eben dafür genügt die Absicherung in Analogien.

23 Sophistes, insb. 249 E. Vgl. auch Nicholas Rescher, The Strife of Systems: An Essay on the Grounds and Implications of Philosophical Diversity, Pittsburgh 1985.

24 So für den Diskurs der Ökonomie: Paul Dumouchel, L'ambivalence de la rareté, in: Paul Dumouchel/Jean-Pierre Dupuy, „L'enfer des choses": René Girard et la logique de l'économie, Paris 1979, S. 135–254 (234 f.).

Die binäre Codierung verzichtet dagegen vollständig auf analoge Sinnbildung. Sie muß jeden Sachverhalt in ihrem Anwendungsbereich einem und nur einem ihrer beiden Werte zuordnen und deshalb jeden Sachverhalt für sich erfassen können. Man nennt das heute, in Anlehnung an die Computersprache, Digitalisierung. Binäre Codes arbeiten mit digitalisierten Items, und die Digitalisierung selbst ist durch den Code erfordert und erzeugt. Sie gilt deshalb nur für dessen Anwendungsbereich. Was wahr ist, ist deshalb noch nicht schön. Was schön ist, ist deshalb noch nicht rechtmäßig. Die Items eines Codes finden daher ihren Halt nur an anderen Items desselben Code. Die Codes tendieren, anders als der Mythos, zum Abgrenzen von Kohärenzfeldern, zur Systematisierung. Eben dadurch werden die fundamentalen Differenzen wie Chaos und Kosmos, männlich und weiblich, Himmel und Erde, die in mythischen Konstellationen zusammenspielen, abgeschwächt[25]. Sie werden durch den Code selbst auf eine Leitdifferenz konzentriert und durch sie ersetzt[26]. Systemtheoretisch gesprochen heißt dies: daß über Codierung Analogien zwischen systeminternen und systemexternen Sachverhalten gekappt und Funktionssysteme unter jeweils einem Code ausdifferenziert werden.

Im Hinblick auf einen so scharfen Kontrast mag nun ein theologisch diszipliniertes Glaubenssystem wie ein Kompromißangebot erscheinen. Die Theologie verwendet analoge und digitale Momente. Sie relativiert alle Differenzen durch Blick auf den einen und einzigen Gott. Der semantische Apparat der Glaubensartikel ist nur Exegese und Interpretation. Nun muß jedoch genau diese Zuspitzung auf Einheit statt auf Differenz bezahlt werden. Sie wird gleichgültig in bezug auf alle Differenzen. Sie verliert, in ihre letzte Konsequenz getrieben, jeden Informationswert. Sie wird redundant, eine bloße Verdoppelung der Welt. Man hat in den deistischen Bewegungen der frühen Neuzeit diese Reduktion ausprobiert. Das Ergebnis ist, rein empirisch und als historisches Faktum gesehen, nicht sehr überzeugend ausgefallen. Was noch an Religion aktiv blieb, konnte auf die Mythen der Schöpfung, der Inkarnation und der Auferstehung nicht verzichten und konnte auch das Ritual, an dem Glaubende einander erkennen, nicht bis auf Null abschreiben. Wie aber läßt sich diese Minimalmythologie mit dem Glauben an einen über allem stehenden Gott verbinden – wenn nicht durch eine gelehrte Dogmatik, eine professionell fortgeschriebene, „hermeneutisch" reflektierte Auslegung und eine Amtskirche, deren Funktionäre das Amtshandeln auf Dauer stellen?

Der Wunsch nach einem „neuen Mythos" kommt wohl auch als Reaktion

25 Vgl. dazu Barth a.a.O. (1975), S. 207 ff., 227. Die Unterscheidung analog/digital geht in dieser Verwendung auf Gregory Bateson zurück. Siehe: Steps to an Ecology of Mind (1972), zit. nach der deutschen Übersetzung, Ökologie des Geistes, Frankfurt 1981, S. 376 f. Siehe ferner und ausführlicher Anthony Wilden, System and Structure: Essays in Communication and Exchange, 2. Aufl. London 1980 passim, insb. S. 155 f.

26 Vgl. auch Niklas Luhmann, „Distinctions directrices": Über Codierung von Semantiken und Systemen, in: Friedhelm Neidhardt et al. (Hrsg.), Kultur und Gesellschaft, Sonderheft 27 (1986) der Kölner Zeitschrift für Soziologie und Sozialpsychologie, Opladen 1986, S. 145–161. In diesem Band S. 13–31.

auf das Ungenügen dieser theologisch und kirchlich disziplinierten Religion zustande – im übrigen: nicht ohne Mitwirkung von Theologen. Ein zweites Motiv liegt im Ungenügen der Problemlösung, die durch die binär schematisierten Codes der Funktionssysteme angeboten wird. Diese können ihr eigenes Paradox nicht auflösen, sondern allenfalls verschleiern. Auf die Frage etwa nach dem Recht zur Einführung der Differenz von Recht und Unrecht, auf die Frage also nach dem Recht zur Einführung von Unrecht, antwortet man mit dem Hinweis auf die Gewalt – und es nützt gar nichts, mit Walter Bejamin eine „Kritik der Gewalt" anzuschließen[27], denn damit ist die Frage nicht anders beantwortet, sondern nur in Erinnerung gerufen. Die zweiwertigen Codes schließen jeden dritten Wert aus: entweder wahr oder unwahr, aber kein sowohl/als auch; entweder Recht oder Unrecht, aber kein Gemisch. Der dritte Wert würde ihnen als Unbestimmtheit, als Gemisch aus den beiden Werten, als Konfusion erscheinen. Aber heimlich kehrt der ausgeschlossene Dritte ins System zurück. Oder er rächt sich hinterrücks für seinen Ausschluß. Die Operationen der Wissenschaft, der Wirtschaft, der Politik und des Rechts haben Folgen, vielleicht katastrophale Folgen; und zwar Folgen, die mit den Mitteln dieser Systeme unter ihren Codes nicht mehr aufgefangen werden können[28]. So kann es nicht weitergehen. Die Lebenswelt wird kolonisiert, sagt Habermas. Das ist noch milde ausgedrückt. Man sieht im Erfolg dieser Operationen, im Ausgriff auf die Natur und in der Regulierung des täglichen Lebens, im Entstehen künstlicher, nicht mehr ökologisch abgesicherter Interdependenzen nicht nur bedauerliche Veränderungen, sondern Steigerungsphänomene, die sich selbst unmöglich machen.

Also Paradoxien!

Mit allen Bemühungen findet man sich am Ende wieder dort, wo man angefangen hatte: bei dem Problem, das man los werden wollte. „Strange loops", „tangled hierarchies", würde Douglas Hofstadter sagen[29]. Daraufhin sind neue „inviolate levels" gefragt. Man versteht, daß in einer solchen Situation Hoffnung in einen „neuen Mythos" gesetzt wird. Sieht man jedoch genauer zu, dann schwindet diese Hoffnung rasch. Das, was am Mythos eine erfolgreiche Problemlösung war (und sich eben dies verschleierte), hatte eine historisch zeitgebundene Struktur. Es wird genügen, die oben genannten Merkmale mythischer Entparadoxierung in Erinnerung zu rufen:

1) Der Mythos stützt sein Differenzschema in Analogien ab. Es kann deshalb viele Mythen geben mit unklaren Beziehungen zueinander je nach der favorisierten Analogie. So ein Verfahren eignet sich zur Abdämpfung einer kognitiv nicht erfaßbaren Welt, zur Wiedereinführung der Unterscheidung vertraut/unvertraut in die vertraute Welt und zur alternativen oder kumu-

27 Zur Kritik der Gewalt, zit. nach: Gesammelte Schriften, Bd. II, 1, Frankfurt 1977, S. 179–203.

28 Siehe auch Niklas Luhmann, Ökologische Kommunikation: Kann die moderne Gesellschaft sich auf ökologische Gefährdungen einstellen?, Opladen 1986.

29 Gödel, Escher, Bach: An Eternal Golden Braid, Hassocks, Sussex UK 1979.

lativen Verwendung in Situationen. Unsere Probleme finden sich aber gerade in hochkomplexen Interdependenzen, die auf diese Weise nicht kontrolliert werden können. Gewiß: der Mythos kann genau dazu wieder eine Analogie bilden. Aber das verhilft heute nicht mehr zu einer Einstellung auf Wirklichkeit in Situationen. Jean-François Lyotard hat von der Unglaubwürdigkeit aller métarécits als Merkmal der Postmoderne gesprochen[30], und das mag damit zusammenhängen, daß die Situationen dem Mythos Resonanz und Bestätigung versagen.

2) Metaphorik empfiehlt und benutzt man heute mit bezug auf eine zwar nicht logisch geschlossene, aber empirisch einheitliche Welt und daher in reflektierter Form: etwa zur Lösung von Abschlußproblemen der Philosophie oder zur Überbrückung von Kommunikationsproblemen. Sie hat in diesem Sinne einen Defizit-Bezug, sie ermöglicht ein Hinweggehen über im Grunde ungelöste Probleme. Sie macht Unsagbares satzreif[31]. Sie bildet aber kein zweites Reich dicht über bzw. unter der Erde, das im Verhältnis zur Sequenz Alltagserfahrungen in der Form von Analogie zugleich Differenz und Identität, Unverwechselbarkeit und Entsprechung behauptet. Sie ist nur noch eine Technik des Abschneidens von Kommunikation; denn wer beim Gebrauch einer Metapher nachfragt, wie es gemeint ist, hat nicht verstanden, wie es gemeint war. Metaphern wirken wie Witze. Sie lassen sich boykottieren, am besten durch Nichtbenutzung, aber nicht erläutern. Im Kontext von Mythos waren sie dagegen eine Form – nicht der Kommunikation über Realität, sondern einer Realität, über die kommuniziert werden konnte, wenn immer ein entsprechender Sinnbedarf bestand.

3) Seine verhaltensleitende Bedeutung hatte der Mythos nur auf dem Umwege über Rituale und Tabus gewinnen können. An deren Stelle ist heute eine ganz andersartige Regelorientierung getreten, die die Anwendung des Wissens oder des Rechts als Entscheidung betrachtet und auf Änderung ihrer regulativen Strukturen anhand anderer Regeln eingestellt ist. Es ist kaum vorstellbar, daß Mythen hier eingreifen und durchgreifen können. Was überlebt, ist eine weithin abgeschliffene, nach Ursprung und eigentlichem Sinn nicht mehr bedachte Metaphorik in Grundbegriffen und an Systemstellen, die sich einer exakten Bestimmung entziehen: „reine" Vernunft oder „oberste Gewalt", „subjektives" Recht, „Kreislauf" des Geldes oder militärisches „Gleichgewicht". So löst man Abschlußprobleme einer Systematik mit Metaphern, die Exklusion von Unordnung nahelegen. Wenn man das Mythos nennen will, dann ist es eine Minimalform, die bei genauem Hinsehen sich auflöst wie ein Atom.

4) Als Erzählung benutzt und bindet der Mythos Zeit. Darauf beruht seine Technik der Entparadoxierung, seine Verschiebung des Problems in ein

30 La condition postmoderne: Rapports sur le savoir, Paris 1979.

31 Kein Zufall deshalb, daß die Anregungen zu neueren Theorien über Metaphorik von der Linguistik, von Saussure und von Jakobson ausgegangen sind.

plausibles Nacheinander. Eine dafür geeignete Zeit kommt jedoch in unserer Welt gar nicht mehr vor. Unsere Zeit kennt weder eine jenseitige Zeit noch eine Zeit hinter den Zeithorizonten der Vergangenheit und der Zukunft. Sie kennt keine der Vergänglichkeit gleichzeitige, in allem Vergehen implizierte Unvergänglichkeit; sie ist jedenfalls nicht die in aller Gegenwart präsente Einheit von Übergang und Dauer. Sie ist chronometrisch egalisierte Weltzeit, die keinen Anfang und kein Ende kennt, sondern in prinzipiell uninteressante Fernvergangenheiten und Fernzukünfte ausläuft. Weder in der relevanten noch in der darüber hinausgehenden Zeit läßt sich ein mythisches Geschehen vorstellen. Dasselbe gilt übrigens für den Raum. Für die Griechen begann das Reich der Toten ein wenig unterhalb der Tiefe, die ein Pflug in der Erde aufreißt. Wir könnten da allenfalls Bodenschätze oder Fundierprobleme für unsere Bauten, archäologische Funde, Mülldeponien, Dioxin oder ähnliches vermuten.

All dies läßt mich bezweifeln, daß der Mythos eine Zukunft hat und daß die Arbeit am Mythos sich lohnt. Man wird zugestehen müssen, daß auch seine funktionalen Äquivalente nicht befriedigen. So gesehen ist ein Bedürfnis nach paradoxiefreien Antworten voraussehbar. Ein neuer Mythos wäre dann aber bestenfalls eine Zweckerfindung, vielleicht ein Modeartikel, vielleicht ein Weg, Gruppen zu bilden, Kontakte zu finden, Isolierungen zu durchbrechen; vielleicht eine neue Differenzierung gegen alle etablierten funktionalen Differenzierungen von Rechten und Pflichten, Rang und Wohlstand, politischem Einfluß und wirtschaftlicher Potenz; immer aber etwas, was von anderen, von Nichtüberzeugten beobachtet werden kann und dies antezipieren muß. Um sich als Mythos beobachtungsfest und irritationsfrei zu konstituieren, braucht ein Mythos daher Scheuklappen. So mag die Differenz „wir und die" mythenanfällig werden und im Sichtbarmachen der Körper, im Protestmarsch oder in hundertkilometerlangen Ketten ihr Ritual finden.

All dies zugestanden, hat man doch nicht den Eindruck, daß damit eine Form angeboten wird, die sich den Zentralproblemen der modernen Gesellschaft stellt, sie als Paradoxieproblem erkennt und mit der dann wichtigen Genauigkeit Einstellungsmöglichkeiten entwirft. Was mit „neuer Mythologie" gemeint sein kann, hat nichts mehr zu tun mit dem Hineinziehen der Unterscheidung von vertraut und unvertraut in die vertraute Welt. Der Rang jener großen Formen der Entparadoxierung von Sinn, von Welt und von Gesellschaft, der Rang gerade des Mythos, des Gottesglaubens und der funktionsspezifischen Codierungen sollte uns davor bewahren, die heutigen Gegenbewegungen schon als Problemlösung zu sehen. Halten wir es lieber noch eine Weile mit dem Problem aus!

IV.

Auch wenn man die Ergebnisse dieser Überlegungen und die These einer unüberbrückbaren Distanz zwischen mythischer und moderner Welt akzeptiert, wird man eine Erklärung dieses Befundes vermissen. Mit „Erklärung" soll hier nicht beansprucht sein, daß man begründen kann, warum es so kommen mußte. Uns genügt die Einordnung in einen allgemeineren theoretischen Kontext, der zusätzliche Plausibilität beschafft und zugleich Anschlußmöglichkeiten für weitere Erkenntnisse bereithält. Diese Art Erklärung finden wir in der Hypothese, daß die soziale Evolution zur Ausdifferenzierung eines Gesellschaftssystems geführt hat, das auf Kommunikation spezialisiert ist, Kommunikation durch Kommunikation reproduziert, das mithin aus nichts anderem als aus Kommunikation besteht *und sich die Welt entsprechend einrichtet.*

Die übliche Erklärung, daß der Mythos am „wissenschaftlich-rationalen Weltbild" der Neuzeit scheitere, wird damit nicht ausgeschlossen, sondern aufgenommen. Die neuzeitliche Wissenschaft ist ein auf Forschung spezialisiertes Teilsystem der Gesellschaft; sie wirkt an deren Ausdifferenzierung mit, erklärt aber nicht allein alle Folgen für das, was jetzt als Semantik noch möglich und plausibel ist. Die Wissenschaft selbst hat immer wieder Gegenkulturen produziert, man denke nur an die Naturforschung der Romantik. Daß trotzdem manches „nicht mehr geht", hat tiefgreifende Ursachen in der Tatsache, daß durch fortschreitende Ausdifferenzierung des Gesellschaftssystems Kommunikation auf sich selbst gestellt und autopoietisch-autonom geworden ist.

In etwas strengerer theoretischer Formulierung heißt dies: die Gesellschaft ist evoluiert als ein eigenständiges und selbstreferentiell-geschlossenes, autopoietisches System sinnhafter Kommunikation, das die basale Operationen, aus denen es besteht, überhaupt erst ermöglicht und nur in der dadurch gegebenen Form auf Umwelt reagieren kann[32]. Als Gesellschaft bezeichnen wir dabei den Sonderfall des umfassenden sozialen Systems, das alle Kommunikationen einschließt und entsprechend expandiert oder retrahiert je nachdem, wieviel Kommunikation es ermöglicht. In dem Maße, wie dieser Vorgang der Ausdifferenzierung gesellschaftlicher Kommunikation auf sich selbst zurückwirkt und sich schließlich selbst reflektiert, verliert die mythische Form der Entparadoxierung ihren Rückhalt in den Gesellschaftsstrukturen. Der Alltag ist nicht mehr, wie einst, nahe am Unvertrauten gebaut. Er ist mit Möglichkeiten der Erklärung und der Wissensbeschaffung umstellt, die aus lediglich praktischen Gründen dahingestellt bleiben. Daher hat es wenig Sinn, der Unterscheidung von vertraut und unvertraut ein re-entry in den Alltag zu schaffen; sondern allenfalls müßte man wissen, welche Kommunikationscodes man verwenden und welche Adressen man kennen muß, um sich bei Bedarf das nötige Wissen zu beschaffen. Es mag für lange Zeit „survivals" des mythischen Zeitalters geben, die umso sorgfältiger bewahrt werden, als sie nicht wiederhergestellt werden könnten; aber was jetzt überzeugt, muß sich dies durch Lösung von Kommunikationsproblemen verdienen – und zwar durch Lösungen, die als solche beobachtet werden können und trotzdem stabil bleiben[33].

32 Zur Auswertung für Probleme der Religion vgl. auch Niklas Luhmann, Society, Meaning, Religion – Based on Self-Reference, Sociological Analysis 46 (1985), S. 5–20.

33 Die Beobachtung dieses Phänomens beginnt mit Vicos scienza nuova, wenn nicht mit Bacon; in jedem Falle im Kontext einer Wissenschaft des Machbaren.

Da alle Kommunikation über Einzeloperationen abgewickelt werden muß, ist jede Kommunikation eine unter anderen und setzt sich also der Beobachtung durch andere Kommunikationen aus. Die uralte Schutzvorkehrung der Geheimhaltung funktioniert dann nicht mehr – oder nur noch, wenn das Geheimhalten selbst geheimgehalten werden kann. Die Hermetik wird als ein historischer Irrtum entlarvt: durch eine am empfindlichen Punkt ansetzende Kommunikation. Geheimnis ist jetzt nicht länger Attribut der Natur oder Symptom des Wesentlichen; es muß sich, wo nötig, als *Täuschung* einrichten, also auf Kommunikation einstellen[34]. Aus der alten Wissensqualität des Geheimen wird ein Verdachtprinzip, das sich im 18. Jahrhundert dann auch politisch durchsetzt. Nicht das Geheime, sondern das Öffentliche ist nun das, was Ansehen und Geltung gewinnen kann. Wenn Kommunikation die soziale Operation überhaupt ist[35], ist Beobachtung der Kommunikation gleichsam mitlegitimiert.

Parallel dazu verschärft sich auf den Mikroebenen der Kommunikation unter Anwesenden die Beobachtung sozialer Reflexivität. Die Interaktionstheorien werden von Anstandsregeln auf Selbststeuerung und „taking the role of the other" umgestellt[36]. In diesem Kontext entdeckt man das, was sich der Kommunikation entzieht, und sucht folglich nach Möglichkeiten von Aufrichtigkeit, individueller Einzigartigkeit, wirklicher Liebe[37]. Das wiederum führt zur Entdeckung von indirekten Sprachformen, von Humor und Ironie, von zugespitzten Paradoxien, von literarischen Szenerien (inclusive Mythologien), die von vornherein nicht ernst genommen werden, und nicht zuletzt zum Gebrauch von Metaphern als durchschaute und gerade deshalb stabile Form der Kommunikation[38].

34 Daraus ergibt sich für das öffentliche, das politische Leben zunächst ein Interesse an *Dissimulation*, das sich aber bereits kontraethisch rechtfertigen muß als Notwendigkeit der Wahrung des Gemeinwohls. „Non sà regnare chi non sa disimulare", heißt es in leicht zu merkender Form als Maxime bei Ciro Spontone, Dodici libri del Governo di Stato, Verona 1599, S. 235. Hierbei handelt es sich um eine von verschiedenen Autoren auf verschiedene Fürsten zurückgeführte Maxime.

35 „J'appelle société les communications des hommes entre eux", formuliert in noch seltener Eindeutigkeit Nicolas Baudeau, Première Introduction à la Philosophie économique ou analyse des Etats policés (1771), zit. nach der Ausgabe in: Eugène Daire (Hrsg.), Physiocrates, Paris 1846, Nachdruck Genf 1971, S. 657–821 (663).

36 Vgl. Niklas Luhmann, Interaktion in Oberschichten: Zur Transformation ihrer Semantik im 17. und 18. Jahrhundert, in: ders., Gesellschaftsstruktur und Semantik, Bd. 1, Frankfurt 1980, S. 71–161.

37 Vgl. Niklas Luhmann, Liebe als Passion: Zur Codierung von Intimität, Frankfurt 1982, S. 153 ff.

38 Siehe zu abgeblockter Kommunikation z.B. John Gregory, A Comparative View of the State and Faculties of Man with Those of the Animal World, 2. Aufl., London 1766, S. 144 f.: „An accurate scrutiny into the propriety of images and metaphors is to no purpose. If it be not felt at first it seldom can be communicated: While we analyze it, the impression vanishes".

Aus demselben Grunde geht es mit dem rein artistischen Vertrauen in Kommunikation, mit den alten Traditionen der Dialektik und der Rhetorik nun zu Ende. Diese hatten auf das Können des Einzelnen abgestellt und für die komplexen Bedingungen des sozialen Erfolgs eine gemeinsame Moral vorausgesetzt. Die Ersatzkonzepte liegen nicht gleich auf der Hand. Das vertiefte Interesse an Sprache ist nur ein Indikator. Letztlich läuft aber alles auf die Einsicht zu, daß Kommunikation sich nur selbst ermöglichen kann. Für diese Einsicht steht heute der Begriff der Autopoiesis zur Verfügung.

Wenn dies nun aber zutrifft und wenn es gelingt, Kommunikation in dieser Weise zur Reflexion auf sich selbst zu bringen, ändert das die Weltvorstellung. Der Einheit des operativ geschlossenen Systems entspricht die Einheit der Welt, in der sich dies System auf seine Umwelt bezieht. Die Transformation der Weltvorstellung, die sich durch den empirischen Individualismus und die Philosophie der Subjektität des Bewußtseins vollzogen hat, läßt sich, mutatis mutandis, mit bezug auf das Gesellschaftssystem wiederholen. Der Einheit der Gesellschaft entspricht die Einheit ihrer Umwelt und zuletzt die Einheit der Differenz von System und Umwelt. Zu Anfang des 19. Jahrhunderts wird ein dazu passender Begriff der „Umwelt“ (bzw. „environment“) erfunden und in die Sprache eingeführt[39]. Die alte Vorstellung des Gehaltenseins durch ein umfassendes Ganzes (periéchon), das seinerseits ins Unvertraute übergeht und dadurch gehalten ist, wird aufgegeben und durch die Differenz von System und Umwelt ersetzt. Welt ist nicht länger eine aggregatio corporum, auch nicht die (unsichtbare Dinge einschließende) universitas rerum, sondern der Verweisungshorizont aller Möglichkeiten der Kommunikation. Es ist keine transzendentale, sondern eine empirische Welt, aber eine Welt mit innerer und äußerer Unendlichkeit, und es ist eine paradoxe Welt: eine Welt, die sich selbst nicht enthält, weil sie als Horizont alles Enthaltenseins fungiert, und eine Welt, die sich selbst enthält, weil sie in nichts anderem enthalten sein kann.

Die Frage „Brauchen wir einen neuen Mythos?“ muß für diese Art Welt beantwortet werden, denn unsere Gesellschaft bildet keine andere. Zweifellos bedarf diese Welt, ja gerade sie, der Entparadoxierung. Die Frage ist nur, ob die Form des Mythos sich dafür noch eignet, wenn zugleich die Funktion der Entparadoxierung transparent wird und zum Bestandteil der Kommunikation über Mythos werden kann. Schon die Annahme einer Mehrheit von aufeinander bezogenen Ordnungsebenen ist in der Welt des Mythos nicht unterzubringen. Der Mythos läßt sich nicht lokalisieren, man würde sofort fragen: wann und wo. Mehrebenen-Konzepte sind heute logische Formen der Behandlung des Paradoxie-Problems – so weit, so gut. So müßte denn auch eine heute sinnvolle Theorie des Mythos ihn darstellen. Diese Theorie eignet sich aber kaum als Rezept, um mythische Ordnungsvorstellungen in die Gesellschaft wiedereinzuführen oder auch nur die „Arbeit am Mythos“ fortzusetzen. Allzu deutlich steht uns vor Augen, daß solche Ebenenunterscheidungen willkürliche

39 Vgl. dazu Leo Spitzer, *Milieu* and *Ambiance*: An Essay in Historical Semantics, Philosophy and Phenomenological Research 3 (1942), S. 1–42, 169–218 (204 ff.).

Lösungen logischer Probleme sind und daß die Realität sie ständig durchbricht[40].

Man kann sich zwar vorstellen, daß mythenartige Semantiken wie Subkulturen gepflegt werden. Sie werden dann wie „Glaubensbekenntnisse" benutzt zur Regelung von Inklusion und Exklusion. Nicht zufällig interessiert die Soziologie sich für Ethnogenese und beobachtet nach der Periode des Nationalismus und der Klassenkämpfe neue Arten der Militanz, gebunden an mehr oder weniger künstlich geschaffene ethnische Identitäten. Gerade dies Phänomen der Subkultur und der sich gegen eine umfassende Gesellschaft differenzierenden Ethnie hatte es jedoch in den Gesellschaften, die sich durch Mythen bestimmten, gar nicht gegeben. Es kam erst gegen eine herrschend durchgesetzte, mehr oder weniger systematisierte Kulturbestimmung auf. Es vollzieht sich heute unter ständiger Beobachtung durch andere Bereich der Gesellschaft, die nicht mitmachen, sondern allenfalls politisch, wirtschaftlich oder auch religiös davon zu profitieren suchen. „Neue Mythen" heißt dann: mögliche Wähler, mögliche Märkte oder auch freudig aufgegriffene Anhaltspunkte dafür, daß die Religion in der modernen Gesellschaft nach wie vor Chancen hat.

Was immer in diesem Zusammenhang jetzt als gruppenspezifischer Mythos gepflegt und zur Regelung von Inklusion und Exklusion benutzt wird: es hat als gesellschaftlich beobachtete Absonderlichkeit eine völlig andere Qualität als der Mythos älterer Gesellschaften. Es gibt jetzt in bezug darauf „ungläubige Kommunikation", Berichterstattung in Zeitungen, besorgte Rückfragen von Eltern, Sozialarbeit, wissenschaftliche Tagungen und Untersuchungen und eben jenes „trotzdem", mit dem die Fahne hochgehalten wird. Und es gibt eine fast erwartbare Korrosion.

Beobachtung durch Nichtteilnehmer heißt vor allem· *andersartige Attribution*[41]. Was die Gruppe als Welt sieht, wird ihr von anderen als eigenes Merkmal, als „Weltanschauung" zugerechnet. Was für die Gruppe Eigenart der gesellschaftlichen Situation ist, in der sie sich bewegt, ist für Beobachter eine bloße Disposition der Gruppe selbst. Schon durch diese Zurechnungsdifferenz sind Konflikte geradezu einprogrammiert, und am Konflikt mag sich eine Tendenz härten, gesellschaftliche Inklusion nur noch in diesem Sinne „ethnisch" zu suchen.

Die Frage, ob die Gesellschaft Erscheinungen dieser Art „braucht", ist vielleicht falsch gestellt. Man könnte im Anschluß an Roy Rappaport von „maladaptations" sprechen[42], oder weniger negativ: von internen Anpassun-

40 Vgl. nur Douglas R. Hofstadter, a.a.O.

41 Für einen entsprechenden sozialpsychologischen Forschungsansatz vgl. Edward E. Jones/Richard E. Nisbett, The Actor and the Observer: Divergent Perceptions of the Causes of Behavior, in: Edward E. Jones et al., Attribution: Perceiving the Causes of Behavior, Morristown, N.J. 1971, S. 79–94.

42 Siehe Roy A. Rappaport, Maladaptation in Social Systems, in: J. Friedman/M.J. Rowlands (Hrsg.), The Evolution of Social Systems, Pittsburgh 1978, S. 49–71.

gen an interne Probleme des Gesellschaftssystems. Vielleicht erklärt das die von Blumenberg notierte Robustheit des Mythischen. Weder empirisch noch theoretisch haben wir jedoch Hinweise darauf, daß auf diese Weise eine Definition der Welt gelingen könnte, die dem heutigen Menschen seinen Platz zuweist.

Drucknachweise

„Distinctions directrices". Über Codierung von Semantiken und Systemen, in: Friedhelm Neidhardt et al. (Hrsg.), Kultur und Gesellschaft, Sonderheft 27/1986 der Kölner Zeitschrift für Soziologie und Sozialpsychologie, Opladen 1986, S. 145–161.

Die Differenzierung von Politik und Wirtschaft und ihre gesellschaftlichen Grundlagen. – Bisher nicht veröffentlicht.

Gesellschaftsstrukturelle Bedingungen und Folgeprobleme des naturwissenschaftlich-technischen Fortschritts, in: Reinhard Löw/Peter Koslowski/Philipp Kreuzer (Hrsg.), Fortschritt ohne Maß: Eine Ortsbestimmung der wissenschaftlich-technischen Zivilisation, München 1981, S. 113–131.

Die Unterscheidung von Staat und Gesellschaft. – Bisher nicht veröffentlicht.

Staat und Politik. Zur Semantik der Selbstbeschreibung politischer Systeme, in: Udo Bermbach (Hrsg.), Politische Theoriegeschichte: Probleme einer Teildisziplin der Politischen Wissenschaft, Sonderheft 15/1984 der Politischen Vierteljahresschrift, Opladen 1984, S. 99–125.

Der Wohlfahrtsstaat zwischen Evolution und Rationalität, in: Peter Koslowski et al. (Hrsg.), Chancen und Grenzen des Sozialstaats, Tübingen 1983, S. 26–40.

Gesellschaftliche Grundlagen der Macht: Steigerung und Verteilung, in: Werner Kägi/Hansjörg Siegenthaler (Hrsg.), Macht und ihre Begrenzung im Kleinstaat Schweiz, Zürich 1981, S. 37–47.

Die Zukunft der Demokratie, in: Der Traum der Vernunft: Vom Elend der Aufklärung, Neuwied 1986, S. 207–217.

Enttäuschungen und Hoffnungen. Zur Zukunft der Demokratie. – Bisher in deutscher Sprache nicht veröffentlicht.

Machtkreislauf und Recht in Demokratien, Zeitschrift für Rechtssoziologie 2 (1981), S. 158–167.

Partizipation und Legitimation. Die Ideen und die Erfahrungen. – Bisher nicht veröffentlicht.

Widerstandsrecht und politische Gewalt, Zeitschrift für Rechtssoziologie 5 (1984), S. 36–45.

Sozialisation und Erziehung, in: Wilhelm Rottkaus (Hrsg.), Erziehung und Therapie in systemischer Sicht, Dortmund 1987, S. 77–86.

Codierung und Programmierung. Bildung und Selektion im Erziehungssystem, in: Heinz-Elmar Tenorth (Hrsg.), Allgemeine Bildung: Analysen zu ihrer Wirklichkeit, Versuche über ihre Zukunft, München 1986, S. 154–182.

Zwischen Gesellschaft und Organisation. Zur Situation der Universitäten. – Bisher nicht veröffentlicht.

Zwei Quellen der Bürokratisierung in Hochschulen, in: Ein Mann von Sechzig Jahren: Festschrift Reinhard Mohn, o. O., o. J. (1981), S. 150–155.

Perspektiven für Hochschulpolitik, in: Sozialwissenschaften und Berufspraxis, Heft 4 (1983), S. 5–16.

Läßt unsere Gesellschaft Kommunikation mit Gott zu?, in: Hugo Bogensberger/Reinhard Kögerler (Hrsg.), Grammatik des Glaubens, St. Pölten 1985, S. 41–48.

Die Unterscheidung Gottes. – Bisher nicht veröffentlicht.

Brauchen wir einen neuen Mythos? – Bisher nicht veröffentlicht.